A Síndrome do Sapo Cozido

Thomas Saunders

A Síndrome do Sapo Cozido

Sua Saúde e o Meio Ambiente Construído

Tradução
OKKY DE SOUZA

EDITORA CULTRIX
São Paulo

Título original: *The Boiled Frog Syndrome.*

Copyright © 2002 Thomas Saunders.

Todos os direitos reservados. Nenhuma parte deste livro pode ser reproduzida ou usada de qualquer forma ou por qualquer meio, eletrônico ou mecânico, inclusive fotocópias, gravações ou sistema de armazenamento em banco de dados, sem permissão por escrito, exceto nos casos de trechos curtos citados em resenhas críticas ou artigos de revistas.

Dados Internacionais de Catalogação na Publicação (CIP)
(Câmara Brasileira do Livro, SP, Brasil)

Saunders, Thomas, 1932-
    A síndrome do sapo cozido : sua saúde e o meio ambiente construído / Thomas Saunders ; tradução Okky de Souza. — São Paulo : Cultrix, 2004.

    Título original: The boiled frog syndrome
    Bibliografia.
    ISBN 85-316-0857-0

    1. Arquitetura — Aspectos de saúde 2. Doenças induzidas pelo meio ambiente 3. Planejamento urbano — Aspectos de saúde 4. Saúde ambiental I. Título. II. Título: Sua saúde e o meio ambiente construído.

04-6574   CDD-362.1042

Índices para catálogo sistemático:

1. Meio ambiente e saúde : Problemas sociais 362.1042
2. Saúde e meio ambiente : Problemas sociais 362.1042

O primeiro número à esquerda indica a edição, ou reedição, desta obra. A primeira dezena à direita indica o ano em que esta edição, ou reedição, foi publicada.

Edição	Ano
1-2-3-4-5-6-7-8-9-10-11	04-05-06-07-08-09-10-11

Direitos de tradução para a língua portuguesa
adquiridos com exclusividade pela
EDITORA PENSAMENTO-CULTRIX LTDA.
Rua Dr. Mário Vicente, 368 — 04270-000 — São Paulo, SP
Fone: 6166-9000 — Fax: 6166-9008
E-mail: pensamento@cultrix.com.br
http://www.pensamento-cultrix.com.br
que se reserva a propriedade literária desta tradução.

Impresso em nossas oficinas gráficas.

Este livro é dedicado à minha esposa Janet,
uma alma inspiradora, generosa e amorosa

SUMÁRIO

AGRADECIMENTOS. 9
ILUSTRAÇÕES 11

INTRODUÇÃO 13

    Parte I: Os Riscos Atuais à Saúde 21

  1 Sua saúde e o meio ambiente construído 23
  2 A síndrome da construção doente 49
  3 Radiação eletromagnética 85
  4 As evidências 116
  5 A era cibernética 140
  6 Abstenção cautelosa 159

    Parte II: Sabedoria Perene 175

  7 Lições do passado 177
  8 A crise/oportunidade 213
  9 A harmonia divina 237
10 Tradição secreta 275
11 A sabedoria perene 290
12 Um caminho à frente 298

CONTATOS 309

Agradecimentos

Sem o incentivo, a paciência e o apoio de minha esposa, Janet, é improvável que algum dia este livro existisse.

Agradeço em particular a John Baldock por todas as suas habilidades editoriais e palavras de sabedoria.

Agradeço também a Alasdair Philips, editor da *Powerwatch Network Newsletters* e a Simon Best, editor da *Electromagnetics and VDU News* e de *Electromagnetic Hazard and Therapy* (www.em-hazard-therapy.com) pela gentil autorização para citar trechos dessas revistas (em maio de 2000 a *Electromagnetic Hazard and Therapy* incorporou a *Powerwatch News* e a Powerwatch Helpline www.powerwatch.or.uk).

Eu gostaria também de cumprimentar Alasdair, Simon e Roger Coghill por seu trabalho dedicado e incansável ao longo dos anos na divulgação de todos os riscos que os campos eletromagnéticos representam no nosso cotidiano.

O Gibran National Committee também recebe agradecimentos por autorizar a citação de trechos da peça *Iram that al Imad* (*Iram das Colunas*).

Finalmente, meus especiais agradecimentos ao professor Keith Critchlow e ao trabalho da organização Kairos, que serviu de inspiração e base para a Parte II deste livro. Convidei o professor Critchlow para tecer comentários sobre trechos deste livro relacionados a suas palestras e ele solicitou que a seguinte nota fosse incluída nos agradecimentos:

> Keith Critchlow, atuando como representante da tradição oral, dirigiu cursos de verão "fechados" no Reino Unido e nos Estados Unidos nos últimos vinte anos. Nesses cursos, vários dos quais freqüentei, ele forneceu material não publicado baseado nos princípios da venerável tradição oral, segundo a qual uma palavra impressa não pode ser questionada, e talvez transmita apenas uma fração dos significados mais profundos, ou

fique "congelada" no papel. Desse modo, há o risco de ela ser comentada por outra pessoa que induza o leitor/ouvinte a uma única interpretação. Platão escreveu claramente sobre esse assunto em sua sétima carta (ou epístola), a mais importante, na qual há referências ao leitor. Entretanto, obtive permissão de K.C. para transmitir por escrito minhas impressões sobre as palavras que "ouvi" nesses cursos, já que a nossa época necessita urgentemente de qualquer luz que possa iluminar as questões fundamentais que preocupam todas as pessoas, que são:

(a) Quem sou eu?
(b) De onde vim?
(c) O que estou fazendo aqui?
(d) Para onde vou?

A boa arquitetura incorpora essas questões pelos princípios básicos da beleza, da proporção e da cosmologia integral inerente.

Os cursos de verão citados acima são ministrados pela Kairos. Para informações sobre contatos, veja o Apêndice I.

Ilustrações

Nossos agradecimentos às fontes citadas abaixo por autorizar gentilmente a reprodução das seguintes imagens:

Dover Publications Inc. Nova York pelos retângulos dinâmico/estático e pelo Parthenon, análises harmônicas de *The Geometry of Art and Life*, por Matila Ghyka.

Research Into lost Knowledge Organisation (RILKO) Publications pelos diagramas da constelação da Virgem e das catedrais francesas batizadas de Notre Dame, de *The Mysteries of Chartres Cathedral*, de Louis Charpentier, e do Lambdoma, do *Rilko Journal* nº 57, por Robert Cowley.

Kairos Worksheet número 19 pelos retângulos proporcionais baseados em notas musicais.

Oxford University Press pela Figura II (p. 38) de *Geometry, Proportion and the Art of Lutherie*, de Kevin Coates (1985).

Introdução

Desde o início dos tempos, nós, seres humanos, esforçamo-nos para criar o meio ambiente social e físico perfeito, uma Utopia que satisfaça todas as nossas necessidades — materiais, emocionais, intelectuais e espirituais.

Nossa busca pela criação do meio ambiente ideal é exemplificada por nossas cidades e construções, que refletem os valores políticos, sociais, econômicos e espirituais de cada época. Paradoxalmente, a guerra contra o fascismo nos anos 40 causou a destruição de vastas áreas de cidades da Europa e da Ásia, posteriormente reconstruídas com a frieza do vidro e das selvas de concreto que, desde então, provaram ser a causa de muitos dos problemas da sociedade do nosso tempo — um alerta terrível de que reina sobre nós um estéril "Admirável Mundo Novo" no qual a natureza e as coisas essenciais não têm lugar.

O crescimento da população mundial gera uma necessidade crescente de uso da terra para a construção de novas cidades, que freqüentemente são muito pouco adequadas para se morar. A escassez de locais apropriados para erguê-las tem se agravado ainda mais por causa das leis de planejamento e por restrições dos governos. Falta de espaço, superpopulação e questões econômicas têm resultado na construção de casas em terras poluídas por resíduos industriais tóxicos, usadas originalmente como depósitos de lixo, nas quais os dejetos são comprimidos e cobertos com uma fina camada de terra na esperança inútil de se evitar a emissão de gases nocivos. Inevitavelmente, isso propiciou o surgimento de doenças e alergias estranhas aos novos habitantes. Atualmente, existem milhares de hectares de terras tóxicas nas quais se planeja construir residências, locais de trabalho e até mesmo hospitais, e em muitos casos a poluição do solo não será completamente eliminada. Supomos que a Terra pode ser tratada como um utensílio sem vida e inofensivo, capaz de absorver e neutralizar as substâncias venenosas que nela depositamos.

Novas cidades construídas em terras virgens podem apresentar menos riscos potenciais para a saúde física, mas muitas acabam destituídas da "atmosfera" ou da "alma" tão necessárias para a habitação humana porque sua localização e planejamento amparam-se em conceitos de engenharia social "lógicos". Brasília, a capital do Brasil, erguida nos anos 50, é um perfeito exemplo do que pode acontecer quando se dá pouca ou nenhuma atenção à qualidade e às características do clima, da topografia, da geografia ou da geologia. A localização de Brasília foi decidida unicamente em função de um mapa.

Em 1823, um ano depois de o Brasil se tornar independente de Portugal, um dos líderes da independência, José Bonifácio, propôs ao imperador Dom Pedro I a construção de uma nova cidade para servir como capital do país. Por razões estratégicas de defesa, ela deveria se localizar no centro geográfico do território, distante de todas as fronteiras.

A região onde se localiza Brasília se caracteriza pelo terreno quase desértico e suas condições geofísicas e ambientais estão abaixo do ideal. Além disso, é preciso percorrer grandes distâncias para se chegar a Brasília a partir das cidades tradicionais do litoral, como o Rio de Janeiro, centro comercial por excelência e uma das melhores cidades do mundo ocidental com sua população cosmopolita e que cultiva os prazeres da vida em cenários espetaculares, com praias e clima magníficos. Ninguém, principalmente aqueles que moravam no Rio na época, queria se mudar para a nova capital, o que levou o governo a utilizar a coerção e a aplicação de penalidades para pressionar bancos, empresas e embaixadas a transferir suas atividades para Brasília. É como se um morador de Londres ou Nova York fosse deportado para a Sibéria.

Os responsáveis pelo planejamento de Brasília conceberam uma cidade não para seres humanos, mas para o movimento e a comodidade do tráfego. Bolsões residenciais foram separados uns dos outros pelas avenidas principais, tornando-se sitiados pelos automóveis. Um aspecto talvez ainda mais devastador para o espírito dos latinos é a falta de praças ou locais onde os jovens possam passear para fazer amizades. Sem dúvida, a perspicácia desses jovens fez que, com o tempo, eles inventassem maneiras alternativas de encontrar os amigos, mas a necessidade do ser humano de manter uma agradável convivência social certamente não foi contemplada. A luz do sol, a direção dos ventos, a adaptação geográfica e as aspirações das pessoas não eram mais os fatores básicos a determinar o planejamento e o traçado das ruas numa nova cidade do século XX. Brasília, uma expressão da idealização arquitetônica moderna, transformou-se numa Shangri-La para o automóvel, mas não numa Utopia para os seres humanos. Como é possível que isso tenha sido saudado como um triunfo arquitetônico?

A cultura ocidental do século XX desenvolveu um ceticismo com relação a tudo que não fosse "provado cientificamente": o materialismo e o condicionamento social tenderam a separar ou eliminar aquela parte de nós que tem sensibilidade e uma consciência inata da natureza e do meio ambiente. Nós retalhamos a paisagem para construir edifícios, estradas e aglomerações urbanas, como no caso das novas cidades-satélites de Cumbernauld, na Escócia, e Harlow e Milton Keyner, na Inglaterra, tratando a Terra como uma massa inerte e sem vida de solo e pedra (o que pode até ser um reflexo da mesma falta de respeito que temos por nós mesmos). Porém, no plano subconsciente, nosso corpo, nossa mente e nossas hipersensibilidades permanecem altamente harmonizadas e manifestas por causa da suprema inteligência de nossas células. Somos organismos sensitivos, reagindo constantemente às menores vibrações externas que influenciam as nossas ações, os processos conscientes e todos os demais aspectos da nossa vida diária.

No plano subconsciente, interagimos com todo o espectro dos campos energéticos da Terra, com a radiação cósmica, com os campos eletromagnéticos (CEMs) e a todos os outros estímulos externos. Nossas células, órgãos, glândulas, neurotransmissores e os astutos sensores do nosso corpo traduzem os sinais em sensações que vão do desconforto, do cansaço, da doença e da depressão até o prazer, o conforto, a vitalidade, a alegria e mesmo a transcendência. Sejam quais forem os estímulos externos, eles criam sentimentos aparentemente inexplicáveis, freqüentemente indefiníveis, sempre que chegamos a um determinado lugar ou prédio. Os sensores da nossa intuição nos alimentam com informações importantes que não devem ser simplesmente desprezadas. Em conjunto, as cores, a iluminação, as texturas, o fluxo do ar, as formas e as proporções dos ambientes geram um impacto na mente, no corpo e no espírito.

Em geral, tantos as construções antigas quanto as novas nos proporcionam a maioria, senão todas, as comodidades do dia-a-dia a que estamos acostumados e exigimos. Ainda assim, parece que muitos de nós preferem habitar construções mais antigas que as chamadas "caixas de concreto e vidro" modernas. Boa parte da arquitetura atual é sem dúvida elegante e criativa — então, nossa aparente preferência pelo passado seria apenas uma forma de nostalgia comum a todas as idades? Ou muitos desses prédios mais antigos têm certas qualidades intrínsecas e positivas ausentes da arquitetura moderna? Tenhamos ou não uma preferência pessoal pelo estilo e pela decoração tradicionais, podemos sentir esse efeito de modo intuitivo. Evidentemente, nem todas as igrejas nos darão uma sensação de bem-estar e nem todos os modernos prédios de escritórios ou apartamentos nos farão sentir deprimidos ou ofenderão o nosso bom gosto, mas seja qual for a idade, o estilo ou a função do imóvel, existe um motivo pelo qual alguns locais e prédios nos deixam perturbados, ou mesmo doentes, enquanto outros têm uma "aura" mágica que nos faz sentir em contato com uma vitalidade natural ou com uma essência de harmonia e de bem-estar.

As necessidades dos seres humanos vão além das dimensões materiais da fisiologia e da biologia: somos condicionados por nossa psicologia, nossas percepções, instintos, intuições e por uma consciência da própria natureza — tudo isso transcende as necessidades básicas de simples conforto físico e abrigo da chuva e do frio. As construções podem ser consideradas nossa terceira pele. A primeira pele é aquela grudada à nossa carne, a segunda pele é a nossa roupa e a terceira é o abrigo proporcionado pelas construções nas quais passamos a maior parte da nossa vida.

Naturalmente, desejamos que nossas construções sejam ao menos agradáveis e livres de doenças, e de preferência estimulantes para se viver. Desejamos que elas tenham uma "alma", que sejam práticas e causem o menos dano possível ao meio ambiente local e global. A maioria das pessoas é altamente receptiva à arquitetura inovadora e vanguardista. Queremos que os nossos arquitetos sejam originais e inventivos, mas ao mesmo tempo queremos que eles nos assegurem de que a moderna tecnologia e seus constantes aperfeiçoamentos não tenham, a longo prazo, um impacto negativo em nossa saúde e nossa qualidade de vida.

Atualmente, planejadores, arquitetos e engenheiros parecem focados em construir prédios "contemporâneos", com alta tecnologia e grande efeito visual. Prédios que servem como escudos sólidos para proteger o nosso conforto físico, sem se importar com o impacto que as suas criações poderão ter na nossa saúde orgânica e espiritual. Nossa relação com a natureza e a interligação com a psique humana não são levadas em consideração. Isso tem se refletido em nossa vida cotidiana: há alguns anos, tornamo-nos conscientes dos efeitos dessa distorção no meio ambiente e na ecologia do planeta, mas agora estamos assistindo ao efeito dela em nosso próprio ambiente pessoal e em nossa saúde. A raiz desse fenômeno é a concepção unilateral e a crença de que o materialismo e o corpo físico são as únicas "realidades", excluindo a mente e o espírito como conceitos que não têm lugar no mundo moderno, no qual tudo — doenças, desastres naturais, produção de alimentos, aquecimento global e catástrofes ambientais — pode ser superado e solucionado pelo avanço da tecnologia. No entanto, muitos, senão todos esse problemas surgiram porque estamos em guerra constante com a natureza.

O professor John Lovelock, um cientista britânico independente e membro da Royal Society que cooperou com a NASA em seu programa espacial, propôs uma nova teoria sobre a vida e o desenvolvimento do planeta. Lovelock lançou a hipótese de que a Terra, as rochas, os oceanos, a atmosfera e todos os seres vivos são parte de um organismo inteligente sem limites que se desenvolve continuamente num vasto período de tempo geológico. Em 1988, seu livro *The Ages of Gaia*[1] apoiava a antiga concepção de que Gaia (a deusa grega da terra) nem sempre tinha bom coração porque ela protege sua própria saúde e bem-estar antes de fazê-lo com qualquer espécie em particular. Essa visão polêmica, finalmente, parece ter conquistado respeitabilidade política. Ministros e outros integrantes da administração britânica, incluindo a organização Demos (o "grupo de pensadores" do governo), estão encarando seriamente a idéia de que tudo está interconectado e que o planeta é um organismo vivo holístico. Durante anos,

INTRODUÇÃO

a teoria de Gaia sobreviveu à ridicularização por parte dos cientistas convencionais, mas mesmo eles agora aceitam a hipótese de Lovelock, que pode formar a base da política governamental para as questões ambientais.[2]

Essas idéias estão de acordo com a visão dos antigos de que os campos energéticos e os ciclos da Terra tinham que ser respeitados de forma a preservar a essência e a integridade da natureza. Além disso, o planeta e os organismos que o habitam tinham que ser mantidos num estado de equilíbrio e harmonia para garantir a manutenção da nossa própria saúde física e espiritual. Qualquer alteração na paisagem, como o corte de árvores, o estabelecimento de grandes plantações, a mineração e outras intervenções nas terras ou nos rios, e especialmente as construções, tinha que ser cuidadosamente avaliada antes que os campos energéticos fossem alterados. Os antigos também admitiam que as energias espirituais de um local poderiam ser afetadas pela carga emocional/psicológica gerada por uma atividade humana em particular realizada naquele local. Dessa forma, a construção de um templo de adoração ou de um local de cura poderia ampliar as vibrações positivas associadas com um local específico que já possuía algumas qualidades "mágicas" naturais, resultando assim num local sagrado.

A "liberdade de espírito" (interpretada por alguns como "qualquer coisa serve") na arte e na arquitetura modernas significa um abandono da alma — um repúdio do sagrado em favor do profano e da desestruturação da natureza.

As doenças da civilização moderna, dos cânceres fatais às alergias crônicas e aos males que debilitam, multiplicaram-se nos últimos cem anos, e a origem da maioria delas está no hábito ocidental de se erguer construções em áreas poluídas, nas características das próprias construções, em nossa demanda insaciável pela geração de eletricidade artificial e em nossa exploração da natureza. Nós desprezamos e não tentamos compreender os efeitos danosos das energias negativas da Terra. É preciso estar ciente do fato de que o ambiente modificado pelas construções contribuiu significativamente para o surgimento das doenças da civilização ocidental.

Apesar de nos sentirmos angustiados por saber que estamos mergulhando de cabeça num abismo, ainda nos recusamos a abrir mão da mais recente engenhoca eletrônica e precisamos ter o próximo aparelho de alta tecnologia que, acreditamos, irá contribuir para o nosso prazer, conforto pessoal e conveniência. Exigimos o mesmo das indústrias farmacêuticas e dos médicos, esperando que eles, sem questionamentos, continuem a descobrir drogas maravilhosas e novas maneiras de curar doenças em boa parte criadas por nós mesmos. Os perigos estão se tornando mais aparentes a cada dia, mas nos fazemos de cegos. Será que estamos numa conspiração silenciosa com arquitetos e médicos porque a maioria de nós está preparada para sofrer uma deterioração gradual da saúde — mesmo quando ela pode acabar em morte prematura — em vez de permitir interferências em nosso modo de vida atual e naquele que almejamos para o futuro? Essa condição é conhecida como a *Síndrome do Sapo Cozido*.

Um sapo pula dentro de uma panela com água que está sendo gradualmente aquecida. À medida que a água vai esquentando, o sapo vai adaptando a temperatura de seu corpo à da água, e continua a adaptá-la quando a água esquenta ainda mais — até que, finalmente, o sapo é cozido vivo.

Assim como o sapo, continuamos nos adaptando aos crescentes riscos à saúde para satisfazer nossas expectativas e nossa busca por mais conforto, maior com... ...e e uma vida mais fácil. Entretanto, apesar do materialismo ocidental, poucas pessoas parecem satisfeitas e realizadas.

Temos encorajado os arquitetos, os industriais e os incorporadores a atender nossas demandas por edifícios e produtos quase sem questionamentos, reclamações ou críticas, e os registros do passado mostram que tem havido pouca ou nenhuma vontade política para eliminar ou reduzir os riscos. Nem as autoridades, nem os médicos e os arquitetos se esforçam para exercer um controle efetivo e no momento certo. Eles freqüentemente optam por ignorar as evidências epidemiológicas e aquelas contidas em relatos de casos. Talvez, se os médicos e os arquitetos se comunicassem entre si, usando uma linguagem comum, surgissem oportunidades de se entender os efeitos nocivos.

Apesar desse quadro, parece haver uma reação crescente no campo da medicina. Somos hoje mais céticos quanto aos tratamentos alopáticos, que não reconhecem os seres humanos como entidades holísticas, mais do que corpos com pele e ossos. A necessidade de certos tipos de cirurgia radicais e a prescrição de drogas que podem causar mais mal do que bem estão sendo questionadas. Estamos também nos tornando mais conscientes dos efeitos prejudiciais que certas condições ambientais — dentro e fora das construções — podem ter em nossa saúde em geral e em nosso bem-estar. Instintivamente, sabemos que os fanáticos e os grandes sacerdotes do avanço tecnológico precisam equilibrar sua lógica cega e sua racionalização com o entendimento dos cânones básicos — tão vitais para a existência humana — que são conhecidos, ensinados, descritos em livros e praticados há milhares de anos.

Os antigos profetas respeitavam o nosso planeta como um organismo vivo e inteligente e acreditavam que tudo no universo, inclusive os seres humanos, tem laços de conectividade: os padrões e os movimentos dos corpos celestes são um reflexo macrocósmico da vida na Terra, do nível microcósmico do mundo subatômico. Em outras palavras, os padrões, a harmonia, as proporções e a geometria encontrados na natureza se repetem pelo universo afora.

Os iniciados nesses ensinamentos não apenas tinham uma compreensão profunda do jogo sutil de energias pelo qual o cosmos funciona como um todo harmonioso. Eles também sabiam como reproduzir essas vibrações no mundo aparente, de modo a que suas construções encontrassem eco nos seres humanos e na natureza para criar e manter condições de vida saudáveis que alimentassem a nossa alma. Vitruvius, que viveu há dois mil anos, enfatizava que os valores da arquitetura eram valores humanos. Consciência, autoconhecimento e uma compreensão profunda da essência mística da natureza humana e do cosmos deveriam ser qualidades inerentes a qualquer um que se diz arquiteto — ou médico. Como os nossos edifícios modernos se harmonizam com esses princípios fundamentais?

As formas de uma construção, de qualquer estilo ou período, incluindo-se aí a nossa arquitetura moderna, podem reproduzir essas qualidades tradicionais, harmoniosas, saudáveis e gratificantes, desde que o arquiteto tenha sido educado e treinado a praticar os princípios transmitidos pelos mestres da sabedoria de antigamente. Ironicamente, alcançamos um estágio neste ciclo civilizatório em que as circunstâncias críticas criaram uma oportunidade positiva para o arquiteto se tornar, de novo, um "mestre construtor".

O recente despertar da sociedade ocidental para um modo de vida que repudia o materialismo absoluto irá forçar os arquitetos a tirar vantagem da recém-descoberta liberdade, criada acidentalmente pelos especialistas, em eliminar alguns dos fardos do cotidiano. Eles podem agora focar na essência e nos princípios fundamentais da arquitetura.

O desafio para o século XXI é criar uma síntese que reúna as maravilhas da tecnologia moderna com a integridade da antiga sabedoria espiritual e a compreensão das eternas leis da natureza e do universo. O confronto surge da maneira como percebemos o mundo. Por exemplo: nossos sentidos nos levam a acreditar que a Terra está parada e que o Sol gira pelo universo, mas intelectualmente sabemos que a Terra gira em torno do Sol. Essas "realidades" conflitantes só podem ser conciliadas quando a nossa consciência e a nossa compreensão conseguem transformar o paradoxo numa unidade indivisível. Como a resolução desse dilema pode se manifestar na qualidade do meio ambiente construído? Podemos começar por evitar os desvios da essência do nosso ser.

Este livro investiga as conseqüências do repúdio à antiga sabedoria no século XX e se dispõe a aumentar nossa consciência ao examinar algumas das origens dos problemas e propor soluções práticas para evitar prudentemente algumas das atuais ameaças à saúde. Ele oferece "munição" para desafiar as autoridades que parecem cultivar uma visão materialista e unidimensional da humanidade e da natureza. Mas antes que nós, consumidores — os usuários finais —, possamos exigir um ambiente sem riscos, saudável e que enriqueça a alma para servir de moradia ao ser humano, precisamos mudar as nossas atitudes e redescobrir a nossa natureza holística — descobrir que somos entidades físicas, mentais *e* espirituais.

Referências

1. Lovelock, J. (1989) *The Ages of Gaia*, Oxford: Oxford University Press.
2. Woods, R. "Meacher comes out as guru of Mother Earth", *The Sunday Times*, 7 de maio de 2000.

Sugestões de leituras complementares

Carey, J. (1999) *The Faber Book of Utopias*, Londres: Faber & Faber.
Day, C. (1990) *Places of the Soul*, Northants: The Aquarian Press.
Russell, P. (1982) *The Awakening Earth*, Londres: Routledge & Kegan Paul.

PARTE I

Os Riscos Atuais à Saúde

1

Sua saúde e o meio ambiente construído

Saúde é uma condição de completo bem-estar físico, mental e social, e não apenas a ausência de doenças ou enfermidades.

Organização Mundial da Saúde

O cidadão ocidental típico — donas de casa, executivos, gente que trabalha em casa, crianças e idosos — passa até 85% de sua vida dentro de um prédio, ou dentro de um carro que o transporta de um prédio para outro. Aos poucos, vem-se reconhecendo que as condições do local onde um prédio se encontra, assim como o local em si, seu desenho arquitetônico, sua construção e manutenção podem exercer uma influência profunda na saúde de seus ocupantes, seja ele um escritório, uma escola, um hospital, um *shopping center* ou uma residência, onde aparelhos eletrônicos e equipamentos de trabalho se tornaram comuns. A síndrome da construção doente (SCD) e outras ameaças à saúde, geralmente associadas aos locais de trabalho, estão se verificando agora também nos lares, já que 30% ou mais da população empregada trabalha em suas próprias casas. Seria tolo imaginar que sua casa é "segura como um lar".

A síndrome da construção doente é uma espécie de mal-estar, mas existem outras doenças sérias e que causam riscos à vida ligadas ao ambiente, conhecidas como "doenças da civilização". No Reino Unido, de cada noventa mil mortes antes dos 65 anos, 32 mil são causadas pelo câncer e 25 mil por males do coração. Até 1950, o câncer era uma doença relativamente rara e acometia principalmente os idosos. Desde então, sua incidência cresceu à ordem de 1% ao ano e, segundo estimativas, daqui a cinqüenta anos, todo mundo irá sofrer de alguma forma de câncer.[1] As estatísticas oficiais prevêem que um em cada três de nós irá contraí-lo, e as crianças estão cada vez mais predispostas a ele, apesar dos bilhões investidos em pesquisas em todo o mundo. A indústria ocidental produziu e comercializou no século XX aproximadamente setenta mil novos materiais sintéticos e químicos, muitos dos quais derivados do petróleo. Menos de 2% deles foram testados para se conhecer seus efeitos sobre a saúde humana e mais de 70% simplesmente não passaram por teste algum.[2] Cerca de mil desses produtos entram em circulação a cada ano. O aumento na incidência de câncer tem sido atribuído principalmente à exposição a toxinas e a uma ampla variedade de produtos químicos industriais, gases e outras substâncias presentes no ar que respiramos no ambiente de trabalho e em casa. Outras fontes são a água e a comida contaminadas.

Segundo um estudo abrangente com quase noventa mil gêmeos, univitelinos ou não, realizado pelo Karolinska Institute, em Estocolmo, publicado no *New England Journal of Medicine*, "Em média, os fatores ambientais foram duas vezes mais associados aos casos de câncer do que os fatores genéticos... e mesmo um gêmeo univitelino tinha apenas 10% de chance de contrair o mesmo câncer de seu irmão".[3] Em última análise, todos os cânceres são doenças genéticas causadas por genes danificados, mas o estudo demonstrou que o ambiente, mais que os fatores genéticos, é responsável pelos maiores riscos. A radiação e a poluição estavam entre os maiores vilões. Hoje temos a tecnologia para mapear o genoma humano, mas as afirmações de que, por causa disso, daqui a cinqüenta anos doenças como o câncer serão coisa do passado parecem muito improváveis, a menos que se faça mais esforços para identificar e lidar com os riscos ambientais previsíveis. Embora não possamos escolher os genes que herdamos de nossos pais, está em nossas mãos controlar o nosso ambiente.[4]

Qual o nível de pureza do ar que respiramos?

Desde o século XVIII, chamado de "Era da Razão", a civilização ocidental tem tratado a Terra como uma benfeitora inerte que oferece recursos à vontade para serem explorados em benefício dos seres humanos. Acreditava-se que, por mais que se poluísse o meio ambiente, a terra, o mar e o ar absorveriam a poluição e a neutralizariam. A teoria de que uma região pode apresentar características particularmente benéficas, ou que outra região pode ser prejudicial ou nociva à saúde tem sido descartada como irrelevante ou como uma tolice supersticiosa: um terreno ou área era considerado tão adequado para a habitação humana quanto qualquer outro. Agora, começa-se a descobrir que certas regiões e muitas de nossas novas construções podem ser fontes de doenças e males diversos. Até o final do século XIX, Londres era uma cidade concentrada ao longo das margens norte do rio Tâmisa. As margens ao sul, especialmente ao redor de Southwark, eram um pântano desabitado onde reinavam mosquitos e ratos. Nos últimos cem anos, mais ou menos, a expansão da cidade fez com essa área se tornasse densamente habitada. Na primavera de 1994, o resultado de um programa de pesquisas conhecido como Middlesex Report mostrou que nas casas erguidas nos arredores dos terrenos alagados, a taxa de mortalidade infantil é 31,9% mais alta do que nas casas construídas em terrenos secos. Estudos científicos eliminaram outras variáveis estatísticas como a classificação social e ficou claro que tanto os bebês quanto os adultos estão sob risco. No Capítulo 3, examinaremos os efeitos nocivos dos campos eletromagnéticos artificiais (CEMs). Neste e no próximo capítulo, iremos nos deter em outras fontes de ameaça à saúde no ambiente construído, tais como:

- Terrenos contaminados
- Emissões de gás natural (radon)
- Amianto e envenenamento por chumbo
- Água contaminada
- Compostos orgânicos voláteis (COVs)
- Projetos e especificações arquitetônicas e de engenharia deficientes
- Administração inadequada de recursos

Qualquer uma dessas fontes, ou combinações entre elas, pode ser a causa direta de doenças, males debilitantes ou colapso do sistema imunológico do organismo.

Os estilos de vida modernos, os métodos de trabalho e os padrões de conforto aumentaram nossa demanda por habitações aquecidas e sem correntes de ar. Vidros espessos, janelas e portas hermeticamente fechadas, a substituição de despensas de alimentos ventiladas por refrigeradores, aquecimento central (que tornou obsoletas as lareiras e chaminés) e regulamentos de prédios que determinam o isolamento dos ambientes para poupar energia criaram lares virtualmente impermeáveis (os regulamentos de prédios também exigem canais de ventilação para a entrada de um pouco de ar externo, mas freqüentemente esses canais são vedados pelo dono da casa para diminuir os custos com o aquecimento). É raro encontrar hoje um prédio comercial que não disponha de ar condicionado central, e para que ele funcione bem, o prédio tem que ser completamente vedado, a não ser pela entrada e saída do ar do aparelho. A qualidade do ar que se respira em todos os tipos de habitação, novas ou antigas, pode ser um significativo fator de risco à saúde.

Gostamos de acreditar que o ar nas regiões campestres e na beira do mar é "fresco". No entanto, cientistas da Norwegian Institute for Air Research, da Noruega, que recolheram amostras de ar dentro de seu laboratório, nas ruas de Oslo e num local remoto do litoral encontraram traços de produtos químicos usados em perfumes em todas elas. Os perfumes artificiais usados em fragrâncias, aromas sintéticos, sabonetes, purificadores de ambientes e outros produtos domésticos foram detectados na atmosfera e, principalmente, no interior das habitações. Traços de almíscar sintético foram encontrados no mar do Norte, em rios, peixes, gordura humana e em leite materno. Descobriu-se que o almíscar do tipo ambrette, hoje banido na União Européia, causa atrofia dos testículos e que o almíscar do tipo xylene está ligado a casos de câncer em ratos. A longo prazo, os efeitos tóxicos em organismos vivos é imprevisível.[5]

Durante a última década, os governos ocidentais se esforçaram para controlar os perigos do gás radon, do envenenamento por amianto e por chumbo e da doença dos legionários. Em menor escala, continuaram suas tentativas de reduzir a ameaça dos gases tóxicos e da água que circula por regiões poluídas ou depósitos de lixo. No entanto, muitas outras fontes de risco, como os compostos orgânicos voláteis (COVs) estão entre os materiais e equipamentos usados normalmente no dia-a-dia da maioria das residências e outros tipos de habitação.

Terra contaminada

O crescimento da população mundial cria uma demanda cada vez maior por terras para se construir novas cidades, que podem ser muito pouco adequadas para a habitação humana. A escassez cada vez maior de áreas apropriadas para esse fim tem sido agravada ainda mais por leis de planejamento, restrições governamentais e por políticas de conservação de áreas rurais. O déficit de terras e a superpopulação, além de fatores econômicos, resultaram na demolição de instalações industriais abandonadas ou obsoletas para posterior utilização dos terrenos para outras finalidades. Mas essa nova ocupação foi feita sem a indispensável remoção e tratamento dos produtos químicos tóxicos e altamente poluentes e dos resíduos de metais pesados dos processos industriais das antigas fábricas. Permitiu-se que se construíssem casas em áreas antes usadas como depósitos de lixo nas quais os dejetos foram comprimidos e cobertos com uma fina camada de terra, na esperança inútil de que ela impedisse o desprendimento de gases nocivos. Inevitavelmente, as conseqüências para os novos habitantes foram doenças e alergias estranhas. Os dejetos industriais poluíram outras áreas recicladas para moradia e, em nossa ignorância ou sede de lucros, supomos que a Terra pode ser tratada como um objeto amorfo e inofensivo capaz de absorver e neutralizar as substâncias venenosas que descartamos. A limpeza de regiões poluídas pode custar muito caro e nem todos os proprietários ou incorporadores estão preparados para assegurar que suas terras estão adequadamente tratadas e livres de ameaças à saúde.

Uma definição oficial de "terra contaminada" traz a seguinte descrição: terra que contém uma ou mais substâncias em quantidades ou concentrações potencialmente prejudiciais à saúde dos seres humanos, dos animais, das plantas, das habitações, do funcionamento das habitações e de outros receptores ambientais. "Terra" inclui qualquer estrutura, material de superfície, solo, subsolo, águas da superfície, águas subterrâneas e fontes.

Muitos depósitos de lixo e terrenos de indústrias desativadas que passaram a abrigar residências, escolas e hospitais estavam altamente contaminados. Nem os governos, nem as autoridades locais adotaram as precauções necessárias para limpar essas áreas e torná-las seguras. Casos desse tipo, na Europa, nos Estados Unidos e no Japão, embora bastante divulgados, causaram pouco impacto nas autoridades que detêm o poder mas freqüentemente não têm vontade política para colocar em ação as normas de planejamento urbano e outras leis de que dispõem. Por que os governantes relutam tanto em ouvir as palavras de experiência e de bom senso das chamadas pessoas comuns?

Em 2000, a British Environment Agency foi duramente acusada de omissão por um comitê da Câmara dos Comuns por não ter processado judicialmente os responsáveis por um despejo irregular de lixo e de esgoto, além de uma série de indústrias poluidoras. Estimativas conservadoras calculam que no Reino Unido existem cerca de cem mil terrenos contaminados, abrangendo uma área de quinhentos quilômetros quadrados de "terras marrons" (que sofreram contaminação anterior) e oito mil depósitos de lixo, entre eles 463 de alto risco. No entanto, pode haver muitos outros terrenos não registrados e que não figuram nas estatísticas.

O site da internet www.homecheck.co.uk alega ser capaz de oferecer informações sobre terras possivelmente contaminadas, riscos causados por poluição e áreas ocupadas por dejetos num raio de meio quilômetro de qualquer CEP (Código de Endereçamento Postal) no Reino Unido. De acordo com suas estimativas, existem dois milhões de pessoas no Reino Unido expostas ao risco de envenenamento tóxico por viverem próximas a uma das 46.000 áreas que emitem poluentes, como depósitos de lixo cobertos de terra, que emitem substancias tóxicas, ou áreas com gás radon. Há outros quatrocentos mil terrenos onde funcionaram indústrias e 275 mil depósitos de lixo abandonados.

Quando uma área usada para compactar o lixo doméstico tem sua capacidade esgotada, ela em geral é coberta com uma camada de terra e vendida como terreno adequado para construções. Os materiais orgânicos do lixo desprendem metano e outros gases nocivos: mais cedo ou mais tarde, o ar daquele local sofrerá uma poluição constante. O descarte ilegal de substâncias nocivas como amianto, metais pesados, pesticidas, solventes, refugos hospitalares e mesmo material radioativo fez com que algumas áreas públicas, usadas normalmente apenas para o lixo doméstico, se tornassem tão perigosas quanto aquelas classificadas como de alto risco.

O solo e as águas subterrâneas se tornam, na verdade, um ecossistema orgânico vivo. O terreno que foi usado anteriormente para a indústria de gases, estações de esgoto, metalúrgicas ou outras indústrias podem deixar no solo uma herança de metais pesados, solventes, ácidos e outros poluentes. A contaminação atinge as águas subterrâneas, poluindo os rios e a água potável e afetando os seres humanos, os animais e a vegetação. Podemos ingerir toxinas por meio dos alimentos cultivados no solo poluído, respirar partículas microscópicas de amianto, solventes e gases nocivos vindas dos materiais enterrados no solo e, assim, contrair alergias de pele ou coisas piores, causadas por substâncias corrosivas e poluição venenosa originária do lixo. As fontes de contaminação, sejam elas metano ou monóxido de carbono vindas do material orgânico prensado e decomposto, sejam elas metais pesados e produtos químicos tóxicos — chumbo, cádmio, mercúrio, arsênico e hidrocarbonetos poliaromáticos — podem causar explosões, asfixiamento e envenenamento em seres humanos, animais e plantas, assim como atacar e erodir os alicerces das construções.

Todo ano, apenas na Grã-Bretanha, prescreve-se cerca de seiscentos milhões de medicamentos.[8] Drogas complexas — remédios para o coração, hormônios sexuais, antibióticos, vitaminas anticâncer e tratamentos de reposição hormonal — sobrevivem ao sistema digestivo humano, vão parar nos esgotos e atingem os rios e oceanos. Toneladas de antidepressivos e outras drogas tóxicas estão poluindo os nossos rios, ameaçando a vida dos peixes e se misturando à água que bebemos. Os pesquisadores hoje acreditam que a poluição das águas causada por medicamentos pode ser responsável pela morte de pequenos organismos aquáticos, pela diminuição dos níveis de esperma em espécies marinhas e pelas mudanças nos hábitos de desova. Até mesmo traços de loção para bronzear e produtos químicos sintéticos usados em perfumes foram encontrados em peixes.

A disponibilidade de terras para se construir no Reino Unido diminui a cada ano. Há décadas o governo mantém uma política de proteção enérgica do campo, das áreas rurais, dos cinturões verdes e dos espaços públicos nas cidades e em volta delas. Segundo estimativas do governo, as mudanças demográficas, o mau emprego de processos industriais, o aumento constante da população e a quebra das uniões familiares exigem que mais de quatro milhões de novas residências sejam construídas até 2016. Para evitar conflitos com as restrições do planejamento urbano às construções em terras virgens, as autoridades encorajam os incorporadores imobiliários a construir em terrenos que já abrigaram depósitos de lixo. No entanto, muitas perguntas importantes continuam sem resposta: quem será responsável por identificar os locais e os riscos de contaminação, e quem pagará pelos custos da descontaminação?

Os proprietários de terras que já abrigaram indústrias não têm estímulo para desintoxicar o solo e ainda assim esperam receber ofertas irreais por parte dos incorporadores. Estes, por sua vez, relutam em bancar os riscos financeiros — muitas vezes não quantificáveis — da limpeza porque sabem que não existe método que garanta uma descontaminação completa.

O governo é tão culpado quanto os que não limpam de forma apropriada e efetiva os terrenos poluídos: o fiasco da Cúpula do Milênio custou aos contribuintes britânicos cerca de 200 milhões de libras (fora os outros 3/4 de bilhão de libras) porque as autoridades responsáveis pelo projeto consideraram que levaria muito e tempo e sairia muito caro realizar um trabalho de limpeza completo do solo. O terreno abrigou no passado uma usina de gás — uma das maiores da Europa — e uma indústria química. Embora tenha-se assegurado que a camada de solo fortemente poluída fora removida para uma profundidade de quinze metros, dezoito meses depois da construção da Cúpula viu-se que uma fatia de qua-

SUA SAÚDE E O MEIO AMBIENTE CONSTRUÍDO

tro metros de altura de solo contaminado havia sido deixada a três metros do chão e "selada" com uma camada de vinte centímetros de concreto e terra.

Compreensivelmente, ninguém quis comprar a Cúpula ou removê-la para usar o terreno para outras finalidades porque o montante do investimento a ser feito para descontaminar o solo de modo apropriado não podia ser calculado. Nesse meio-tempo, até que se convencesse um incorporador a investir e tirar o negócio da mão do governo, o contribuinte teve que pagar vários milhões a mais por ano apenas para manter a construção fechada.[9]

A remoção do solo tóxico é uma solução, mas o material contaminado terá que ser depositado em algum outro lugar; o encapsulamento é um método mais ou menos cosmético e em grande parte ineficiente porque ele ainda conserva os materiais perigosos no mesmo local — a qualquer momento os gases podem se libertar e os produtos químicos podem se infiltrar para fora da cápsula. Uma técnica desenvolvida pela biotecnologia, que usa organismos que neutralizam o lixo tóxico, é uma solução promissora mas cuja viabilidade prática ainda levará um longo tempo.

A proposta da Lei de Proteção Ambiental de 1990, de se criar um registro detalhado das terras potencialmente contaminadas foi abandonada depois de uma intensa campanha de *lobby*, amparada no fato de que um registro desse tipo iria arruinar a ocupação de algumas regiões condenadas. Se essa proposta tivesse se tornado lei, poderia ter evitado que muita gente, inadvertidamente, fosse viver em terrenos contaminados. Em vez disso, na última Lei Ambiental, de 1995, determinou-se que uma série de órgãos governamentais compilasse informações sobre poluição, classificasse os riscos, desse orientações para minimizar o impacto e recomendasse a solução adequada a ser aplicada.

Os riscos à saúde e os danos ambientais a longo prazo foram subestimados pelos órgãos oficiais, pelos proprietários de terras e pelos incorporadores. A International Society of Soil Mechanics ans Geotechnical Engineering (ISSMGE) considera que, no futuro, a questão das terras contaminadas se tornará ainda mais complexa e mais dispendiosa. As evidências médicas, o interesse da mídia e as manifestações da população com relação aos riscos à saúde exerceram pressão no governo para que se resolva o problema de como tornar seguras as terras condenadas e de quem irá pagar por esse processo. A questão ganhou o noticiário nos anos 80, algum tempo depois que um conjunto de casas foi construído num terreno usado previamente como depósito de lixo industrial numa região portuária a oeste de Londres, a menos de oito quilômetros do centro da cidade. Pouco depois que os moradores ocuparam as casas, começaram a sofrer rachaduras na pele e outros sintomas estranhos, e passaram a ser picados por um tipo de mosquito tropical até então desconhecido na região. Nenhum dos moradores tinha histórico médico dos sintomas e doenças que surgiram. As investigações provaram que o terreno não havia sido descontaminado corretamente e as análises mostraram que as construções mostravam rachaduras, sinais de afundamento no solo e de ação agressiva de produtos químicos.

O jornal médico britânico *The Lancet* publicou uma reportagem em 1998 intitulada "Risco de anomalias congênitas próximo a perigosos antigos depósitos de lixo na Europa". Dados reunidos na Bélgica, na Dinamarca, na França, na Itália e no Reino Unido referiam-se a locais onde haviam se registrado anomalias congênitas e que continham lixo perigoso de origem não-doméstica. Dos 21 locais investigados, nove haviam sido fechados antes da época da pesquisa e dez estavam em operação por mais de vinte anos antes do fim da pesquisa. Os resultados mostraram que a chance de ter bebês defeituosos — com a coluna vertebral fissurada, buraco no coração e má-formação arterial — eram 33% maiores para as mulheres que viviam num raio de três quilômetros da localidade onde se encontravam os depósitos de lixo. Foi registrado também um significativo aumento nos riscos à saúde das pessoas que moravam próximo a essas localidades, com maior incidência de problemas neurológicos, má-formação do septo cardíaco, artérias e veias, problemas respiratórios, asma e vômitos. Entre as anormalidades do aparelho reprodutor masculino relacionadas a produtos químicos que interferem na glândula endócrina, observou-se um risco elevado de ocorrência de hipospadia (uma anomalia no pênis ou no períneo). Os habitantes de um raio de três a sete quilômetros dos pontos afetados eram menos suscetíveis a esses riscos à saúde.[10]

Em 1999, uma equipe de reportagem do jornal *The Sunday Times* trouxe a público o alto índice de defeitos de nascença entre as crianças que viviam próximo a uma rede de depósitos de lixo tóxico em Corby, Northamptonshire, onde a incidência de membros com deformações era mais do que dez vezes superior ao que se esperaria numa cidade com sessenta mil habitantes. Vários terrenos abandonados desde os anos 80 ainda estavam contaminados com níveis significativos de arsênico, zinco e níquel. O subseqüente despejo ilegal de dejetos químicos, amianto e lixo hospitalar piorou ainda mais a toxidade da terra. Um dos depósitos de lixo havia sido contaminado com antraz. Investigações posteriores por parte do governo descobriram que um dos depósitos provavelmente era responsável por diversos surtos de doença dos legionários na localidade.[11]

Apesar das evidências médicas, um grupo de moradores de Lancashire que integrava uma entidade chamada Ação Para Reduzir e Reciclar Nosso Lixo teve que organizar uma campanha contra a instalação de um depósito de lixo a menos de duzentos metros de uma escola.

Agora que as normas da União Européia determinam que os depósitos de lixo sejam gradualmente desativados, obrigando as autoridades locais a reduzir o volume de refugos depositado no solo, a única alternativa para o Reino Unido é incinerar suas 28 milhões de toneladas anuais de lixo doméstico (o problema é agravado pelo fato de que as tentativas de se encorajar as pessoas a reduzir e reciclar seus resíduos tiveram pouco sucesso e, à medida que o tempo

SUA SAÚDE E O MEIO AMBIENTE CONSTRUÍDO 31

passa, as montanhas de lixo ficam mais altas). Recentemente, o governo britânico lançou um plano para criar 130 usinas de incineração, capazes de processar anualmente duzentas mil toneladas de lixo, ou 94 usinas, com uma capacidade maior de 0,25 milhões de toneladas. O fato de que o lixo incinerado possa se transformar em fonte geradora de eletricidade não diminuiu os exaltados protestos de grupos ambientalistas e de moradores que passariam a ser vizinhos das usinas de incineração. Os opositores à idéia acreditam que subprodutos da incineração, como as dioxinas e outras substâncias tóxicas dos gases do lixo, possam ser cancerígenas. Ativistas de uma organização da zona norte de Londres fecharam a maior usina de incineração da Grã-Bretanha, em Edmonton e, surpreendentemente, um júri os inocentou da acusação de danos criminais.[12]

Seja qual for a escolha, enterrá-lo ou incinerá-lo, o nosso lixo causará alguma forma de poluição. Os riscos potenciais à saúde dependem em grande parte da distância em que se está da fonte poluidora.

A Imperial Chemical Industries (ICI), gigantesca empresa da área química baseada em Cheshire, foi obrigada a remover a população inteira de uma comunidade, comprando suas 470 casas a preço normal de mercado depois de admitir sua responsabilidade pelo envenenamento dos imóveis por vapores de lixo tóxico. A cidade, perto de Runcorn, fora construída sobre uma pedreira de três hectares usada como depósito de lixo coberto por arenito, usada durante cinqüenta anos pela ICI para despejar milhões de toneladas de resíduos perigosos, inclusive hexaclorobutadieno (HCBD) — um subproduto da fabricação do cloro. O despejo cessou nos anos 70, mas o HCBD infiltrou-se na camada rochosa e em algumas casas. A incidência de doenças do fígado em Runcorn representa o dobro da média nacional e uma mãe perdeu cinco crianças. Outras famílias foram vítimas de aborto e fetos defeituosos e o número de casos de câncer é elevado. Além disso, as plantas murchavam e os animais domésticos morriam prematuramente. Um porta-voz da ICI admitiu que, sem dúvida, as altas concentrações de HCBD eram conseqüência do despejo de lixo tóxico.[13]

Nas últimas décadas, tanto o governo quanto as autoridades locais foram amplamente advertidos de que permitir projetos imobiliários em antigos depósitos de lixo soterrados, ou em áreas de despejo de resíduos tóxicos que não foram descontaminadas de forma adequada, pode resultar em sérios riscos à saúde para os ocupantes das novas construções. As regulamentações, consideradas por especialistas independentes como muito vagas, às vezes não são aplicadas de forma correta. Permite-se que os poluidores originais vão embora depois de uma limpeza apressada da área e os incorporadores se interessam apenas em fazer o mínimo necessário para atender aos padrões — já excessivamente baixos — exigidos pelas atuais regulamentações.

Um bom exemplo é a fábrica da Royal Small Arms, em Enfield, nos arredores de Londres, que por duzentos anos produziu armas como o rifle Enfield e munições. Sabe-se que a área, vendida para uma firma imobiliária para a construção de uma "cidade" de 1.300 casas, foi contaminada ao longo dos anos pelos processos industriais, deixando a terra poluída por cádmio, chumbo, mercúrio, cobre, níquel, zinco, cromo, arsênico, fenóis, cianeto e fibras de amianto. A prefeitura local aprovou o projeto em abril de 2000, antes que aspectos importantes da descontaminação fossem solucionados, e os construtores foram autorizados a iniciar seus trabalhos. Moradores da região, grupos ambientalistas e a mídia — a BBC e o jornal *Evening Standard* — criticaram duramente as autoridades locais, que finalmente decidiram criar uma comissão para investigar o caso. Dois jornais da região foram convidados a assistir às reuniões da comissão, mas todas as demais partes interessadas, jornalistas e manifestantes, foram barradas, apesar das intimações feitas por advogados do *Evening Standard*. O resultado foi que a prefeitura e a firma imobiliária insistiram que haviam limpado a área de acordo com os padrões determinados pelo governo. No entanto, se ficar comprovado que a terra não foi adequadamente descontaminada, os operários das construções podem estar sob risco, as fundações das novas casas podem se deteriorar e as pessoas que comprarem os imóveis podem ter a saúde prejudicada da mesma maneira que aquelas, em circunstâncias semelhantes, já citadas.[14]

Sugestões para se evitar riscos

Se você mora, trabalha, estuda ou utiliza hospitais nas proximidades de uma área contaminada por uma antiga indústria, ou de um depósito de lixo desativado e soterrado, é provável que a atmosfera local esteja poluída. Se isso o preocupa, é preciso agir: faça investigações junto às autoridades locais para descobrir quais tipos de resíduos ou substâncias tóxicas podem ter sido descartados. Peça conselhos a um dos muitos ambientalistas independentes em vez de confiar nas opiniões de antigos proprietários da área, de firmas construtoras ou imobiliárias. A ONG Friends of the Earth publicou um guia dos depósitos de lixo intitulado *Toxic Tips* e o relatório de Paul Symmes, *The Redevelopment of Contaminated Land for Housing Use* pode ser útil. Como alternativa, pode-se encontrar uma bibliografia abrangente no site www.ContaminatedLand.co.uk/gov-guid. Você pode também visitar o site www.homecheck.co.uk, que fornece dados básicos sobre as regiões. Além disso, é preciso checar os registros do plano diretor da cidade e os projetos estratégicos locais que contenham propostas para a construção de um incinerador de lixo.

A boa notícia é que, ao longo de sete anos de trabalho, os cientistas do Instituto de Ciências Médicas da Aberdeen University desenvolveram o primeiro sensor bacteriológico capaz de detectar áreas poluídas a serem descontaminadas. Eles embutiram nas bactérias que se desenvolvem no solo um gene que cria um tipo de luminosidade. A pequena bactéria emite um brilho se o solo está limpo. O brilho desaparece se há toxinas presentes e volta quando o terreno foi recuperado. O processo tem sido comparado ao uso de canários para se detectar a presença de monóxido de carbono em minas profundas. O sensor biológico acusa em poucos minutos se uma amostra de solo é tóxica ou não, e que tipo de toxinas estão presentes. Tem-se afirmado que essa técnica permitirá testes mais confiáveis e abrangentes do que a tecnologia convencional.[15]

Gás radon

Radon (Rn), o mais pesado dos gases nobres produzidos pela decomposição do rádio, do tório e do actínio, é um dos 92 elementos químicos que compõem a crosta terrestre. Radioativo, ele é o isótopo de maior duração, com uma meiavida abaixo de quatro dias: o gás se espalha continuamente por várias camadas do solo antes de se decompor. O nível de radon existente no mundo depende da quantidade de urânio nos estratos geológicos de cada região e das fissuras nas formações rochosas. Ele também pode surgir na água e tem sido encontrado em grau elevado nas águas do solo pouco antes da ocorrência de terremotos. Ele não tem cor, cheiro e nem gosto e está presente no ar que todos respiramos, sendo responsável por cerca de metade de nossa exposição à radiação natural. Quando o radon se mistura ao ar puro ele rapidamente se dilui e não causa problemas, mas em altos níveis de concentração, quando confinado em espaços mal ventilados como cavernas, minas ou construções, pode se tornar uma série ameaça à saúde. O radon se instala nas construções por osmose, penetrando no concreto, nas paredes de tijolos e infiltrando-se em rachaduras nos alicerces e no encanamento. Mesmo materiais de construção comuns no dia-a-dia, como placas de reboco, blocos pré-fabricados e paredes de pedras de granito emitem pequenas quantidades de radon e também de raios gama. Se o gás não se dispersar na construção, partículas de poeira e minúsculas gotas de umidade podem ficar contaminadas. Ao ser respirado pelos ocupantes do local, o ar poluído pela radioatividade se irradia pelos tecidos dos pulmões e causa a deterioração das células, criando condições propícias para o câncer.

O primeiro relatório escrito sobre os efeitos do que hoje conhecemos como gás radon foi publicado em 1556 no livro *De Re Metallica*, de Georgius Agricola, um médico e mineralogista alemão.[16] Seus estudos sistemáticos sobre mineração e sobre minerais em diversas cidades da Europa central mostraram que muitos mineiros eram vítimas de mortes dolorosas por deterioração dos pulmões causada pela respiração de ar poluído. Melhorias no sistema de ventilação e o uso de máscaras faciais ajudaram a reduzir a taxa de mortalidade, mas trezentos anos mais tarde, metade dos mineiros que trabalhavam nas áreas montanhosas da Tchecoslováquia coletando urânio ainda eram vítimas de mortes prematuras.

Estimativas atuais calculam que entre 2.500 e três mil pessoas morrem todo ano de câncer pulmonar causado pela exposição ao gás radon apenas na Grã-Bretanha, e entre cinco mil e vinte mil na América, onde 10% das casas excedem os limites de segurança. Pesquisadores britânicos nos anos 20 alertaram para os perigos do envenenamento por radon, mas foram ignorados pelos governantes. Cerca de cinqüenta anos depois, as autoridades suecas conduziram estudos que finalmente, em 1981, levaram à criação de leis para regular os limites de exposição ao radon. Em 1992, um levantamento examinou cerca de 250 mil habitações na Suécia e concluiu que quinze mil delas estavam contaminadas.[17] A Organização Mundial da Saúde (OMS), o governo americano e de países europeus seguiram o exemplo pioneiro da Suécia.

As áreas de alto risco no Reino Unido são os condados de Devon, Cornwall, Somerset, Derbyshire, Northamptonshire e as regiões ricas em granito da Escócia e da Irlanda. Nos Estados Unidos as áreas de alto risco localizam-se nos estados de Ohio, Colorado, Pensilvânia, Washington, New Jersey e, surpreendentemente, na região central da Flórida, onde há grandes depósitos de fosfatos e de águas subterrâneas. Em geral, as regiões de baixo risco são aquelas em que os extratos do solo são formados por pedras sólidas, sem fendas, e argila pesada.

Em janeiro de 2001, os ministros do governo britânico determinaram a todas as autoridades locais que conduzissem testes nos mananciais privados de água — reservatórios, nascentes e poços — para detectar a possível presença de radon e urânio, já que em sete reservatórios em West Devon havia-se constatado índices acima do limite de segurança. No pior desses casos, os cientistas encontraram cinco vezes mais radon do que o nível aceitável. Mananciais privados em outras áreas de incidência de gás radon, como Derbyshire, Cornwall e Northampton também podem estar contaminados.[18]

Em 1985, o Reino Unido estabeleceu uma série de regulamentações destinadas a evitar a penetração de radon nas construções. Sete anos depois, o Royal Institute of British Architects (RIBA) distribuiu um guia de instruções para seus membros com métodos para prevenir a contaminação por gás Radon em edifícios já existentes e recomendando técnicas de construção para os novos. O documento, cujo foco principal eram as acusações de negligência contra arquitetos que deixaram de tomar as providências necessárias, dizia: "...gás radioativo emergindo do solo é um fenômeno relativamente novo para a maioria dos arquitetos".[19] Essa foi uma observação surpreendente, considerando-se as estimativas de que pelo menos 250 mil casas na Grã-Bretanha são afetados pelo problema, assim como um número significativo de outras construções, incluindo escolas e hospitais localizadas em áreas de alto risco, e que mais de cem mil lares no país encontram-se acima do limite de segurança.

Os perigos de envenenamento por altos níveis de radon em construções chegou ao público britânico em geral quando a revista de orientação a consumidores *Which?* publicou uma reportagem detalhada sobre os riscos à saúde e sobre as regiões mais afetadas, incluindo conselhos sobre o que fazer e quais ações preventivas ou soluções estavam disponíveis.[20]

A poluição por radon ganhou notoriedade nos Estados Unidos em meados dos anos 80, quando a história de Wattrus House se tornou pública. Wattrus era operário de uma usina nuclear e morava em Reading Prong, uma região rica em granito que vai de New Jersey à costa da Pensilvânia. Todas as manhãs, quando ele chegava ao trabalho, o alarme dos medidores apontavam altos índices de radioatividade em seu corpo. Ao final da tarde, quando ele deixava a usina, os níveis de radioatividade estavam bem mais baixos. Obviamente, sua casa estava mais poluída do que a própria usina. Investigações subseqüentes sobre o caso Wattrus resultaram no Programa de Pesquisa Sobre o Gás Radon e a Qualidade do Ar em Interiores, de 1986. Um ano depois, por meio de um programa de pesquisas, a Environmental Protection Agency (EPA) estimou que mais de dois milhões de residências estavam sob risco. Entretanto, os fundos destinados ao programa secaram após sete anos e, embora a Fundação Para a Engenharia do Ar e da Energia da EPA continue existindo, todos os programas criados para a realização de testes e de ações reparadoras foram transferidos para o setor privado.

Ainda que a EPA forneça apoio às ações, não há legislação formal sobre o assunto. Numa tentativa de evitar o crescente número de ações legais contra os incorporadores e agentes imobiliários, o setor de construção civil americano criou regulamentações próprias e, por sua iniciativa, mantém um programa de testes e ações reparadoras e preventivas nas construções. Enquanto isso, a Comissão Européia tentou coordenar as pesquisas sobre o radon em 26 países, especialmente naqueles com minas de urânio, Alemanha e Suécia à frente. No entanto, a Irlanda é provavelmente o único país pró-ativo na Europa a desenvolver um programa para "solucionar" o problema. O Canadá é considerado um dos vários países nos quais as regras sobre o assunto são bastante frouxas.

Nas áreas de alto risco os ocupantes de todos os tipos de construção — não apenas residências — encontram-se vulneráveis ao envenenamento por radon. Quando nossas construções tinham chaminés, janelas e portas mal vedadas e assoalhos de madeira erguidos acima do solo, o gás não se concentrava e era dispersado pela circulação de ar e pelos ventos em volta da casa e sob o chão. Em regiões onde os níveis de radon são altos, construções com chão de cimento sólido erguidas diretamente sobre o solo, e com sistemas eficientes de isolamento contra o ar externo deixam seus ocupantes extremamente vulneráveis. Além disso, o sistema de aquecimento central das casas reduz ligeiramente a pressão do ar no interior, o que tende a permitir a entrada do ar externo através de respiradouros não selados e frestas nas janelas e portas. Em áreas de alto risco, essa baixa de pressão pode acelerar a entrada do gás.

Sugestões para se evitar riscos

Uma nova construção numa área em que há radon pode facilmente incorporar várias técnicas para combater a penetração e o acúmulo de gás. Por exemplo: o piso pode ser erguido acima do nível do solo para permitir a circulação do ar, de forma natural ou mecânica, abaixo dele. Numa outra alternativa, o piso construído em contato direto com o solo pode ser protegido com um tipo de vedação mecânica para evitar a ascensão do gás. Em ambos os casos, todas as frestas entre os alicerces e o interior, e no sistema hidráulico que vem do solo, devem ser bem vedadas para se evitar possíveis caminhos de entrada para o gás. As águas subterrâneas nas proximidades da construção precisam ser drenadas e todos os materiais especificados no projeto para a obra devem ser cuidadosamente selecionados para se evitar aqueles incluídos na categoria de alta radioatividade. Ainda que cada caso apresente suas circunstâncias específicas, e às vezes desafiadoras, os princípios são os mesmos: garantir boa ventilação, selar as frestas sob o chão e formar barreiras contra o gás onde for possível. Além disso, existem técnicas para se construir túneis sob a construção destinados a sugar o gás por sucção mecânica ou se instalar um sistema de dutos em todos os cômodos para expelir o gás pelo telhado.

As soluções para construções já existentes podem ser caras. No entanto, a maioria dos países oferece recursos públicos para se pagar pela assessoria de especialistas e pelas ações corretivas em construções já prontas. Equipamentos de detecção de radon e aparelhos para testes geralmente estão disponíveis para uso das autoridades locais ou dos próprios cidadãos (veja "Contatos" no final deste livro).

Amianto

O amianto é uma fibra mineral natural facilmente encontrada nas formações rochosas de muitas regiões do mundo. O material tem sido utilizado desde os tempos pré-históricos e suas propriedades específicas — flexibilidade e durabilidade, inércia química e resistência térmica — eram perfeitamente adequadas ao desenvolvimento industrial do final do século XIX. Desde o início do século XX, o Reino Unido importou cerca de seis milhões de toneladas de amianto, usadas em produtos isolantes, tetos e pisos, telhados, cimento, materiais antifogo, revestimentos, juntas de vedação e muitas outras aplicações industriais. Roupas de proteção, forros especiais, isolantes elétricos e de baterias e utilidades domésticas — como secadores de cabelo e tábuas de passar roupa — estão entre os muitos produtos à base de amianto ainda encontrados nos lares, em construções em geral, veículos, trens e barcos. Os três principais tipos de fibra de amianto são:

> Crisotila (branca): branca, macia e flexível, usada em roupas e fibras têxteis
> Crocidolite (azul): leve e resistente, usada para vedação e em pulverizadores
> Amosite (marrom): espigosa e elástica, usada em chapas para construção e coberturas

Outros tipos de fibra mineral de amianto — como antofilite, tremolite e acinolite — não foram usadas com tanta freqüência, mas todas eram chamadas genericamente de amianto.

Quando o amianto danificado ou desgastado libera fibras leves e minúsculas no ar que respiramos, configura-se uma séria ameaça à saúde. Trabalhadores em minas de amianto, operários que fabricavam produtos com esse material para a construção civil ou para uso doméstico, e que tinham que cortá-lo, ajustá-lo, perfurá-lo ou pulverizá-lo foram expostos à inalação da poeira microscópica. Quando ocorre um incêndio de grandes proporções num prédio que contém amianto, as fibras explodem e se espalham sobre uma extensa área em volta.

Quem vivia ou trabalhava perto de indústrias que usavam amianto estava igualmente vulnerável às fibras transportadas pelo ar. Os revestimentos de freios em amianto usados durante décadas em nossos carros e caminhões depositaram em nossas ruas, estacionamentos e garagens fibras fatais que aderem a nossos sapatos e são transportadas para nossas casas e escritórios. Um homem que trabalhava numa indústria de alumínio perto de Banbury, Oxforshire, morreu de mesotelioma em 1995. Inadvertidamente, ele levava poeira de fibras de amianto para casa em suas roupas de trabalho, o que levou sua esposa Ann a contrair a mesma doença. Em 1998, ela processou judicialmente a indústria e ganhou 110 mil libras.[21]

As doenças associadas ao amianto são:

Asbestose: uma fibrose do parênquima pulmonar que causa dificuldades respiratórias ou leva à falência cardiorespiratória

Mesotelioma: um tumor no tórax que pode se desenvolver vinte anos, ou mais, após a exposição; em geral, o paciente morre dois anos depois de diagnosticado

Câncer no pulmão: carcinoma nos brônquios (tumor nas vias pulmonares; fumantes inveterados são particularmente vulneráveis)

As autoridades hoje reconhecem que não existem "limites seguros" para a exposição a qualquer tipo de amianto. Nos anos 20 do século passado, sabia-se que as fibras de amianto transportadas pelo ar eram prejudiciais e criaram-se regulamentações para proteger os operários das fábricas desse material. Inexplicavelmente, quem trabalhava com amianto em estaleiros, indústrias de material ferroviário, na construção civil, em outras manufaturas que usavam amianto e o público em geral não foram incluídos. O Reino Unido proibiu a importação dos tipos azul e marrom em 1980. A seguir, estabeleceu uma série de regras e leis destinadas a controlar e interromper a aplicação do amianto, que culminou em 1999 com a proibição de se usar todos os tipos do material. Nela incluiu-se a crisotila, que até então era considerada relativamente "inofensiva". O amianto foi virtualmente banido nos Estados Unidos desde os anos 60 e 70, quando uma série de ações judiciais bem-sucedidas impediram que as empresas continuassem a produzir materiais de construção com amianto. A WTO proibiu os países de exportá-lo, mas o Canadá continua a enviar o produto para outros dez países e argumenta que ele não apresenta riscos à saúde se usado de acordo com as instruções.

Estudos epidemiológicos recentes indicam que a esperada redução dos casos de doenças relacionadas com o amianto, em face das medidas tomadas pelo Health and Safety Executive há duas décadas, não aconteceu. Em vez disso, as previsões são de que a incidência de doenças continuará a aumentar porque uma grande quantidade de construções ainda contém amianto e os operários que trabalham com o material não foram protegidos. Uma pesquisa feita pelo jornal *The Lancet* apontou que mais de uma pessoa em cada cem, na faixa de 50 anos, morrerá de asbestose ou câncer no pulmão, o que soma entre cinco mil e dez mil mortes anuais nos próximos quarenta anos.[22] Esses números conferem com uma estimativa de 1999 segundo a qual 250 mil pessoas na Europa ocidental vão morrer de doenças ligadas ao amianto nos próximos 35 anos. O maior grupo de trabalhadores expostos a riscos atualmente é o da construção civil que lida com amianto em seu dia-a-dia: isso não inclui aqueles encarregados de remover o amianto de antigas construções. A maioria das mortes que ocorrem hoje resulta de exposição ao amianto ocorrida entre quinze e sessenta anos atrás, quando o material não era rigidamente controlado. Quem continua sob risco são os operários que fazem consertos ou manutenção em construções mais antigas, os engenheiros de cabos, telecomunicações e de tecnologia da informação, além das pessoas que fazem pequenos consertos e dos adeptos do "faça-você-mesmo", que gostam de trabalhar em casa por passatempo utilizando o material.

Estimativas recentes do TUC calculam que 1,4 milhão de propriedades comerciais e residenciais ainda contém amianto.[23]

A única maneira segura de saber se uma construção contém amianto ou não é submetê-la a uma análise minuciosa por parte de especialistas. O problema se tornou tão grave que, em 2002, o Health and Safety Executive estabeleceria normas ainda mais severas na Regulamentação de Controle de Amianto. Sob as novas normas, qualquer pessoa que, a qualquer nível, exerça domínio ou controle o acesso, ou seja responsável por consertos ou manutenção numa construção, é obrigada a fazer um levantamento extensivo na suposição de que o amianto está presente nela, a não ser que existam claras evidências em contrário. As normas definem claramente o que deve ser feito para se cumprir as novas regulamentações.

Apesar dos alertas em todo o mundo, apesar das restrições rígidas e das penas severas, os perigos do amianto ainda são desprezados pelos operários da construção civil e mesmo por alguns especialistas autorizados a retirá-lo dos prédios. A manipulação irresponsável do material é exemplificada pelo escândalo das três mil toneladas de amianto do quartel-general da Comissão Européia em Bruxelas, um prédio em forma de estrela conhecido como Berlaymont. Programou-se uma reforma do edifício a partir de 1991, de forma a que ele voltasse a abrigar os integrantes da Comissão em 2001. Devido ao trabalho malfeito na remoção do amianto, parte do qual escapou para a atmosfera, foi jogado fora de modo ilegal ou não foi removido sob condições adequadas de segurança, não há ainda previsão para o término da reforma.[24]

Existe também a ameaça constante de contaminação causada por fibras danificadas de amianto que escapam para a atmosfera das milhares de toneladas desse material que repousam nos telhados de construções já existentes. Em 1999, ocorreu um incêndio numa fábrica de papel de dez mil metros quadrados em Kent, construída em parte com amianto. Nuvens de fibras se espalharam por uma área de vinte quilômetros, contaminando pomares, campos e jardins. Milhares de pessoas na região foram advertidas para não sair de suas casas. A polícia fechou as estradas de acesso ao local e a Environment Agency teve que fazer às pressas uma operação-limpeza. Pode levar anos até que se avalie a extensão dos danos à saúde.[25]

Calcula-se que as indenizações pagas por companhias de seguros a vítimas de doenças relacionadas com o amianto irá superar os 145 bilhões de libras. Isso a torna a categoria de indenização mais cara da história. As seguradoras que até agora não tiveram que fechar as portas em conseqüência do número crescente de pedidos de indenização foram forçadas a aumentar suas reservas. A Equitas, seguradora encarregada de administrar os pedidos para a Lloyds of London, comunicou a seus clientes nos Estados Unidos que não irá pagar indenizações a não ser que algum tipo de dano físico possa ser comprovado, porque não há dinheiro suficiente para compensar todos naquele país que alegam ter sido expostos aos riscos do amianto.[26]

Em resumo, mesmo os governos, com todos os seus poderes, parecem ser tão culpados pelo descaso quanto o empreiteiro impaciente que se recusa a chamar os especialistas em remover asbestos para não ter que interromper as obras. Levará décadas até que todas as nossas construções fiquem livres do amianto.

Sugestões para se evitar riscos

Se você descobrir que há amianto na sua casa ou no seu prédio, comunique o fato imediatamente às autoridades locais. Elas irão inspecionar o imóvel e instruí-lo a como entrar em contato com empreiteiros credenciados a fazer a remoção do material, limpar cuidadosamente o local para livrá-lo de todos os resíduos de poeira de amianto e descartar os materiais tóxicos num depósito de lixo apropriado.

Envenenamento por chumbo

O chumbo é altamente tóxico mesmo em baixas concentrações. Ele pode tomar conta do organismo até representar 25% de nosso peso corporal, e menos da metade disso no sangue pode causar demência, danos cerebrais, falência renal e coronária. Uma vez instalado no corpo, não se consegue eliminá-lo. Os organismos mais vulneráveis são os dos fetos e das crianças. Estas absorvem o chumbo mais facilmente e, em conseqüência, podem desenvolver problemas de comportamento e dificuldades de aprendizado.

As principais fontes do chumbo que ingerimos ou inalamos são os encanamentos de água, materiais usados em telhados, alimentos cultivados em solo contaminado, fumaça do escapamento dos automóveis, pintura a chumbo em construções antigas, cerâmica vitrificada, velhos soldadinhos de chumbo de brinquedo e vapores emanados por juntas soldadas de encanamentos e equipamentos eletrônicos, quando aquecidas. A contaminação por chumbo pode poluir o solo por duzentos anos, enquanto a mesma quantidade de pesticida do tipo DDT (dicloro-difenil-tricloroetano) será neutralizada depois de apenas seis meses.

Já no ano 500 a.C. sabia-se que inalar vapores e partículas de chumbo representava um sério risco à saúde: trabalhadores em minas de prata, substância que contém chumbo, usavam sobre o rosto bexigas de porcos, numa versão primitiva das máscaras respiratórias. Segundo algumas teorias, a queda do Império Romano teria ocorrido, em parte, por causa dos encanamentos de água construídos com chumbo e do uso de taças e tonéis feitos desse material. Eles até mesmo usavam pastilhas de chumbo para adulterar o vinho e acelerar sua fermentação. Pode ser também que a grande quantidade de pintores (artistas) que ficavam loucos se devesse à prática tradicional de misturar o pigmento das tintas com chumbo.

Até os anos 20 do século passado, quando mudanças tecnológicas na fabricação de tintas reduziram a quantidade de chumbo nas fórmulas, a tinta com esse material era usada extensivamente em paredes, madeiras e metais. Embora o perigo fosse conhecido, essa tinta não foi proibida nas construções do Reino Unido até 1965 e até 1978 nos Estados Unidos, onde a legislação hoje determina que todos os equipamentos usados em construções sejam testados e tratados. Apesar da proibição, estima-se que cerca de metade das 28 milhões de residências mais antigas do Reino Unido sejam pintadas com tintas à base de chumbo. Pequenas lascas dessa tinta podem ser arrancadas por um aspirador de pó em ação ou se desprender das molduras das janelas e cair no chão. Crianças, especialmente em idade de engatinhar, engolem as partículas carregadas de chumbo que grudam em suas mãos, o que pode explicar a quantidade de gente jovem que sofre dos efeitos do envenenamento por chumbo. Poeira fina de tinta que se acumula embaixo dos chãos de madeira, nos pêlos dos tapetes e na mobília representam uma ameaça à saúde para todos os ocupantes da casa. Outros grupos muitos vulneráveis são os pintores, decoradores, encanadores e aqueles que gostam de fazer por conta própria os consertos ou reformas na casa.

Sugestões para se evitar riscos

Mexer em tinta de chumbo antiga pode ser extremamente arriscado: removê-la com lixa ou maçarico produz perigosas partículas e vapores; o lixamento com água e as ferramentas a ar quente são menos danosos. O uso de um removedor químico apropriado e aprovado pode ser a melhor solução, mas só quando o ambiente for muito bem ventilado e a pessoa encarregada do serviço usar uma máscara respiratória protetora. Uma alternativa é deixar-se a pintura antiga intacta e cobri-la cuidadosamente com a tinta usada atualmente.

Embora as construções com menos de vinte anos tenham relativamente pouco chumbo, porque as pinturas e soldas nos encanamentos de cobre não usam a substância, os cabos de televisões, computadores e outros equipamentos eletrônicos podem ser soldados com materiais à base de chumbo que eventualmente liberam vapores à medida que o aparelho esquenta. Os carros modernos usam gasolina sem chumbo, mas é provável que muitas décadas se passem antes que fiquemos livre da poluição por chumbo no solo e nas construções.

Doença dos legionários

Em 1976, 34 legionários americanos* que participavam de uma convenção da Filadélfia morreram vítimas de uma bactéria encontrada nos dutos de ar condicionado do hotel onde se hospedavam. A perigosa doença que os atacou recebeu o nome de *Legionnella Pneumophila*. Outros 37 tipos de legionela foram identificados posteriormente, inclusive um de duração relativamente curta e que não apresenta sintomas de pneumonia, conhecido por febre pontiac. A febre lochgoilhead, uma outra forma de legionelose, foi batizada a partir de uma série de casos ocorridos na Escócia em 1988. A doença ataca os pulmões e as pessoas suscetíveis a males pulmonares e do tórax — principalmente os fumantes inveterados — são as mais vulneráveis. Os sintomas incluem febre alta, dores musculares, dificuldades respiratórias e vômitos. O índice de casos fatais é de 18% dos pacientes: para quem sobrevive, a recuperação total pode demorar vários meses.

A bactéria legionela é encontrada em rios, lagos, lagoas, cursos d'água, na lama e em vários segmentos dos sistemas hidráulicos das construções. Ela prolifera em águas mornas, não-estéreis ou estagnadas contaminadas por algas, amebas, lodo, ferrugem, crostas, sedimentos e outros materiais orgânicos. Águas com temperaturas abaixo de 20 graus ou acima de 60 graus não favorecem o desenvolvimento da bactéria, mas ela se multiplica em temperaturas entre 20 e 45 graus. Em águas mais frias, ela pode permanecer "adormecida" até que a temperatura suba.[27]

---

* Veteranos das Forças Armadas (N.T.).

Os ambientes ideais para o desenvolvimento da legionela são as caixas d'água descobertas, os amaciantes hídricos*, os aquecedores de água, os utensílios para água pouco utilizados, os encanamentos angulosos e os que não são usados continuamente. Outros incubadores potenciais são os sistemas hidráulicos que podem gerar gotículas como os aparelhos de ar condicionado, certos tipos de umidificadores, condensadores, banheiras tipo jacuzzi, chuveiros, pulverizadores e fontes. A bactéria se torna uma ameaça à saúde quando a aspiramos junto com partículas de água contaminada.

Em 1988, um acontecimento casual levou à descoberta da origem de uma série de casos da doença ocorridos em Londres. Duas pessoas foram internadas no mesmo hospital em Essex, onde viviam — uma delas parecia estar com pneumonia e a outra com envenenamento por alimentos. Em poucos dias, os dois pacientes foram diagnosticados com a doença dos legionários. Ao mesmo tempo, descobriu-se que ambos trabalhavam num escritório da BBC em Portland Place, Londres. Logo a seguir, outros 58 casos foram diagnosticados, dezoito deles em pessoas que também trabalhavam na BBC — os demais, em pessoas que passavam regularmente pelo prédio ou moravam perto dele. Três dos pacientes morreram. Descobriu-se que a origem do surto estava na torre de resfriamento de água na cobertura do prédio da BBC, que não havia recebido manutenção nem limpeza durante os três meses em que havia permanecido desativada no outono de 1987. O lodo que se acumulou na base da torre de resfriamento criou um ambiente ideal para a multiplicação das bactérias de legionela. Quando o ar condicionado voltou a ser usado, uma fina nuvem de gotículas de água contaminada caiu sobre o prédio e a rua.

Segundo uma lei recente, o proprietário, administrador ou pessoa responsável pela manutenção de um prédio onde ocorram casos de doença dos legionários está sujeito a processo criminal, multa de 2 mil libras e pena de dois anos de prisão.

Embora as causas da doença dos legionários e as maneiras de preveni-la estejam bem documentadas e acessíveis aos engenheiros e administradores de imóveis do mundo inteiro, sua incidência ainda é bastante freqüente. Em Melbourne, na Austrália, sessenta pessoas a contraíram e pelo menos três morreram. Todas eram visitantes de um novo aquário que custou 33 milhões de libras. Descobriu-se que a causa estava nas torres de resfriamento de água (como no caso da BBC mencionado acima). Dois dias depois, um telejornal do canal de TV BBC 1 revelou que as autoridades australianas acreditavam que três mil visitantes do aquário, de muitas partes do mundo, poderiam estar também infectados.[28]

Três dias mais tarde, um turista inglês em férias morreu de doença dos legionários na Tailândia. Divulgou-se que um terço dos prédios públicos inspecionados — incluindo vários hotéis cinco estrelas cujos nomes não foram reve-

---

* Produtos para se tirar o cálcio e o magnésio da água e deixá-la mais "leve" (N.T.).

lados, hospitais e escritórios de Bangkok e de outras cidades turísticas — já haviam sido identificados como abrigos da bactéria mortal.[29]

Sugestões para se evitar riscos

Bons projetos de arquitetura e engenharia podem controlar a legionelose evitando armadilhas óbvias, como tipos obsoletos de torres de resfriamento de água e certos umidificadores. É preciso estar atento às configurações dos encanamentos. Pode-se prevenir a doença com manutenção regular dos equipamentos. Não usar água reciclada, como nas fontes, e limpar as caixas d'água e os filtros. Em novos encanamentos, ou na reforma dos antigos, usar água clorada ou esterilizada para limpar os canos. Em casa, ligar de vez em quando os chuveiros e torneiras que são usados com pouca freqüência.

Informações sobre amostras ou tratamento de água, e sobre os materiais adequados para construções estão disponíveis nas companhias fornecedoras de água, órgãos oficiais de saúde e organizações de pesquisa sobre construções.

Poluentes do ar em interiores

A expressão "poluição do ar" sugere cenas de pessoas em Londres, Los Angeles, Calcutá ou Cidade do México sufocadas sob uma camada espessa de fumaça de escapamento de veículos e vapores industriais venenosos. No entanto, pesquisas realizadas a princípio nos Estados Unidos e, a partir de 1998, também na Inglaterra, descobriram que a qualidade do ar em nossas casas e locais de trabalho oferece riscos de longo prazo à saúde e está abaixo dos padrões mínimos do ar em ambientes abertos estabelecidos pela Organização Mundial da Saúde (OMS). O problema é ainda mais grave nos prédios com ar condicionado. Testes feitos pelo Buildings Research Establishment (BRE) em mais de mil residências constataram que o ar em seus interiores era dez vezes mais poluído do que o ar que se respirava nas ruas da cidade! O Dr. Jeff Lewellyn, um especialista em poluição em ambientes fechados da BRE, descobriu que os níveis de gases nocivos eram muito maiores nas casas novas, construídas depois de 1980, devido aos materiais modernos usados na construção.[30]

Um estudo em separado feito na Austrália revelou que casas construídas um ano antes estavam vinte pontos acima dos níveis de segurança. As fontes de poluição eram o formaldeído, usado para tratar os assoalhos e a mobília, componentes tóxicos de tintas e solventes e elementos químicos danosos aos hormônios humanos encontrados em carpetes e pisos de vinil.

O ar que respiramos em ambientes fechados contém uma concentração de partículas microscópicas. Além das fibras de amianto, flocos de chumbo, pulverizadores e condicionadores de ar já mencionados, há muitas outras fontes de poluição: bactérias e vírus, pequenos parasitas que vivem em animais ou na poeira, saliva e transpiração, pólen, pó, fumaça de cigarros, mofos e bolores, assim como os gases dióxido de nitrogênio, monóxido de carbono, bióxido de enxofre e hidrocarbonetos resultantes do aquecimento ambiente e do uso do fogão. Outros compostos orgânicos voláteis cancerígenos e tóxicos (VOCs) incluem benzeno, formaldeído e cloreto presentes em produtos domésticos do dia-a-dia como limpadores à base de solvente, pesticidas, móveis de fibra sintética, utensílios de PVC e tinta de copiadoras. Diversos produtos usados em construções, como tintas à base de solvente, conservantes de madeira, espuma isolante, certos materiais decorativos e adesivo à base de formaldeído aplicados em paredes e móveis também são fonte de VOCs prejudiciais. Os carpetes podem abrigar poeira contaminada por partículas de metal pesado, partículas de amianto e produtos químicos tóxicos que vêm da rua. A NASA testou os materiais de construção, revestimentos e fiação eletrônica da cabine da tripulação do projeto Skylab III e encontrou trezentos VOCs, dos quais 107 apresentavam sérios riscos à saúde.

A exposição a esses produtos químicos tóxicos modernos gerou um novo tipo de doença conhecida por sensibilidade química múltipla (MCS), que pode causar tanto enfraquecimento e ser de tão difícil convivência — e cura — quanto a sensibilidade eletromagnética (EMS) (veja o Capítulo 3).

Os poluentes podem danificar as células e causar envelhecimento prematuro, e vão diminuindo progressivamente a resistência natural do organismo às doenças. Alguns componentes podem ser cancerígenos ou causar mutações genéticas. Em geral, dependendo do grau de contaminação, os VOCs raramente são letais, mas a exposição crônica pode causar reações alérgicas debilitantes como males da pele, asma e vulnerabilidade a doenças infecciosas em geral. Os sintomas mais freqüentes são dificuldades respiratórias, infecções oculares, dores de cabeça e danos ao fígado.

Uma equipe de cientistas do governo americano conduziu uma extensa série de testes nos ftalatos, solventes artificiais químicos e oleosos usados para amaciar o PVC e muito usados em produtos domésticos de plástico, inclusive brinquedos. O Dr. Earl Gray, chefe da equipe de pesquisa, ficou especialmente atento ao fato de que o uso de ftalatos em chocalhos e anéis para morder de bebês deveria ser seriamente restringido. Outros estudos feitos em ratos mostraram significativas deformações nos órgãos genitais e desenvolvimento sexual alterado. Isso talvez explique as mudanças sexuais peculiares e intrigantes verificadas em animais e em peixes, além da queda do nível de esperma em homens. Foram realizadas pesquisas adicionais para examinar os efeitos da exposição em lares onde os ftalatos não apenas estão presentes nos produtos de PVC, mas também atuam como poluentes em alimentos e na poeira.[31]

Um imóvel pode apresentar contaminação grave do ar antes mesmo de ser ocupado. A menos que o arquiteto encarregado do projeto, o engenheiro ou o responsável pela construção estejam certos de que foi feita uma limpeza completa e adequada em todos os encanamentos e dutos, em vãos de assoalhos, nas paredes e no teto, o imóvel será uma ameaça permanente à saúde de seus ocu-

SUA SAÚDE E O MEIO AMBIENTE CONSTRUÍDO

45

pantes. O inevitável entulho que resulta de uma construção, formado por lixo, cascalho, poeira e detritos, e freqüentemente contaminado por insetos, fibras em suspensão, fungos, bactérias e restos de sanduíches precisam ser removidos completamente, sob severa supervisão, antes que o imóvel seja entregue. Mesmo um trabalho de limpeza imaculado não permanece assim por muito tempo. Poeira, detritos e outros poluentes irão se acumular nas costumeiras pilhas de papéis, livros e do desgaste natural do uso do imóvel. Sem uma limpeza regular dos encanamentos, frestas e móveis, os riscos à saúde irão se instalar.

Os cuidados domésticos adequados, a correta administração e manutenção do imóvel e os consertos freqüentes são fatores de grande influência na qualidade do ar de uma casa. Padrões baixos ou inexistentes de cuidado doméstico e de manutenção podem resultar em doenças respiratórias, alergias e outros estados de debilidade orgânica. Em casos extremos, podem levar a ocorrências mais graves, como a doença dos legionários. Os padrões baixos de cuidados alcançaram um estágio crítico quando o Royal College of Nursing, apoiado por outras organizações da mesma área, exigiu que se melhorasse os métodos de limpeza e higiene nos hospitais britânicos, já que muitos pacientes estavam contraindo infecções de difícil tratamento como aquela transmitida pela bactéria "estafilococos aureus resistente à meticilina" (MRSA), que vive na pele e consegue sobreviver em poeira contendo fragmentos de pele morta. As organizações de enfermagem alegaram que o motivo das incidências de MRSA terem aumentado vertiginosamente em 80% num período de dois anos, entre 1995 e 1997, foi a redução dos cuidados domésticos com a limpeza e a tendência a se diminuir os procedimentos de higiene nos hospitais.[32]

Experiências médicas na Suécia atribuíram a alta incidência de asma nos meses de inverno ao fato de as casas serem mantidas hermeticamente fechadas. Quando uma casa fica selada, à prova de ventos, a conjunção da transpiração natural dos corpos com os vapores do banho, da cozinha e do aquecimento aumenta a umidade do ar para bem acima de 45%. Uma das causas conhecidas da asma é a aspiração de fezes de ácaros junto com a poeira doméstica. Essas criaturas microscópicas, abundantes em qualquer casa (por mais que ela esteja limpa), não têm pulmões. Elas respiram através da pele; no entanto, a atmosfera precisa estar relativamente úmida para manter seus corpos flexíveis — quando o ar está seco os ácaros morrem ou ficam inertes. Uma rotina simples de ventilação, trocando-se o ar dos ambientes pelo menos três vezes por hora, garante que a umidade fique abaixo do nível crítico de 35% a 40% e reduz a incidência de ataques de asma.

A falta de ventilação adequada em qualquer imóvel também aumenta nossa exposição crônica a gases tóxicos, substâncias químicas e outros agentes de contaminação. Conseqüentemente, precisamos ser mais criteriosos na escolha dos produtos domésticos — aerosóis, pesticidas e produtos líquidos de limpeza — que usamos em casa e no local de trabalho. Também precisamos estar atentos ao fato de que os profissionais de construção continuam a usar materiais e tecnologias que não foram testadas e experimentadas — ou pior: especificam produtos conhecidos por seu potencial tóxico. Isso é indesculpável, já que todos os fabricantes são obrigados pelas leis do Health and Safety Executive a fornecer documentos com informações detalhadas, conhecidos como relatórios de Controle de Substâncias Perigosas à Saúde (COSHH). Esses relatórios especificam os produtos químicos usados, o nível de toxidade, as precauções a serem tomadas e o tipo de roupa protetora que deve ser usada por operários ao manipular determinado produto. A maioria dos outros países do Ocidente tem órgãos equivalentes à agência Health and Safety Executive do Reino Unido para controlar todos os aspectos da construção civil e suas práticas, o uso de roupas protetoras, a classificação e o uso de materiais e produtos e os procedimentos em caso de acidentes. No entanto, embora as regras do Health and Safety Executive sejam rígidas e privilegiem a segurança dos operários, a lei não protege os amadores adeptos do faça-você-mesmo. Estes também podem usar materiais potencialmente perigosos, ainda que o relatório COSHH de cada produto, contendo informações e recomendações importantes, esteja disponível para qualquer pessoa e que as instruções devam ser seguidas cuidadosamente.

Sugestões para se evitar riscos

Seja ao contratar pintores, encanadores e marceneiros profissionais, seja ao fazer os serviços por conta própria, esteja atento às sérias ameaças à saúde que representa o cheiro da tinta e os vapores da solda, a serragem de painéis e os gases tóxicos que emanam de uma série de materiais adesivos. Odores perigosos podem permanecer na casa por vários dias ou semanas, por isso os serviços de pintura devem ser feitos em áreas livres e bem ventiladas. Sempre que possível, use produtos à base de água e não de solvente.

Há outras maneiras de manter o ar tão fresco e despoluído quanto possível. Por exemplo: remova as fontes de contaminação escolhendo líquidos de limpeza não-tóxicos, ventile bem os cômodos em vez de usar perfumes de ambiente em *spray*, evite a fumaça de tabaco, use na decoração carpetes e tecidos naturais em vez de sintéticos, para diminuir a quantidade de fibras nocivas no ar, e procure manter as temperaturas baixas e bons níveis de umidade do ar, na medida de seu conforto. Além de tomar todas essas precauções, é ainda necessário fazer uma limpeza cuidadosa e "profunda" em todos os cômodos do imóvel pelo menos uma vez por ano.

Recomendações divulgadas pelo Clean Air Council, (Conselho do Ar Limpo, uma divisão da Associated Landscape Contractors of América), e as conclusões de estudos realizados pela NASA sugerem uma estratégia para usar plantas em ambientes fechados com o objetivo de reduzir a poluição do ar (desde que as folhas sejam mantidas livres de poeira, é claro). O planeta permaneceu envolto por gases tóxicos primitivos durante alguns bilhões de anos, até que os primórdios da vida vegetal surgiram nos pântanos. As plantas verdes começa-

SUA SAÚDE E O MEIO AMBIENTE CONSTRUÍDO   47

ram o processo de limpeza da atmosfera e elevaram os níveis de oxigênio a um ponto que permitiu o desenvolvimento de organismos complexos. As plantas, árvores e florestas tropicais ainda exercem a mesma função. Embora manter plantas em ambientes fechados não "purifique" o ar a níveis satisfatórios, algumas espécies podem, até um limite, reduzir alguns dos poluentes. Uma planta-aranha, por exemplo, pode remover 96% do monóxido de carbono de um quarto fechado. Plantas como a seringueira (para desintoxicar e remover o formaldeído), a dracena, a palmeira areca (boa umidificante) e a samambaia do tipo Boston, quando colocadas num escritório próximas aos funcionários, melhoram significativamente os níveis de umidade e de qualidade do ar.[33] Técnicas simples sobre o uso de plantas e informações sobre as mais eficientes podem ser encontradas em diversos livros, como o americano *Environmental Interiorscapes*.[34] As plantas também tornam o ambiente mais agradável e criam um estímulo visual importante para combater os sintomas da síndrome da construção doente, que é o assunto do próximo capítulo.

Referências

1. Adriaane Pielou, *The Mail on Sunday*, revista *You*, 11 de junho de 2000.
2. Snyder, Stuart D. (1997) *Environmental Interiorscapes*, Nova York: Whitney Library of Design.
3. Richard Alexander, "Environmental exposure to toxical chemicals causes cancer", *New England Journal of Medicine*, vol. 343, n° 2, 13 de julho de 2000.
4. Geraint Smith, *Evening Standard*, 13 de julho de 2000.
5. Richard Woods e Mark Macaskill, "Perfumes that linger may be a health hazard", *The Sunday Times*, 3 de maio de 1999.
6. Nick Nuttall, "Ministers order inquiry into the poison tips", *The Times*, 8 de agosto de 1998.
7. Environment Agency, *The State of the Environment of England and Wales: The Land*, fevereiro de 2000. ISBN 0-11-3101660-x.
8. Steve Farrar, "Plastics linked to sex mutation", *The Sunday Times*, 18 de abril de 1999, p. 30
9. Nicholas Hellen, "Hidden dome pollution hits sell off price", *The Sunday Times*, 3 de junho de 2001.
10. "Risk of congenital anomalies near hazardous-waste landfill sites in Europe: the Eurohazcon study by Dr. Helen Dolk et al.", *The Lancet*, vol. 352, 8 de agosto de 1998.
11. Stephan Bevan e Graham Hind, "Birth defects cluster formed near toxic dump", *The Sunday Times*, 11 de abril de 1999.
12. Michael McCarthy, "In Toxic Town the fires of protest burn brightly", *The Independent*, 27 de agosto de 2001, p. 6.
13. Alan Hart, Charles Bagley e Terinia Taras, "Village in shadow of death", *News of the World*, 6 de fevereiro de 2000, p. 12.

14. Stuart Payne e Deepa Shah, "Enfield gives polluted site green light in 'cover-up'", *Evening Standard*, 18 de outubro de 2000.
15. *The Magazine of the Institution of Planning Supervisors*, vol. 3, junho de 2000, p. 7.
16. Agricola, G (1556) *De Ra Metallica*, Basel: Froben & Episcupius
17. Clavensjo, B. e Akerblon, G. (1994), The Radon Book — Measures Against Radon, The Swedish Council for Building Research, D4:1994. Estocolmo, Suécia. P. 129.
18. Mark Henderson, "Water from private wells poses risk of radiation", *The Times*, 10 de janeiro de 2001.
19. RICA Practice 87, julho/agosto de 1992, p. 1.
20. *Which?*, julho de 1992, pp. 3869.
21. BBC Ceefax, 31 de agosto de 1998.
22. Gregory R. Wagner MD (Divisão de Estudos de Doenças Respiratórias, National Institute for Occupational Safety and Health, Centros de Prevenção e Controle de Doenças, Morgantown, WV26505, Estados Unidos), "Asbestosis and Silicosis", *The Lancet*, vol. 349(9061), 1997, pp. 1311-15.
23. BBC Ceefax, 30 de março de 2001.
24. Marcus Warren, "Eurocrats office dust prompts poison alert across Belgian capital", *Sunday Telegraph*, 2 de novembro de 1997.
25. Peter Griffiths, "Alert as mill fire showers asbestos ash for 12 miles", *Evening Standard*, 29 de julho de 1999.
26. Lisa Buckingham, "L 145 bn record bill for asbestos claims", *Financial Mail on Sunday*, 24 de junho de 2001.
27. Health and Safety Executive, (1991) *The Control of Legionnelosis*, Health & Safety Series livreto HS 98 (G) 70.
28. BBC1 Ceefax, 2 de maio de 2002.
29. Colin Anderson, "Major health alert as tour Briton dies", *Evening Standard*, 5 de maio de 2000.
30. Steve Connor, "Air pollution in homes more dangerous than city smog", *The Sunday Times*, 15 de março de 1998.
31. Steve Farrar, "Plastics linked to sex mutation", *The Sunday Times*, 18 de abril de 1999.
32. Lorraine Fraser, "Nurses' fear on hygiene", *The Mail on Sunday*, 30 de agosto de 1997.
33. Kate Rew, *Evening Standard*, 31 de agosto de 1999.
34. Snyder, Stuart D. (1997) *Environmental Interiorscapes*, Nova York: Whitney Library of Design.

Sugestões de leituras complementares

Health & Safety Executive Regulations at Work, Her Majesty Stationery Office Publications.
The Rosehaugh Guide: Buildings & Health, RIBA Publications, Londres, 1990.

2

A síndrome da construção doente

Uma indisposição generalizada

Nosso corpo é um organismo perfeitamente afinado e sensível, capaz de reagir de forma constante às menores vibrações externas que influenciam as nossas ações, os nossos pensamentos e todos os outros aspectos da vida cotidiana. Como tudo no universo, ele é holisticamente integrado e parte de um conjunto uno. Segundo as paradoxais Leis do Caos, a batida infinitesimal das asas de uma borboleta no Ártico pode causar uma ventania na baía de Biscay. Assim como a atmosfera do planeta varia de um furacão aterrorizante a uma brisa suave, num nível microcósmico nós reagimos a fenômenos externos e internos que, sem nos darmos conta, determinam nossos estados de espírito, emoções, níveis de energia e sensações de bem-estar. Evidências atuais da síndrome da construção doente (SCD) sugerem que a grande maioria de nossos arquitetos e outros profissionais da construção civil tem pouco ou nenhum conhecimento do nefasto impacto fisiológico, biológico e psicológico de seus projetos e especificações, e mesmo de suas escolhas de luzes e cores, nos seres humanos.

A SCD já foi definida com "uma indisposição generalizada". Embora não represente ameaça à vida, pode causar sério enfraquecimento e incapacitação crônica. Os sintomas são em geral uma combinação de cansaço, dificuldade de concentração, letargia, dores de cabeça, coriza, olhos lacrimejantes, garganta e olhos secos ou irritados, dor nos membros, rachaduras da pele, aperto no peito e febres alérgicas. Quando a síndrome foi identificada pela primeira vez, há cerca de trinta anos, acreditava-se que ela acometia apenas quem trabalhava em escritórios, mas desde então se tornou claro que os ocupantes de todos os tipos de imóveis, inclusive residências, estão sujeitos a ela.

Apesar das evidências amparadas em estatísticas e pesquisas oficiais, ainda existe uma corrente de opinião entre médicos, arquitetos, engenheiros, incorporadores imobiliários e administradores de imóveis, todos intransigentes e profundamente céticos, segundo a qual a SCD só existe na mente de pessoas psicologicamente perturbadas ou preguiçosas. Alguns empregadores continuam a desprezar a extensão dos males sofridos por seus funcionários e aceitam estoicamente o conseqüente alto número de faltas ao serviço e a baixa produtividade. Na maioria dos casos, os sintomas persistem apenas enquanto a pessoa ocupa uma construção doente, mas se sua própria casa está afetada, a exposição por um longo período pode se tornar uma ameaça séria e crônica à saúde.

A síndrome veio à tona nos anos 60 do século passado, quando funcionários de escritórios descobriram que seus vários sintomas pioravam à medida que a semana avançava e sumiam nos fins de semana ou nas férias. Este não era um problema de depressão das "manhãs de segunda-feira", mas sim das "tardes de sexta-feira", quando o sofrimento e o desconforto alcançavam seu nível máximo. Estudos iniciais, revelando que, entre os 50% dos funcionários suscetíveis a indisposições, a maioria era mulheres ou recebia os salários mais baixos das empresas, levaram os chefes de escritórios e médicos a concluir que os problemas de saúde deviam-se exclusivamente ao velho truque do "corpo mole", de fingir uma doença para escapar do batente. Eles desprezaram a possibilidade das indisposições estarem relacionadas com o ambiente de trabalho, até porque, na maioria dos casos, os prédios eram novos. A reação dos chefes e médicos não é tão surpreendente já que, como será mostrado adiante, acusações semelhantes foram feitas contra trabalhadores que desenvolveram os sintomas mais sérios de encefalomielite miálgica (EM — ou síndrome da fadiga crônica), assim como de lesão por esforço repetitivo (LER), distúrbios nos membros superiores e sensibilidade química e elétrica.

As faltas ao trabalho no Reino Unido custam à economia 10,2 bilhões de libras (cerca de 47 bilhões de reais) por ano. A maioria delas ocorre por pequenas doenças, *stress* e obrigações familiares. Um levantamento cobrindo mais de 530 empresas estimou que duzentos milhões de dias de trabalho foram perdidos por causa de doenças em 1998, representando 8,5 dias por trabalhador, ou 3,7% do total de tempo a ser passado no serviço.[1]

Uma visão ligeiramente menos parcial da questão surgiu nos anos 80, quando pesquisas independentes e estudos da Organização Mundial da Saúde (OMS) sugeriram que a SCD poderia ter surgido dez anos antes, durante a crise do petróleo, quando os governos ocidentais impuseram restrições à temperatura normalmente mantida nos edifícios com ar condicionado. O consumo de petróleo teve que ser reduzido, resultando em menos refrigeração e trocas de ar menos freqüentes. Temperaturas mais elevadas, baixos níveis de umidade e o aumento da reciclagem do ar carregado de bactérias, poeira e poluentes orgânicos pareciam ser as causas prováveis. No entanto, mais tarde ficou claro que a redução na ação do ar condicionado não era a única causa, já que as pessoas que trabalhavam em hospitais, fábricas, funcionários e alunos de escolas, moradores de

A SÍNDROME DA CONSTRUÇÃO DOENTE 51

hotéis e de residências particulares — com ou sem ar condicionado nos imóveis — estavam sofrendo sintomas idênticos aos dos ocupantes dos escritórios. Além disso, a SCD se tornou uma indisposição presente no mundo inteiro, afetando muitos prédios novos e reformados a partir dos anos 50 do século passado.

Uma indisposição mais recente sofrida por passageiros e tripulantes de linhas aéreas poderia ser chamada de "síndrome do avião doente". Os sintomas, bem diferentes do *jet-lag**, são descritos como formas suaves de gripe, ou como um vago mal-estar que pode durar até vários dias depois do vôo. Isso é causado pela política de várias companhias aéreas de economizar combustível pela redução da quantidade de ar fresco e pressurizado, normalmente adicionado ao ar já utilizado — e, portanto, poluído — nas cabines. Doenças altamente infecciosas, como a tuberculose, podem ser recicladas continuamente no sistema de ar condicionado, misturando-se aos organofosfatos venenosos produzidos por recipientes de óleo mal vedados, o que pode provocar sintomas semelhantes aos da síndrome da Guerra do Golfo (organofosfatos são substâncias químicas presentes em produtos altamente tóxicos usados nas fazendas para banhar carneiros e matar ervas daninhas e, nas residências, em xampus contra piolhos e *sprays* para matar insetos). A falta de manutenção adequada dos filtros pode aumentar os riscos. A cabine do piloto é servida por quatro metros cúbicos de ar fresco por minuto, a da primeira classe, por 1,5 metro cúbico e a classe econômica recebe apenas 0,1 metro cúbico de ar fresco por minuto. Os comissários de vôo dizem que o problema pode se tornar tão sério a ponto de eles levarem bombas de oxigênio em vôos muito longos. Os arquivos confidenciais da British Airways, aos quais o jornal *The Sunday Times* teria conseguido acesso, revelam que no último ano mais de 150 profissionais de bordo sofreram náusea, sangramento nasal, tontura, desorientação e sintomas parecidos com os da gripe.[2] As normas atuais da Federal Aviation Authority (FAA), que estabelece os padrões para a ventilação nas aeronaves, determinam um mínimo de dez metros cúbicos de ar fresco por minuto para cada pessoa. Os fabricantes de aviões, no entanto, tentam atualmente persuadir a FAA a alterar o padrão para apenas cinco metros cúbicos por minuto, para tornar seus produtos mais competitivos em termos de custos operacionais. O fenômeno da síndrome do avião existe há anos porque, durante um certo período, as companhias aéreas instruíam seus pilotos a diminuir o fluxo de ar fresco nas cabines, a não ser que um passageiro reclamasse.[3] O problema é que, na hora em que você está se sentindo mal na sua casa ou no quarto de hotel, já é tarde demais para reclamar com o piloto. No entanto, quando se recuperar, você pode comunicar à companhia aérea por que não usará mais seus serviços no futuro.

Segundo informações confidenciais que vazaram, depois que a nave Discovery aportou na Estação Espacial Internacional os astronautas gastaram vá-

---

* Fadiga e irritação causadas por vôos muito longos, com mudanças de fusos horários (N.T.).

rias horas instalando novos equipamentos e, a seguir, sofreram uma série de alterações — náusea, dores de cabeça e vômitos — semelhantes àquelas causadas pela SCD. O problema ocorreu depois que eles removeram alguns dos revestimentos das paredes do módulo russo Zarya, liberando gases tóxicos.[4]

Um grande volume de ar contaminado e reciclado é apenas uma das várias causas de SCD, que estão diretamente ligadas a aspectos da localização do imóvel, aos projetos arquitetônicos e de engenharia, às especificações relativas à construção ou à reforma. Se a administração do imóvel, os cuidados com a limpeza e com a manutenção também forem mal feitos, as ameaças à saúde se multiplicarão.

A maioria dos governos do Ocidente reconhece hoje que um número enorme de imóveis — não apenas escritórios, mas também residências, escolas e até hospitais — erguidos a partir dos anos 50 causam em seus ocupantes doenças crônicas ou o mal conhecido como síndrome da construção doente. A deterioração da saúde daqueles que ocupam esses prédios é atribuída à combinação de vários fatores, incluindo a localização do imóvel, a escolha dos materiais, a planta e a configuração dos espaços internos. Até as condições acústicas e o uso das cores podem deflagrar reações mentais e físicas adversas.

Sistemas de ventilação inadequados, materiais sintéticos que exalam gases tóxicos, janelas com vidros coloridos e campos eletromagnéticos (CEMs) são apenas algumas das inovações modernas que causam *stress*, depressão, cansaço ou mesmo males mais sérios — as chamadas "doenças da civilização —, como o câncer. Os órgãos governamentais e as pessoas envolvidas na construção civil — desde os professores das escolas até os profissionais — têm demonstrado uma relutância teimosa em aceitar que a escolha da localização de um imóvel, seu projeto e sua construção, além da exposição indevida a campos eletromagnéticos, podem representar ameaças a seus ocupantes.

O ar "condicionado" que respiramos

Um prédio com ventilação mecânica, seja o ar resfriado ou não, lida com condições artificiais que precisam ser bem reguladas e equilibradas. Geralmente, as janelas são seladas e o ar é conduzido através de filtros para remover poluentes da atmosfera, poeira e bactérias antes de circular pelas áreas ocupadas.

Há três tipos principais de sistema de ar condicionado: volume de ar variável (VAV), unidade cilíndrica de ventilação (UCV) e teto resfriado ou viga resfriada. No sistema VAV, todo o espaço existente acima do teto é usado para distribuir o ar condicionado pelos espaços abaixo. O UCV é um equipamento colocado acima do teto ou sob uma janela. Ele recebe ar filtrado através de dutos e o faz passar por água refrigerada ou por canos de água quente. Quando atinge a temperatura que se deseja, o ar é lançado no ambiente através de um ventilador. Nesse sistema, uma determinada proporção de ar "velho" é reutilizada para se economizar os custos de filtragem, limpeza e aquecimento (ou resfriamento) do volume de ar necessário para prover ventilação adequada ao prédio. Finalmente, o sistema de teto resfriado ou viga resfriada usa ar que penetra num espaço livre debaixo do assoalho, entra no ambiente por grades de ventilação e, por um movimento natural causado pelo calor dos corpos e dos equipamentos elétricos, sobe e flutua sobre canos refrigerados no teto. A vantagem desse tipo de ar condicionado é que ele não usa peças móveis e as janelas podem ser abertas sem desequilibrar o seu funcionamento. Embora há três décadas o teto resfriado venha sendo instalado com sucesso em muitos imóveis particulares e prédios públicos, construtores inflexíveis relutam em usá-lo, apesar de seu preço baixo e de suas vantagens operacionais.

Sugestões para se evitar riscos

A eficiência e a salubridade de qualquer sistema padrão de ar condicionado depende de sua manutenção adequada — troca freqüente dos filtros, limpeza dos canos principais para a remoção de poeira, bactérias e gases, resíduos que em parte podem ter sido deixados no sistema pelos construtores do imóvel. De qualquer maneira, ao longo do tempo o pó e a sujeira irão se acumular e precisam ser cuidadosamente removidos por métodos de limpeza profunda a fim de garantir um ambiente saudável. Em 1992, o Health and Safety Executive do Reino Unido divulgou que cerca de trezentas substâncias tóxicas foram encontradas em escritórios e declarou que prédios com ar condicionado, janelas seladas e equipamentos elétricos em abundância criavam um ambiente de trabalho insalubre, agravado pelos baixos níveis de umidade.

Uma boa administração pode eliminar ou reduzir substancialmente as fontes de poluição. Deve-se proibir o fumo e lidar de forma adequada com fotocopiadoras. Uma boa limpeza pode reduzir o acúmulo de poeira, fibras em suspensão no ar, vapores e outros contaminadores já existentes no prédio. No entanto, com muita freqüência, a causa principal de insalubridade num imóvel com ar condicionado está no corte de custos em seu projeto e nos padrões de funcionamento exigido pelo incorporador ou sugerido pelos arquitetos e engenheiros a fim de reduzir o preço da construção.

Em teoria, desde que o número de trocas de ar feitas a cada hora seja adequado, que o volume de ar reaproveitado seja relativamente pequeno e que o sistema inteiro receba manutenção eficiente e seja mantido limpo, um sistema de ar condicionado bem construído não representa uma ameaça séria à saúde. Entretanto, por melhor que seja o projeto do sistema e sua manutenção, ainda assim podem ocorrer efeitos colaterais da síndrome da construção doente. Os ocupantes podem sofrer de altos níveis de *stress* por não terem controle sobre o ambiente que os cerca: não lhes é permitido abrir as janelas seladas para ter a sensação de estar conectados com o mundo exterior; não podem sentir uma brisa de "ar fresco" ou pelo menos alguma corrente de ar; e não são capazes de controlar a temperatura e a umidade para adequá-las a seus próprios níveis de conforto. Como veremos adiante, os edifícios de escritórios modernos, com ar condicionado, projetados com tetos baixos, janelas de vidro colorido e assoalhos elevados criam um ambiente opressivo que contribui para o mal-estar, a depressão e o *stress* dos funcionários.

Algumas precauções podem ser tomadas por passageiros e tripulantes de aviões. Embora as companhias aéreas neguem, as evidências sugerem que alguns pilotos ajustam os aparelhos que introduzem ar puro na aeronave (como já mencionamos), mas se os passageiros reclamam, eles voltam os controles para o nível normal. Se você está sentado no fundo do avião, é provável que respire ar poluído em quantidades maiores do que os passageiros das primeiras fileiras, que estão próximos das entradas de ar. As chances de contrair doenças infecciosas transmitidas pelo ar por outros passageiros aumentaram tanto que, hoje, aconselham-se as pessoas a usar uma máscara facial do Aviation Health Institute (AHI) projetada especialmente para barrar 98% dos germes. Os fabricantes dizem que as máscaras são tão apreciadas que logo se tornarão rotina. [5]

Perda de íons negativos

Nos últimos dez anos, tem ocorrido uma expansão do uso de equipamentos eletrônicos e elétricos que emitem muito calor em nossos locais de trabalho e em nossas casas (um computador gera dez vezes mais calor do que o corpo humano). Os sistemas de ar condicionado mais antigos eram projetados prioritariamente para pessoas e não para máquinas, e mesmo os sistemas mais recentes, mas pouco sofisticados, nos quais a ação do calor é subestimada e que não têm recursos para regular a umidade mecanicamente, produzem um ambiente excessivamente aquecido, muito seco, esvaziado de íons negativos e repleto de eletricidade estática.

Parece não haver concordância nos meios científicos a respeito da exata natureza dos íons, embora nenhum organismo possa sobreviver sem ele. Cientistas russos fizeram experiências com animais e plantas num ambiente livre de íons e, em poucos dias, nem os animais e nem as plantas haviam sobrevivido. Uma das teorias diz que a radioatividade natural do centro da Terra, a radiação cósmica e as gotículas de água da atmosfera criam uma carga elétrica de íons positivos e negativos. Os íons são positivos na ionosfera e negativos na superfície da Terra. No ar relativamente "fresco" dos campos e florestas, montanhas e cachoeiras, há um grande volume de íons negativos (benéficos), que se encontram em equilíbrio com os íons positivos (não-benéficos). O ar realmente "limpo" é encontrado no mundo quase exclusivamente nas bases das geleiras, onde os poluentes se condensam no gelo.

Acredita-se que os íons sejam moléculas gasosas carregadas de eletricidade. Se um elétron é adicionado ou removido de uma molécula de gás, o resultado é a produção de um íon negativo e a remoção de um íon positivo. Quantidades substanciais de íons negativos induzem a estados de tranqüilidade e de adequação ao ambiente, ajudam na recuperação rápida de doenças e produzem um estado geral de bem-estar. A maioria de nós já experimentou sentimentos de depressão quando uma tempestade está se formando, mas, logo que os raios brilham e os trovões ressoam, o ar parece ficar mais limpo e fresco, e subitamente nos sentimos energizados e revitalizados. Os íons positivos, que existem em maior quantidade, "engolem" continuamente os íons negativos para alcançar um estado de equilíbrio. Depois de esgotar todos os íons negativos disponíveis no ar, eles automaticamente tragam os que se encontram em nossa corrente sanguínea. Num edifício com ar condicionado, a passagem do ar através dos canos metálicos de ventilação desloca elétrons da mesma forma que a corrente de um rio arranca pequenos pedaços de terra e pedras das margens. Os elétrons deslocados criam um átomo carregado de íons positivos.

A falta de íons negativos produz mudanças químicas em nosso organismo, afetando a libido, os músculos, as glândulas supra-renais, os olhos, o coração, os rins, os glóbulos brancos do sangue e o sistema reprodutivo. As reações biológicas nos fazem sentir cansados e provocam outros sintomas da síndrome da construção doente, como alterações na pele e dor nas articulações. A perda de íons negativos pode também afetar os íons de cálcio que ligam o tecido cerebral e prejudicar nossos sistema imunológico.

Numa construção urbana de ambiente seco, superaquecido e "abafado", seja ele dotado de ar condicionado ou não, a atmosfera interna tem um grande número de íons positivos. Há vários anos, surgiu uma moda de se instalar ionizadores negativos nos lares. Infelizmente, esses aparelhos rudes liberavam um gás de ozônio tóxico e, em 1961, seu uso foi proibido nos Estados Unidos. A nova geração de ionizadores é muito mais aperfeiçoada e os do tipo autofiltrante não criam uma mancha de pó preto em torno do aparelho. Esses ionizadores foram submetidos a testes adequados e são capazes de compensar a perda de íons negativos sem gerar efeitos colaterais danosos. Os ionizadores modernos absorvem poluentes como fumaça de cigarros, polens, alergênicos e vapores, enquanto um purificador comum filtra o ar sujo e o devolve limpo sem necessariamente melhorar a ionização negativa. A menos que seus filtros sejam trocados com freqüência, os purificadores de ar causam mais danos do que benefícios.

Quando o ar fica muito seco, os móveis estalam, o piano desafina, suas lentes de contato irritam os olhos e a pele pode apresentar eczemas e psoríase. Por outro lado, se o ar fica muito úmido, os móveis acumulam mofo, o piano também desafina, você sente letargia e pode passar a sofrer de asma. A boa umidade relativa é essencial para manter um ambiente saudável. O ideal é que se mantenha um nível de umidade entre 40% e 55%, embora alguns escritórios apresentem níveis de até 23%, o que leva a uma séria desidratação. A perda de íons negativos pode ser contornada em parte pela colocação de plantas, flores em água, fontes e aquários, que ajudam a manter os níveis de umidade equilibrados, mas mesmo assim seus efeitos são limitados. A antiga sabedoria chinesa contém instruções claras sobre a necessidade de uma boa circulação do ar (*Feng*) e sobre os efeitos benéficos da água em movimento (*Shui*) na criação de um ambiente saudável e próspero. Esses antigos princípios serão mostrados à frente, no Capítulo 7.

Uma causa secundária de perda de íons negativos é a eletricidade estática. Tocar numa maçaneta de porta ou num fichário de escritório carregado de estática pode dar choque e — embora não haja corrente elétrica presente — provocar danos biológicos. Os estalos e chiados que se ouve no rádio, na TV ou na tela do computador são gerados pela eletricidade estática: às vezes ela pode causar a quebra do equipamento ou mesmo sérios incêndios. Novamente, a baixa umidade e as altas temperaturas vão criar um nível de estática que, além de eliminar os íons negativos, atrairá poeiras e fibras poluentes suspensas no ar. Carpetes, móveis e roupas feitas de material sintético contribuirão para a carga elétrica no ambiente.

Sugestões para se evitar riscos

Todo mundo tem uma carga natural de eletricidade estática. Nosso corpo apresenta uma condutividade relativamente alta e, como vivemos entre a crosta terrestre e a atmosfera, somos como um eletrodo que altera o campo elétrico até que ele se torne uniforme ou homogêneo. Caminhar produz estática, mas quando o pé toca o solo, a carga é aterrada. No entanto, se a pessoa estiver usando sapatos com sola de borracha, ou de material sintético, esse efeito não ocorrerá e, nesse caso, a voltagem estática gerada na pele irá causar um leve choque elétrico. Carpetes de fibra natural podem reduzir a estática apenas se estiverem colocados sobre forros não-sintéticos. Tratamentos específicos feitos em materiais sintéticos podem ajudar a neutralizar o efeito da estática.

Os computadores produzem altos níveis de estática, gerada pela corrente elétrica, pelo tubo de raios catódicos e pelo transformador. Pode-se instalar telas antiestáticas, mas elas precisam estar corretamente aterradas e devem ser limpas com material antiestático. Também é possível colocar esteiras antiestáticas sob a tela, o teclado e a impressora, mas, também nesse caso, elas devem ser aterradas.

O campo carregado de estática em volta do computador atrai partículas de poeira com carga positiva cheias de poluentes químicos. Ao se depositar na pele do usuário do computador, essa poeira pode bloquear os poros e causar rachaduras, ressecamento, alergias e dor nos olhos. Em parte, a alta incidência de males ligados ao esforço repetitivo entre quem opera computadores pode ser conseqüência da proximidade das mãos e dedos, quando no teclado, com os campos estáticos e de radiação da tela.

Barulho

Barulhos são sons indesejáveis, que perturbam. A "poluição sonora" é uma ameaça comum à saúde e outro fator que contribui para a síndrome da construção doente. Alarmes de segurança e de automóveis, sirenes policiais, o tráfego, trens, aviões, obras em prédios e estradas, o aparelho de som do vizinho, gritos, música alta vinda de discotecas, de casas de espetáculos e eventos esportivos são fontes perigosas de barulho. Igualmente perturbadores são os ruídos quase inaudíveis gerados por ventiladores mal regulados, o som constante da central de ar condicionado, o zumbido de lâmpadas fluorescentes com muito tempo de uso, de impressoras a *laser* e de fotocopiadoras e as vibrações emitidas por equipamentos defeituosos. O barulho se tornou um problema social tão sério que agora temos uma "polícia sonora" com poderes para confiscar equipamentos de som de pessoas que perturbam seus vizinhos com música alta de forma acintosa e constante.

Por outro lado, a falta de som também pode ser estressante para quem acha que suas conversas estão sendo ouvidas indevidamente por outras pessoas, ou para quem não aprecia o isolamento nos momentos de concentração e raciocínio. Os jovens se deixam envolver por música alta para criar uma espécie de privacidade. As superfícies duras e que causam reverberação nos restaurantes italianos são apreciadas pelos freqüentadores que não desejam que suas conversas sejam ouvidas num ambiente cheio de gente, e o burburinho de conversas e telefones tocando nos escritórios espaçosos e sem divisões podem surtir o mesmo efeito.

Habitantes de cidades grandes tendem a sofrer altos níveis de poluição sonora durante o dia e à noite, mas mesmo quem mora em áreas mais calmas ou no campo costuma ser perturbado por latidos de cães e pelos entusiastas dos consertos domésticos que insistem em fazer suas pequenas obras ou reformas nos fins de semana. Ferramentas poderosas, aparadores de arbustos e cortadores de grama tornaram-se um incômodo tão grande que a União Européia (UE) estabeleceu diretrizes para os fabricantes a fim de reduzir o barulho produzido por seus equipamentos. A Alemanha já proibiu o uso de cortadores de grama ruidosos entre o meio-dia de sábado e a segunda-feira, e não há dúvida de que outros países irão seguir-lhe o exemplo.[6] Nos lares, o aspirador de pó, a máquina de lavar roupa, o som em alto volume e a TV podem contribuir para o *stress* da vida diária.

A intensidade do som é medida por um padrão chamado decibel (dB). No topo de uma montanha, por exemplo, ou no campo à noite, longe do tráfego de veículos e dos aeroportos, o nível sonoro é bastante baixo, na faixa até 20 dB. No interior de uma igreja o nível é algo em volta de 50 dB e, num pequeno escritório, de até 70 dB. Quando os níveis se elevam para a faixa entre 70 dB e 80 dB, o som começa a se tornar desconfortável, como num bar ou restaurante lotado ou numa rua movimentada da cidade. A 90 dB, em meio ao tráfego pesado, junto a uma sirene de polícia ou a uma construção, quando você precisa levantar a voz para se fazer ouvir, o barulho atinge um nível que pode danificar os ouvidos em caso de exposição prolongada. Quando ultrapassa 100 dB, o barulho se torna doloroso e prejudicial. Numa casa noturna, o som pode atingir 120 dB e o patamar é ainda maior no caso de explosões ou decolagens de aviões a jato.

O espectro sonoro que o ouvido humano é capaz de perceber varia entre as freqüências de 20 Hertz e 20.000 Hertz (Hz). As características do som são a intensidade (freqüência da onda sonora), o volume (a amplitude da onda) e o timbre (a extensão harmônica da freqüência básica). A intensidade do som depende da relação entre a intensidade e o volume. Ondas sonoras abaixo de 20 Hz, no limiar da audição humana, encontram-se na faixa subsônica. Terremotos, maremotos e outros fenômenos naturais produzem freqüências subsônicas que podem ser ouvidas apenas por animais, aves e insetos. Seus distúrbios de comportamento funcionam como um alerta preciso de que uma atividade sísmica está ocorrendo em alguma parte do mundo, longe de seu hábitat. As baleias usam ruídos subsônicos para se comunicar a distâncias de mais de mil quilômetros através de uma "tubulação" ou canal situado entre as camadas de água de diferentes temperaturas do oceano. Os submarinos nucleares, ao usar o mesmo canal, podem causar interferência ou embaralhar os sinais das baleias. Os golfinhos usam sons para procurar comida, para se comunicar e encontrar companheiros. Aliás, grupos conservacionistas acreditam que as ondas sonoras produzidas pela exploração de petróleo e a perfuração de poços em alto-mar estão afastando os golfinhos dos mares que banham as ilhas britânicas.[7]

Embora as freqüências de ondas ultra-sônicas estejam acima da capacidade auditiva humana, subconscientemente podemos "ouvir" sons acima e abaixo de nossos limites normais. As ondas ultra-sônicas têm diversas aplicações práticas. Suas vibrações rápidas são usadas para destruir bactérias no leite, limpar superfícies e dividir grandes moléculas. Nos CDs, os engenheiros de som sobrepõem à gravação sons acima de nossa capacidade de percepção para aumentar nosso prazer em ouvir a música. Apesar de não escutarmos conscientemente essas freqüências mais altas, elas afetam o sistema periférico do cérebro que produz os compostos de endorfina capazes de aliviar o sofrimento e nos fazer sentir felizes. A experiência de tocar a música de alta freqüência de Mozart para crianças com desordens ou disfunções psíquicas teve resultados notáveis: dez minutos depois de entrar na sala de aula, a pressão sanguínea e o batimento do pulso das crianças foram significativamente reduzidos, tornando-as mais calmas e, conseqüentemente, mais receptivas ao aprendizado. O pesquisador francês Dr. Tomatis foi o pioneiro em usar os efeitos terapêuticos da variação das freqüências sonoras para curar doenças e deficiências fisiológicas e psicológicas.[8]

Não é raro que condutores de pequenos barcos "escutem" baleias e golfinhos que estão submersos. Por várias vezes, em longas viagens transatlânticas, com o tempo relativamente calmo, eu estava sentado na cabine do meu barco, lendo calmamente, quando sentia uma súbita "vibração" no ar. Em poucos momentos, uma baleia ou um par de golfinhos emergia em volta do barco. É empolgante, é claro, ver-se na companhia dessas fantásticas criaturas e sentir que não se está sozinho, mas há também uma sensação evidente de divertimento e prazer.

Alguns dos sons subsônicos ou ultra-sônicos que "ouvimos", como o ruído causado pela voltagem irregular e as vibrações que afetam o monitor do computador, podem ser traiçoeiramente perturbadores. No entanto, o barulho excessivo pode causar surdez temporária e ser extremamente doloroso: a exposição por período prolongado pode resultar em dano permanente ao ouvido, perda de equilíbrio e mesmo em redução da expectativa de vida. O Dr. Deepak Prasher, do Royal National Ear, Nose and Throat Hospital, além de chefe do Protection Against Noise Study, entidade patrocinada pela União Européia, relatou que a exposição crônica ao barulho induz ao *stress*, causa alterações nos hormônios e leva a quadros de úlcera e males cardíacos. Uma pesquisa alemã descobriu que crianças moradoras dos arredores do aeroporto de Munique, monitoradas por um período de três anos, tiveram mudanças significativas na pressão sangüínea e apresentaram diminuição da capacidade cognitiva e de memória.[9]

A Royal Society for the Protection of Birds (RSPB) acredita que as aves canoras no Reino Unido estão perdendo a afinação. De fato, estudos mostram que o barulho do trânsito lhes causou surdez tonal, reduzindo seu canto a um ruído áspero. Os pássaros não conseguem escutar uns aos outros e têm dificuldade em aprender os cantos instintivos típicos de suas espécies.[10] Outro estudo mostrou que os passarinhos estão imitando os sons que eles ouvem com mais freqüência nas áreas urbanas — telefones celulares, alarmes de carros e buzinas. Pesquisas feitas na Holanda também concluíram que o tráfego e outras fontes de barulho excessivo no meio ambiente prejudicou tanto a audição dos pássaros que várias espécies nativas perderam suas características. A destruição de seu hábitat natural, assim como o uso de pesticidas e produtos químicos que matam as plantas e os insetos, também contribuíram para a degeneração.

As regulamentações do governo sobre saúde e segurança destinam-se a proteger todos os empregados ou autônomos que trabalham num escritório, construção ou qualquer outro local — incluindo discotecas e teatros (tripulações de navios e aviões e membros da forças armadas estão entre as poucas exceções). Cada empregado é legalmente protegido pela Lei da Saúde e da Segurança no Trabalho e pelas Normas Sobre Barulho no Trabalho, que entraram em vigor em 1º de janeiro de 1990. Quando a "exposição pessoal diária ao barulho" alcança 85 dB (o equivalente a ficar parado na esquina de um cruzamento muito movimentado), o patrão é obrigado a fornecer protetores de ouvido ao empregado; quando o nível sobe para 90 dB ou mais, o empregado é obrigado a usá-los.

O Sindicato dos Músicos enviou correspondência a todos os seus membros advertindo-os sobre os possíveis riscos à saúde advindos do barulho excessivo, e comunicando-lhes que estão protegidos pela lei de saúde e segurança. Em resposta à pergunta "a música clássica prejudica a sua audição?", o consenso no sindicato foi de que "potencialmente, sim — especialmente a dos baixistas". O pacote de informações afirma que "altos níveis sonoros fazem parte da vida dos músicos, mas há grande probabilidade de que eles danifiquem de forma permanente sua audição. O risco depende do volume sonoro a que o músico fica exposto e com que freqüência". Os danos podem ocorrer com níveis sonoros tão baixos quanto 80 dB, caso a exposição seja constante. O documento cita dois exemplos de obras musicais: a ópera *La Vera Storia*, de Berio, que produz um nível sonoro de 92,2 dB, e a Sinfonia n⁰ 5 de Bruckner, que atinge 94,2 dB. Os membros do sindicato foram alertados sobre possíveis danos definitivos e recomendou-se que, em certas apresentações, eles usem algum tipo de proteção nos ouvidos.[11]

Será que os engenheiros de som dos *shows* e dos teatros musicais atendem às exigências do público por música cada vez mais alta porque a poluição sonora está nos fazendo ouvir cada vez menos? Ou será porque confundimos volume com qualidade de som? Por outro lado, talvez os DJs, engenheiros de som e funcionários de bares, que toda noite passam horas em ambientes com muito barulho, precisem aumentar o volume cada vez mais porque sua própria audição está comprometida por causa da exposição contínua. Em 1999, a produção teatral londrina de *Rent* era tão ruidosa que os moradores em volta do teatro reclamaram e fiscais ligados a órgãos do meio ambiente foram chamados para tomar medidas judiciais.

No entanto, parece que reclamamos do barulho de outras pessoas mas nos sujeitamos voluntariamente a ter dores e problemas de ouvido quando se trata da *nossa* música e da *nossa* diversão.

Sugestões para se evitar riscos

As modernas técnicas de construção, com materiais mais leves, os módulos préfabricados e todos os equipamentos mecânicos e elétricos básicos criaram riscos à saúde ligados ao barulho que antes não existiam. Um tipo relativamente novo de especialista, o engenheiro acústico, tornou-se personagem importante na equipe de profissionais da construção. Seu trabalho é lidar com problemas de barulho e criar ambientes nos quais os sons são equilibrados. A reverberação causada por superfícies refletivas gera um ambiente cheio de vida, enquanto um espaço sobrecarregado de materiais absorventes pode amortecer tanto o som que a voz passa a ser mais exigida e falar fica mais difícil.

Um grande problema é como lidar com as pessoas que trabalham em prédios altos, com janelas seladas e ar condicionado, bem acima dos ruídos da rua e outros sons exteriores, em ambientes tão silenciosos que se ouve apenas o sussurro fraco, mas constante, do sistema de ventilação ou o zumbido de uma lâmpada fluorescente. Esses sons perturbadores e estressantes podem ser minimizados até certo ponto por máquinas que produzem "ruído branco", destinado a compensar o incômodo silêncio excessivo. O controle ativo de ruídos, como método de reduzir ou anular sons pela introdução artificial de um segundo som de igual amplitude, mas em fase invertida, é conhecido há cinqüenta anos ou mais. Providências como essa podem ser úteis para compensar em parte as desvantagens dos prédios modernos, altos e selados, mas não evitam a sufocante claustrofobia que muitos sentem por não poder sentir e ouvir o que acontece no mundo exterior. A situação se torna ainda pior quando as janelas do prédio têm vidros coloridos.

Luz e cor

> No começo, Deus criou o Céu e a Terra... (e) Deus disse "Faça-se a luz"
>
> (Gênesis 1:1,3)

Devemos nos esforçar, portanto, para avaliar este belo e potencial princípio da luz e de suas respectivas cores, já que quanto mais nos aprofundamos em suas leis próprias, mais ele se apresenta como um repositório de força capaz de revigorar, curar, purificar e deleitar a humanidade. Poucos percebem estar emparedados pelas limitações dos sentidos. Não apenas há muito mais sobre a vida do que qualquer um já viu, como também existem formas desconhecidas de luz que nenhum equipamento ótico irá jamais registrar. Existem inúmeras cores que não podem ser vistas, assim como sons que não podem ser ouvidos, aromas que não podem ser percebidos, sabores que não podem ser degustados e substâncias que não se pode tocar. Estamos, assim, cercados por um universo supersensível sobre o qual nada sabemos porque os centros da percepção dos sentidos dentro de nós não se desenvolveram suficientemente para reagir às sutis ondas de vibração das quais esse universo se compõe.[12]

A luz é uma fonte primária de energia e uma forma de radiação eletromagnética à qual o olho humano é hipersensível. Em seu livro *Colour Me Healing*, Jack Allanach escreve que o professor Popp, o alemão "pai" da emergente ciência chamada fotobiologia, ensina que nossas células se comunicam por meio da transmissão de luz de nível baixo.[13] Cor é a sensação que se produz quando a luz de diferentes extensões de ondas atinge a retina. O ato de enxergar é uma reação química induzida pela luz.

Os físicos discutem sobre a natureza da luz desde tempos imemoriais, mas Sir Isaac Newton (1642-1727) foi o primeiro a descobrir que a luz branca é uma mistura de luzes coloridas que podem ser separadas por refração: essa descoberta levou à sua teoria corpuscular de que a luz era um feixe de partículas disparadas como projéteis. Outro físico e médico britânico, Thomas Young (1773-1829), que se opunha à teoria de Newton, demonstrou que a obstrução da luz indicava que ela é transmitida por ondas (Young falava doze idiomas antes de completar 20 anos e ajudou a decifrar a Pedra da Roseta egípcia). A versão hoje aceita, formulada por Niels Bohr (1885-1962), o físico atômico dinamarquês, expressa o conceito de que a luz é ao mesmo tempo uma onda e uma partícula de energia — um fóton. Um fóton é um *quantum* de radiação eletromagnética observada como uma partícula sem massa que viaja à velocidade da luz. A teoria quântica diz que tudo no universo — dos organismos vivos às pedras — é uma forma variável e condensada de luz solar. O fato das sessenta bilhões de células do nosso corpo emitirem luz na forma de foto-radiação muito fraca foi uma descoberta dos cientistas russos na primeira metade do século XX.[14]

O espectro visível é dividido em sete cores principais — vermelho, laranja, amarelo, verde, azul, anil e violeta — em ordem decrescente de extensões de ondas, e quando combinadas em proporções iguais elas produzem a luz branca. Outras cores são criadas pela variação das proporções ou pela omissão de certas cores primárias. Pigmentos coloridos e corantes absorvem algumas extensões de ondas e refletem outras. Uma camisa azul iluminada por luz branca, por exemplo, absorve todos os componentes da luz branca à exceção da luz refletida azul. Em outras palavras, a cor de um objeto é aquela que permanece depois que todas as outras cores forem absorvidas.

A luz branca é uma mistura de todas as cores do espectro ou das três cores primárias complementares — vermelho, verde e azul — em proporções iguais. Diante das cores do arco-íris, vemos diferentes matizes de luz vermelha, verde e azul, e é também dessa forma que assistimos à TV em cores. Os seres humanos têm apenas três receptores; os pássaros têm até seis e outros animais enxergam o infravermelho, o ultravioleta (UV) e outras cores mais do que podemos imaginar além do alcance relativamente limitado do nosso espectro visual. Por sinal, o céu é azul porque pequenas partículas de poeira e de água difundem a luz, da mesma forma que tornam a lua vermelha quando ocorre um eclipse.

Luz e biologia humana

Os antigos descreviam nossos olhos como "as janelas da alma". Nossos processos vitais são controlados pela luz que penetra nossos olhos e chega às glândulas endócrinas: pineal, pituitária, tireóide, hipotálamo e supra-renal. Essas glândulas e receptores disseminam todos os nossos processos físicos, mentais e psicológicos, incluindo nossas reações de comportamento e percepções de uma miríade de estímulos a cada momento do dia. O subconsciente filtra o que precisamos ouvir, ver, cheirar e pensar. Ele também registra todos os processos reais e retém na memória cada experiência em sua totalidade. A propaganda subliminar, hoje ilegal, lançava uma mensagem na tela da TV por uma fração de segundo. Era rápido demais para o olho e a consciência captarem, mas o subconsciente podia "ler" a mensagem e reagir a ela. Assim como podemos "ouvir" a pulsação e o ritmo de sons inaudíveis, conseguimos "ver" as formas geométricas invisíveis de um objeto ou construção: somos capazes de assimilar todos

A SÍNDROME DA CONSTRUÇÃO DOENTE 63

os fenômenos externos, mas para evitar que sejamos inundados por essa constante torrente de informações, a mente filtra a assimilação de dados, permitindo a nossa integração no mundo.

A glândula pineal, o "cérebro" dentro do cérebro, tem o tamanho de uma ervilha e o formato de uma pinha. Localiza-se no centro do crânio, na linha de interseção entre as orelhas e as sobrancelhas. Essa importante glândula, que controla todas as outras glândulas endócrinas, produz o fluxo de hormônios através do corpo por meio do sistema nervoso autônomo — os impulsos elétricos do cérebro operam os botões de "ligado/desligado", controlando a liberação de um coquetel de substâncias químicas que afetam o nosso metabolismo, as emoções e as sensações de euforia ou depressão. As duas secreções mais importantes, serotonina e melatonina, comandam uma vasta gama de níveis de energia, atividade mental, padrões de sono, alucinações e sonhos. A glândula pineal é ultra-sensível à luz e a campos eletromagnéticos extremamente fracos (tradicionalmente, os monges raspavam o topo da cabeça para que mais luz banhasse a região da glândula pineal. Desse modo, acreditavam poder acelerar seu desenvolvimento espiritual — a "iluminação").

A glândula pineal atua como um relógio biológico e é altamente sensível às fases da lua e à atividade das manchas solares. Quando estamos em nosso hábitat natural, o corpo opera como um relógio de 24 horas, regulado pela luz do sol, controlando o ritmo de produção diurno e noturno de serotonina e melatonina. A liberação da melatonina é essencial para a renovação do nosso sistema imunológico, daí os processos de cura por meio do sono, enquanto a falta de melatonina causa deficiências do sistema imunológico (à medida que a noite se aproxima, a produção de serotonina se interrompe e a melatonina é liberada para nos fazer sentir sonolentos, calmos e prontos para dormir). A falta de luz por qualquer período de tempo faz com que o nosso biorritmo mude para um ciclo de 25 horas, para coincidir com o ciclo da lua e não com o do sol. Quando uma pessoa é submetida à luz de modo permanente, sua secreção de serotonina se intensifica até o ponto em que ela se torna hiperativa, muito estressada e exausta. Contração dos músculos do intestino, excitação, estômago embrulhado e diarréia são outros sintomas causados pela liberação de serotonina.

Durante o dia, a produção de serotonina e cortisona pela glândula pineal aumenta os nossos níveis de energia, intensifica as emoções e induz uma sensação de vitalidade (produzimos mais cortisona nos meses de verão do que nos de inverno). Durante o outono e o inverno, por causa da falta de luz solar, ficamos mais propensos a nos sentir doentes e deprimidos e a contrair gripes, resfriados e outros males. As pessoas que vivem em países pouco iluminados, longe do Equador, são mais sujeitas à depressão e ao suicídio. Entre 6% e 10% da população da América do Norte sofre de distúrbio afetivo sazonal (DAS), uma síndrome definida em 1992 pelo Dr. Normal Rosenthal, cientista pesquisador no National Institute of Mental Health em Bethesda, Maryland. Segundo a literatura sobre o assunto, 80% dos pacientes de DAS respondem bem a tratamentos leves, mas quando uma pessoa é submetida a períodos extremamente longos de iluminação ou escuridão, ela se torna desorientada e maníaca.

A liberação de secreções vitais das glândulas endócrinas é controlada pelos impulsos elétricos do cérebro. Quando nos sentimos sonolentos, a configuração desses impulsos muda de beta — o nível normal de quando estamos acordados — para alfa. À medida que dormimos, começamos a sonhar e, a seguir, mergulhamos em experiências hipnóticas e psíquicas mais profundas no subconsciente, a freqüência dos impulsos elétricos cerebrais muda para delta e depois para gama, níveis que determinam a liberação de secreções essenciais de outras glândulas endócrinas. Mudanças relativamente fracas na potência dos campos eletromagnéticos naturais, sob influência da terra ou do espaço cósmico, ou ainda de campos eletromagnéticos artificiais, podem causar interferência nos padrões da diminuta atividade elétrica do cérebro.

Essa interferência no mecanismo cerebral de liberação das secreções endócrinas afeta os nossos ritmos biológicos e altera o nosso humor, os níveis de *stress* e os ciclos reprodutivos, além de enfraquecer o sistema imunológico. Qualquer forma de alteração na rotina do sono, como dormir num quarto iluminado, suprime a produção de melatonina, resultando em depressão do tipo clínico ou não-clínico — como o *jet lag*. Rotinas de trabalho com horários alternados podem ter o mesmo efeito. Quando estamos seriamente doentes, uma das reações naturais do organismo em busca da cura é nos manter acordados por longos períodos para permitir que a melatonina e outras secreções voltem aos níveis normais e recuperem o sistema imunológico. Pesquisas recentes mostram que longos períodos de escuridão são essenciais para o desenvolvimento saudável dos olhos das crianças pequenas: dormir com a luz acesa à noite, durante os primeiros dois anos de vida, pode causar miopia.[15]

Experiências clínicas feitas com mulheres cegas mostraram que elas têm uma propensão significativamente menor a desenvolver câncer de mama dos que aquelas com a visão perfeita. Os médicos hoje estão convencidos de que o câncer de mama é uma doença dos países adiantados, onde as taxas de incidência são cinco vezes maiores do que no Terceiro Mundo. As pesquisas sugerem que a causa para esse fenômeno pode ser a nossa "sociedade de 24 horas" — o uso de luz artificial evita que as pessoas no Ocidente experimentem a escuridão total à noite, situação em que ocorre a produção natural de melatonina. Nosso sistema imunológico também depende da melatonina para regular os níveis do hormônio estrogênio, que está ligado ao câncer de mama. Luz artificial, *jet lag* e trabalho em horários alternados (incluindo o dos tripulantes de aviões) interrompem a produção de melatonina.[16]

Nos últimos vinte ou trinta anos, tem aumentado cada vez mais a preocupação com a qualidade do ambiente físico e social ao qual as crianças recém-nascidas ficam expostas nas unidades de terapia intensiva neonatais. Um relatório sobre o comportamento e o desenvolvimento das crianças diz o seguinte: "Os riscos associados com o tratamento, como as intervenções impróprias adotadas pelos médicos, os perigos eletromagnéticos, os níveis de barulho e a iluminação intensa e contínua são fontes potenciais de *stress* ambiental que podem ter efeito negativo na saúde e no desenvolvimento das crianças". A iluminação forte e constante que em geral se encontra nos hospitais já foram relacionadas a vários problemas de saúde em animais e seres humanos, incluindo patologias da retina, interrupção do biorritmo diário, redução na produção de melatonina, insônia, cansaço, dificuldades cognitivas e modificação de padrões de comportamento. Ciclos de iluminação intermitente, ajustados com os períodos diurno e noturno, induziram o sono profundo em crianças, o que causou nelas o aumento na produção do hormônio do crescimento, reduziu seus níveis de cortisona (necessária para lidar com situações estressantes) e lhes rendeu aumento de peso e melhor batimento cardíaco. A redução dos níveis de barulho e a diferença entre a iluminação diurna e noturna nos berçários também ajudou a restaurar o ritmo normal de crescimento e desenvolvimento.[17]

Terapia da luz

As qualidades terapêuticas da luz e das cores, conhecidas há milhares de anos, são baseadas nos poderes específicos dos diferentes comprimentos de ondas de cada cor de estimular a capacidade natural de cura do organismo. Luz vermelha, a de comprimento de onda mais longo, é usada para a penetração profunda. Na outra ponta do espectro visível está a cor violeta, a de comprimento de onda mais curto, usada para estimular uma rápida consciência sobre os aspectos mais elevados e espirituais do ser e para a autocura.

As salas de tratamento do antigo Egito eram projetadas para refratar a luz solar e dividi-la nas diferentes cores do espectro, de maneira a que cada paciente pudesse tomar banho de luz com a cor adequada a seu caso. Terapias com luz e cores também eram bem conhecidas na Pérsia, e os gregos usavam vários materiais no solário para selecionar as cores apropriadas a cada processo de cura. A medicina ortodoxa ocidental sempre tendeu a ignorar essa técnica terapêutica de cura natural e poderosa, preferindo amparar-se em remédios e cirurgias radicais. Em 1903, uma clínica fundada pelo médico suíço Auguste Rollier usou a terapia com luz solar para matar a bactéria da tuberculose (TB). Dois anos depois, quando ele apresentou suas descoberta numa conferência médica em Paris, a platéia inteira se retirou, incrédula.

Em 1985, o arquiteto sueco Erik Asmussen projetou um hospital singular, de 74 leitos — Vidar Kliniken, em Jarna, no Báltico — baseado na filosofia de Rudolf Steiner, que fundou em 1912 a Sociedade Antroposófica (mais conhecida nos Estados Unidos como Waldorf School Movement). As paredes do hospital eram pintadas na técnica *Lazure* de Steiner, de modo a produzir um ambiente "vivo" com as cores e criar "temperaturas" variadas de acordo com o tipo de doença: pacientes com febre ou inflamações, por exemplo, eram colocados em quartos pintados em tons de azul, e os tons quentes da cor rosa destinavam-se aos pacientes com doenças "frias", como o câncer.[18]

Um grande marco foi alcançado em 1998, quando um congresso sobre luz na Reading University, no Reino Unido, reuniu representantes, professores e médicos de várias partes do mundo para divulgar seus estudos mais recentes. Eles trocaram informações e técnicas sobre luz, foto-medicina, uso de raios *laser*, luz polarizada, luzes estroboscópicas para bioestimulação e um sistema de "acupuntura a cores" que usa tons selecionados dirigidos em fachos aos pontos meridianos e às zonas de pressão do corpo. A acupuntura a cores não é um novo "remédio", já que tem sido usada de forma pioneira e com sucesso nos últimos trinta anos pelo cientista alemão Peter Mandel para tratar pacientes considerados "terminais" de câncer, outras doenças graves e problemas psicológicos. O trabalho de Mandel e o desenvolvimento da acupuntura a cores é tema do livro *Colour Me Healing*, de Jack Allanach (veja a página 61). Outro pioneiro, o Dr. Jacob Liberman, nos diz em seu livro *Light: Medicine of the Future* que como a luz é a nossa essência, ela é uma terapia para curarmos a nós mesmos.[19]

Uma técnica que usa UV e ondas de luz visíveis para irradiar cerca de 2% do sangue de um paciente e depois reintroduzi-lo na corrente sangüínea tem sido praticada com sucesso pelo professor russo Kira Samoilova para esterilizar infecções virais. A luz com todas as cores do espectro pode abaixar a pressão sangüínea e controlar os níveis de colesterol. O componente UV pode estimular a produção de vitamina D, que ajuda a absorção do cálcio, do magnésio e do fósforo — essenciais para o tratamento da osteoartrite e para a recuperação de ossos danificados.

Gradualmente, a classe médica começa a entender e apreciar as qualidades terapêuticas da luz e das cores como alternativa para uma série de tratamentos alopáticos tradicionais. O Hammersmith Hospital de Londres usou um dispositivo chamado máscara de luz, desenvolvido pelo Dr. David Norton, que lança *flashes* ininterruptos para tratar mulheres que sofrem de disfunções menstruais graves. No mesmo hospital, o destacado dermatologista Tony Chu desenvolveu uma máquina à base de luz para curar a acne. O paciente é exposto a uma luz azul para matar o micróbio da doença e a uma vermelha para curar a pele. Essa parece ser uma terapia eficiente sem efeitos colaterais.

Pesquisadores na Tokyo University produziram um revestimento químico de dióxido de titânio para ser usado nas paredes e no chão que reage à luz UV para acabar com a sujeira, o encardido e as bactérias. Será que essa descoberta significa o fim dos líquidos de limpeza tóxicos?

A luz e o meio ambiente construído

Do ponto de vista fisiológico, biológico e psicológico, somos profundamente influenciados pela qualidade e pela quantidade de luz e cor determinadas pela localização de um prédio, por sua posição no terreno e por seus espaços interiores. Um cômodo com janelas em diferentes níveis torna mais variada a combinação entre cores, texturas e reflexão da luz direta: mudanças graduais na iluminação diurna podem influir sobre os nossos pensamentos e a nossa disposição. Ser capaz de enxergar o céu e a paisagem através de janelas com vidro transparente nos mantém conectados com o ambiente natural e evita privações sensoriais e a sensação de estar aprisionado. Trabalhar em escritórios amplos com escrivaninhas enfileiradas de maneira uniforme, em que a altura do teto é opressivamente baixa, iluminação suave, decoração banal e desinteressante pode induzir sensações de claustrofobia, letargia e tédio. Funcionários obrigados a cumprir suas jornadas de trabalho sob luz artificial porque os andares do prédio são muito extensos (maiores que sete metros) tendem a ficar mais cansados do que aqueles que se sentam próximos às janelas.

Ser incapaz de ver o ambiente externo pelo menos em alguns momentos ao longo do dia já é estressante, mas as janelas de vidros coloridos, que envolvem o interior com uma atmosfera sombria, quase escura, enganam a nossa percepção do tempo e do que está acontecendo fora do edifício — será que ainda é meio-dia ou já está chegando a hora de ir para casa? Num nível sutil, essa "discrepância" incômoda e perturbadora soma-se ao *stress* da confusão sensorial.

Trabalhar — ou viver — entre vidros coloridos e luz artificial inibe a produção de serotonina pela glândula pineal, o que reduz nossa energia e vitalidade a um ponto que, depois de certo tempo, sentimo-nos sonolentos e fatigados. Vidros coloridos ou espelhados produzem fachadas de impacto e protegem os interiores contra o calor do sol, mas os fabricantes de vidro já desenvolveram janelas totalmente transparentes que também filtram o aquecimento produzido pelos raios solares. Outra opção aos caixotes de vidro compactos e reluzentes característicos dos prédios de escritórios de hoje são os projetos de fachadas que produzem sombra nos interiores sem reduzir a qualidade da luz natural. Grandes arquitetos do passado usaram essas técnicas para criar prédios confortáveis, bem iluminados e originais bem antes do surgimento do ar condicionado e dos vidros coloridos.

Níveis inadequados de luz natural exigem que se use iluminação artificial, de intensidade constante, geralmente na forma de lâmpadas fluorescentes. O mecanismo de uma lâmpada fluorescente consiste de faíscas elétricas que cruzam o tubo de vidro cem vezes por segundo — algo similar aos pontos numa tela de TV, que brilham 625 vezes por segundo para criar as imagens. Não nos damos conta dos pontos brilhantes na tela da TV e nem da centelha que cruza a lâmpada, mas em nível subliminar os cem pulsos elétricos por segundo ficam registrados na mente. Esses pulsos "invisíveis" podem gerar uma interferência indevida na ordenação elétrica normal do cérebro, causando náuseas, cansaço, fadiga ocular e uma perturbação conhecida como tecno-*stress* — também advinda das centelhas subliminares das telas de computadores e TVs. Mesmo a temperatura do corpo e os ciclos de ovulação das mulheres podem ser afetados. O pulsar das faíscas tem um efeito similar aos das luzes estroboscópicas, que causam ataques epilépticos.

A interferência com as ondas cerebrais pode ser evitada instalando-se estabilizadores de alta freqüência capazes de aumentar o número de faíscas de cem para duzentas por segundo. Lâmpadas fluorescentes que simulam a luz natural, com todas as cores do espectro, incluindo as freqüências infravermelha e UV, também ajudam a reduzir as ameaças potenciais à saúde.

Mais à frente, veremos como os centros de poder no corpo (chakras) correspondem a um código de cores de acordo com as freqüências de vibração que se relacionam com as secreções das glândulas endócrinas, o que determina como nos sentimos. Os seres humanos reagem às vibrações das cores do mesmo modo que às dos sons e da música. Cores fortes podem ser marcantes e chamativas, mas são mais úteis para acentuar ou fazer contraponto a um estado de espírito. Grandes quantidades de cores "sólidas" podem causar depressão enquanto a *Lazure* (veja a página 65) e técnicas similares de se pintar ou aplicar em *spray* "máscaras" de cores sobre superfícies brancas criam vitalidade e energia. Cômodos retilíneos pintados de branco podem "vibrar" mais do que quando pintados de alguma cor. O somatório da iluminação, das cores, das texturas, do fluxo de ar e dos formatos e proporções de um cômodo causam impacto na mente, no corpo e no espírito de quem entra nele.

Idealmente, um projeto de iluminação deve ter como objetivo compensar a falta de luz natural com um bom equilíbrio de cores, luminosidade baixa e um sistema de distribuição que evite ofuscar os olhos. Tetos e paredes banhados de luz criam um atrativo visual e um contraste suave para realçar o jogo de cores e texturas. A iluminação individual de cada estação de trabalho, quando compatível com a atividade que nela se exerce, pode colaborar para o bom resultado do ambiente inteiro. Superfícies que refletem muito a luz, pontos que ofuscam e o brilho excessivo devem ser evitados para se reduzir a fatiga visual e o esforço excessivo dos olhos. *Softwares* de informática de baixa qualidade, que produzem imagens sem boa definição, também são uma fonte de *stress* visual que pode causar perturbações.

As combinações de cores e texturas na arquitetura de interiores modificam a qualidade da luz em geral. Composições em tons pastel, bem suaves, podem resultar enfadonhas e tendem a entorpecer os sentidos. Cores escuras e pesadas, que absorvem em excesso a luz, podem criar um ambiente triste e depressivo. Cores primárias fortes e intensas podem chamar muita atenção, o que irá contribuir para os sintomas de *stress*, cansaço e fadiga ocular. Quando se vê as composições de cores internas e externas em alguns de nossos prédios modernos, tem-se a impressão que o arquiteto selecionou as cores baseado em suas preferências pessoais, ou numa tendência da moda, e não de acordo com um entendimento profundo dos efeitos das cores em nosso corpo, espírito e mente.

A SÍNDROME DA CONSTRUÇÃO DOENTE   69

O olho do subconsciente procura constantemente contrabalançar qualquer cor predominante. Um ambiente verde, por exemplo, precisa de um pouco de vermelho; o laranja pede o azul; o amarelo necessita do violeta — esses pares formam "cores contrastantes", assim chamadas porque estão em mútua oposição no espectro. Se você ficar observando um círculo azul e, depois de alguns segundos, desviar os olhos para uma folha de papel branca, irá ver exatamente a mesma imagem, mas na cor laranja. O mesmo acontece com formas de qualquer cor — a imagem transferida pelo olhar vai aparecer na cor contrastante porque o olho precisa se "ajustar" ao cinza neutro (a mistura de todas as cores pigmentadas do arco-íris resulta no cinza natural, enquanto as sete cores de luz se fundem na luz branca). Nos hospitais, durante as cirurgias, os médicos e as equipes usam jalecos verdes porque freqüentemente têm que olhar para o sangue do paciente. Se eles usassem jalecos brancos, sempre que desviassem o olhar do sangue da área de incisão para suas roupas iriam experimentar uma confusão visual temporária porque a mesma imagem de sangue iria aparecer em verde. Os jalecos verdes neutralizam a imagem do sangue, evitando assim uma súbita "cegueira". Essa cor também induz à calma e ao equilíbrio — por que outro motivo os teatros possuem uma "sala verde" onde os atores esperam a hora de entrar em cena?

O que será que influencia a nossa escolha de cores para as roupas que usamos e para a decoração? E essas preferências são puramente subjetivas? Quando optamos por usar um vestido amarelo, uma gravata azul ou uma camisa rosa, estaremos selecionando a roupa daquele dia porque é a única que está limpa ou que está mais à mão, ou estaremos "sabendo" intuitivamente que precisamos da freqüência vibracional daquela cor para combinar com o nosso estado de espírito ou para aumentar a nossa disposição? Cada uma das cores, assim como os sons, tem um comprimento de onda próprio, que podemos sentir e distinguir por meio dos receptores subliminares do corpo. O sutil campo de energia que cerca o nosso corpo irradia vibrações de cores que flutuam e mudam de intensidade dependendo de nossas condições de saúde e de nossas emoções. Se alguém pode efetivamente ver esse conjunto de cores — a "aura" — em volta do corpo físico, ou talvez sentir sua presença intuitivamente, não é uma questão importante. No entanto, algumas pessoas altamente sensíveis e antenadas são capazes até mesmo de "ler" esses feixes de cores irradiantes. Em *The Cosmic Serpent*, Jeremy Narby sugere que o DNA emite fótons que correspondem exatamente à estreita faixa da luz visível. A intensidade da luz é igual "à de uma vela vista à distância de dez quilômetros, mas é extremamente consistente" e atua como "um raio *laser* ultrafraco". Narby relaciona as emissões de fótons do DNA à consciência, que "pode ser os campos eletromagnéticos formados pela soma dessas emissões".[20] Será que essa pode ser uma explicação científica possível para o fenômeno da aura? (Veja, no capítulo 7, "Corpos Sutis", página 198).

Stress geopático

As fases da Lua, as explosões solares, as tempestades magnéticas e outros movimentos planetários, além da posição relativa da Terra com relação ao Sol, criam alterações na elevação e na diminuição do campo magnético que afetam os ritmos biológicos de todos os organismos vivos. Esses campos naturais são freqüências complementares, ou muito baixas, e se relacionam intimamente com freqüências semelhantes, como nas ondas cerebrais humanas.

As linhas de força magnética da Terra originam-se no Pólo Norte e emanam para o Pólo Sul, como os meridianos de longitude. Os grandes círculos de meridianos horizontais em volta da Terra, semelhantes aos padrões convencionais de latitude, são conhecidos como "rede solar". Esses meridianos distam um do outro desde poucos metros até dois quilômetros; eles não podem ser detectados depois do pôr-do-sol e são considerados alinhamentos às vezes conhecidos como "linhas ley". Acredita-se que essa rede também cubra os oceanos e força uma malha de referências magnéticas para a movimentação de todas as espécies marinhas.[21]

Um advogado inglês, Guy Underwood, nascido em 1883, passou a se dedicar a pesquisas sobre árvores genealógicas e à construção aparelhos elétricos. Na maturidade, ele se tornou um célebre arqueólogo e rabdomante (procurava água sob o solo com a ajuda de uma varinha). Em seu livro *Patterns of the Past*, Underwood observa que os cervos, os ratos e os faisões, entre outros animais, preferem se mover seguindo certas rotas e caminhos — isso sugere que as linhas ley são uma concentração de sutis correntes terrestres de campos eletromagnéticos ou eletrostáticos.[22]

Ann Silk, a eminente oftalmologista e membro da Royal Society of Medicine (veja também as páginas 90, 123, 152 e 162), acredita que a teoria da existência de campos de energia na Terra é corroborada pelo trabalho científico de geofísicos e sismólogos em todo o mundo desde o século XIX. Ela cita as imagens captadas por satélites da NASA com ondas de energia geradas por terremotos e acomodações geológicas que se deslocam de forma vertical e horizontal nas fotografias: o planeta é circundado por ondas magnéticas mensuráveis. Ela também sugere que a ciência sustenta essas teorias, como pode ser constatado no verbete "Geoelectricity" da *Encyclopaedia of Science and Technology* da editora McGraw Hill (1995).[23]

Outras evidências, apresentadas num ensaio de 1993 do professor Zaffanella, *Survey of Residential Magnetic Field Sources*,[24] sugerem que as correntes elétricas ou telúricas podem ser naturais ou causadas por construções, escavações, pressão de reservatórios de água e trens elétricos, que podem reativar falhas no terreno e gerar piezeletricidade. A causa pode ser atribuída às camadas de alta condutividade elétrica existentes no subsolo, onde repousam certos sulfatos metálicos e grafites, e aos processos de oxidação associados à água subterrânea.[25]

A SÍNDROME DA CONSTRUÇÃO DOENTE 71

Acredita-se que a rede de campos de energia que cobre a crosta da Terra é semelhante ao fino desenho dos poros em nossa pele. Num nível mais sutil, ela pode ser comparada aos canais de energia invisíveis do corpo humano — conhecidos na acupuntura como "meridianos". Ela conecta os pontos principais de energia positiva e negativa da Terra de maneira equivalente aos meridianos, que conectam os centros de poder do corpo humano, ou chakras (Veja as páginas 200, 193 e 170). Provavelmente, as redes* de energia mais citadas são as de Hartmann e Curry.

A Rede de Hartmann e a Rede de Curry

Nascido em Mannheim, Alemanha, em 1915, o Dr. Ernst Hartmann estudou medicina em Heidelberg. Foi prisioneiro durante a Segunda Guerra Mundial e, posteriormente, começou a estudar geobiologia intensivamente. Em 1961, ele fundou o centro de pesquisas Forschungskreis Fuer Geobiologie para promover palestras e seminários e conduzir estudos destinados a mostrar como o bemestar humano (a mente, o corpo e a alma) interage com o cosmos, a atmosfera, o tempo meteorológico e as características do meio ambiente. Outros fatores, como a influência entre as culturas, a civilização, as energias terrestres e a localização das moradias das pessoas também foram incluídos nos abrangentes estudos. Em 1968, paralelamente à prática médica e à pesquisa, ele começou a publicar uma revista, *Wetter-Boden-Mensch* (Tempo-Solo-Humano). Seu livro, *Ilness as a Problem of Location*[26] lida com as forças biofísicas dos campos de energia terrestres, seu impacto nos órgãos do corpo e sua contribuição para o desenvolvimento de doenças e para a degeneração ou mutação das células. Hartmann era enfático ao defender o ponto de vista de que a inter-relação entre todos os campos eletromagnéticos, naturais e artificiais, com todos os organismos vivos precisava ser estudada, avaliada e tratada com atenção por nossa consciência, pelo benefício e pela proteção da evolução das espécies e da ecologia.

Antes de sua morte, em 1992, Hartmann escreveu *Yin Yang: On Constitution and Reaction Types*,[27] onde apresentava sua pesquisa sobre os padrões das redes globais e as zonas de *stress* geopático.

A Rede de Hartmann, redescoberta em 1950, apresenta uma configuração norte-sul e leste-oeste de eixos que se cruzam à distância de dois metros na linha norte-sul e 1,5 metro na linha leste-oeste, nas latitudes temperadas. O eixo norte-sul converge para os pólos magnéticos da Terra e o comprimento do eixo leste-oeste varia na mesma proporção. Hartmann descreve as linhas como a aura da Terra.

Seus quarenta anos de pesquisas e extensos registros médicos levaram Hartmann a concluir que a Rede de Hartmann é regida pelas fases da lua, pelas manchas solares, pelo tempo local e pela ação da poluição ambiental. O efeito da rede de energia penetra em todos os andares de um prédio inteiro, e há for-

---

* Também chamadas de linhas (N.T.).

tes evidências de que trabalhar durante muito tempo ou dormir em determinada posição, sobre pontos em que os eixos se cruzam, pode ser prejudicial à saúde (numerosos casos bem documentados de doenças estão incluídos em *Illness as a Problem of Location*, de Hartmann). Na Alemanha, checar o local onde um paciente vive e dorme é uma prática comum entre os geobiólogos. O remédio recomendado é detectar as redes e mudar as posições de trabalho ou de sono para as zonas neutras de sua configuração.[28]

Outra pesquisa independente realizada pelo Dr. Whitman e pelo Dr. Manfred Curry (1900-1953) no Medical and Bio-Climate Institute, no sul da Alemanha, resultou na descoberta de uma configuração de rede disposta a 4,5 metros na diagonal às linhas de Hartmann. Conhecida como a Rede de Curry, ela tem eixos no sentido nordeste-sudoeste e sudeste-noroeste.

Os pais de Curry, americanos de ascendência irlandesa, migraram de Boston, na Nova Inglaterra, para Munique, na Bavária, onde ele estudou medicina. Quando ainda era estudante, ele inventou o "bote de terra" (uma bicicleta movida a movimentos de remos), um relógio meteorológico, a "pinça Curry", o "freio Curry" e vários tipos de velas ainda hoje usados em barcos. Um aplicado velejador olímpico, ele se formou em medicina aos 30 anos e, cinco anos depois, começou a pesquisar os fatores ambientais que influenciam a nossa saúde. Ele escreveu diversos livros e dirigiu vários filmes.

As redes de Hartmann e de Curry têm uma carga negativa e outra positiva. Nos locais onde as cargas do mesmo tipo das duas redes se cruzam, a perturbação ou a interferência amplia o efeito de contaminação, principalmente quando o encontro coincide com a movimentação de águas no subsolo.

É mais freqüente se encontrar zonas de *stress* geopático onde existem falhas geológicas, fissuras na formação das rochas, jazidas minerais e fluxos subterrâneos, em extratos variados do solo, através de areia ou silicone, com níveis variados de pressão e perturbações geofísicas. Todos esses fatores podem afetar a radiação térmica e as características do campo magnético de um determinado lugar. Portanto, em certas épocas, num determinado local, a força do campo de energia, ou vibrações, se altera. Esse efeito peculiar determina se a "rotação" do campo de energia de um local é positiva ou negativa, gerando "zonas de ressonância" benignas ou "formas de influência" malignas, o que causa impacto sobre toda a matéria e os organismos vivos. A área afetada pode variar de tamanho, de uns poucos metros quadrados a vastas regiões. Áreas que apresentam uma rotação negativa — ou seja, malignas — são conhecidas como "zonas de *stress* geopático".

Os modernos termômetros infravermelhos podem detectar e medir o espectro de mudanças do campo de energia de um local, identificando se sua rotação é positiva ou negativa. Onde existem falhas geológicas, uma rotação no sentido horário terá um efeito positivo sobre o corpo humano. Irá contribuir para a sensação de bem-estar, com tendência a nos sentirmos conectados com o espírito do mundo natural, e a liberação de certas secreções da glândula en-

A SÍNDROME DA CONSTRUÇÃO DOENTE 73

dócrina pode induzir a sensações físicas e espirituais. Locais e construções reconhecidas como sagradas e benéficas, incluindo célebres templos religiosos, como as catedrais de Chartres e de Bourges, são construídas precisamente sobre poços ou fluxos de água subterrâneos que se cruzam. Ou, como no caso de Aachen, sobre fontes quentes, positivas e benéficas. Por outro lado, num local onde há uma rotação no sentido anti-horário, ou negativa, o tipo de interferência causado pelo campo de energia irá causar o efeito oposto.

Correntezas subterrâneas, mesmo aquelas que fluem vagarosamente, geram um campo eletromagnético fraco: a nascente concentra a radiação térmica de nêutrons vinda das profundezas da terra e, em geral, emite uma rotação negativa, no sentido anti-horário. Alguns pesquisadores acreditam que os "raios telúricos" negativos são radiações secundárias causadas por raios cósmicos que atingem as águas subterrâneas. Outros sustentam que os raios são emanações difusas do interior da terra que se tornaram concentradas e foram lançadas à superfície pelas correntes de água sob o solo. Na Academy of Agriculture de Varsóvia, Polônia, o professor Jerzy Mazurckak desenvolveu um aparelho para medir a emissão espontânea de fótons em organismos biológicos, e descobriu que as plantas, os animais e mesmo os minerais reagem à radiação do *stress* geopático com um aumento de emissão de fótons.[29]

A melhor definição para o *stress* geopático talvez seja a de um conjunto de fluxos ou veios de energia, surgidos naturalmente, na forma de uma carga elétrica fraca, que tem um efeito nocivo no equilíbrio elétrico extremamente sutil do corpo humano. A exposição por longos períodos ao *stress* geopático pode se tornar seriamente prejudicial à saúde e ser responsável por até 50% dos danos ao sistema imunológico, juntamente com outras ameaças como o gás radon, os efeitos dos campos eletromagnéticos, o *stress*, a má alimentação, o fumo e o álcool em excesso. O prolífico inventor americano Thomas Edison (1847-1931), conhecido especialmente no campo da geração de eletricidade, da lâmpada incandescente e da transmissão radiofônica, emitiu alertas de que ação de alternar correntes elétricas — ou seja, campos eletromagnéticos gerados artificialmente — e sua ação recíproca com linhas de *stress* geopático pode estar ligada à incidência de câncer. Pesquisas extensivas e opiniões médicas específicas confirmam que existe uma conexão entre a radiação geobiológica da terra e as doenças crônicas. Embora certas doenças não sejam necessariamente atribuídas de forma direta à localização de zonas de redes e de águas subterrâneas, seus raios nocivos podem precipitar o início da doença ao debilitar o sistema imunológico. Os sintomas associados com o *stress* geopático incluem:

- Sensação de apatia e falta de energia mesmo após um longo sono
- Sono que não descansa
- Depressão
- Dores musculares

A SÍNDROME DO SAPO COZIDO

- Dores de cabeça
- Reumatismo e artrite
- Esclerose muscular
- Câncer
- Ausência de reação aos tratamentos médicos

O efeito da radiação geopática em organismos biológicos se tornou tema de um programa de pesquisas financiado pelo governo polonês e coordenado pela Polytechnin em Szczecin (Stettin). A investigação científica sobre os efeitos prejudiciais dos veios de água subterrâneos e das redes globais incluiu vários testes para examinar a posição das camas de pacientes que haviam morrido de câncer. Num hospital, onde a cama dos pacientes estava localizada sobre o cruzamento de zonas de interferência, os testes mostraram uma grande elevação no campo magnético. Depois de removidos o colchão de molas, a estrutura de ferro e a fiação elétrica da cama, a radiação magnética foi reduzida a 1/6 do original. O resultado, publicado em 1989, serviu de base a novos procedimentos adotados na Polônia por urbanistas, arquitetos e engenheiros civis.[30]

Um relatório investigativo sobre a alta incidência de câncer na cidade de Bilbiburg, na Bavária, foi publicado pelo barão Von Pohl.[31] As pesquisas de Von Pohl, realizadas em 1928 com o uso de testes rigorosos, mostraram que todas as habitações onde se registraram as mortes por câncer situavam-se sobre fortes raios terrestres. Com notável precisão, ele foi capaz de identificar em qual cômodo da casa estava a cama do paciente de câncer e até mesmo a sua posição dentro do quarto. Um estudo posterior, publicado em 1992 pelo Dr. H. A. Nieper, presidente da German Society of Oncology, mostrou que cerca de 90% dos pacientes de câncer dormiam sobre zonas de *stress* geopático. Em julho de 1993, discursando no congresso internacional do Jubileu de Diamante da British Society of Dowsers, o Dr. Dubrov, um biofísico russo, autor de *The Geomantic Field of Life*, apresentou descobertas e conclusões semelhantes.[32]

Von Pohl ampliou suas pesquisas para incluir o efeito do *stress* geopático em animais, plantas e insetos. Ele concluiu que, à exceção dos gatos, que tendem a procurar pelas zonas geopáticas e apreciá-las, todos os outros animais domésticos e de pasto, incluindo aves criadas para a alimentação, pássaros e peixes, são altamente sensíveis aos raios terrestres e reagem fortemente contra eles. Os insetos, parasitas, vírus e bactérias procuram pelos raios de *stress* geopático; as abelhas também são atraídas por eles e a radiação no mel que elas produzem dá uma indicação clara sobre quais colméias estão situadas sobre linhas da rede. Os carvalhos crescem e se desenvolvem melhor sobre correntes de água subterrâneas. Estatísticas mostraram que, numa floresta composta por 11% de carvalhos e 70% de faias, 58% dos raios atingiram os carvalhos e apenas 6% caíram sobre as faias. Como os raios são naturalmente atraídos pelas correntes de água subterrâneas, pode-se supor que sua incidência preferencial sobre os carvalhos não é casual nem aleatória. Macieiras e pereiras que florescem mas não dão frutos, árvores

A SÍNDROME DA CONSTRUÇÃO DOENTE 75

que crescem pouco, tortas ou com o tronco cheio de cancro, provavelmente estão plantadas sobre uma linha de *stress* geopático. Uma tradição no meio rural britânico rezava que, ao se escolher um terreno para construir, devia-se deixar uma manada de carneiros no local por uma noite. Se eles se comportassem de maneira calma, sem agitação, o terreno estava aprovado. Um relatório produzido na antiga União Soviética confirma que a localização de celeiros, currais ou estábulos pode afetar a saúde e a produção dos animais de fazenda. Segundo um caso citado pelo relatório, entre 35 mil vacas que sofriam de inflamação nas mamas, 78% estavam confinadas em áreas afetadas pelo *stress* geopático.[33]

Outra pesquisadora, Kathe Bachler, uma dedicada professora e educadora austríaca com formação em matemática e ciências, tinha grande interesse em saber se o mau desempenho na escola de algumas crianças poderia ser atribuído às zonas de *stress* geopático. Ele recebeu uma bolsa da School of Education, de Salzburgo, para dedicar-se a esse trabalho em tempo integral. Seus estudos, apoiados por muitos professores, médicos, psicólogos e pais de alunos, cobriu onze mil casos em três mil lares de catorze países, todos cuidadosamente catalogados, bem documentados e com as informações cruzadas. Suas conclusões foram publicadas em 1988[34] e mostravam claramente que as escolas construídas sobre certos raios terrestres e redes globais tinham uma influência considerável sobre a saúde e o desempenho acadêmicos tanto das crianças quanto dos adultos. Pesquisas posteriores levaram-na a acreditar que fatores ambientais como o clima, as condições meteorológicas, os materiais usados na construção das escolas e os aparelhos elétricos, assim como o *stress* geopático, têm um efeito muito maior do que geralmente se reconhece. Ela também acreditava que os maus pensamentos e o *stress* emocional podem contribuir para as doenças, enquanto os pensamentos bons, amorosos e livres de críticas têm uma ação curativa e benéfica.

A organização alemã Internationaler Arbeistskreis fuer Geobiologie e.V promoveu seu primeiro congresso em Andernach, em maio de 1990. O trecho a seguir é uma tradução de Ilse Pope (12 de julho de 1990) de um relatório do presidente de seu Grupo de Trabalho para a Geobiologia e Promoção da Ecologia, conselheiro e professor Dr. Emil Worsch:

> Analisando-se a conexão geobiológica entre a radiação da terra e as doenças crônicas, especialmente o câncer, pode-se demonstrar, como já relatado há dois anos, mas agora com ainda maior precisão, que pelo menos a causa inicial dessas doenças está muito intimamente ligada ao sistema radioativo encontrado habitualmente em zonas de câncer ou pontos de câncer. Aqui se constatou, mais uma vez, que as chamadas Redes de Curry duplas, em conexão com a radiação da água, mas às vezes sem ela, foram a causa principal. De aproximadamente seiscentos casos de câncer que investiguei, menos de 5% não tinham qualquer relação com a condição radioativa existente na superfície.

Além disso, fotografias infravermelhas aéreas tiradas sobre a cidade medieval de Regensberg, na Suécia, em 1981, mostraram que as antigas ruas de traçado sinuoso acompanham precisamente os cursos d'água subterrâneos. Seria coincidência, ou mero acaso, que as construções tenham sido erguidas longe dos nocivos raios de *stress* geopático gerados pela água sob o solo?

O que fazer

Inicialmente, confie na sua própria intuição: se você sofre de baixa energia, sono agitado ou problemas de saúde recorrentes, pode ser que sua cadeira favorita ou sua cama estejam localizadas sobre uma linha de *stress* geopático. Freqüentemente somos atraídos para zonas geopáticas da mesma maneira como podemos nos tornar alérgicos aos alimentos de que mais gostamos. Os gatos tendem a procurar as linhas geopáticas: os locais que eles escolhem para dormir à noite ou para se enroscar durante o dia podem indicar uma posição potencialmente prejudicial.

Um veio geopático pode ser uma faixa muito estreita situada no canto de um quarto. Nesse caso, é relativamente simples mover a cadeira ou a cama para uma área neutra. Se a posição do guarda-roupa, uma janela ou a porta impedem que se reposicione a cama, há outras maneiras de se reduzir o impacto dos raios nocivos: troque a estrutura de metal da cama ou das molas por madeira, forre a parte de baixo do colchão com folhas de alumínio ou forre as bordas com cortiça. Às vezes, a colocação estratégica de um cristal de quartzo no quarto pode dar resultado.

Em seu livro *The Secret of Life* (1925), o engenheiro francês nascido na Rússia Georges Lakhovsky, especializado em radiação, levou à frente a teoria de que todos os organismos vivos emitem e recebem radiações e são capazes de detectá-las.[35] Durante a Primeira Guerra Mundial, os pombos-correio freqüentemente ficavam confusos ou se perdiam quando voavam em áreas onde se operavam os primeiros transmissores sem fio. Lakhovsky descobriu canais na cabeça dos pombos que funcionam como uma antena com um circuito elétrico oscilante extremamente fraco. Quando um pombo era solto, ele voava em círculo por três vezes antes de seguir viagem. Isso o levou a acreditar que os canais do cérebro eram ativados durante o vôo. À medida que o pássaro atravessava diferentes áreas elétricas e magnéticas, elas lhe forneciam as informações de navegação para guiá-lo até sua casa (os primeiros tipos de transmissores sem fio realmente embaralhavam os sinais eletromagnéticos naturais num raio de vários quilômetros). Lakhovsky deduziu que essas estruturas formadas pelos canais, irradiando e reverberando ondas eletromagnéticas, eram parte da fisiologia de todos os organismo vivos e que suas oscilações determinam a saúde e o "campo vital". Ele acreditava que a exposição e a absorção de elementos poluidores e toxinas, em função do estilo de vida, da alimentação e das condições ambientais, incluindo certos locais com rochas que atraem radiação cósmica de

A SÍNDROME DA CONSTRUÇÃO DOENTE 77

alta energia, nos quais a condução de eletricidade é confusa, enfraqueceria o campo vital e causaria doenças e morte.

Baseado na sua teoria de que as células vivas são estruturas com circuitos oscilantes que irradiam e reverberam radiação eletromagnética de vários comprimentos de onda, ele inventou o Anel Lakhovsky — uma espiral de fio de cobre projetada para funcionar como um escudo e proteger o usuário contra o pernicioso *stress* geopático pela indução de radiações de fase negativa capaz de anulá-lo. Esse circuito oscilante se mostrou eficiente para plantas, animais e seres humanos. Lakhovsky também descobriu que as ondas de rádio ultra-curtas de banda larga e múltipla freqüência podem estimular o crescimento e a saúde das plantas. Lakhovsky trocou Paris por Nova York em 1941 e morreu um ano depois. Seu gênio foi reconhecido apenas nos anos 70, quando sua outra invenção, o "oscilador de ondas múltiplas" (MWO) foi redescoberto em Nova York.

O professor Philip Callahan, um pesquisador americano na área de sistemas de comunicação biológica baseados em radiação eletromagnética, serviu no Exército dos Estados Unidos em estações radiofônicas na Irlanda do Norte, em 1943 e, posteriormente, no Japão. Sem saber, ele trabalhou quase em linhas paralelas com Lakhovsky em seu livro *Tuning into Nature*.[36] Callahan descobriu que plantas saudáveis, bem oxigenadas, não atraem ataques devastadores de insetos desde que exista uma diversidade natural de organismos de controle de insetos e sua correspondente vegetação de apoio. Ele concluiu que, como os insetos são geneticamente programados para reagir principalmente a estímulos infravermelhos, seu comportamento poderia ser controlado por meio eletrônicos não-poluentes. Seu outro trabalho tratava das propriedades dos solos. Callahan observou que os solos férteis são paramagnéticos e todos os solos inférteis, diamagnéticos (a suscetibilidade magnética dos materiais a forças magnéticas aplicadas sobre eles é uma medida da condutividade desses materiais diante de energias magnéticas e eletromagnéticas). Rochas vulcânicas como o granito e o basalto formam em geral os solos mais paramagnéticos. Como os materiais diamagnéticos não têm campo magnético, eles enfraquecem um determinado campo magnético e, portanto, têm uma suscetibilidade negativa. Por outro lado, materiais ferromagnéticos, por causa de suas estruturas em forma de cristais, acentuam fortemente um campo magnético.[37]

Hoje existem vários dispositivos para proteger as pessoas e as propriedades, todos teoricamente capazes de reequilibrar e neutralizar os efeitos do *stress* geopático e dos campos eletromagnéticos gerados artificialmente. Não há prova científica de que qualquer desses produtos seja eficiente, mas testemunhos pessoais indicam que eles podem ter uma influência benéfica em nossas funções biológicas.

Rabdomancia

Rabdomantes experientes oferecem um serviço de pesquisa geopática por meio do qual eles traçam um desenho do cômodo, do prédio ou do terreno para mostrar onde estão localizadas eventuais linhas nocivas. Dependendo da situação, um rabdomante pode prescrever o uso de estacas de aço, anéis de cobre, magnetos, varas de metal ou a colocação de pedras no chão para desviar os veios das áreas onde os ocupantes estão mais vulneráveis. Como alternativa, você pode se tornar um rabdomante, começando com alguns dos diferentes cursos oferecidos a principiantes pelas muitas organizações idôneas de rabdomancia como a British Society of Dowsers.

Para manter um ambiente saudável e próspero, é preciso descobrir a possível presença de campos de energia nocivos no local onde pretendemos morar ou trabalhar, ou onde mantemos animais domésticos e hortas, e a seguir tomar providências para neutralizá-los. A ciência moderna desenvolveu uma série de técnicas especializadas, como a fotografia infravermelha, os radares terrestres, os geomagnômetros, os contadores Geiger, medidores sísmicos, detectores ultra-sônicos e de microondas. No entanto, esses equipamentos são caros, em geral precisam de gente altamente treinada para operá-los e podem detectar apenas um número bastante limitado de freqüências. O método mais simples para detectar e avaliar as energias terrestres e as propriedades geognósticas do solo é a antiga arte ou ciência da rabdomancia — às vezes chamada de "adivinhação" — e descrita pelos rabdomantes como "a arte de saber". Linhas positivas e negativas, fontes sob o solo, correntes subterrâneas, falhas geológicas, depósitos minerais, encanamentos e ruínas arqueológicas — tudo isso pode ser detectado por um rabdomante experiente e bem treinado com notável precisão. Experiências comparando um cientista operando um equipamento eletrônico e um bom rabdomante munido de um par de varinhas ou de um pêndulo, ambos empenhados em detectar um raio de energia magnética terrestre ou uma corrente subterrânea, mostraram que o rabdomante não apenas fez um trabalho tão preciso quanto o do cientista como também o realizou em menos tempo e a um custo menor.

Pinturas rupestres pré-históricas, antigos hieróglifos e esculturas egípcias, escritos bíblicos, imagens medievais gravadas em madeira e outros documentos históricos mostram a rabdomancia como um procedimento usual para encontrar fontes de água e rastrear campos de energia terrestre. Antes de desenvolvermos a tecnologia para construir aquedutos, canais transcontinentais e usinas para retirar o sal da água marinha, antes de montarmos extensas redes de água encanada, a responsabilidade de garantir água adequada e de boa qualidade para uma nova vila ou comunidade rural era unicamente dos rabdomantes. Há dois mil anos, Vitruvius, o arquiteto e engenheiro romano, escreveu instruções detalhadas sobre os vários métodos que ele usava para procurar água numa região. No entanto, no século XVI, Martinho Lutero denunciou a rabdomancia

A SÍNDROME DA CONSTRUÇÃO DOENTE   79

como coisa do demônio, e desde então o mundo ocidental a encara com cautela (em inglês, "sorcerer", palavra baseada no francês *sourcier* ou *sorcier* [rabdomante], define alguém que se interessa por magia negra).

Nas áreas rurais de muitas regiões do mundo, é ainda comum que os fazendeiros, construtores e arquitetos usem os serviços de um rabdomante, ou pratiquem eles mesmos a rabdomancia. Em sua palestra no congresso do jubileu da International Diamond, em York, em julho de 1993 (transcrito na revista da British Society of Dowsers, edição de setembro de 1994), o Dr. Alexander Dubrov falou sobre a longa tradição da rabdomancia na Rússia e na Comunidade de Estados Independentes, onde essa prática (chamada de "biolocalização") continua a ser usada extensivamente para encontrar água, depósitos minerais e sítios arqueológicos, assim como para detectar vazamentos em encanamentos subterrâneos e tubulações transcontinentais. No século XIX, a imperatriz Catarina II emitiu um decreto determinando que uma varinha de rabdomancia fosse incluída no brasão da cidade de Petrozavodsk, e em 1960 o governo soviético designou ao ministro da geologia que instituísse uma fundação para o reconhecimento oficial da rabdomancia. O Dr. Dubrov enumerou os trabalhos de pesquisa contínuos e abrangentes, as ações objetivas e os programas de treinamento para enfatizar a disseminação cada vez maior da rabdomancia na Rússia.

Muitos fazendeiros do Ocidente e a maioria das equipes ligadas à pesquisa da água usam rabdomantes. As companhias petrolíferas e de gás inglesas e americanas também os usam de maneira extensiva e bem-sucedida para encontrar novos locais de perfuração tanto em terra quanto no mar. Embora poucas entre as maiores empresas do ramo queiram admitir o uso de rabdomantes, alguns dos maiores campos de petróleo foram descobertos por esse método. A Roche Pharmaceuticals usou um rabdomante para descobrir água para sua nova fábrica. A Honda trouxe rabdomantes do Japão para selecionar a localização mais adequada para sua nova fábrica em Swindon, no Reino Unido.[38]

Durante a Guerra do Vietnã, rabdomantes foram treinados para encontrar túneis e armas dos vietcongs escondidas; eles também foram usados na Guerra das Malvinas para detectar minas de plástico ditas "indetectáveis". O ministro da defesa britânico lançou mão deles para procurar cavalos infectados com antraz durante a Segunda Guerra Mundial e seu colega da pasta da agricultura os recrutou para descobrir cadáveres de pessoas mortas pela febre suína que haviam sido ocultos por um fazendeiro. A polícia de vários países da Europa e também dos Estados Unidos usa rabdomantes para auxiliar o trabalho de seus detetives, e muito sítios arqueológicos importantes foram descobertos com a ajuda deles. Sir Geoffroy Tory, um oficial da área de inteligência da marinha britânica, usava rabdomancia em mapas para localizar submarinos nucleares. Parece muito bizarro, mas consta que, ao fazê-lo, ele tinha um grau considerável de sucesso.

Médicos alemães, franceses e austríacos usam rabdomantes em seus programas preventivos de saúde e os arquitetos e engenheiros desses países são treinados para detectar raios terrestres nocivos em locais de construção. Autoridades municipais na Rússia e na Polônia mantêm programas regulares de treinamento para ensinar rabdomancia a estudantes de arquitetura e engenharia.

Mas, de maneira geral, os arquitetos e engenheiros de hoje, que atuam nas cidades, não se importam com a qualidade do terreno, e a única pesquisa geológica que eles consideram importante é a perfuração para colher amostras do subsolo e determinar sua capacidade de receber alicerces. Eles também se baseiam exclusivamente nos registros das prefeituras ou de outros órgãos públicos para saber a localização dos canos d'água e outros serviços subterrâneos. Não admira que o antigo dom da rabdomancia tenha sido quase esquecido.

Os cientistas e pesquisadores já formularam muitas hipóteses na tentativa de explicar como a rabdomancia funciona. Uma teoria, bem amparada por diversas experiências, sugere que o amplo espectro de campos elétricos e magnéticos e a radiação eletromagnética podem ser captados pelo sistema nervoso do corpo humano, e o rabdomante experiente sabe identificar sinais específicos de acordo com um repertório pessoal de codificações e reações físicas. Em outras palavras, a rabdomancia é uma combinação de respostas físicas (do material) e mentais (da psique) registrada por uma reação natural e neurológica do corpo. Todos nós estamos sempre reagindo involuntariamente às mais sutis informações produzidas por fenômenos naturais, mas não necessariamente registramos conscientemente esses sinais. Os rabdomantes, contudo, são treinados para prestar atenção mesmo às reações mais fracas e usam instrumentos como varinhas curvas, pêndulos, galhos bifurcados e ramos de salgueiro para "amplificar" a informação. Os instrumentos podem ser feitos de qualquer material porque seu único papel é responder ao menor movimento da mão ou do pulso do rabdomante gerado pelo sistema nervoso nos músculos do braço. Alguns rabdomantes sentem um puxão no abdômen, uma coceira no antebraço ou alguma outra indicação no corpo. Sem dúvida, o cérebro e todos os sensores neurofisiológicos entram em ação, principalmente a glândula pineal e o receptor central.

Nos locais onde a água corre através de um cano ou de um duto subterrâneo, ocorre uma liberação de pequenas vibrações elétricas, numa faixa entre 1 Hz e 12 Hz. Nossas ondas cerebrais, operando numa freqüência semelhante, estabelece uma ressonância com o fluxo da água. Quando o rabdomante procura por falhas geológicas, a descarga piezelétrica causada pelas placas do subsolo comprimindo-se umas contra as outras também pode ser registrada pelo cérebro. Pode ser difícil de se entender e aceitar a eficiência da rabdomancia na busca de ruínas arqueológicas e outros materiais inertes, como um cano enterrado. Mas, como vimos anteriormente, tudo tem uma propriedade vibracional e a evidência, amparada nas experiências pessoais, indica que se focarmos nossa atenção, a mente pode alcançar as mais notáveis percepções. Em *Dowsing: New Light on an Ancient Art*, Tom Williamson, um consultor na área de geologia, escreve sobre um grupo de pesquisadores alemães. Eles sugerem que os rabdomantes experientes podem detectar as vibrações de baixa freqüência emitidas pelos sussurros da Terra próximo a locais onde existe água, como as falhas geológicas.[39]

Até há relativamente pouco tempo, a idéia de que os seres humanos possam ser sensíveis a campos magnéticos fracos não era aceita, mas cientistas americanos descobriram recentemente que existem pequenos magnetos dentro do cérebro humano, e uma pesquisa da Manchester University sugere que nós realmente temos a capacidade de nos movimentarmos por campos magnéticos. A antiga arte/ciência da acupuntura usou magnetos em processos de cura e a idéia de que as baleias e outros seres, incluindo insetos, usam seus órgãos equivalentes à glândula pineal para se orientar pela radiação magnética da Terra é um fato já comprovado pela ciência.[40]

Uma outra teoria, baseada na parapsicologia, nos fenômenos psíquicos e no nosso "sexto sentido" ou "terceiro olho", pode ajudar a explicar como funciona a rabdomancia em mapas — a "descoberta a distância". Os rabdomantes que têm um currículo bem-sucedido na localização de poços de petróleo ou gás, no mar ou no meio de vastos territórios, usam inicialmente um mapa para "explorar" a área antes de visitá-la e determinar o local exato onde a perfuração deve ser feita. Às vezes essa identificação é feita a bordo de um helicóptero ou mesmo de um avião voando a grande altura. Isso parece desafiar a lógica e o bom senso, mas não há dúvida de que o procedimento funciona, e com um alto grau de precisão. Em seu *The Electric Shock Book*, Michael Shallis refere-se à rabdomancia em mapas da seguinte forma: "A rabdomancia em mapas não é diferente daquela feita no local. O mapa é uma representação simbólica da paisagem, a paisagem é uma representação simbólica de uma realidade não-material e mais elevada. O mistério da rabdomancia em mapas fica esclarecido quando se reconhece que todas as formas desse processo, incluindo radiometria e radiestesia, são uma maneira de se abordar o mundo etéreo, que por sua vez é expresso na realidade física e, mais à frente, representado por símbolos visuais. A rabdomancia é uma forma de conectar o ser humano às forças sutis da natureza".[41]

Em *Beyond Supernature*, o biólogo marinho e zoólogo Dr. Lyall Watson oferece uma explicação biofísica para os muitos casos de animais que têm uma sensibilidade extraordinária à água e sua habilidade em identificar fontes subterrâneas em caso de seca.[42] Sua teoria foi divulgada em um documentário de TV que mostrava elefantes andando quilômetros em terreno árido. Depois de vários dias, eles chegavam a um pedaço de terra poeirento, andavam em volta e começavam a escavar. Quando o buraco alcançava cerca de dois metros de profundidade, subitamente ele começava a se encher de água. Logo os elefantes e outros animais estavam bebendo e se banhando numa piscina profunda em meio a uma vastidão de terreno esturricado.

A rabdomancia nos traz uma consciência das energias sutis da terra e aumenta o nosso respeito pelo meio ambiente e pelas forças tênues que podem afetar a nossa saúde e o nosso bem-estar. Na década passada, houve um aumento do interesse pela rabdomancia, o que pode ser um ponto de partida em nossa jornada de volta à antiga sabedoria de aprendermos a viver em harmonia com a natureza.

Todos nós temos uma habilidade natural para a rabdomancia. Na verdade, estamos praticando-a o tempo todo, embora não registremos conscientemente as pequenas alterações do corpo que influenciam nossas reações a determinada situação — por exemplo, ao andarmos sobre uma corrente subterrânea ou uma linha de *stress* geopático. Em nosso dia-a-dia, filtramos automaticamente esses sinais sutis, caso contrário seríamos atingidos por um bombardeio constante de "informações". Mas podemos reaprender a identificar essas manifestações dos fenômenos naturais, desde que prestemos atenção a detalhes específicos que precisamos saber. Mesmo que você não esteja consciente de suas habilidades de rabdomante, da próxima vez em que entrar num edifício ou caminhar sobre a terra, fique atento à "sensação" das pequenas reações de seu corpo. A princípio, não demora muito para se aprender os rudimentos da rabdomancia, embora seja preciso bastante tempo e prática constante para alguém se tornar um rabdomante experiente e confiável.

Vivemos numa era em que a lógica e a racionalidade materialista tende a minimizar ou mesmo desprezar o inestimável valor da nossa consciência inata. Hoje, preferimos falar em "pressentimentos" ou dizer que "algo não me cheira bem" em vez de evocar nossa sensibilidade intuitiva. A rabdomancia é uma experiência pessoal de intuição aplicada ao trabalho. Exige treino e prática, assim como um certo grau de confiança na sensibilidade intuitiva de cada um. Quanto mais estimulamos o desenvolvimento de nossa intuição (nosso sexto sentido), mais começamos a prestar atenção à nossa "silenciosa voz interior" e a recuperar nossa consciência das forças da natureza. Dedicar-se à rabdomancia, seja para praticar um jogo divertido e inofensivo que permite experimentar o fenômeno da mente intuitiva em ação, seja para se tornar um profissional, tem o mérito de aperfeiçoar a nossa consciência sobre o mundo natural invisível que existe em torno de nós. No mínimo, se o seu corpo se tornar sensível aos campos de energia da Terra, você será capaz de detectar e evitar qualquer linha de *stress* geopático danosa que possa estar presente em sua casa ou seu local de trabalho.

Referências

1. BBC Ceefax, 30 de julho de 1999.
2. Stephen Bevan e Kevin Dowling, "Boeing tries to cut fresh air on planes", *The Sunday Times*, 11 de julho de 1999.
3. Jon Ungoed-Thomas, "Altitude sickness", *The Sunday Times*, 7 de maio de 2000, p. 22.
4. Robert Uhlig, *The Daily Telegraph*, 29 de julho de 1999.
5. Nichola Gill, "Breathe easy", revista "Style" do *The Sunday Times*, 25 de junho de 2000.
6. Stephan White, "No power noise: EU set to tackle loud machinery", *The Mirror*, 24 de maio de 1999.

A SÍNDROME DA CONSTRUÇÃO DOENTE

7. Simmonds, Mark, professor sênior, Estudos Ambientais, University of Greenwich.
8. Tomatis International Headquarters, 144 Avenue des Champs Elysées, Paris 75008, França.
9. Peter Gruner, "Now hear this: noises of the city can cause heart failure", *Evening Standard*, 9 de outubro de 1998. Veja também Deepak Prasher, "New strategies for prevention and treatment of noise-induced hearing loss", *The Lancet*, 352 (9136), 17 de outubro de 1998, pp. 1240-42; e Deepak Prasher, "Protection against noise: a European Commission concerted action", *International Journal of Occupational Environmental Health*, 12 (1), 1999, pp. 93-95.
10. Trushar Bardot, "Songbirds forget their tunes in cacophony of road noise", *The Sunday Times*, 10 de Janeiro de 1999.
11. The Musicians Union Noise Awareness for Orchestral Musicians, novembro de 1998.
12. Hall, Manly P. (1997) *The Secret Teachings of All Ages*, Los Angeles: The Philosophical Research Society, p. LXXXiii-iv.
13. Allanach, Jack (1997) *Colour Me Healing*, Dorset: Element Books.
14. Niggli, Hugn (1998) "Biophotons: Our body produces light", *Scientific and Medical Network Review*, nº 68, dezembro de 1998, pp. 16-17.
15. *Daily Telegraph*, 5 de maio de 1999. Reportagem sobre a pesquisa do professor Richard Stone, do Instituto Scheie Eye, Pennsylvania Clinic, Filadélfia.
16. Mark Rowe, "Artificial light 'may cause cancer'", *The Independent on Sunday*, 1 de agosto de 1999, p. 5
17. Miller, Cynthia L. e outros (1995) *Infant Behaviour and Development* 18, 87-95, University of Notre Dame, Indiana.
18. David O. Webber, "Life enhancing design", *Color Luminosity & Color Perspective*, The Health Care Forum, p. 6, para. 6 (sem data).
19. Liberman, J. (1991) *Light: Medicine of the Future*, Santa Fé: Bear & Co.
20. Narby, Jeremy (1999) *The Cosmic Serpent*, Londres: Phoenix.
21. Downer, John (1999), *SuperNatural*, Londres: BBC Worlwide.
22. Underwood, Guy (1968), *Patterns of the Past*, Londres: Museum Press.
23. *McGraw Hill Encyclopaedia of Science and Technology* (1995) McGraw Hill Publishing.
24. Zaffanella, *Survey of Residential Magnetic Field Sources*, vol. 1, "Goals, Results, Conclusions", EPRI Research Project 3335-02 EPRITR-102759-VI.
25. A. Silk, "Earth energies — the facts", *The Journal of the British Society of Dowsers*, vol. 39. nº 270 (dezembro de 2000), p. 9.
26. Hartmann, E. (1964) *Illness as a Problem of Location*, Heidelberg: Karl F. Haug Verlag.
27. Hartmann, E. (1991) *Yin Yang: On Constitution and Reaction Types*, Munique: Forschungskreis Fuer Geobiologie e V.

28. Hartmann, E. (1976) *Geobilogisher Arbeitskeis Kassel*, Verlag Haug.
29. Prof. J. Mazurckak, "Earth Radiation in the Laboratory", tradução Ilse Pope, *Zeitschrift Fuer Radiaesthesie*, nº IV, outubro-dezembro de 1998, p. 13.
30. *Ibid.*
31. Von Pohl, Baron (1932) *Earth Currents, Causative Factor of Cancer and Other Diseases*, Stuttgart: Frech Verlag.
32. Dubrov, A. (1998) *The Geomantic Field of Life*, tradução Frank L. Sinclair, Nova York: Plenum Press.
33. Gordon, R. (1989) *Are You Sleeping in a Safe Place?*, Londres: The Dulwich Health Society.
34. Bachler, K. (1989) *Earth Radiation*, Machester: Wordmasters.
35. Lakhovsky, G. (1986) *The Secret Life*, tradução L. Reiper, Society of Metaphysicians.
36. Callahan, P. (1975) *Tuning in to Nature*, Estados Unidos: Devin-Adair.
37. Sangster, Hugh, "The Electricity of Life", *Rilko* 45, pp. 8-12. Primeira publicação na revista *Nexus*, 1993.
38. *The Scientific and Medical Newsletter* 1997.
39. Williamson, T. (1993) *Dowsing: New Light on an Ancient Art*, Londres: Robert Hale.
40. Roger Highfield, "A butterfly with built-in compass", reportagem sobre um estudo do prof. Orley Taylor e seus colegas na University of Kansas, publicada em *Proceedings of the National Academy of Sciences*, *The Daily Telegraph*, 23 de novembro de 1999.
41. Shallis, M. (1988) *The Electric Shock Book*, Londres: Souvenir Press.
42. Watson, Lyall (1986) *Beyond Supernature*, Londres: Hodder & Stoughton.

Sugestões de leituras complementares

Publicações sobre os relatórios BREEAM, Building Research Establishment, Garston, Inglaterra
Thurnell-Read, J. (1996) *Geopathic Stress*, Dorset: Element Books

3

Radiação eletromagnética

O campo de energia cósmico

A vida na Terra faz parte de um sistema integrado de radiação universal em que os campos de energia telúricos interagem com campos de energia cósmica — alfa, beta, gama e raios de nêutrons com luz, raios infravermelhos, radiação em microondas — originários do Sol, da Lua, dos planetas e da Via Láctea. Todas essas formas de radiação criam "zonas de ressonância", ou "padrões de interferência", que afetam toda a matéria física, incluindo rochas, solos, plantas, animais e seres humanos. Sem esses sutis campos de energia, interativos, invisíveis e extremamente fracos, nós não existiríamos, as plantas não poderiam sobreviver, os pássaros e animais não se orientariam em seus deslocamentos, as tartarugas não voltariam às praias onde nasceram depois de trinta anos no mar, e não haveria marés nos oceanos.

A física moderna definiu como principais forças cósmicas a gravidade, o eletromagnetismo, a energia elétrica fraca e a energia poderosa. Embora os equipamentos eletrônicos modernos, os radiotelescópios e os satélites tenham nos permitidos descobrir e analisar as energias cósmicas geradas pelo Sol, pela Lua, pelos planetas e estrelas, até agora a origem dessas forças fundamentais da natureza permanece um mistério. A gravidade e o geomagnetismo são as duas forças que exercem influências diretas tantos nos seres vivos quanto nos objetos inanimados: a gravidade é atração, o magnetismo é atração e repulsão (sir Isaac Newton, famoso por descobrir a gravidade, formulou uma teoria pouco conhecida sobre atração e magnetismo: ele concluiu que as pedras e todos os outros objetos tinham uma "alma").

Tudo, independentemente de tamanho ou substância, emite um campo de energia, e os equipamentos eletrônicos atuais podem medir o comprimento de onda e a freqüência irradiada pelos objetos. Basicamente, tudo em nosso planeta — rochas, metais, plantas, animais e seres humanos — emite seu próprio campo eletromagnético (CEM) para preservar a vida. Quando dois ou mais objetos estão próximos, seus respectivos campos de energia se modificam por interação para produzir um campo de energia combinado e maior. No caso dos corpos celestes, as flutuações cósmicas e os campos de energia variam à medida que suas posições relativas mudam, afetando o campo de energia da Terra. A estrutura geológica e as variações da paisagem natural também interagem e geram mudanças no campo de energia terrestre. Em conseqüência, as vibrações — ou a potência do campo — variam de acordo com o tempo e o local. As particularidades de cada área são determinadas pelas árvores, montanhas, morros, rios, correntes subterrâneas, formações rochosas, pedras e intervenções no meio ambiente, como as construções.

O campo eletromagnético natural da Terra

A Terra é um grande ímã. À medida que ela gira ao redor do eixo polar, o magma derretido de seu interior atua como um dínamo, produzindo uma corrente elétrica em volta do globo e, por conseguinte, criando um campo eletromagnético natural. A ação recíproca do campo *geomagnético* da Terra com a atividade solar cria a *magnetosfera*, que nos protege do bombardeio da radiação cósmica nociva. A magnetosfera não gira com a Terra: como o mesmo lado está sempre de frente para o Sol, o campo geomagnético na superfície da Terra muda constantemente num período de 24 horas. A posição da Terra diante do Sol, as fases da Lua, o movimento de outros planetas, as explosões solares e as tempestades magnéticas também interferem no campo magnético da Terra. A trilha deixada pelo vento solar e refletida na Terra lança-se para o espaço como a cauda de um cometa, causando alterações nos campos de energia cósmicos que novamente mudam a força do campo magnético à medida que a Terra gira, e afetando, portanto, num nível sutil, os sistemas biológicos de todos os seres vivos. Esses campos eletromagnéticos naturais são extremamente fracos e se relacionam em freqüências semelhantes às das ondas cerebrais humanas.

O campo geomântico da Terra — o sutil campo de energia na superfície do planeta — também muda com as fases do Sol e da Lua. Pelo fato de os pólos Norte e Sul estarem inclinados a um ângulo de 23,5 graus em relação ao plano horizontal, as mudanças sazonais e as flutuações do campo magnético influenciam a matriz dessas forças, causando variações específicas e mudanças no grau de concentração de um local para outro, o que afeta o ritmo biológico de todos os organismos vivos.

O professor russo Chezhevsky estudou a vida inteira as manchas solares, comparando dados de registros que cobriam mais de 2.400 anos. Ele observa que, segundo sua pesquisa, as grandes conturbações de larga escala ocorridas no mundo, como as guerras, revoltas e revoluções (1789, 1830, 1848, 1870, 1905 e 1917), além da eclosão da Segunda Guerra Mundial, coincidiram com

RADIAÇÃO ELETROMAGNÉTICA 87

períodos de movimentação significativa das manchas solares. Desde sua morte, em 1964, já testemunhamos a efervescência do movimento estudantil em 1968, a invasão do Afeganistão em 1979, a guerra das Malvinas, as reviravoltas na Europa Oriental e na União Soviética e a Guerra do Golfo em 1989/90. Todos esses eventos acompanharam os ciclos de onze anos das manchas solares.

A influência das fases da Lua no controle do campo geomagnético da Terra, que ocorre em ciclos de 29,5 dias, alcança seu ápice na Lua cheia. Em 1954, o professor Frank Brown transportou ostras em contêineres à prova de luz do porto de New Haven, Connecticut, para um quarto escuro em seu laboratório de Evanston, distante 1.600 quilômetros e com um fuso horário diferente, muito longe do oceano. A princípio, as ostras abriram e fecharam suas válvulas de acordo com o ritmo das marés altas e baixas de New Haven. Depois de duas semanas, a atividade dos moluscos foi mudando e se adaptou à rotina exata das fases da Lua em Evanston — ou seja, quando a Lua causaria marés altas e baixas naquele local, se lá houvesse mar. As outras experiências de Brown com plantas e animais mostraram os efeitos da radiação fraca que emana de fontes cósmicas e terrestres, indicando que vários organismos, mamíferos e seres marinhos são realmente influenciados por campos geomagnéticos fracos e difusos (as plantas parecem capazes de sentir as pequenas mudanças geomagnéticas originarias da ionosfera quando o sol surge ao amanhecer). Brown concluiu que não existe uma fronteira clara entre o campo eletromagnético do metabolismo de um organismo e aquele do ambiente à sua volta.

A cada outono, cerca de cem milhões de borboletas migram quatro mil quilômetros de seu território de origem, nos Estados Unidos, para a região central do México. Embora sejam frágeis e sofram a ação de fortes ventos, chegam a seu destino do mesmo modo que seus ancestrais. Elas fazem a viagem de ida e volta apenas uma vez. Pesquisas do professor Orley Taylor e de sua equipe na University of Kansas (publicadas em *Proceedings of the National Academy of Sciences*) mostraram que os insetos migratórios se orientam não pelo Sol, mas pelo campo magnético da Terra, usando os sensores magnéticos de sua cabeça e seu tórax.[1]

Os campos de energia têm a forma de ondas: cada uma delas tem sua própria freqüência, amplitude e comprimento e pode ser comparada a uma onda no oceano ou a uma marola na água de um lago. Quando as ondas de energia emitidas por dois objetos separados estão "em fase" (ou seja, são compatíveis), a descarga de energia resultante é positiva, seqüencial e "benéfica"; quando as ondas estão "fora de fase" a energia combinada é incoerente, negativa e prejudicial. Nem todos os organismos vivos têm uma reação adversa aos campos de energia negativa, mas os seres humanos e muitas outras espécies precisam de uma entrada de energia positiva e coerente para manter a saúde e a vitalidade. Um sinal negativo pode estabelecer uma interferência, causando mau funcionamento na ação do campo eletromagnético extremamente fraco nas ondas cerebrais e nas células do corpo (veja o Capítulo 2, "*stress* geopático").

Uma forma de energia, conhecida por Onda Schumann, foi descoberta em 1952 pelo professor alemão W. O. Schumann. Ele formulou a hipótese de que a interação entre a Terra e a ionosfera cria uma radiação magnética que reverbera em freqüências iguais, ou similares, às das ondas cerebrais humanas. Dez anos depois, o US National Bureau of Standards confirmou a detecção desses sinais com freqüências por volta de 8 Hertz (Hz), que variam num período de 24 horas de acordo com as fases da Lua, com a atividade das manchas solares e com a posição relativa dos planetas (veja "O espectro do campo eletromagnético", página 99, para uma definição de Hertz). Tem-se como certo que uma freqüência de 8 Hz é necessária e benéfica para todos os organismos vivos e coincide com o ritmo alfa do cérebro humano de 8 Hz a 12 Hz. Experiências com animais afastados dessas ondas resultaram em perturbações e distúrbios dos padrões de comportamento. As Ondas Schumann diminuem até a potência zero a cerca de dez mil metros acima da superfície terrestre. Os jatos comerciais voam acima desse nível e pesquisas recentes da NASA mostraram que os incômodos do *jet lag* podem ser evitados instalando-se estimuladores de Raios Schumann nas cabines. Esses aparelhos, que produzem ondas de 7,83 Hz, são usados em naves espaciais tripuladas.

O universo subatômico

Tudo no universo é composto por milhões de átomos infinitamente pequenos. No centro de cada átomo há um núcleo que consiste de partículas carregadas positivamente, chamadas prótons, e nêutrons, que como diz o nome são eletricamente neutras. Os elétrons são partículas com carga negativa que orbitam em volta do núcleo na forma de ondas. O núcleo tem o mesmo número de prótons quanto de elétrons fora dele, o que torna o átomo totalmente neutro. Até a descoberta dos elétrons, por J. J. Thomson, em 1898, pensava-se que o átomo fosse uma diminuta e indivisível "bola de bilhar". Mas o elétron, e mais tarde a descoberta do próton por Ernest Rutherford, em 1914, mostraram que o átomo tinha uma estrutura interna. Quando o nêutron foi descoberto por James Chadwick, em 1932, parecia que o universo era feito de três partículas; desde então, os físicos encontraram componentes ainda menores como os fótons com massa zero, hadrons, leptons, quarks, antiquarks, neutrinos e antineutrinos. O neutrino, produzido por reações nucleares que ocorrem a grande profundidade no centro do Sol, pode atravessar tudo, inclusive a Terra. Nada pode deter o avanço de um neutrino e cerca de cem milhões deles passam pelo nosso corpo a cada segundo, mesmo à noite, no lado do planeta que está escuro. Neutrinos solares respondem por cerca de 1/5 da energia solar.

É difícil imaginar o bizarro mundo subatômico, no qual as partículas podem estar em mais de um lugar ao mesmo tempo, são capazes de viajar pelo espaço e mesmo assim não têm massa. Pode ser ainda mais difícil contemplar um objeto sólido do mundo material e enxergá-lo feito de pequenos átomos em constante movimento, com mais espaço do que massa entre um átomo e outro, e ainda imaginar que cada átomo tem outros elementos ainda menores se movendo em volta no núcleo. A imaginação vai ainda mais longe com o fóton, uma partícula elementar e giratória que viaja à velocidade da luz, mas não tem massa. Em outras palavras, não é feito de nada! A cor, como o fóton, também não tem massa. O que torna um objeto vermelho e outro amarelo ou violeta é apenas a variação das freqüências eletromagnéticas de diferentes faixas de ondas ou vibrações que agem sobre os três sensores em nosso olho e registram combinação de vermelho, azul e verde.

Embora a física subatômica tenha aberto uma janela para um universo fenomenal, quase inacreditável, muitas áreas da ciência moderna parecem confirmar repetidamente a visão dos antigos sábios: "O que está embaixo é como o que está acima". Escrita há milhares de anos, a doutrina básica das antigas escrituras hindus conhecidas como *Vedas* (palavra em sânscrito que significa "conhecimento divino") é que tudo no universo — galáxias, estrelas, planetas e todos os organismos vivos — tem uma força vital, uma percepção sobre o que está em volta, e que cada elemento interage com todos os outros. Os antigos respeitavam a Terra como uma entidade viva e inteligente, tão viva quanto cada célula em nosso corpo, e Jeremy Narby sugere que embora uma planta não fale, ela tem em si um espírito que é alerta, que vê tudo, que é sua própria essência e que a torna viva.[2]

Campos eletromagnéticos e fenômenos paranormais

A crosta terrestre é rica em quartzo, o tipo mais comum de cristal. As formações rochosas do quartzo, como o granito, têm grandes propriedades magnéticas e piezelétricas. Quando uma corrente elétrica fraca é aplicada no quartzo ele se expande ligeiramente. Quando o quartzo é golpeado ou espremido sob pressão, ele emite íons negativos que criam um campo eletromagnético e transformam o cristal num condutor de energia, convertendo os elétrons em outras formas como o ultra-som e a luz. Quando se aplica uma pressão muito forte, as pedras podem liberar cargas piezelétricas de alta voltagem. As rochas cristalinas que formam as plataformas continentais estão constantemente sob pressão causada pela gravidade, pelas fases da lua, pelos efeitos dos ventos solares e outras atividades cósmicas, que criam ionização positiva e níveis variáveis de energia.

As "falhas geológicas" ocorrem quando a pressão sobre o estrato da superfície terrestre é relaxada, forçando as descargas piezelétricas para fora das rochas, ionizando o ar com raios luminosos e gerando "luzes misteriosas" e bolas de fogo. Testemunhos visuais dessas luzes noturnas fantasmagóricas dão conta de serem "fogos-fátuos", "chamas curiosas" ou discos voadores. Os céticos têm certeza de que, pelo fato de muitas visões de discos voadores ocorrerem próximas a locais com falhas geológicas, as luzes brilhantes que as pessoas vêem são na verdade luzes terrestres, *flashes* de energia irrompendo da atividade piezelétrica nas pedras.

Locais associados com ocorrências mágicas, psíquicas e outros fenômenos, como casas mal-assombradas, também tendem a ficar sobre falhas geológicas.

Ann Silk (veja também páginas 70, 123, 152 e 162) estava profundamente interessada em aparições de fantasmas e nas armadilhas que nossos olhos podem preparar. Cerca de uma em cada dez pessoas admite ter visto um fantasma, com os devidos relatos sobre sons e cheiros estranhos, contatos físicos, mudanças de temperatura e outros fenômenos psíquicos. Na Ilha de Wight há muitas casas mal-assombradas, todas assentadas sobre a trajetória tortuosa da falha geológica que se estende de leste a oeste da ilha. Luzes estranhas, batidas fantasmagóricas nas portas, ruído de passos e portas que se abrem sozinhas: tudo isso pode ser resultado da atividade piezelétrica gerada pelas rochas se esfregando umas contra as outras. Cabelos que ficam em pé subitamente também pode ser produto dos altos níveis desse tipo de eletricidade estática.

Sentir muito frio num cômodo mal-assombrado, embora o termômetro registre níveis normais de temperatura, pode se dever à ação de um campo eletromagnético vilão agindo no hipotálamo — a glândula regulada pela pineal que regula a temperatura do nosso corpo. Um campo eletromagnético fraco também pode intensificar os processos psíquicos e induzir estados alterados de consciência pela interação entre as secreções das glândulas pineal e pituitária. A glândula pituitária controla o início da puberdade, quando as mudanças hormonais afetam o grau de calcificação no corpo e nossos dentes e ossos começam a ficar mais rijos. Cabelos, ossos, penas e chifres — freqüentemente usados em rituais xamanísticos ocultos — produzem pulsações eletromagnéticas fracas que interagem com campos eletromagnéticos externos. Quando sentimos medo, nosso cabelo fica em pé. Mesmo mudanças muito pequenas e extremamente sutis na força natural do campo geomântico, ou um campo elétrico gerado artificialmente, pode interferir com os padrões das ondas cerebrais, acionando um mecanismo que libera as secreções da glândula endócrina e afetando-nos biológica e emocionalmente.

O astrofísico Dr. Percy Seymour, da Plymouth University, acredita ter uma explicação sobre a paranormalidade. Em seu livro *The Paranormal: Beyond Sensory Science*,[3] ele argumenta que toda matéria no universo deixa um sinal indelével na forma de uma "marca no mundo", como uma onda causada pela passagem de um navio que não se dissipasse. Esses vestígios permanentes de energia deixam um carimbo no local onde, por exemplo, uma pessoa de hábitos arraigados e personalidade marcante tenha vivido. Emoções fortes ou uma morte violenta podem ficar "impressas" nas paredes de uma casa devido à energia de algum campo eletromagnético. Por exemplo: sabemos que um elétron pode ser uma onda (energia) ou uma partícula (matéria ou massa). Uma partícula tem inteligência e pode estar em dois lugares ao mesmo tempo, e duas partículas podem "saber" mutuamente o que a outra está fazendo, como se houvesse algum elo de conexão entre elas. Portanto, todos os átomos e moléculas

RADIAÇÃO ELETROMAGNÉTICA 91

impõem diferentes conjuntos de vibrações e padrões na "marca no mundo", e dependendo da sensibilidade de uma determinada pessoa, eles podem "entrar em sintonia" como um aparelho de rádio, com todos os canais de ondas irradiados. As "marcas no mundo" de Seymour podem ajudar a explicar a clarividência, a telepatia e outros fenômenos psíquicos ou "paranormais".

A ciência moderna pode nos convencer de que estamos mais próximos do que nunca de descobrir os segredos mais profundos do universo, mas nossa compreensão da energia pura está ainda engatinhando. O estranho fenômeno conhecido como "raio globular" ou "fogo de plasma" continua sem explicação científica e ainda não foi reproduzido em laboratório. Esse extraordinário fenômeno foi testemunhado por um casal de Norwich, no Reino Unido, há vários anos. Eles foram surpreendidos pela luz ofuscante de um relâmpago. A explosão, que parecia vir de lugar nenhum, deixou-os temporariamente paralisados. Depois do enorme choque, quando o homem e sua esposa conseguiram se recuperar, eles viram flutuando diante de seus olhos um globo brilhante de luz, do tamanho de uma bola de tênis. Ele entrou pela janela, cruzou a cozinha, saiu pela porta e chegou à sala antes de se dirigir para o quarto e explodir, causando um apagão elétrico na casa. O vizinho da casa ao lado também viu o globo entrar pela cozinha.[4]

Uma ocorrência semelhante foi registrada em North Wales por Gladys Hughes. Ela estava dirigindo para casa quando entrou numa nuvem de neblina que saía do rio e viu um globo brilhante de luz verde, "do tamanho de uma bola de futebol", girando e avançando como uma roda com quatro pontas irradiando luz. O globo chegou a poucos centímetros da janela do carro e, quando ela diminuiu a velocidade, ele fez o mesmo; quando ela acelerou, o objeto também a acompanhou. Ela não pôde se livrar do globo até conseguir sair da neblina, quando o globo subiu e desapareceu. Outras pessoas da região também viram a estranha luz verde disparando para o céu. O professor Roger Tennison, um engenheiro elétrico da University of Kent, confirmou que ele e outras pessoas viram uma bola de luz brilhante a bordo de um vôo da Pan Am entre Nova York e Washington: ela flutuou no corredor vindo da direção da cabine do piloto e desapareceu nos banheiros ao fundo da aeronave. O medo do ridículo evita que muitas pessoas falem abertamente sobre experiências como essas, mas existem milhares de relatos semelhantes por todo o mundo.

Geralmente, o raio globular causa muito pouco prejuízo e parece ser atraído por equipamentos elétricos, principalmente em espaços fechados. Como os fantasmas, ele pode até mesmo atravessar matéria sólida. Os cientistas elaboraram muitas teorias, mas a explicação mais plausível o define como uma massa de descargas positivas e negativas no campo elétrico invisível que se forma quando há tempestades de trovões e raios, ou ele pode ser uma massa de plasma. Seja o que for, o raio globular, como tantos outros fenômenos naturais ou ditos "paranormais", ainda precisa ser totalmente compreendido e explicado.

Campos de energia e locais "sagrados"

Por que alguns locais têm uma "aura" mágica que nos põe em contato com uma vitalidade natural, ou nos dá uma sensação de harmonia e bem-estar, enquanto outros nos fazem sentir perturbados, desconfortáveis ou mesmo doentes?

Os povos da pré-história eram muito atentos aos locais onde os campos de energia positiva estavam relacionados à cura, à fertilidade, à produção de comida e à boa saúde. Eles evitavam cuidadosamente as áreas onde as energias negativas estavam presentes. Do mesmo modo que seus ancestrais distantes, as sociedades ditas "primitivas", que ainda hoje existem em regiões remotas ou mesmo em alguns paises do Terceiro Mundo, têm conhecimento dessas forças naturais e coexistem de forma respeitosa com elas. Embora as formações geológicas possam se apresentar um pouco diferentes hoje, é bastante claro que através do tempo, da era megalítica até os dias atuais, os povos se estabeleceram em locais com campos de energia positiva. Os antigos xamãs, sacerdotes e "mágicos" contavam com a confiança de todos para, por meio da rabdomancia, identificar as regiões benéficas e também para neutralizar ou limpar uma área das "más vibrações", talvez causadas por elementos naturais ou devido a uma violenta batalha ou acidente ocorridos no local em tempos passados. Esse conhecimento e essa sensibilidade altamente desenvolvida com relação aos campos de energia desdobrouse numa reverência espiritual e numa cultura da "Terra Sagrada" que prosseguiu pela Europa medieval. Na Irlanda, por exemplo, encontrou-se um conjunto de torres de pedras redondas construído por monges no início do cristianismo, entre os séculos IV e XII. Segundo o professor americano Philip Callahan, pesquisador de sistemas de comunicação biológica e autor de *Tuning in to Nature*,[5] essas estruturas ocas, com cerca de 28 metros, foram construídas como antenas para receber energia cósmica ou magnética a fim de melhorar a qualidade da Terra, agir como pesticidas e desintoxicar o solo.[6]

Terrenos megalíticos e os sítios "sagrados" de círculos e alinhamentos de pedras estavam cuidadosamente localizados onde eram encontrados campos de energia positiva. Onde existiam campos de energia negativa — por exemplo, cruzamentos de redes globais, fontes difíceis de encontrar e certos cursos subterrâneos de água (ver Capítulo 2) — as pedras estavam parcialmente enterradas no solo para "captar" a energia no fundo como uma válvula de segurança para estabilizar as redes de energia da terra, reagindo aos raios cósmicos do espaço exterior.

Monumentos megalíticos, incluindo pedras isoladas, círculos, dolmens e túmulos podem ser encontrados por toda a Europa, na Escandinávia, no Oriente Médio e, ainda mais distante, no Japão, na África, na Ilha de Páscoa e na América Central. O reverendo Gordon Strachan, um padre anglicano, descobriu um conjunto de pedras verticais em Tel Gezer, na costa, próxima a Tel Aviv, em Israel, colocadas na direção norte-sul de modo a formar uma linha reta. Ele encontrou referências a pedras na Bíblia — apenas nas colinas às margens do rio Jordão existem cerca de dez mil relíquias da era megalítica.

A Grã-Bretanha tem 286 círculos de pedra da era megalítica; destes, 235 estão localizadas num raio de 1,5 quilômetro de uma falha geológica ou de uma fissura terrestre. Outras estruturas serviam para demarcar limites, funcionavam como calendários e talvez como instrumentos para influenciar o clima, além de abrigarem práticas religiosas. A localização precisa das pedras sugere que os antigos construtores do megalítico sabiam da presença de singulares forças telúricas. Essa tecnologia altamente desenvolvida no uso das pedras foi criada para aproveitar as forças terrestres e cósmicas, e também para erguer estruturas extremamente precisas na função de mapear e predizer o movimento dos corpos celestes.

As Rollright Stones

O zoólogo britânico Don Robbins costumava usar um detector ultra-sônico para monitorar os sons de alta freqüência emitidos pelos morcegos. Um dia, há cerca de vinte anos, ao passar por um círculo de pedra da era megalítica em Oxfordshire conhecido como Rollright Stones, ele se surpreendeu ao verificar que as pedras emitiam um forte sinal (as Rollright são um grupo de cerca de 73 pedras com uma única "pedra rainha" localizada num campo próximo). Robbins formou um grupo de físicos, geólogos, engenheiros elétricos e um químico para investigar cientificamente o fenômeno. A tarefa ficou conhecida como Projeto Dragão e tornou-se o tema de seu livro *Circles of Silence*.[7] Durante alguns anos, o grupo usou artefatos como um sensível equipamento ultra-sônico de banda larga, contadores Geiger, medidores de geomagnetismo e de indução magnética e câmeras infravermelhas para monitorar os sons ultra-sônicos e a radioatividade. No amanhecer, eles conseguiam captar um som pulsante contínuo, mas, à medida que o dia avançava, a pulsação evoluía para um guincho ultra-sônico que durava várias horas, principalmente nas manhãs que coincidiam com passagem do equinócio. Os padrões regulares de sons variavam de acordo com as horas do dia, as fases da Lua e as estações do ano. Segundo Robbins, as pedras pareciam criar uma barreira ultra-sônica para o interior do círculo. Ele encontrou leituras do contador Geiger de 22 ciclos por minuto, com picos incomuns em áreas em torno de algumas pedras onde as leituras aumentavam para o dobro dos níveis das pedras localizadas logo atrás, em "explosões" de cinco minutos de radiação beta. Às vezes, o contador Geiger registrava marcas extremamente altas, como se tivesse sido colocado a menos de um metro de um isótopo radioativo. Leituras semelhantes registradas pelos pesquisadores em outros monumentos de pedra da era megalítica confirmam que as fases da Lua, da cheia à nova, realmente influenciam os campos de energia que emanam do solo. Eles também constataram que as flutuações ocorriam diversas vezes durante um período de 24 horas, mas as variações eram mais pronunciadas nos períodos de Lua cheia e durante os eclipses.

As Rollright Stones e outras estruturas megalíticas foram cuidadosamente projetadas segundo a unidade de comprimento da jarda daquele período (82,966 centímetros) para produzir uma geometria e um alinhamento com notáveis correspondências astronômicas. Quando Robbins construiu seu próprio círculo de pedras, seguindo os mesmos antigos princípios geométricos e de disposição dos elementos, registrou uma energia ultra-sônica tão intensa que danificou alguns de seus instrumentos. O Projeto Dragão concluiu que as pedras protegiam o interior do círculo de certos campos de energia. Isso significava que o círculo era um dispositivo para criar um "guarda-chuva" de proteção, usando as pedras para armazenar eletricidade estática e agir como condensadores para reduzir diretamente a força do campo eletromagnético. Em seu livro sobre a Catedral de Chartres, Louis Charpentier sugere que uma igreja construída de pedras naturais é mais receptiva às experiências espirituais dos fiéis, já que a pedra forma um escudo contra campos eletromagnéticos externos, enquanto uma construção de concreto tende a ampliar as radiações desse tipo.[8] Como será mostrado à frente, o efeito da pedra também é amplificado pela geometria da edificação e sua localização precisa.

Energias telúricas danosas, como a rede de energia global e as zonas de estresse geopático negativo, começam atualmente a ser reconhecidas e mais rapidamente entendidas. Hoje, em vez de fincar pedras para neutralizar os efeitos negativos, pode-se enterrar grampos de metal no solo, ou enterrar cristais ou anéis de cobre. Os vários produtos alternativos modernos, hoje disponíveis, podem ser eficientes, embora sejam significativamente mais caros do que as simples barras de ferro (esses materiais terapêuticos serão examinados mais tarde).

Eletricidade fabricada

Estamos evoluindo na Terra há mais de três milhões de anos, mas em uma única geração — as últimas cinco décadas — expusemo-nos, de forma extraordinária e antinatural, a altos níveis de uma vasta gama de radiação eletromagnética gerada artificialmente. Subitamente, essa força incrivelmente poderosa tornou-se disponível, mas sem regras de conduta ou referências anteriores que nos ajudem a entendê-la plenamente, a monitorá-la ou regulamentar seu uso. Em vez disso, continuamos a explorá-la para ganhar poder econômico e político, freqüentemente à custa da natureza, da nossa própria saúde e bem-estar e da qualidade do meio ambiente.

Basicamente, todos os processos biológicos e cósmicos são elétricos. A função de cada célula, órgão, tecido, músculo e osso, além do sistema nervoso central, incluindo o cérebro, depende de freqüências elétricas complexas e extremamente sutis. A vida na Terra sempre esteve sujeita às variações eletromagnéticas determinadas pelas mudanças nas radiações cósmicas e pela atividade que afeta todo o espectro das vibrações de energia, da luz às microondas, do rádio à cor e ao aroma.

RADIAÇÃO ELETROMAGNÉTICA 95

Seres marinhos, como as baleias, dependem de campos eletromagnéticos extremamente fracos para se orientar em seus deslocamentos e de freqüências de comprimentos de onda longos para se comunicar entre si a extraordinárias distâncias — consta que a até 1.500 quilômetros. Um pesquisador americano criou uma comparação para ilustrar a sensibilidade do nosso corpo às mais fracas e sutis vibrações. Segundo ele, se os terminais de uma pilha de 1,5 volt fossem conectados a fios mergulhados no oceano Pacífico — um em San Diego e o outro em Seattle — as células de um surfista em Long Beach ou de um peixe na costa de Monterey ainda assim poderiam detectar o campo eletromagnético (cerca de 1 por dez milionésimos de volt a cada 2,5 centímetros). Desde que a defesa estratégica nos oceanos determinou o aumento do uso de transmissores de baixa freqüência para as comunicações com submarinos nucleares, ouve-se falar cada vez mais de baleias encalhando inadvertidamente nas praias.

Como já foi mencionado, os raios cósmicos do Sol e do espaço sideral interferem com os campos elétricos e magnéticos da Terra, criando uma interação constante entre a eletricidade natural da atmosfera e todos os sistemas biológicos. As mudanças de freqüência extremamente sutis causadas pela relação entre os corpos celestes influenciam o nosso biorritmo e pode fornecer alguma credibilidade à arte e à ciência da astrologia. Por muito tempo os físicos sustentaram que, enquanto os animais são capazes de detectar campos elétricos e magnéticos diminutos, usando-os para se deslocar e para caçar suas presas, os seres humanos não possuem sentidos que possam captar campos eletromagnéticos, exceção feita ao olho e à sensação dos efeitos do calor. Essa teoria foi substituída. Hoje, considera-se que os sistemas biológicos não apenas interagem com campos eletromagnéticos externos no nível das células com uma freqüência extremamente baixa, na faixa dos 300 Hz, como tem um efeito muito maior do que a forma gerada artificialmente. Em suas conclusões sobre radiação eletromagnética, expressas em *Indoor Air Pollution*, L. H. Hawking escreve:

> Os seres humanos se desenvolveram num meio ambiente no qual os campos eletromagnéticos não-ionizantes (não-aquecíveis) se incorporaram aos sistemas de controle fisiológico fundamentais. O controle básico da organização das células, as funções das membranas, a reprodução celular e o crescimento podem ser determinados por formas eletromagnéticas. Campos eletromagnéticos artificiais cada vez mais poderosos e com maior espectro de freqüências, aos quais estamos hoje expostos, podem em certas circunstâncias interferir com esses mecanismos básicos de controle. As evidências que temos até agora são de que as reações das células ocorrem a freqüências críticas, ou "janelas", e de que muitas dessas janelas situam-se na região FEB (freqüência extremamente baixa). É interessante que o campo eletromagnético natural da Terra (fora do espectro visual) consista em sua maior parte de freqüências extremamente baixas.

As conseqüências nas células podem estar relacionadas a um risco elevado de distúrbios de comportamento (depressão e suicídio, por exemplo), males cardíacos e outras doenças. A maioria das provas epidemiológicas, no entanto, aponta para uma significativa associação entre a exposição a campos EM e um aumento do risco de câncer. O efeito dos campos EM no crescimento celular e na supressão da imunidade das células pode ser evocada para se explicar uma associação entre a exposição a campos eletromagnéticos FEB e o câncer.[9]

O trabalho pioneiro do Dr. Rupert Sheldrake sobre a área morfogenética invisível (o escudo etérico — veja o Capítulo 7, "Corpos Sutis") de um organismo, que determina o modelo, o formato e o tamanho de um ser vivo, ilustra os efeitos que a energia eletromagnética tem sobre a natureza. Mesmo o campo eletromagnético mais fraco pode penetrar facilmente no corpo por meio dos íons naturais do sangue. Os nutrientes químicos na comida que ingerimos, como a proteína, são processados por uma interação eletromagnética. Sinais elétricos contínuos do cérebro ativam a liberação das secreções da glândula endócrina, incluindo linfócitos e anticorpos, que entram em combate contra as bactérias, os vírus e as células cancerosas.[10]

Nenhuma invenção ou descoberta teve um impacto tão profundo na vida na Terra quanto a eletricidade gerada artificialmente. Ela é a base da ciência moderna, da alta tecnologia, da energia nuclear e das viagens espaciais. Nós certamente podemos sentir a eletricidade, mas não podemos vê-la, ouvi-la, cheirá-la ou prová-la. Então, o que ela é exatamente? A eletricidade tem duas formas: estática e corrente. A eletricidade estática — já conhecida entre os antigos gregos — depende de descargas fixas. Ela ocorre quando esfregamos pedaços de materiais como o âmbar e a palha, ou quando passamos um pente no nosso cabelo, mas nesses casos não há corrente. Os estalos e assovios numa TV ou numa tela de computador são resultados da estática. O raio é gerado por cargas elétricas estáticas numa nuvem, criando fricção entre as partículas. Eletricidade corrente consiste num fluxo de cargas de elétrons geradas artificialmente.

Quem foram os pioneiros cujas descobertas assombrosas levaram o homem a dominar a eletricidade? A palavra em si foi cunhada por William Gilbert (1544-1603), físico e médico da rainha Elisabete I, a partir de *elektron*, âmbar em grego. As numerosas experiências de Gilbert com magnetos também o levaram a criar o termo "pólo magnético", a sugerir que a Terra é um ímã esférico e que os planetas permanecem em órbita por atração magnética.

A distinção entre eletricidade positiva e negativa foi feita no início do século XVIII, mas a revolução eletromagnética começou de verdade com Luigi Galvani (1737-1798), um obstetra e anatomista que primeiro pesquisou as propriedades elétricas dos seres vivos. O processo de galvanização foi batizado a partir de seu nome.

RADIAÇÃO ELETROMAGNÉTICA 97

A primeira bateria eficaz — o eletróforo, um aparelho usado para acumular carga elétrica — foi inventada pelo conde Alessandro Volta (1745-1827), professor de física da Pavia University, que deu seu nome à unidade de força eletromotriz, o volt.

A noção moderna de eletromagnetismo data dos anos 20 do século XIX, quando o físico dinamarquês Hans Christian Oersted (1777-1851), professor da Copenhagen University, descobriu o efeito magnético da corrente elétrica e estabeleceu a relação entre eletricidade e magnetismo. O oersted, unidade de força do campo magnético, recebeu seu nome.

André Ampère (1775-1836), o físico francês que deu seu nome ao ampere (a unidade de corrente) é lembrado por seu trabalho fundamental na física e na matemática aplicadas à eletricidade e ao eletromagnetismo. Ele descreveu a diferença entre eletrostática e correntes elétricas, e entre corrente e voltagem. Ampère também demonstrou que fios carregando correntes trocam forças entre eles e explicou o magnetismo em termos de correntes elétricas.

O conceito de campo eletromagnético — uma das grandes conquistas científicas do século XIX — foi estabelecido pelo físico escocês James Clerk Maxwell (1831-1879). Em 1873, Maxwell publicou um trabalho unificando os fenômenos da eletricidade, do magnetismo e da luz num único conjunto de equações. Conhecidas como as "equações de Maxwell", elas são fundamentais para as telecomunicações modernas.

Maxwell também previu a existência de radiação eletromagnética num vasto espectro de freqüências, mas foi Heinrich Hertz (1857-1894), o físico alemão, quem primeiro produziu e transmitiu ondas de rádio, em 1888. Até a descoberta de Hertz, a radiação de freqüência do rádio (RFR) era desconhecida. O hertz (Hz), a unidade de freqüência, é batizado com seu nome.

A possibilidade de indução eletromagnética foi descoberta por Michael Faraday (1791-1867), o químico e físico britânico. Atribui-se a Faraday, que fez a conexão entre eletricidade e magnetismo, a invenção do dínamo, que conduziu à geração de força elétrica. Em 1887, a primeira estação de força foi aberta em Brighton, Sussex, e no espaço de vinte anos elas se multiplicaram pelo mundo. Faraday também descobriu o processo de eletrólise e inventou a "Gaiola Faraday", uma caixa ou outro recipiente qualquer (às vezes do tamanho de um quarto) forrado com metal para isolar o interior dos campos elétricos e magnéticos externos.[11]

Outro grande avanço ocorreu em 1897, quando o físico britânico J. J. Thomson descobriu o elétron, derrubando assim a teoria de que o átomo era indivisível.

Nos primeiros tempos da geração de eletricidade, nos anos 80 do século XIX, havia discussões sobre as vantagens de distribuí-la por corrente contínua (CC) ou corrente alternada (CA). Uma bateria de automóvel, por exemplo, fornece eletricidade em corrente contínua que flui em uma direção, de um ponto de conexão negativo para um positivo. Porém, surge um problema quando se aplica o mesmo processo à distribuição de energia de uma estação de força, porque uma quantidade significativa de energia se perde nos cabos de transmissão. Quanto mais alta a voltagem, ou seja, a força necessária para mover a corrente, menor é a perda. Não era apenas mais fácil construir um gerador CA, também era mais fácil reduzir a força a uma voltagem menor, por meio de transformadores, para o usuário final.

As vantagens de distribuir a eletricidade em corrente alternada em vez de contínua foram identificadas por Nikola Tesla (1856-1943), um engenheiro elétrico americano nascido na Croácia, e foi o seu trabalho prodigioso que a tornou viável. Tesla também desafiou algumas das leis estabelecidas da eletricidade e do magnetismo e propôs várias teorias avançadas, "futuristas" mesmo. Em *The Man Who Invented the Twentieth Century*, Robert Lomas usa os próprios textos de Tesla, documentos inéditos e os arquivos do FBI para estabelecer a verdadeira extensão da genialidade do engenheiro, e conta como algumas de suas invenções e descobertas foram oficialmente suprimidas da história e obscurecidas pelas agências governamentais americanas, e ainda hoje são consideradas "altamente secretas". Lomas sugere que a lâmpada elétrica e o fornecimento doméstico de eletricidade, atribuídos a Thomas Edson, o rádio, atribuído a Marconi, e a primeira usina hidrelétrica, creditada a George Westinghouse, foram na verdade idéias e invenções de Tesla, assim como a luz fluorescente, a sismologia, um tipo de rede global de comunicações e um revólver do "raio da morte".[12] Apesar de sua considerável contribuição para a eletrônica moderna, Tesla morreu pobre e desiludido após uma longa doença, causada, acredita-se, por sua exposição a campos eletromagnéticos ao longo da vida inteira. O tesla, unidade de densidade de fluxo magnético, é batizado com o seu nome.

As comunicações radiofônicas globais começaram em 1901, quando o engenheiro elétrico italiano Guglielmo Marconi (1874-1937) teve sucesso ao transmitir sinais através do Atlântico, da Inglaterra para Newfoundland. Durante quarenta anos, um sistema de rádio-telégrafo cobriu o planeta. Nos anos 30, o físico escocês Sir Robert Watson-Watt (1892-1973) foi o pioneiro no desenvolvimento do RADAR, abreviatura de **R**adio **D**etection **A**nd **R**anging (Detecção e Abrangência por Rádio), um sistema de localização por rádio que envia ondas de alta freqüência de um poderoso transmissor rotativo e recebe de volta os sinais refletidos em qualquer objeto que esteja à frente (os sinais são mostrados num tubo de raios catódicos). O primeiro sistema de radar foi construído na Grã-Bretanha em 1935, e um ano depois a BBC começou suas transmissões de TV em Londres.[13]

O crescimento exponencial dos eletrodomésticos começou nos anos 50. Dez anos depois, a transmissão de imagens e sons por satélite se tornou comercialmente viável. Porém, nos anos 60, começaram a surgir preocupações acerca dos efeitos dos campos eletromagnéticos em nossa saúde.

O que são campos eletromagnéticos?

A corrente elétrica num fio é como a água passando por um cano. Assim como a água precisa de um impulso para ganhar pressão e correr pelo encanamento, a corrente elétrica precisa de *voltagem* para que ela possa correr pelo fio. Quanto mais alta a voltagem, mais forte o campo elétrico, e quanto mais forte a corrente, mais potente é o campo magnético. Quando um cabo "vivo" é conectado à fonte de eletricidade, gera-se um campo elétrico que irradia do cabo mas perde força à medida que aumenta a distância da fonte. Quando um utensílio, como uma lâmpada de mesa, é desligado mas permanece conectado à fonte, o campo elétrico continua a ser irradiado, mas não há campo magnético até que o aparelho seja ligado e a corrente comece a fluir. O campo magnético também é irradiado para fora e diminui de potência à medida que aumenta a distância da fonte.

Considera-se que o campo elétrico e o campo magnético associado a ele são independentes nas baixas freqüências. À medida que a freqüência aumenta e chega à extensão do quilohertz, ou além, os dois campos interagem e se combinam num campo eletromagnético. A potência de um campo eletromagnético é determinada por seu comprimento de onda e sua freqüência (o índice no qual ela oscila). A relação entre o comprimento de onda e a freqüência pode ser comparada às ondulações na água quando se joga uma pedra num lago: a distância entre as ondulações e o comprimento de onda, ou ciclo, e o número de ondulações que ocorrem num determinado espaço de tempo é a freqüência, ou vibração. As freqüências são medidas em Hertz, e o espectro cósmico completo dos campos eletromagnéticos vai de zero às ondas da luz.

O espectro do campo eletromagnético

Os campos eletromagnéticos da Terra e os de todos os sistemas biológicos operam a freqüências extremamente baixas, entre 1 Hz e 30 Hz. A faixa até 300 Hz é classificada como extremamente baixa (FEB) e freqüência de ruído (FR). As potências nas tomadas domésticas variam entre 50 Hz no Reino Unido e na Europa e 60 Hz nos Estados Unidos e no Canadá.

Um quilohertz (kHz) é mil vezes mais potente que um Hertz. A amplitude entre 3 kHz e 300 kHz compreende freqüência muito baixa (FMB), freqüência baixa (FB) e freqüência média (FM). Essas faixas do espectro são usadas para aquecimento, radiotelegrafia e transmissões em ondas médias. A audição humana situa-se num intervalo entre 20 Hz e 16 Hz.

Um megahertz (MHz) é um milhão de vezes mais potente que um Hertz. A amplitude de 3 mHz a 300 mHz inclui freqüência alta (FA), e freqüência muito alta (FMA — em inglês, VHF). Essas faixas do espectro são usadas em ondas de rádio e transmissões em VHF.

Um gigahertz (GHz) é um bilhão de vezes mais potente que um Hertz. A amplitude de 3 GHz a 300 GHz inclui freqüência ultra-alta (FUA — em inglês,

UHF), freqüência super-alta (FSA) e freqüência extra-alta (FEA). Essas faixas são usadas em satélites e para fins militares, transmissões de TV, medicina de alta tecnologia, telefones celulares e fornos de microondas. Em geral, os sistemas de comunicação operam numa faixa larga de 3 kHz a 300 GHz, mas algumas transmissões de rádio submarinas usam freqüências abaixo de 1 kHz.

Um terahertz (THz) é um trilhão de vezes mais potente que um Hertz. Essa faixa do espectro inclui a luz infravermelha, a luz visível (as cores vermelha, amarela, verde, azul e violeta), a luz ultravioleta (UV), os raios X e as freqüências de raios gama.

Segundo os físicos e a teoria quântica, a luz, uma radiação eletromagnética que viaja no espaço livre a uma velocidade de 301.700 quilômetros por segundo, alcança a maior velocidade possível no universo. Com relação à vasta plêiade do espectro cósmico, a faixa de cores visível ao olho humano é infinitesimal. Cada cor tem sua freqüência própria — o vermelho, por exemplo, apresenta uma "vibração" lenta comparada à freqüência mais rápida do violeta. O olho reage a essas vibrações e o cérebro interpreta os sinais eletromagnéticos, permitindo-nos ver as cores. Além disso, temos mecanismos internos que nos torna capazes de responder inconscientemente a freqüências fora do nosso alcance de visão, cheiro e sabor — por exemplo, o nosso corpo pode ser queimado por UV, infravermelho e microondas.

Sensibilidade a campos eletromagnéticos

Todos os organismos com vida são sensíveis a energias eletromagnéticas. Sem o sistema de correntes elétricas extremamente fracas em nosso corpo, não estaríamos "vivos". Todas as células humanas funcionam como uma bateria, enviando sinais para ativar o constante intercâmbio de processos bioquímicos e bioelétricos. Uma superdose de radiação — como aquela provocada por explosões solares ou por um campo eletromagnético gerado artificialmente — pode produzir, num nível maior ou menor, mudanças biológicas anômalas que afetam a nossa reação genética ao *stress* e a nossa resistência a doenças.

O funcionamento de muitos de nossos processos físicos, biológicos e mentais é controlado pela liberação de secreções químicas produzidas pela nossa glândula endócrina. Essas secreções hormonais são vitais para manter a eficiência do sistema imunológico e seu envio ao organismo é ativado pelos campos eletromagnéticos extremamente fracos do corpo. Nossos níveis de vitalidade, hábitos ao dormir e nossos sonhos dependem das secreções de serotonina, melatonina e dopamina liberados pela glândula pineal (conhecida como a "governadora" do sistema e antigamente chamada de "moradia da alma" e de "terceiro olho"). Como foi mencionado no Capítulo 2, a glândula pineal é tremendamente sensível à iluminação e aos campos eletromagnéticos: a luz do dia e o brilho intenso deflagram a liberação de serotonina; à medida que escurece, no final da tarde, a melatonina assume o comando. O funcionamento normal do sistema

RADIAÇÃO ELETROMAGNÉTICA

pode ser comprometido quando a pessoa é exposta sistematicamente a um ambiente com um campo magnético de baixa intensidade. As pessoas clinicamente depressivas podem apresentar níveis bastante baixos de serotonina. A melatonina é conhecida como um hormônio anticancerígeno e que melhora a qualidade de vida. Problemas com o sono, letargia, mau humor, depressão e doenças causada por deficiência imunológica são males atribuídos à reduzida liberação de melatonina no corpo.

Em *Melatonin: Your Body's Natural Wonder Drug*, o Dr. Russell Reiter, professor de neuroendocrinologia do University of Texas Health Science Centre, e o co-autor Jo Robinson apresentam provas de que a exposição a campos eletromagnéticos de baixa freqüência pode reduzir os níveis de melatonina em até 50%.[14] Além disso, a edição de abril de 1992 de *Electronics World and Wireless World* relatava evidências sólidas de que campos eletrônicos e magnéticos de baixa freqüência que coincidem com ressonâncias magnéticas naturais de íons podem ter um efeito biológico na glândula pineal. O sangue humano possui íons que têm uma ressonância de faixas com o campo geomagnético da Terra e um campo alternado na faixa de 1 Hz a 500 Hz. Se um campo elétrico ou magnético é empregado perto dessa freqüência de ressonância, ele pode exercer um impacto sobre as células dos linfócitos, as quais, por sua vez, irão afetar as reações do sistema imunológico, o que pode muito bem explicar muitos casos de leucemia linfática e outras doenças.

Os campos eletromagnéticos presentes num ambiente urbano típico são relativamente baixos, mas quando ficamos em contato próximo e freqüente a equipamentos elétricos domésticos como lavadoras, secadores de cabelos, barbeadores, televisores e computadores, nossa exposição torna-se substancialmente maior. E ela aumenta ainda mais no caso de aparelhos que usam freqüências de rádio e microondas. Nossos íons naturais, tecidos, células sanguíneas e todo o movimento do organismo podem ser afetados pelas descargas elétricas geradas por campos eletromagnéticos de alta freqüência. Uma reação adversa reduz a habilidade dos glóbulos brancos do sangue de eliminar células cancerosas e, por conseguinte, pode também afetar as glândulas da reprodução, inibir o crescimento celular e comprometer a atividade de nossas ondas elétricas cerebrais de freqüência extremamente baixa, que controlam a eficiência hormonal do nosso sistema imunológico e o sistema nervoso central.

Pela primeira vez na história do planeta, todas as formas de vida estão expostas a formas de *stress* não-naturais em seu cotidiano, impostas por voltagens elétricas artificiais excepcionalmente elevadas e pela penetração constante no organismo de extremos altos e baixos de freqüências. Mais do que a luz visível, o nosso meio ambiente está hoje saturado, milhões de vezes mais do que há cem anos, pela quantidade enorme de radiação eletromagnética.

Desde o início do século XX, assistimos à proliferação de usinas de força, de postes de eletricidade que invadem a paisagem sustentando cabos de alta tensão e de estações geradoras que atendem à fenomenal demanda por eletricidade no mundo inteiro. O primeiro grande impulso para isso ocorreu com o início das transmissões de rádio, nos anos 20. Um salto significativo ocorreu nos últimos quarenta anos, com o advento do radar e da tecnologia de microondas, que em grande parte se desenvolveram a partir da invenção de armas e mecanismos de defesa. Os radares e antenas parabólicas, as torres de transmissão de TV, rádio e telefones celulares hoje se somam à poluição eletromagnética que cobre muitas regiões do planeta. Em casa ou nos locais de trabalho há uma abundância de cabos, fios, aparelhos e acessórios — todos gerando campos eletromagnéticos a um ponto que, estejamos acordados ou dormindo, é quase impossível encontrar um ponto de refúgio. Existem também evidências pormenorizadas que sugerem que os campos eletromagnéticos gerados artificialmente reforçam os efeitos danosos da radiação de *stress* geopático que emana do campo magnético natural da Terra.

Embora o fornecimento de eletricidade esteja disponível há relativamente pouco tempo, nenhuma outra invenção jamais teve um impacto tão grande sobre os seres humanos. Como poderíamos viver sem ela hoje? Essa nova forma de energia melhorou todos os aspectos da nossa vida, oferecendo comodidade ao nosso cotidiano, mas ela vai continuar a exigir um preço. Pagamos com nossa saúde — com as chamadas "doenças da civilização do século XX" — e com a poluição ambiental.

A poluição eletromagnética invisível, a que os cientistas chamam com freqüência de "ruído", é mais conhecida como interferência eletromagnética (IEM) e interferência de radiofreqüência (IRF). Configurações distorcidas criadas por esse ruído podem ativar equipamentos por acaso, interferir nas comunicações e até mesmo comprometer os sistemas de segurança da defesa de um país. Os raios, as explosões solares e outras perturbações atmosféricas são fontes naturais de IEM. As fontes artificiais incluem redes elétricas, transformadores industriais pesados, equipamentos de solda, telefones celulares, radares e antenas de rádio. Qualquer aparelho elétrico pode gerar um sinal eletromagnético ao acaso. Quando você acende a luz e ouve um "click" no rádio, isso significa que existe uma incompatibilidade elétrica causada por IEM. Mesmo fios (que não sejam de fibra ótica) que carregam informações podem ser afetados pelos cabos elétricos maiores. Informações emitidas ao acaso por um computador podem ser captadas por um agente espião com uma simples antena de rádio e terroristas poderiam usar um sinal potente de rádio para embaralhar os controles, digamos, de uma usina nuclear. Os equipamentos eletrônicos sensíveis à IEM instalados num prédio de escritórios localizado próximo a um porto, aeroporto, instalação militar ou sistema ferroviário elétrico estarão vulneráveis a um colapso ou a um mau funcionamento ocasional. Em 1996, para melhorar esse quadro, a Europa emitiu uma regulamentação determinando a realização de testes de resistência à IEM em todos os equipamentos elétricos.

RADIAÇÃO ELETROMAGNÉTICA   103

Sem dúvida, somos sensíveis a todo o espectro eletromagnético, incluindo as freqüências de rádio e microondas. Hoje, em nosso mundo moderno, o aumento diário e contínuo da proliferação global de campos eletromagnéticos artificiais continua a nos sujeitar a níveis de exposição para os quais não estamos preparados. Além de estar relacionada a cânceres, defeitos de nascença, alergias da pele, síndrome de fatiga crônica (SFC), mal de Alzheimer e AIDS — algumas das chamadas "doenças da civilização" —, a incidência de sensibilidade eletromagnética (SEM) se tornou outra praga da vida moderna, ganhando força e alcance nos últimos vinte anos, em média.

Em 1980, o Dr. Jean Munro e o Dr. Cyril Smith iniciaram um trabalho pioneiro sobre sensibilidade eletromagnética no Breakspear Hospital, em Hertfordshire,[15] que desde então se tornou um dos principais centros europeus com especialização em doenças ambientais. Estudos sugerem que uma exposição excessiva, ou durante muito tempo, aos efeitos dos campos eletromagnéticos pode, de alguma forma, deflagrar uma reação bioquímica — quando a pessoa se torna sensível, os sintomas se intensificam e em alguns casos podem persistir por muitos anos. Muitos grupos privados e associações já foram formados por pessoas que compartilham desse mal e, aos poucos, em todo o mundo, a medicina oficial deixa de encarar a hipersensibilidade como um desvio psicológico. No entanto, existem pouquíssimas clínicas especializadas nessa área, com profissionais que entendam no assunto. Estar atento aos danos potenciais e saber como evitar a exposição desnecessária é a melhor prevenção contra tornar-se hipersensível, mas você não precisa necessariamente viver sob cabos de alta tensão ou ser um usuário contumaz do telefone celular para desenvolver esse quadro.

Mudar-se da cidade para uma área rural, onde há menos poluição eletromagnética, pode ajudar, mas para quem apresenta hipersensibilidade num nível extremo é virtualmente impossível encontrar um ambiente totalmente livre dela, a não ser no meio da floresta amazônica, e mesmo lá não se pode escapar das freqüências de rádio. Uma alternativa é morar numa casa envolta pelo tipo de material isolante usado em instalações militares para proteger os sistemas de radar e de armas teleguiadas de ataques inimigos usando radiação eletromagnética. Infelizmente, assim que a pessoa sai da área isolada os sintomas retornam. É preciso que na casa ou no quarto isolados não haja qualquer aparelho elétrico — nem mesmo telefone. Nesses casos extremos, a vida é dolorosa e infeliz, mas a condição em si não traz risco de morte.

Algumas pessoas podem sentir conscientemente radiações de freqüência baixas e extremamente baixas na forma de um leve formigamento na pele, embora a reação possa até ser maior. Essas freqüências são emitidas por equipamentos comuns usados no dia-a-dia como TVs, ferramentas elétricas, iluminação fluorescente e também por transmissões de radar. No local de trabalho — e cada vez mais também em casa —, computadores, impressoras a *laser*, fotocopiadoras, transformadores para luz e sistemas de comunicação eletrônicos aumentam a exposição do corpo.

A eletricidade fabricada é uma ameaça séria à saúde?

O câncer se desenvolve em pessoas normais e saudáveis quando o sistema imunológico delas falha em controlar as células do corpo que desenvolvem padrões anormais de crescimento. Fumar, beber e sofrer de *stress* são algumas das causas que podem deflagrar o desenvolvimento do câncer e se as pulsações elétricas do corpo, que controlam o funcionamento normal do sistema imunológico, estão comprometidas ou desordenadas por longos períodos por um campo eletromagnético hostil, o resultado pode ser uma contribuição importante para a incidência de doenças ligadas à imunodeficiência. A interferência do campo geomântico da Terra com os campos magnéticos produzidos por máquinas elétricas industriais, comerciais ou domésticas pode produzir um efeito instável de liga-desliga em nossos processos biológicos normais e isso pode explicar a alta incidência de câncer de mama tanto em homens quanto em mulheres nos países desenvolvidos do mundo.

Os órgãos fiscalizadores dos governos, como o Environmental Protection Agency (EPA), nos Estados Unidos e o National Radiological Protection Board (NRPB), no Reino Unido, adotam a posição oficial de que não há evidências claras que liguem o câncer ou outras ameaças à saúde aos níveis "normais" de radiação eletromagnética existente nas proximidades de linhas de força suspensas em postes, subestações, aparelhos e equipamentos domésticos (mas o que é hoje "normal" em comparação há cem anos?). No entanto, num rascunho de relatório que vazou, o EPA concluiu que todos esses elementos eram *prováveis* cancerígenos para o ser humano, enquanto os campos eletromagnéticos de freqüências de rádio e de microondas representavam um *possível* risco. O relatório também disse que estudos de casos de leucemia, linfoma e câncer cerebral em crianças expostas a campos magnéticos gerados por sistemas de distribuição elétrica residenciais mostram um padrão constante. Mas, em 1990, quando o relatório foi publicado após dois anos de estudos, essas conclusões foram eliminadas e dizia-se apenas, de maneira branda, que os efeitos da radiação eletromagnética permaneciam incertos![16] Enquanto isso, o NRPB, no Reino Unido, admitiu de modo um pouco relutante que "existem várias áreas possíveis de interação biológica que têm implicações na saúde e sobre as quais nosso conhecimento é limitado".

Desde meados dos anos 70, o número de casos de leucemia infantil nos Estados Unidos aumentou de maneira constante. A incidência da forma mais comum de leucemia linfoblástica aguda aumentou em 20% de 1973 a 1991, e o fenômeno foi observado mais freqüentemente entre crianças brancas. No Reino Unido, os casos da doença também aumentaram em proporção semelhante na faixa de idade entre 1 e 4 anos. Oficialmente, diz-se que as causas são desconhecidas.[17]

Muitos cientistas/pesquisadores no mundo, como o Dr. Ross Adey, professor de neurologia da faculdade de medicina da Lorna Linda University, na Ca-

RADIAÇÃO ELETROMAGNÉTICA   105

lifórnia, dedicaram a vida a trabalhar em estudos epidemiológicos ou teste de laboratório com animais e tecidos. Eles descobriram interações específicas entre a eletricidade gerada artificialmente, o campo geomântico estático natural, os campos magnéticos e a rede de Schumman com a crosta terrestre e a ionosfera. Em fevereiro de 1997, no Nono Congresso Internacional de Montreux sobre as mudanças no ambiente eletromagnético, o Dr. Adey afirmou que todas as sociedades industriais modificaram o ambiente eletromagnético a níveis milhares de vezes maiores que os naturais. Referindo-se aos campos magnéticos das linhas de força, às freqüências extremamente baixas e aos campos eletromagnéticos, ele sugeriu que havia poucas dúvidas sobre o significado de suas conclusões em quatro áreas principais:

1. O efeito no sistema imunológico reduz a ação dos glóbulos brancos na eliminação de células cancerosas.
2. As evidências em estudos epidemiológicos relacionam o desenvolvimento anormal do feto e abortos espontâneos a cobertores elétricos e outros aparelhos como aquecedores domésticos ou sistemas de aquecimento por armazenamento noturno.
3. O efeito no controle e ajuste do crescimento das células.
4. O efeito no sistema nervoso central e no controle pelo cérebro dos mecanismos hormonais.[18]

Depois de trinta anos de pesquisas, o Dr. Robert Becker, já indicado ao prêmio Nobel e uma eminente autoridade americana em deficiências biológicas associadas com campos EM, concluiu que a exposição de organismos vivos a campos eletromagnéticos incomuns pode resultar em significativas anormalidades.[19] Ainda em 1963, ele associou as doenças psiquiátricas com tempestades magnéticas. Em 1973, foi indicado pela marinha para integrar um comitê consultivo secreto de civis com a função de avaliar o impacto ambiental do Projeto Sanguine — um sistema de comunicações de submarinos planejado para operar em freqüência extremamente baixa (FEB). Os dados produzidos indicavam que havia efeitos potenciais danosos à saúde humana. Levando em conta as evidências, o comitê considerou unanimemente que grandes segmentos da população americana estavam "atualmente sob risco" dos campos das linhas de força e registrou a recomendação de que a Casa Branca fosse avisada de suas conclusões. O relatório foi abafado e as verbas de pesquisa do Dr. Becker, canceladas.

Mais ou menos na mesma época, pesquisadores da União Soviética, Europa Oriental e América estavam estudando os efeitos da exposição de animais ao conjunto de campos eletromagnéticos normalmente encontrados na maioria dos escritórios e ambientes domésticos. Os resultados apontaram níveis crescentes de *stress* e enfraquecimento grave do sistema imunológico. Mais tarde, outros pesquisadores na Europa e na América do Norte estudaram a incidência de leucemia em pessoas que viviam próximo a linhas de força ou trabalhavam nelas. Em todos os casos a taxa de mortalidade era duas vezes maior — ou até três vezes — do que os números que constavam nas estatísticas, o que sugeria uma conexão entre os campos eletromagnéticos e a incidência de câncer, leucemia, doenças relacionadas ao *stress* e outros males, como fatiga, alergias, depressão e HIV, associados com o meio ambiente do século XX.

Casos de doenças malignas como câncer de mama, melanoma e tumores cerebrais estão aumentando e as conclusões de muitos estudos epidemiológicos mostram uma conexão clara com os campos eletromagnéticos ambientais. As crescentes evidências apontam para campos eletromagnéticos muito fracos interagindo com radicais livres — processos químicos que ocorrem naturalmente ligados a mudanças determinadas pelo câncer e pelo envelhecimento — para produzir reações contínuas nos ingredientes de produtos do dia-a-dia como *sprays* de tinta e pesticidas domésticos.

Fornecendo evidências numa pesquisa pública sobre os novos postes de eletricidade que seriam instalados em Yorkshire, Gerald Scott, professor emérito de química da Aston University, descreveu os "radicais livres" do seguinte modo:

(A)... situação é agravada pelos poluentes químicos encontrados no ambiente industrial. Particularmente importantes são os poluentes atmosféricos como o dióxido sulfúrico, o ozônio e os óxidos de nitrogênio. Outros agentes ambientais, como os solventes clorados presentes nos lares e também nas indústrias, aumentam as concentrações de radical livre nas células. Isso significa que os antioxidantes biológicos já estão trabalhando perto dos limites de sua eficácia e qualquer *stress* oxidante adicional, como aqueles causados por campos eletromagnéticos, pode reduzir sua concentração além do limite no qual eles são eficientes no corpo da célula. Nessas circunstâncias, pode ocorrer uma mudança súbita nos processos químicos celulares, de uma condição regular para uma situação de ramificação em cadeia, levando ao início de doenças que são associadas à falta de antioxidantes celulares, como o câncer. É lamentável que diferentes fatores de *stress* oxidante freqüentemente ocorram ao mesmo tempo. Sabe-se, por exemplo, que o ozônio e, a um grau menor, os óxidos de nitrogênio, são formados por descargas elétricas de linhas de força suspensas. A combinação de campos EM e poluentes gasosos tóxicos torna ainda mais provável a alteração das reações das células em direção à doença e à destruição rápida. Mesmo o ambiente rural "saudável" pode não estar livre dessa ameaça, já que as ondas curtas do espectro do Sol causam uma foto-oxidação muito poderosa das células na superfície da pele e o conseqüente desenvolvimento de cânceres dermatológicos. Um *stress* oxidante adicional causado por campos magnéticos pode intensificar esse efeito nas pessoas expostas a ambos.[20]

Na seqüência, o professor criticou a NRPB, insinuando que o órgão presta pouca atenção à grande quantidade de relatórios científicos sobre os efeitos dos campos magnéticos fracos nos processos químicos das células. A visão oficial é a de que o dano genético do DNA não é causado diretamente pela radiação eletromagnética, mas isso é refutado com veemência pelos bioquímicos.

O professor de física Denis Henshaw, da Bristol University, encontrou uma ligação entre os campos elétricos que cercam as linhas de força suspensas e os bolsões de gás radon, outros poluentes do ar e as partículas radioativas que existem na atmosfera — uma interação que, em algum nível, pode ter associação com o câncer infantil. Em 1999, depois de três anos e duas mil amostras de campo, os estudos de seu Grupo de Radiação Humana apoiaram e confirmaram suas teorias anteriores.[21] Pesquisas semelhantes realizadas em laboratórios de outros países indicaram que a ação de alguns agentes químicos conhecidos é bastante intensificada pela presença de campos magnéticos vindos da freqüência das linhas de força suspensas. Isso sugere que a concentração de casos de câncer pode ter, em comum, fatores químicos e também magnéticos.

O biólogo e pesquisador de longa data Dr. Roger Coghill lembra que muitos processos celulares dependem da síntese entre o trifosfato adenosino (TFA) e o transporte dos elétrons para a movimentação dos músculos, bombeamento do sangue, raciocínio e respiração. Sintomas como dores musculares, asma, perda de memória e dificuldade de concentração envolvem falha na síntese e no fornecimento de TFA. Estudos mostraram que os cânceres podem surgir quando as células revertem do estágio de respiração para o de fermentação na síntese do TFA, o que pode explicar a alta incidência de cânceres e tumores perto das linhas de força.[22]

O pesquisador de eletrônica e geofísico Anthony Hopwood, estabelecido em Worcester, sustenta que as linhas de força aparentemente duplicam a concentração de raios gama ou partículas carregadas que atingem a Terra vindas do espaço. Hopwood fez sua descoberta enquanto tentava medir a mudança no número de partículas que alcançam a superfície terrestre depois de uma erupção de explosões solares. Partículas carregadas são uma causa conhecida de câncer, e sua duplicação se encaixaria com o aumento do risco da doença verificado pelos pesquisadores em volta de algumas localidades com alta incidência dela. Acredita-se que sintomas de saúde debilitada também podem ser causados pelo efeito de campos EM nas reações químicas dentro das células, precipitando um aumento rápido nos níveis de radicais livres e resultando em danos celulares. Testes semelhantes, realizados pelo Swedish Radiation Protection Institute, parecem confirmar as descobertas de Hopwood e uma outra pesquisa russa ligou o ciclo solar de onze anos (quando as tempestades solares atingem seu ponto máximo) com a incidência de câncer de mama.[23]

O Swedish National Board for Industrial and Technological Development está hoje convencido de que a radiação das linhas de força é perigosa e uma nova legislação foi posta em vigor para prevenir a exposição desnecessária. O National Regulatory Research Institute, nos Estados Unidos, também está ciente dos riscos. Em 1998, o American National Institute of Environmental Health Sciences (NIEHS) publicou um estudo de um grupo de trabalho que avaliou os efeitos para a saúde da exposição aos campos eletromagnéticos da freqüência das linhas de força. O relatório concluía, por maioria de votos, que os campos EM deveriam ser considerados um *possível* cancerígeno para os humanos, mas não tinha a ousadia de classificá-los como um *conhecido* ou *provável* cancerígeno.

Um relatório da National Academy of Sciences (NAS) chamado Possible Health Effects of Exposure to Residential Electric and Magnetic Fields afirmava o seguinte: "Não há qualquer evidência conclusiva e consistente de que a exposição aos campos elétricos e magnéticos residenciais produza câncer". No entanto, o grupo de trabalho relatou que os dados "sustentam uma associação entre a exposição a campos magnéticos programados e a incidência de leucemia infantil" e que "há evidência limitada de que os campos EM sejam cancerígenos às crianças".[24] Embora esses veredictos não sejam conclusivos e nem forneçam provas irrefutáveis, eles representam um notável progresso depois de décadas de trabalhos pioneiros.

A pesquisa bioeletromagnética cresceu na última década de cerca de mil estudos em todo o mundo para mais de vinte mil. Na verdade, muitas das investigações são feitas por cientistas independentes que, no cotidiano, são ligados a universidades e dependem de apoio financeiro das indústrias fornecedoras de eletricidade e de telefones celulares. Ainda que a origem das verbas não os impeça de produzir trabalhos imparciais, alguns podem se inclinar a fornecer o benefício da dúvida para a mão que os alimenta. Apesar do patrocínio dos fabricantes para pesquisas, já há fartas evidências indicando riscos à saúde cada vez maiores por parte de um vasto espectro de campos eletromagnéticos.

O governo britânico, a Secretary of State for Health e o Health and Safety Executive (HSE) acatam os avisos e implementam leis e normas reguladoras para trabalhar dentro dos limites de exposição recomendados pelo NRPB. No papel de órgão fiscalizador oficial, o NRPB tem como obrigação conduzir suas próprias pesquisas, fornecer serviços técnicos e aconselhamento sobre todos os tipos de radiação, incluindo alertas sobre os possíveis efeitos adversos da radiação ionizada (material radioativo, UV e raios X) e não-ionizada (freqüências de rádio), para proteger o público em geral de qualquer risco à saúde associado a campos eletromagnéticos. É questionável até que ponto esse serviço é independente, já que ele é financiado em parte pela indústria que o órgão é encarregado de monitorar, e em parte por um governo cujos principais interesses políticos são estimular e manter o desenvolvimento econômico e o crescimento. Também é significativo que os limites estabelecidos pelo NRPB para o Reino Unido sejam mais altos do que aqueles praticados nos Estados Unidos e em outros países europeus e escandinavos, e sete vezes maiores do que aqueles reco-

RADIAÇÃO ELETROMAGNÉTICA   109

mendados pelo International Commission on Non-Ionising Radiation Protection (ICNIRP). Até a China e a Rússia têm limites de exposição mais baixos.

Em geral, no Ocidente, as companhias fornecedoras de eletricidade, como a britânica National Grid, têm conseguido se defender vigorosamente de todas as tentativas de se provar que os cabos de alta tensão causam ou despertam indiretamente doenças ligadas à imunodeficiência como os cânceres, o mal de Alzheimer e o mal de Parkinson. O argumento usado pelos cientistas que trabalham para as empresas de eletricidade e para as agências do governo é que eles não aceitam evidências baseadas em relatos de casos. Eles também ignoram ou desprezam estudos epidemiológicos independentes e o crescente número de pessoas com doenças, deficiências e outros problemas de saúde devidos a diversos campos eletromagnéticos, incluindo a freqüência de rádio e radiação de microondas. Mas onde mais as novas doenças são descobertas senão nos relatos de casos? Lesão por esforço repetitivo (LER), síndrome da construção doente (SCD), encefalopatia espongiforme bovina (EEB), síndrome de imunodeficiência adquirida (AIDS) e encefalomielite miálgica (EM) — todos esses males foram identificados pelos relatos de casos. No caso da EM — considerada por muitos patrões e médicos como uma desculpa inventada por funcionários preguiçosos para escapar de um dia de trabalho honesto —, um grande progresso finalmente aconteceu quando técnicas modernas de medição da atividade elétrica mostraram que as mudanças orgânicas no cérebro podem ser bioquímicas e diagnosticadas como uma desordem cerebral. Aparentemente, todas as funções biológicas das células são controladas por um tipo de circuito elétrico fraco. As células se comunicam, ou "sussurram" juntas, num idioma que parece ser moldado pela física (energia eletromagnética) e não pela química. Descobriu-se que o tipo de onda mental — uma voltagem anormalmente negativa, produzida quando a pessoa espera um estímulo ao qual deve reagir — é diferente nos pacientes de EM. Em outras palavras, admite-se hoje que ela é uma disfunção elétrica do cérebro. O paradoxo é que medicina oficial não aceita a opinião de que os campos eletromagnéticos artificiais fracos podem ser perigosos para a saúde!

Os governos britânico, americano e de outros países do Ocidente também se escudaram atrás dos conselhos de suas respectivas agências reguladoras. Eles não apenas foram muito longe em suas posições para garantir à população que os campos eletromagnéticos, incluindo a freqüência de rádio e as radiações de microondas, não representam risco à saúde como também promoveram e encorajaram ativamente a expansão da malha de postes de eletricidade fabricada e de torres de transmissão de TV, rádio e telefones celulares. Essas tentativas superficiais de tranqüilizar o público e abrandar suas preocupações não só contradizem ou ignoram as boas pesquisas científicas independentes — elas encobrem sinistros laboratórios bélicos secretos patrocinados pelo governo. Neles, nas últimas três décadas ou mais, desenvolvem-se campos eletromagnéticos para utilização em armas letais ou não-letais, para a aplicação na contra-inteligência e no controle de multidões (consta que armas não-letais desse tipo foram usadas contra um grupo de mulheres que protestava em Greenham Common, uma base aérea americana na Inglaterra).

O artigo reproduzido a seguir, publicado em *Powerwatch Network Newsletter* (novembro de 1996) pode ajudar a convencer qualquer leitor que permaneça cético quanto ao efeito dos campos eletromagnéticos na mente e no corpo:

New World Vistas — Air & Space Power for the 21st Century foi uma importante realização do USAF Scientific Advisory Board. Eles produziram quatorze volumes de documentos sobre vários assuntos e acabaram de publicar o 15º volume. Ele inclui ensaios de mil palavras encomendados pelo diretor, Dr. Gene McCall, apresentando as percepções de cada um dos membros especializados sobre o que acontecerá nos próximos cinqüenta anos. O terceiro ensaio chama-se Biological Process Control e trata da regulamentação médica dos processos biológicos que usam campo eletromagnético:

Estamos no início de uma explosão de conhecimento no campo da neurociência. Conseguimos uma compreensão clara de como funciona o cérebro humano, de como ele realmente controla as várias funções do corpo, e de como ele pode ser manipulado (de forma positiva ou negativa). Pode-se vislumbrar à frente os avanços nas fontes de energia eletromagnética, cujas emissões podem ser medidas, formatadas e dirigidas, que podem se conectar ao corpo humano de modo a prevenir ações musculares involuntárias, controlar emoções (e, portanto, ações), induzir o sono, transmitir sugestões e interferir com a memória recente e distante. Novas armas para controlar o adversário sem resultados letais ofereceriam aperfeiçoamentos significativos nas habilidades das forças de operações especiais.

A perspectiva de se fazer armas para uso contra alvos individuais é provável; a possibilidade dessas armas serem eficazes contra forças numerosas parece remota, embora sua utilização em situações de múltiplos reféns provavelmente seja viável.

Poderia ser possível criar conversações dentro do corpo humano, para sugestionar uma pessoa de forma dissimulada e orientá-la psicologicamente. Quando microondas poderosas na faixa dos gigahertz penetram na cabeça humana, os tecidos se expandem de forma rápida o suficiente para criar uma onda acústica. Se for usado um fluxo pulsante, será possível criar um "som" de alta qualidade dentro da cabeça. Assim, seria possível "falar" com adversários escolhidos de maneira a deixá-los bastante perturbados.[25]

RADIAÇÃO ELETROMAGNÉTICA

O autor desse texto, um membro destacado da comunidade de pesquisadores militares americanos, optou por permanecer anônimo. O ensaio completo foi enviado para o Powerwatch pelo International Committee for the Convention Against Offensive Microwave Weapons, na Filadélfia. A transcrição de uma fita do cientista americano Eldon Byrd, que trabalhou em projetos secretos para o escritório do Naval Surface Weapons, descreveu as descobertas da seguinte maneira:

> Podemos alterar o comportamento das células, dos tecidos, dos órgãos e de organismos inteiros... alterar os níveis de hormônios em seres vivos, alterar o tempo de reação a processos químicos irreversíveis assim como os próprios processos químicos numa célula viva, podemos alterar a percepção do tempo em seres humanos e animais, podemos fazer os animais irem dormir, podemos fazer os ossos crescerem ou pararem de crescer, podemos iniciar e parar a diferenciação das células — isso significa que podemos forçar uma célula programada para fazer uma coisa, fazer outra diferente. Podemos inibir ou intensificar o que o mensageiro RNA faz numa célula. Podemos regular processos imunológicos e influenciar a presença de íons de cálcio nas células. Isso é importante porque a maioria dos processos químicos no cérebro humano parece ser intermediada por íons de cálcio. Podemos controlar as ondas cerebrais — isso já foi provado e experimentado muitas e muitas vezes. Podemos acionar e desativar à nossa vontade o processo de transcrição do DNA. Podemos causar profundas alterações e imperfeições em fetos, durante o período de gestação, submetendo campos eletromagnéticos diretamente ao organismo em desenvolvimento. Podemos promover taxas de mortalidade de fetos e de defeitos de nascimento até seis vezes maiores que o normal em animais de laboratório usando campos eletromagnéticos tão fracos que mal se pode detectá-los. Você pode tornar mais lento ou acelerar o processo de envelhecimento das células até o ponto de diminuir ou estender o tempo de vida delas. Esses são apenas alguns dos resultados da interação entre os campos magnéticos fracos, pulsantes, em geral de freqüência muito baixa, com os organismos vivos.[26]

Com relação aos campos eletromagnéticos gerados artificialmente, fica claro que estamos todos envolvidos num conflito sociopolítico entre a demanda por eletricidade abundante e barata, necessária à nossa prosperidade pessoal e profissional, e a necessidade imperativa, em todo o mundo, de reduzir os riscos ambientais e as ameaças à saúde a um nível mínimo. A situação é agravada porque os políticos acham difícil resistir à pressão dos lobistas que representam interesses corporativos poderosos — eles criam argumentos persuasivos para inclinar a balança em favor do crescimento econômico contínuo. Mas as medidas para ampliar a consciência popular sobre a questão e minimizar os riscos não precisam necessariamente passar por restrições e regras que desacelerem os negócios e a prosperidade. A preocupação do público em geral com o desemprego, o custo dos alimentos, da água e da eletricidade, ou com os custos de crescer para se manter um negócio, encoraja os políticos a fechar os olhos para riscos potenciais — a Síndrome do Sapo Cozido — até que eles sejam desafiados por uma fatia do eleitorado suficientemente grande que não está mais disposta a tolerar os riscos, sejam eles palpáveis ou potenciais.

Não é de admirar que a confiança da população em políticos, órgãos governamentais, empresas multinacionais e profissões ligadas à medicina e ao direito esteja em franco declínio. Depois que estudos científicos identificaram a ameaça à saúde representada pelo gás radon, em 1920, demorou sessenta anos para que as normas preventivas sobre ele entrassem em vigor. A medicina conhece há muitas décadas a doença crônica dos pulmões causada pela inalação de fibras de amianto; a indústria, as autoridades de saúde pública e os sucessivos governos sabiam dos enormes riscos já nos anos 20, mas apenas em 1968 criou-se uma legislação sobre o assunto — e mesmo assim para controlar apenas parcialmente o uso do amianto.

Os raios X, descobertos por Wilhelm Roentgen em 1895, são usados como um recurso para o diagnóstico médico e para o tratamento por radioterapia. Há menos de cinqüenta anos, adultos e crianças podiam ir a uma loja de calçados e usar uma máquina de raios X para radiografar seus pés e testar se um novo par de sapatos se adequava ou não a seu contorno. Hoje, o controle internacional limita as radiografias modernas à exposição de doses de raios X muito menores do que aquelas recebidas pela criança na loja de calçados.

O rádio, um elemento metálico descoberto em 1898 por Pierre e Marie Curie, também é usado na radioterapia. Na década de 20, acreditava-se que o rádio prolongava a vida e era tão benéfico que fazia parte da fórmula de cosméticos, pastas de dentes, cremes e bebidas. As pessoas compravam medidores para se assegurar de que estavam consumindo a dose diária adequada. Os mostradores de relógios eram pintados com tinta luminosa para "brilhar no escuro" e os pintores alegremente lambiam seus pincéis para tomar esse novo elixir. Hoje, sabemos que o rádio não apenas atua de forma extremamente destrutiva nas moléculas e nos cromossomos do DNA como também é um assassino potencial e fonte do gás radon.

O pesticida DDT (dicloro-difenil-tricloroetano) foi usado pela primeira vez em 1939 e continuou a ser pulverizado extensivamente em plantações de todo o mundo por trinta anos, até que foi banido por causa de sua alta toxidade. Ele nunca foi testado adequadamente, do mesmo modo que os alimentos geneticamente modificados (AGM), lançados no mercado em 1997. Esses produtos estão hoje solidamente estabelecidos na cadeia alimentar, apesar da séria advertência feita em 1994 pela Cologne University de que eles podem causar uma mudança genética no nosso corpo por meio do DNA.

RADIAÇÃO ELETROMAGNÉTICA

O governo dos Estados Unidos deu garantias solenes a seus soldados, usados como cobaias nas experiências com a bomba atômica, de que as sobras de partículas radioativas num teste de explosão nuclear eram "inofensivas". O sedativo Talidomida, prescrito a mulheres grávidas entre 1959 e 1962, causava sérias anormalidades nas mãos e nos pés do feto. A droga não foi adequadamente testada quanto aos efeitos a longo prazo. Os projetistas do *Titanic* tinham tanta certeza de que ele jamais afundaria que colocaram botes salva-vidas suficientes para apenas metade dos passageiros — ele afundou na viagem inaugural e ceifou 1.500 vidas.

A exposição a campos eletromagnéticos é um outro exemplo, semelhante aos relatados acima, no qual nós, o público em geral, somos usados para experiências e, como cobaias vivas de laboratório, não nos perguntam se queremos ou não cooperar.

A geração de eletricidade, as linhas de força e as torres transmissoras convivem conosco há cem anos. Só em 1972, porém, a Central Eletricity Generating Board (hoje conhecido como National Grid) tomou a iniciativa de pesquisar as possíveis ameaças à saúde representadas pelos campos eletromagnéticos. Mesmo assim, essa novidade foi em grande parte criada para defender as companhias geradoras de energia das preocupações crescentes expressas pela comunidade científica independente no mundo e pelas pesquisas epidemiológicas.

No mundo inteiro, nos últimos trinta anos, reputados cientistas, médicos pesquisadores e epidemiologistas têm estudado os possíveis efeitos nocivos dos campos eletromagnéticos extremamente baixos e também dos altos, incluindo a radiação do rádio e das microondas. Suas experiências e pesquisas têm se tornando progressivamente mais detalhadas, complexas e ultra-escrupulosas, para garantir que elas resistirão às análises de seus colegas e, principalmente, para se antecipar à forte oposição de partes interessadas como as empresas geradoras de energia e os fabricantes de telefones celulares. Durante todo esse longo período, as amplas evidências de efeitos adversos e nocivos nunca diminuíram: na verdade, elas continuam a ganhar força.

A dificuldade para se estabelecer uma conexão entre a radiação de campos eletromagnéticos e as ameaças à saúde é, de um lado, a exigência dos órgãos governamentais e das companhias elétricas e de telefones celulares de que as provas científicas sejam *conclusivas*. De outro lado, a cultura de ceticismo e suspeita gerada pela desconfiança do público com relação às opiniões e informações fornecidas por cientistas contratados por órgãos do governo e pelas empresas com interesses na área.

Em seu estágio atual, a ciência talvez não seja capaz de produzir provas conclusivas de que certos campos eletromagnéticos podem afetar o organismo humano (outra dificuldade pode ser o sistema compartimentado de se ensinar biologia, medicina e física como ciências separadas, o que influi na autoridade dos resultados das pesquisas porque existe uma falta de compreensão recíproca entre essas disciplinas). Apesar disso, quando não havia ainda "provas" científicas de que o hábito de fumar, as fibras de amianto e o DDT causam câncer, os bem-sucedidos processos judiciais contra as indústrias de tabaco baseavam-se inteiramente em evidências estatísticas: as provas científicas da ligação bioquímica entre o câncer e o cigarro só surgiram vários anos depois. Portanto, no caso da exposição à radiação eletromagnética, parece contraditório que não se aceitem as poderosas evidências práticas, estatísticas, epidemiológicas e científicas.

Não há dúvidas de que o ato de fumar e outros excessos podem precipitar o desenvolvimento do câncer, mas se os pulsos elétricos que controlam o funcionamento normal do sistema imunológico são prejudicados ou perturbados durante longos períodos por um campo eletromagnético hostil, o resultado pode ser uma grande contribuição à incidência de doenças por imunodeficiência. Os campos magnéticos produzidos por aparelhos elétricos industriais, comerciais e domésticos podem criar um efeito instável de "liga-desliga" em nossos processos biológicos normais, e isso pode explicar a alta incidência de câncer de mama em homens e mulheres nos países industrializados do Ocidente. O Dr. Leif Floberg, ex-professor da Lund University, na Suécia, afirmava que a interação entre os campos magnéticos de alta freqüência e a radiação natural fará com que no futuro quase todo mundo desenvolva alguma forma de câncer devido à "natural fadiga vibracional crônica".

Sejam quais forem as advertências, não deixaremos de usar a eletricidade. No entanto, como veremos, os riscos potenciais podem ser minimizados se entendermos os perigos prováveis e tomarmos medidas prudentes para evitar exposições desnecessárias.

Referências

1. Roger Highfield, "A butterfly with built-in compass", *The Daily Telegraph*, 23 de novembro de 1999.
2. Narby, Jeremy (1999) *The Cosmic Serpent*, Londres: Phoenix.
3. Seymore, Percy (1992) *The Paranormal: Beyond Sensory Science*, Londres: Penguin.
4. John Cribbin, "Sparks of Genius", *The Guardian*, 22 de outubro de 1992, pp. 14-15.
5. Callahan, P. (1975) *Tuning in to Nature*, EUA: Devin-Adair.
6. Sangster, H. (1995) "The electricity of life", *Rilko* nº 45, p. 10.
7. Robbins D. (1985) *Circles of Silence*, Londres: Souvenir Press.
8. Charpentier L. (1972) *The Mysteries of Chartres Cathedral*, Londres: Research Into Lost Knowledge Organisation (Rilko).
9. Leslie e Lassau (orgs.) (1992) *Indoor Air Pollution*, Cambridge: Cambridge University Press.
10. Sheldrake, R. (1983) *A New Science of Life*, Londres: Granada.
11. *The Macmillan Encyclopedia* (1984), Londres: Macmillan.

RADIAÇÃO ELETROMAGNÉTICA 115

12. Lomas, R. (1999) *The Man Who Invented the Twentieth Century: Nikola Tesla, Forgotten Genius of Electricity*, Londres: Headline.
13. *The Macmillan Encyclopedia* (1984), Londres: Macmillan.
14. Reiter R. e Robinson, J. (1996) *Melatonin: Your Body's Natural Wonder Drug*, Nova York: Bantam.
15. "Electrical sensitivity", *Powerwatch UK Network Newsletter*, Número 1, fevereiro de 1995, p. 1.
16. Cientistas norte-americanos consideram os campos eletromagnéticos de 50/60 Hz como "possíveis cancerígenos humanos", *Electromagnetic Hazard & Therapy*, vol. 9, nº 3, 1998, pp. 1 e 3.
17. Draper, G. J., Kroll, M. E., Stiller, C.A. (1995) "Childhood Oxford", *Surveys*, vol. 19.
18. Professor Ross Adey, "Speaking out", BBC Radio Scotland, 10 de Janeiro de 1992. *Electromagnetic News*, vol. 3, nº 3-4, p. 7.
19. Becker, R. (1990) *Cross Currents*, Los Angeles: Tarcher.
20. Professor Gerald Scott, "Free radicals provide a mechanism for EMFs to promote cancer", *Electromagnetic News*, vol. 3, nºs 5 e 6, dezembro de 1992, pp. 7-8.
21. TV Channel 4, "Dispatches": Electricity and Cancer, 14 de fevereiro de 1996 e reportagem adicional de Tom Wilkie, Editor de Ciência.
22. Artigo do Dr. Roger Coghill em *Structural Survey Magazine*, nº 6, 1993/94.
23. "Powerline cancers may be due to focusing on solar radiation by live fields in 11-year cycles", *Electromagnetic & VDU News*, abril/junho de 1993, pp. 8-9.
24. National Academy of Sciences (NAS) (1997) *Possible Health Effects of Exposure to Residential Electric and Magnetic Fields*, National Academy Press, pp. 2 e 186.
25. "Biological process control", *Powerwatch Network Newsletter*, Número 11, outubro/novembro de 1996, p. 3.
26. Em *Fields Information Sheet Nº 1* (11/93), publicado por Electro Magnetic Fields em associação com Powerwatch UK e Scientists for Global Responsibility, Power Watch Suffolk UK (sem data), p. 51.

4

As evidências

Linhas de transmissão de força suspensas

Uma proporção significativa da população do Ocidente vive em campos eletromagnéticos (CEMs) de 50 Hz ou 60 Hz, o que excede o nível aceitável de 100 nanoteslas (nT)*, devido aos equipamentos elétricos, máquinas, computadores, TVs e rádios normalmente usados em casa ou no trabalho. Em 1999, o National Grid planejou a instalação de mil postes adicionais aos 21.000 já espalhados pelo interior e pelas cidades da Grã-Bretanha para suprir a demanda por eletricidade, especialmente no sudeste da Inglaterra. Quem mora muito perto de linhas de força suspensas ou de torres retransmissoras de TV, rádio e telefones celulares pode estar sujeito a campos de até 25.000 nT. No Reino Unido, aproximadamente sessenta mil pessoas vivem embaixo ou muito próximas a cabos de alta voltagem. Será que esse ambiente eletromagnético excepcionalmente alto representa uma ameaça séria à saúde?

Segundo o National Radiological Protection Board (NRPB), não há evidências de risco de câncer. Essa mesma postura é adotada pelas indústrias de engenharia elétrica e, nas investigações públicas, os inspetores do governo e juízes da alta corte tendem a favorecer opiniões oficiais como essa. No entanto, muitos cientistas, epidemiologistas, médicos e pesquisadores eminentes, renomados internacionalmente, acreditam que as evidências impressionantes e os estudos deveriam ser suficientes para convencer as autoridades e as companhias fornecedoras de energia de que os campos eletromagnéticos podem, sim, representar uma ameaça séria à saúde. As investigações mostram uma relação inequívoca entre o grau de exposição a campos eletromagnéticos de linhas de força e o risco de leucemia infantil e câncer cerebral.

---

* Unidade de densidade do fluxo magnético (N.T.).

Uma pioneira foi a epidemiologista Dra. Nancy Wertheimer. Em 1974, auxiliada pelo físico Ed Leeper, ela coletou dados na região metropolitana de Denver, no Colorado, em cada um dos locais onde crianças haviam morrido de leucemia entre 1950 e 1969. Os endereços eram todos próximos a transformadores instalados em postes no trecho final do sistema de distribuição de força. Os casos de leucemia ocorreram em redutos ao longo da trilha dos fios suspensos, correspondendo aos níveis de alta corrente fluindo pela linha, nos locais onde estavam presentes os maiores campos de corrente alternada e baixa freqüência. De 1960 e 1985, os epidemiologistas Maria Feychting e Anders Ahlbom, do Karolinska Institute, na Suécia, examinaram cerca de quinhentas mil pessoas que viviam num raio de trezentos metros de linhas de alta tensão. Os resultados mostraram uma relação indiscutível entre o grau de exposição a campos eletromagnéticos de linhas de força e o risco de leucemia infantil. Restringindo sua análise a uma distância pré-determinada das linhas de transmissão, os pesquisadores puderam calcular a força do campo em cada residência, assegurando-se de que as linhas eram a fonte principal de radiação eletromagnética, e não algum outro fator ambiental. As evidências indicaram também que as crianças parecem ser mais vulneráveis que os adultos. O risco de câncer crescia em proporção direta à potência do campo EM.[1]

Um estudo mais recente entre adultos, realizado pelo mesmo grupo de pesquisadores e publicado em *Epidemiology* em 1997, envolveu cerca de quatrocentas mil pessoas que, como no caso anterior, viviam a um raio de trezentos metros de linhas de força de alta voltagem. Foram identificados 325 casos de leucemia e 223 de tumores. Na mesma edição, um estudo de 870 casos de leucemia em adultos, realizado pelo Dr. Chung-Yi Li em Taiwan, estabeleceu uma forte conexão com a proximidade das residências a linhas de força.[2]

O engenheiro químico Rodney Girdlestone, cuja principal atividade é diagnosticar *stress* eletromagnético, cita vários casos de ameaças à saúde que podem ser atribuídas a linhas de força suspensas.[3] A pequena cidade inglesa de Fishpond, em Gloucester, era cercada de cabos de alta tensão. O aumento dos casos de doenças coincidiu com a dramática elevação, por parte da empresa de distribuição de energia, das voltagens conduzidas pelas linhas. Em Dalmally, uma cidadezinha da Escócia, cabos de 275 kV passam sobre um condomínio público construído pelas autoridades locais, pelo posto policial, pela sede do correio e a cem metros de uma escola. Em 36 casas, oito pessoas morreram de câncer num período de cinco anos, e outras três morreram de uma doença neurológica no sistema motor. Todas viviam em casas próximas à linha de transmissão de alta voltagem que conecta Cruachan — a maior hidrelétrica do Reino Unido — à central de distribuição de energia do país. Em 1984, Girdlestone também foi tema de um programa de TV do Channel 4 britânico — *The Good, the Bad and the Indefensible* (O Bom, o Mau e o Indefensável) — que mostrava o caso do fazendeiro americano em cujas terras fora instalada uma linha de força. Pouco depois da instalação, suas galinhas começaram a pôr ovos "mexidos", seu gado sofreu abortos e a produção de leite caiu vertiginosamente.

Outro exemplo foi um reduto de casos de câncer encontrado no triângulo ao norte de Bornemouth, em Dorset, num ponto onde a rede de energia nacional de quatrocentos mil volts se bifurca, avançando pelas cidades de Ferndown e West Moors, com postes conduzindo 132 mil volts. Um pesquisador do reduto também estabeleceu uma ligação com o desenho formado pelo sistema de fornecimento de água para a região.[4]

Algumas autoridades locais, amparadas por grupos de pressão bem informados, incluindo ambientalistas e conservacionistas, estão se recusando a permitir a instalação de linhas de força sobre casas, escolas e hospitais, ou próximo a esses locais. Também estão restringindo a construção de propriedades sob cabos suspensos ou perto deles. Infelizmente, nem todos os conselhos de administração locais têm a vontade política para resistir, ou possuem recursos financeiros comparáveis aos das incorporadoras e das empresas geradoras de energia, que se amparam nos limites bastante lenientes de exposição determinados pelo NRPB para seguir em frente.

Em 1996, construiu-se um grande condomínio privado na pequena cidade de Chippenham, em Wiltshire, a cerca de trinta quilômetros de Bristol. Uma fileira de postes carregando cabos de alta voltagem corria por toda a extensão da propriedade em um de seus limites. O incorporador conseguiu permissão para construir várias casas paralelas, seguindo a linha dos cabos suspensos. Sem a ajuda de qualquer instrumento de gravação, podia-se sentir e ouvir o "zumbido" da alta voltagem dos cabos a cerca de cinqüenta metros, num ângulo de 90 graus com relação ao ponto mais próximo da linha, e o ruído envolvia todas as casas. Na cidade de Pilning, ao norte de Bristol, foram colocados postes a apenas oitenta metros de um *playground* escolar.

No centro de Moscou, uma rua repleta de blocos de apartamentos e escritórios tem cabos de alta tensão que correm a não mais de três metros das janelas dos andares superiores; mesmo assim, oficialmente, a Rússia tem um dos menores níveis de exposição do mundo. Em maio de 1995, a população de Hong Kong se opôs à passagem de uma nova linha suspensa de 400 kV por um trecho de construções altas em que os postes seriam colocados bem na frente das janelas dos apartamentos. No dia seguinte, a China, Light and Power publicou um anúncio de página inteira no *Eastern Express* tentando negar a questão dos riscos à saúde.[5] No entanto, a união da consciência pública internacional já produziu resultados positivos: no início dos anos 90 ocorreram vitórias jurídicas na América do Norte, como no caso da companhia de força do Texas que foi ordenada a desviar seus cabos de uma escola, e a da Canadian British Columbia Hydro Company, que comprou casas na rota de suas novas linhas de força de alta voltagem para evitar possíveis litígios dispendiosos.

Uma forte oposição a um plano da Eastlink para a instalação de uma linha de força entre New South Wales e Queensland resultou na formação de uma comissão de inquérito pelo senado australiano para estudar os efeitos dos campos eletromagnéticos. Nos locais onde a linha cruzava áreas ecológicas importantes, seria necessário arrancar entre um e dois milhões de árvores — isso numa região já carente do plantio de milhões de árvores a mais para manter a salinidade a níveis sustentáveis. Os opositores alegavam que a linha de força proposta não era necessária, e pediram que o governo adotasse os princípios do cálculo total de custos e mostrasse comprometimento com as políticas de energia responsáveis do ponto de vista social, ambiental e econômico.[6]

O Reino Unido tem assistido ao crescimento da REVOLT (Rural England Against Overhead Line Transmission), formada em 1992 para se opor à nova linha de força de Yorkshire (de Lockenby a Shipton). Na investigação pública, os inspetores concluíram que a National Grid realmente precisava da nova linha, mas seu relatório indicava alguns procedimentos positivos:

> 27-8. Linhas suspensas aparentes são uma forma de expansão e elas devem ser avaliadas levando-se em consideração as políticas de planejamento.
>
> 27-10. É indiscutível que a instalação de linhas suspensas causa um grave impacto visual em quase todas as paisagens e ambientes. Portanto, a instalação dessas linhas está claramente em desacordo com os objetivos básicos pertinentes às políticas de planos de desenvolvimento criadas para proteger ou aperfeiçoar o meio ambiente e, em conseqüência, estimular a economia tanto em áreas urbanas quanto rurais.
>
> 27-11. Por conseguinte, concluímos que a comprovação da necessidade é um pré-requisito essencial para a concessão da permissão para as linhas suspensas.
>
> 27-12. No local onde a necessidade for comprovada, é obrigatório procurar identificar a rota menos prejudicial e avaliar a possibilidade de tomar medidas complementares para diminuir o impacto.[7]

Chamar a atenção para o impacto ambiental e a intrusão visual dos postes que atravessam as cidades e os campos tem exercido uma influência muito maior nos resultados das investigações públicas do que simplesmente os possíveis riscos à saúde. Em alguns casos, com base em critérios estéticos e ambientais, as rotas dos cabos foram desviadas das construções e das áreas protegidas, ou as linhas de alta tensão foram instaladas sob o solo. Ainda que os cabos subterrâneos dispensem os feios postes de metal, o campo magnético que eles geram é igualmente forte, a não ser que se use materiais caros para isolá-los. Na maioria dos bairros afastados, que contam com cabos subterrâneos, eles geralmente são colocados sob a calçada, correndo perto das construções. Isso gera um campo magnético ainda mais forte, que se soma àquele já presente na maioria das casas devido aos fios das instalações elétricas e aos aparelhos domésticos, criando um ambiente poluído pelo eletromagnetismo a níveis muito acima dos aceitáveis, sobre os quais já escrevemos. Para algumas pessoas, especialmente as crianças, esses níveis podem ser críticos quanto à saúde e ao bem-estar em geral.

Oficialmente ou não, em alguns estados americanos estabeleceram-se normas baseadas em se evitar a colocação de linhas próximas a áreas habitadas. Contudo, isso não resolve o problema dos cabos de força já instalados acima ou perto de construções onde as pessoas vivem, trabalham, brincam e convalescem. A crescente e insaciável demanda das populações e dos exércitos por eletricidade em todo o mundo faz com que as empresas geradoras de força aumentem continuamente as voltagens conduzidas por seus cabos. A certa altura, 100 kV era considerado suficiente para satisfazer as necessidades; depois, 275 kV tornou-se o padrão e, hoje, muitas linhas suspensas carregam 400 kV. Isso significa que a largura dos corredores "seguros" nos dois lados das linhas é inadequada. Além disso, quem mora ao longo desses corredores não é avisado quando as companhias de força aumentam a carga. No mínimo, deveria haver uma política de planejamento, amparada pela lei, que estabelecesse um "cordão sanitário" adequado, formado por corredores seguros em toda a extensão dos cabos suspensos ou subterrâneos. Um plano de controle igualmente firme é necessário para proteger quem está muito próximo das torres de transmissão de TV, rádio e telefones celulares.

Na primeira grande análise do NRPB desde 1994, o Advisory Group on Non-Ionising Radiation (AGNIR) publicou o relatório "ELF, EMFs and the Risk of Cancer" em 6 de março de 2001.[8] A equipe era chefiada pelo professor Sir Richard Doll e incluía Sir Walter Bodmer, diretor-geral do Imperial Cancer Research Campaign, o Dr. Michael Clark e o professor Colin Blakemore, do NRPB.

O professor Blakemore teria dito que o relatório contém "evidências de que há um risco ligeiramente maior de incidência de câncer próximo às linhas de força". Pela primeira vez, o NRPB admitiu publicamente que existe uma ligação entre os cabos de alta voltagem e o câncer, e que os níveis de EMF acima de 0,4 microteslas aumentam o risco de leucemia infantil. No entanto, o professor Doll voltou a insistir que não existem provas de laboratório a respeito.

Nos anos 60, o professor Doll, um eminente epidemiologista, descobriu a conexão entre o hábito de fumar e o câncer. Ele confiou nas provas "circunstanciais" dos relatos de casos e das evidências epidemiológicas, mas demorou quase quarenta anos para surgirem provas científicas. Em contraste, nos anos 60 e 70, sir Richard e outros convenceram o governo e a população de que o amianto era seguro. Em 1965, escrevendo sobre a indústria de amianto Turner and Newall, sir Richard sugeriu que, aparentemente, os riscos à saúde para quem trabalhava com o material tinham sido completamente eliminados. Ainda em 1982, ele criticou o governo por ter ordenado controles mais rígidos sobre o amianto, declarando que a asbestose e outras doenças relacionadas a ele não mais ofereciam um risco significativo para os trabalhadores. Lembre-se das cifras no Capítulo 1, indicando que o índice de mortes por doenças ligadas ao

AS EVIDÊNCIAS

amianto continuará a aumentar e só chegará ao pico por volta de 2020, quando os casos fatais devem chegar a dez mil por ano.

A opinião de que os CEMs artificiais estão ligados a sérias ameaças à saúde tem sido desprezada regularmente pelo NRPB e, ainda assim, tanto os cientistas pesquisadores independentes quanto a parcela da população afetada pelo problema estão convencidos de que os casos que vêm sendo relatados há tanto tempo e as fortes evidências epidemiológicas são provas devastadoras.[9]

Torres de transmissão de radiofreqüência

Alguns tratamentos médicos, os fornos de microondas e o aquecimento para o processamento industrial de materiais usam radiação de radiofreqüência de alta potência (RAP). A RAP de potência média é usada nos sistemas de controle de tráfego aéreo, em radares civis e militares, em transmissões via satélite e em comunicações telefônicas, incluindo os telefones móveis celulares.

A demanda pela energia derivada da radiofreqüência teve início nos anos 20 do século passado, com o surgimento das transmissões de programas radiofônicos; ela aumentou depois de 1950 e, hoje, novas freqüências no espectro do rádio estão quase indisponíveis. As solicitações por licenças de uso nas freqüências mais altas, nas bandas VHF, FM e RADAR (microondas), usadas pelos sistemas de comunicações de telefonia celular, se multiplicaram a ponto de os governos terem que recorrer a leilões para efetivar sua distribuição. Lances recentes para licenças na banda de telefonia celular nos Estados Unidos renderam receitas da ordem de 20 bilhões de dólares[10] e, no Reino Unido, em 2000, uma cifra de 22 bilhões de libras.

Por muitos anos, os americanos usaram um sistema de distribuição de microondas multiponto (SDMM) para transmitir sinais de TV. Os sinais convencionais de TV são transmitidos a cerca de 800 MHz, mas o SDMM opera numa freqüência entre 2,5 GHs e 2,685 GHz, o que é semelhante à banda de 2,45 GHz do forno de microondas. As vantagens do SDMM é que ele pode atravessar a neblina e as nuvens com melhor recepção de sinal e pode transportar vários canais diferentes. A Irlanda foi o primeiro país da Europa a instalar o sistema SDMM e, sem dúvida, muitos outros o farão.

A radiação de uma torre de transmissão SDMM emite um feixe onidirecional e que viaja a um plano abaixo do horizonte, enquanto os sistemas convencionais de microondas lançam um feixe bastante estreito na linha de mira da torre de recepção mais próxima.[11]

No início dos anos 90, havia nos Estados Unidos 250 mil torres de transmissão de sinais de TV e de microondas para telefonia. Ao mesmo tempo, na Grã-Bretanha, as únicas operadoras eram os quatro canais principais de TV, a British Telecom e o ministério da defesa, além de algumas poucas outras. No final da década, a banda radiofônica para telefonia móvel no Reino Unido estava virtualmente lotada, com 28 mil licenças ativas, resultando no crescimento rápido da demanda por torres de transmissão. As torres de radiofreqüência e microondas continuam a brotar em todos os lugares. Além disso, há uma proliferação de satélites de telefonia móvel, que permanecem em órbita para fornecer uma completa cobertura global. Juntos, esses dois fatores significam que não importa o local que escolhamos para viver — mesmo na mais remota ilha deserta —, estaremos envolvidos pela poluição eletromagnética de ondas invisíveis (isso deve ser uma boa notícia para aquelas pessoas que levam seus telefones celulares para as férias numa ilha deserta para garantir que estarão sempre "conectadas").

Em 2001, os transmissores da Rádio Vaticano perto de Anguillara Sabazia, ao norte de Roma, estavam sob a ameaça de ter seu fornecimento de eletricidade cortado por causa de uma discussão envolvendo riscos de radiação associados a um reduto de casos de leucemia nas proximidades, onde os índices de incidência da doença eram seis vezes maiores que a média nacional. Esperava-se que o registro de transmissões em FM com radiação três vezes mais intensa que a recomendada na Itália conduzisse a ações para reduzir as emissões.[12]

Essa poluição penetrante não está afetando apenas os seres humanos. O fenômeno das baleias que encalham nas praias pode muito bem ser causado por interferência eletromagnética, e o secretário do New Ross and District Pigeon Club, na Irlanda, culpa as ondas de rádio emitidas por torres de telefonia celular e as redes de TV por satélite pelo fato de tantos pássaros de corrida não retornarem às suas bases. O instinto dos pombos-correio de sempre voltar para casa depende de sua habilidade natural de se deslocar com a orientação do Sol e dos campos eletromagnéticos da Terra, assim como de sua visão. Tempestades geomagnéticas também podem perturbar a bússola biológica dos pombos, mas a incidência de casos de pombos que não voltam para a base está aumentando.[13]

Será que essa poluição incessante causa danos a nós? As freqüências de rádio e microondas podem passar através de edifícios e outros obstáculos, incluindo nossos músculos, sangue, órgãos e cérebro. É possível que muitas pessoas não sejam afetadas pelas ondas de rádio, mas o Environmental Health Criteria 137, publicado pela Organização Mundial da Saúde (OMS) em 1993, advertia que a radiação da radiofreqüência para os transmissores pode ameaçar a saúde tanto quanto viver sob linhas suspensas de força.

O relatório da OMS diz: "Há uma preocupação crescente sobre a possibilidade de que a exposição à radiofreqüência possa estar ligada às causas do surgimento do câncer, especificamente nos órgãos que produzem o sangue ou no sistema nervoso central. Dúvidas semelhantes cercam os possíveis efeitos na reprodução, representados pelas taxas crescentes de abortos espontâneos e malformações congênitas. A freqüências abaixo de algumas centenas de kilohertz, a estimulação elétrica das membranas muito suscetíveis das células dos nervos e dos músculos é um fenômeno já reconhecido".[14]

Pouquíssimos estudos foram conduzidos no Reino Unido, mas em outros países — Estados Unidos e Suécia em particular — as pesquisas sobre os pos-

AS EVIDÊNCIAS

síveis riscos à saúde representados pelas linhas de energia indicam que a exposição prolongada daqueles que vivem próximo a postes de transmissão de alta voltagem, transmissores de rádio e TV, subestações elétricas e transformadores está relacionada a uma incidência maior de câncer e outros problemas de saúde, como alergias alimentares e hipersensibilidade à eletricidade. O relatório da OMS menciona que existem locais críticos, com a presença de muitos transmissores de radiofreqüência, onde a potência do campo é concentrada por feixes sobrepostos. Como o cérebro funciona com correntes elétricas extremamente fracas, a freqüência de um campo eletromagnético pode precipitar uma reação espontânea, como um ataque epiléptico.

A ciência e os médicos/pesquisadores independentes investigaram as ameaças potenciais à saúde representadas pelos transmissores de TV e rádio de uso civil e também os sistemas de comunicação do ministério da Defesa. Já em 1930, a União Soviética reconheceu os perigos das microondas e os efeitos no corpo da radiação de freqüência extremamente baixa. Ironicamente, foi o efeito do "bombardeamento" por microondas da embaixada americana em Moscou que resultou numa significativa mudança de atitude nos Estados Unidos. Não se sabe se a extensiva radiação de microondas dirigida ao prédio dos EUA serviu apenas para fins de vigilância ou teve a intenção de incapacitar os funcionários da embaixada, mas o resultado na equipe, segundo descobriram os cientistas da defesa americana, foi uma indisposição crônica, e testes sanguíneos subseqüentes indicaram que 43% dos membros da equipe passaram por uma exposição mutagênica de alto risco. Os americanos também estavam usando radiação de microondas para espionar as embaixadas soviéticas, e finalmente a CIA e a KGB negociaram um acordo para reduzir os níveis de seus respectivos bombardeamentos. Infelizmente, já era tarde demais para o embaixador Walter Stoessel: sua demissão e morte prematura foram conseqüência de uma rara doença no sangue. Significativamente, seus dois antecessores no cargo também morreram de câncer.

Os resultados das pesquisas do ministério da Defesa britânico sobre radiofreqüências e microondas são mantidos em segredo; no entanto, estudos feitos nos Estados Unidos sobre civis expostos a emissões indicam que, no caso particular de um edifício residencial, que estava ao alcance da visão de duas estações de radar, verificou-se uma taxa de mortes por câncer seis vezes acima da verificada em outros grupos estudados. Em 1993, Ann Silk, oftalamiatra e membro da Royal Society of Medicine (veja também páginas 70, 90, 152 e 162) fez parte de uma comissão de estudos florestais destinada a investigar as 85 localidades no Reino Unidos onde os carvalhos estavam morrendo de cima para baixo, embora tivessem raízes saudáveis. Todas as localidades ficavam a poucos quilômetros de poderosas torres de transmissão de rádio e microondas.[15]

Duas pesquisas realizadas em Latvia, nas cercanias de uma estação de rádio de Skrunda, mostraram que entre 966 crianças como idades entre 9 e 18 anos, aquelas que haviam sofrido exposição apresentavam piores funções motoras e maiores deficiências de memória e atenção. As crianças que moravam em frente à estação tiveram os índices mais baixos. Um estudo feito com vacas marrons da Latvia perto da estação de rádio mostrou diferenças estatisticamente significativas nos níveis de micronúcleos em eritrócitos periféricos (células vermelhas do sangue) nos grupos controlados sob exposição.[16] Estudos financiados pelo governo do Reino Unido em meados dos anos 90 não encontraram provas de risco carcinogênico na exposição a campos eletromagnéticos, mas outras pesquisas científicas e médicas, mais independentes, encontraram outros resultados. O Dr. Bruce Hocking descobriu que a taxa de mortalidade entre crianças com leucemia dobrava caso elas morassem num raio de quatro quilômetros de uma torre de TV em Sidney.[17] Da mesma maneira, o Dr. Mark Payne, um especialista em medicina ambiental, relatou suas investigações sobre uma grande concentração de casos de leucemia e linfomas próximo à mais poderosa torre de transmissão do Reino Unido, a Sutton Coldfield, de TV e rádio, em Midlands. Ele também encontrou um reduto de doenças mentais nas proximidades da torre e mencionou o livro *Cross Currents*, do Dr. Robert Becker, no qual ele mostrou que elas podem estar associadas a campos magnéticos oscilantes. Na época, o nível de segurança usado para a radiação de densidade de força de transmissores como esse, tanto no Reino Unido como nos EUA, era de 10 miliwatts por centímetro quadrado, enquanto na Rússia era de 10 microwatts por centímetro quadrado (ou seja, dez vezes menos).[18]

Investigações posteriores feitas pelo Dr. Henry Lai e pelo Dr. N. P. Singh, do Laboratório de Pesquisas de Magnetismo Bioelétrico da University of Washington, em Seattle, mostraram que a exposição à radiação de radiofreqüência pode afetar o sistema nervoso: as conseqüências incluem mudanças no tecido neural, nas propriedades químicas neurais, nas funções cerebrais e nos padrões de comportamento. Experimentos com ratos mostraram que a radiofreqüência tinha danificado o DNA deles.[19]

Pode ser difícil acreditar que cientistas no Microwave Research Centre, em Marlborough, New Hampshire, começaram a fazer experiências com "um sistema de aquecimento doméstico de microondas que aquece as pessoas ao estimular as moléculas de água do corpo e dessa forma eleva a temperatura corporal". O sistema usava um transmissor padrão de 800 watts que introduzia microondas num quarto através de um buraco numa das paredes, o que virtualmente transformava o ambiente num forno de microondas de força muito baixa![20]

Apesar do peso crescente das evidências científicas, epidemiológicas e médicas de que a exposição — especialmente aquela prolongada — à radiofreqüência e à radiação de microondas emitidas por torres de transmissão pode afetar seriamente os sistemas biológicos, muitos órgãos oficiais e governamentais dos Estados Unidos são publicamente favoráveis, encorajam e às vezes financiam o crescimento dos sistemas de telecomunicações e a construção de torres. O governo do Reino Unido emitiu as diretrizes Town Planning (PPG8A), que autoriza as companhias de telefones celulares a erguer torres de transmissão e antenas praticamente em qualquer lugar,[21] e o Scottish Office ofereceu verbas públicas para ajudar a Cellnet e a Vodaphone a construir mais 250 torres nas Highlands.[22]

Desde então, ocorreu uma importante reviravolta. Em julho de 2001, novas regras entraram em vigor na Escócia, exigindo-se a permissão do Town Planning para a instalação de todas as torres erguidas sobre o solo e limitando a quantidade e a altura das torres colocadas sobre prédios. De modo geral, as torres não serão permitidas nas áreas consideradas de "conservação" ou de "herança nacional". Ao sul da fronteira, na Inglaterra, adversários organizados da instalação indiscriminada de torres, que já haviam ganho causas históricas na Justiça, basearam suas objeções no sério dano que uma torre causaria à bela paisagem da região e no possível efeito que ela teria na saúde dos habitantes.[23]

Já em 1994 a British Association of Metropolitan Authorities (AMA) e a Association of District Councils (ADC) se encontraram para discutir suas preocupações sobre as possíveis ligações entre os campos eletromagnéticos e o câncer, e como esse tema deveria ser levado em consideração na implementação do Town Planning. Sua solicitação ao governo para que emitisse orientações para todas as autoridades locais sobre como agir no caso de equipamentos e instalações que geram campos eletromagnéticos foi descartada pelo Department of the Environment sob a alegação de que as evidências de possíveis ligações com o câncer e outros problemas de saúde eram inconclusivas e, portanto, seria prematuro emitir orientações formais.[24] De forma semelhante, em 1996 uma lei do governo americano, a Telecommunications Act, aprovada pelo Congresso, limitou o poder dos estados e municípios de controlar a instalação de torres de transmissão e de outros equipamentos sem fio. A lei determinava: "O interesse nacional exige que os serviços sem fio sejam instalados em curto prazo nas comunidades dos Estados Unidos, e o poder de grupos locais para controlar ou recusar as instalações deve ser restringido". Isso virtualmente retirava da população o direito de se proteger de potenciais ameaças à saúde.[25] Se as emissões de uma torre de transmissão fossem submetidas aos mesmos testes e exames detalhados que se aplicam a uma nova droga produzida por uma indústria farmacêutica, sua localização e nível de emissão seriam objeto de controles mais rígidos. Mesmo com as regulamentações mais severas aplicadas a novos remédios, ainda sofremos as trágicas circunstâncias da talidomida, e as crianças da segunda geração continuam a sofrer com seus efeitos de longo prazo.

A indústria de telecomunicações opera com a crença de que as emissões das torres e postes de telefones celulares são completamente inofensivas. As companhias de telefonia móvel já ergueram vinte mil torres no Reino Unido e planejam instalar outras cem mil, o que irá submeter centenas de milhares de pessoas, incluindo crianças pequenas, a uma radiação de baixa potência quase constante. Reconhecendo que a opinião pública bem informada está profunda-

126 A SÍNDROME DO SAPO COZIDO

mente preocupada com os riscos potencias à saúde e com a proteção do meio ambiente, essas empresas miraram sua pontaria nas escolas, porque a maioria delas precisa desesperadamente de verbas. A perspectiva de uma polpuda renda anual em troca da permissão para se instalar uma torre nas dependências da escola é uma oferta tentadora e difícil de se resistir. Mais de quinhentas escolas no Reino Unido já receberam até agora dez mil libras cada uma para permitir que as companhias de telefonia móvel erguessem torres de transmissão em seu terreno.[26] Na pequena cidade de Merton, Wisconsin, a direção da escola aceitou uma "oferta muito generosa", mas os pais, a comunidade local e a comissão de planejamento da região rejeitaram o esquema e afinal impediram a construção de duas torres para celulares. Um confronto semelhante envolveu uma escola em Ingatestone, uma pequena cidade em Essex, onde a Orange propôs a instalação de uma torre nas dependências da escola primária. Os pais e o conselho local foram contra o plano e, depois de um ano, a Essex Education Authority foi convencida a banir todas as torres de transmissão em escolas. Em julho de 1999, os pais ameaçaram retirar as crianças de uma escola infantil de Londres por temerem pela saúde delas diante de uma torre de telefonia móvel de dez metros erguida em seu terreno também pela Orange, que paga à escola seis mil libras por ano. Ela foi construída em 1996, numa época em que pouco se sabia sobre os potenciais riscos à saúde. Em novembro de 1999, os pais dos alunos comemoraram sua vitória na briga pela retirada da torre.[27]

Essas ações públicas de resistência contrariam a proibição pelo governo do Reino Unido de as autoridades na área de planejamento rejeitarem qualquer instalação de antenas de radiação baseadas numa ameaça potencial à saúde. O Dr. Gerard Hyland, do departamento de Física da University of Warwick, diz que as evidências mostram que as torres podem afetar o cérebro, causar cânceres e não deveriam ser erguidas próximo a escolas. A atividade cerebral das crianças está em constante mudança até mais ou menos os 12 anos e, portanto, existe o risco de a radiação interferir com esse processo.[28] O Dr. Hyland também lembra que os telefones sem fio podem apresentar um risco ainda maior que os celulares, por causa da freqüência e da natureza de seu uso.[29]

Esse tema se tornou tão controvertido nos EUA que o ex-presidente Clinton determinou que as torres devem ser instaladas em prédios da administração federal e não em escolas. A Nova Zelândia e a Austrália fizeram o mesmo, mas ampliaram as restrições às escolas para incluir creches, asilos de idosos, hospitais e residências, e para garantir que nenhuma torre seja construída num raio de quinhentos metros dos prédios que abrigam essas instituições. Outras regulamentações determinam o monitoramento das emissões de radiação, realizando-se controles anuais. No entanto, seguindo o exemplo do Reino Unido, os governos de outros países não dão às autoridades locais na área de planejamento e aos grupos comunitários o apoio que garanta à população exercer a cautela e evitar riscos. Mesmo assim, alguns conselhos regionais mais esclare-

AS EVIDÊNCIAS

cidos encontraram outros meios de interpretar os regulamentos locais e as determinações do Town Planning para evitar a instalação de torres de transmissão e mantê-las afastadas de prédios vulneráveis.

As pessoas extremamente atentas aos riscos potenciais à saúde e à proteção do meio ambiente, e que promovem campanhas tenazes e enérgicas, conseguem se fazer ouvir. Porém, quase ninguém duvida que a maioria das pessoas se tornará usuária de um telefone celular, contribuindo para a demanda aparentemente insaciável do público pela construção de mais e mais torres de transmissão.

No futuro, o avanço da tecnologia poderá criar muitas outras invenções movidas a microondas, o que aumentará novamente a demanda por eletricidade e por mais linhas de transmissão de força, resultando numa poluição eletromagnética ainda mais densa e na proliferação de áreas críticas. Algum dia, os confrontos e conflitos de interesses terão que ser resolvidos. Até lá, o uso disseminado do telefone celular continuará a ter um impacto profundo em nossa vida, comportamento, hábitos sociais e em nossa saúde (para as evidências relativas aos telefones celulares, ver Capítulo 5, "A era da cibernética").

Riscos da exposição diária

O público em geral não costuma ler sobre as possíveis ameaças à saúde dos campos eletromagnéticos em publicações científicas; em vez disso, nós colhemos fragmentos de informações em programas de TV esporádicos ou artigos na imprensa que raramente oferecem uma análise mais profunda das pesquisas atuais. Dificilmente somos instruídos a como evitar a exposição desnecessária e, como a maioria dos programas de TV tem que oferecer uma abordagem "equilibrada", ficamos sem uma direção clara dentro do tema. O governo e as autoridades sanitárias mostram pouca ou nenhuma preocupação com os possíveis riscos à saúde e, como os arquitetos e engenheiros, poucos médicos têm qualquer conhecimento ou interesse no assunto. Desse modo, enquanto os cientistas e pesquisadores independentes continuam a lutar com seus oponentes que agem em nome das empresas de eletricidade e da indústria, a população é relegada a um estado de desconhecimento, incerteza e confusão.

A suscetibilidade e a sensibilidade aos campos eletromagnéticos variam: algumas pessoas podem ser expostas a altos níveis sem sentir qualquer efeito adverso, do mesmo modo que há quem fume muito por toda a vida e chegue até os 90 anos. No entanto, uma quantidade crescente de pessoas está sofrendo de uma sensibilidade eletromagnética (SEM) tão aguda a ponto de ter a vida deteriorada por causa dela.

A edição de outubro de 1998 da revista feminina *Red* trouxe um artigo sobre os apuros de dois pacientes ingleses de SEM. O primeiro caso era de uma mulher do norte da Inglaterra. Ela era tão sensível que não conseguia entrar em alguns cômodos de sua casa. Também não podia usar aparelhos elétricos, ouvir música ou assistir à TV, caso contrário tinha espasmos no rosto; e freqüentemente desmaiava ou ficava cega temporariamente. Mesmo usar o telefone lhe causava reações dolorosas. Outra mulher, que mora perto de Londres, não pode usar jóias ou zíperes de metal. Quando ela está muito cansada, mas não consegue dormir, lança mão de um fio descascado numa ponta e um plugue e um pino terra na outra. Ela amarra a primeira ponta entre os dedos e liga a outra na tomada; dessa forma, consegue evitar ataques severos.[30] Os sintomas variam de reações graves na pele a dores de cabeça, tonturas, fadiga e distúrbios nos órgãos internos que, em casos extremos, podem evoluir para perda de consciência, espasmos e incapacidade quase total de levar uma vida "normal". Pacientes com obturações dentárias de amálgama à base de mercúrio e de outros metais também têm mostrado tendência a desenvolver hipersensibilidade.

Mediante um processo de eliminação, um cirurgião americano do Texas, Dr. William Era, descobriu que seus sintomas alérgicos e neurológicos eram causados pelos campos eletromagnéticos dos muitos equipamentos e aparatos médicos presentes nas modernas salas de cirurgia. Ele logo constatou que muitos de seus colegas também sofriam de SEM e não eram levados a sério e nem tratados porque seus clínicos gerais ou eram céticos, ou desconheciam o problema e eram totalmente despreparados para lidar com ele. Isso o encorajou a fundar seu próprio centro de saúde ambiental, em Dallas.[31]

Mesmo que o paciente não apresente sintomas exteriores ou muito aparentes de SEM, seus efeitos podem ser uma ameaça à vida. Um estudo feito por Brigitta Floderus no World Life Institute, em Estocolmo, na Suécia, mostra que as pessoas expostas a fortes campos EM nos seus locais de trabalho correm o risco de desenvolver câncer nos seios, nos testículos e na pele. Essa foi uma descoberta significativa porque esses cânceres não haviam sido citados de forma tão proeminente como a leucemia e os tumores cerebrais. As pesquisas, realizadas entre 1971 e 1984, mostraram que os grupos de maior exposição eram os condutores de trens e operadores de máquinas de costura. No grupo intermediário estavam as secretárias e os arquitetos e, no grupo de menor exposição, os motoristas e funcionários de hospitais.[32]

Operários que lidam com fios telefônicos e linhas de força suspensas, eletricistas, trabalhadores de estações geradoras de energia e todos aqueles cujo serviço inclui a exposição à radiação eletromagnética têm seis vezes mais chances de contrair câncer de mama masculino. A incidência é triplicada no caso de quem trabalha com rádio e comunicações. Um estudo de epidemiologistas do Fred Hutchinson Cancer Research Centre, em Seattle, baseou-se em 227 casos de câncer de mama masculino registrados durante três anos. O risco é ainda maior entre homens com menos de 30 anos de idade quando do início à exposição.[33] Estudos feitos na Johns Hopkins University mostram resultados semelhantes com relação ao risco elevado de câncer de mama masculino entre operários expostos a maquinários. Também no Fred Hutchinson Cancer Research Centre, em junho de 1990, Paul Demers e o Dr. David Thomas encontraram um aumento estatisticamente significativo apontando a incidência seis vezes maior de câncer de mama em trabalhadores de linhas telefônicas, eletricistas e funcionários de redes elétricas.[34] Estudos semelhantes, mostrando um aumento do câncer de mama entre técnicos da central telefônica de Nova York, foram publicados em *The Lancet*,[35] e pesquisas sobre operários noruegueses expostos no trabalho a campos eletromagnéticos mostraram uma incidência duas vezes maior de câncer de mama.[36] A mesma revista publicou um outro estudo americano, feito pelo Dr. Dana Loomis, da University of North Carolina, citando uma descoberta do Department of Energy dos Estados Unidos segundo a qual as mulheres que trabalham no setor elétrico apresentam uma taxa de mortalidade por câncer de mama 40% maior do que aquelas com ocupações fora desse ramo.[37]

Em 1990, a Boeing Corporation, de Seattle, Washington, fechou um acordo amigável de quinhentos mil dólares com um certo Sr. Robert Strom, que alegava ter desenvolvido leucemia como resultado da exposição no trabalho à radiação de pulsação eletromagnética (RPE). O acordo também previa a criação de um programa de acompanhamento médico para os setecentos empregados da Boeing que realizavam testes com RPE desde os anos 60. Strom trabalhava dentro de uma sala vedada onde aparelhos de emissão de RPE eram acionados centenas de vezes por dia para testar seus efeitos nos equipamentos elétricos e eletrônicos usados em mísseis. Em 1985, aos 45 anos, Strom foi diagnosticado com leucemia mielóide crônica. Tornou-se público, durante o caso, que ainda em 1979 a Boeing fez circular um memorando dizendo que havia indicações de que a radiação RPE perturba todo o equilíbrio químico do corpo. Posteriormente, Robert Strom e sua esposa usaram parte do dinheiro do acordo para criar uma fundação destinada a divulgar nas escolas, nos sindicatos e em outras entidades os riscos dos campos eletromagnéticos.[38]

Um folheto sobre a exposição a CEM no trabalho, publicado em 1995 pelo Harvard Centre for Risk Analysis, informava que as evidências de conexão com o câncer eram impressionantes e que só os Estados Unidos estavam investindo entre 25 e trinta milhões de dólares anualmente em pesquisas. Em 1996, um programa de pesquisas da University of Southern California mostrava as provas crescentes de que a exposição a CEM pode estar relacionada ao mal de Alzheimer e apontava que a incidência é muito maior entre trabalhadores expostos a CEM que têm até cinco vezes o risco normal de contrair a doença. O maior risco foi identificado entre operadores de máquinas de costura e de máquinas pesadas. O mal de Alzheimer aflige nada menos de quatro milhões de americanos e causa cerca de cem mil mortes por ano. Embora os pesquisadores tenham associado pelo menos dois genes diferentes à doença, é bastante claro que os fatores ambientais também influem decisivamente.[39]

Nos resultados de sua análise dos dados relativos a 140 mil funcionários de cinco empresas de eletricidade, o Dr. David Savitz, um pesquisador canadense, concluiu que a exposição a campos eletromagnéticos por um período de cinco a vinte anos dobra o risco de se desenvolver esclerose lateral amiotrófica (ELA), uma doença neurodegenerativa, e que a exposição por mais de vinte anos triplica a chance de se contrair a doença.[40] Um grupo que se encontra em risco constante é o dos militares e especialistas em pesquisas de armamentos. Ironicamente, em 1993, quando no Reino Unido o NRPB aumentou os níveis de microondas permitidos, duas bases de pesquisas militares americanas reduziram seus níveis permitidos de exposição à radiofreqüência por reconhecerem as evidências publicadas sobre os efeitos danosos da radiação de alta freqüência nos sistemas biológicos.[41]

O regimento Royal Signals, baseado em Malvern, registrou uma incidência de tumores cerebrais mais de seis vezes acima da média nacional. Um resumo de *The Science of the Total Environment* (1996) incluía as descobertas de Stanislaw Szmigielski sobre a incidência de câncer em todo o contingente de militares na Polônia de 1971 a 1985. Entre aqueles expostos no trabalho a radiofreqüências e microondas, o índice de morte por cânceres no sangue, no sistema linfático e outros era sete vezes maior que o normal.[42] (Os operadores de radar podem correr um risco particularmente alto. Relatos da Segunda Guerra Mundial descrevem os marinheiros da Royal Navy fazendo fila para se sentar diante das grandes telas de radar e submeter seus testículos à radiação antes de descer à terra para aproveitar seus dias de folga!)

Registros consensuais na Suécia mostraram uma ligação entre a exposição ocupacional e residencial a campos magnéticos gerados por cabos poderosos. Leucemia e tumor no sistema nervoso central foram identificados num grupo que vivia a trezentos metros de linhas de força suspensas. O Instituto de Medicina Ambiental do Karolinska Institute of Stockholm concluiu que os resultados dos estudos forneciam forte apoio à associação entre a exposição a campos magnéticos e o alto risco de leucemia no trabalho e em casa.[43]

O caso provavelmente mais divulgado pela imprensa e pela TV britânicas teve início em agosto de 1993, quando o casal Studholme moveu o primeiro processo por danos contra a companhia local de eletricidade por causa dos níveis dos campos eletromagnéticos no quarto do seu filho, alegando que eles contribuíram para sua morte. Aos 14 anos, Simon Studholme tornou-se anêmico e sofreu um colapso na escola em 1990, apenas 21 meses depois que a família se mudou para sua nova casa em Bolton, Lancashire. Ele foi diagnosticado com leucemia aguda e morreu dois anos depois. Simon passou cerca de seis mil horas em seu quarto, onde havia uma alta concentração de campos eletromagnéticos gerados pela combinação entre o medidor do consumo de eletricidade da casa, um sistema de alarme localizado na parede em frente, perto da cabeceira de sua cama, dois cabos subterrâneos e uma subestação ao lado da casa vizinha. A potência do campo eletromagnético era dez vezes maior do que aquela que as pesquisas americanas e suecas ligam a um risco grande de câncer, e 17 vezes maior que o normal em casas residenciais. Os Studholmes também alega-

AS EVIDÊNCIAS

ram danos pela epilepsia que acometeu sua filha de 12 anos cerca de um ano depois que eles ocuparam a nova casa. Seu outro filho também começou a mostrar sinais de hiperatividade e rachaduras na pele. O interessante é que os ataques da filha costumavam acontecer nas tardes de domingo por volta das duas horas da tarde, coincidindo com o pico da demanda de eletricidade causada pelas famílias que preparavam o almoço dominical, embora depois os ataques tivessem passado a ocorrer com mais freqüência.[44]

Os Studholmes conseguiram assistência jurídica mas, em 1997, por uma série de motivos — cansaço, demora no andamento da justiça, prazos expirados e falta de fundos — eles tiveram que abandonar o processo. Se eles o tivessem ganho, o caso teria implicações extraordinárias para todas as empresas fornecedoras de eletricidade da Grã-Bretanha. Elas iriam se defrontar com processos semelhantes por parte de milhares de lares, escolas, escritórios e hospitais localizados nas cercanias de subestações e de cabos de alta tensão suspensos e subterrâneos.

O debate sobre os riscos à saúde

A apatia da população é uma bênção para todos os políticos, empresas de serviços públicos e autoridades que parecem controlar a nossa vida. Opiniões bem informadas afirmam que a poluição eletromagnética pode ser um perigo muito maior para a vida na Terra do que a poluição química do solo, do mar e do ar. Portanto, as declarações brandas dos órgãos do governo e das companhias de eletricidade precisam ser desafiadas, e aqueles que constroem os ambientes devem tomar providências para evitar, reduzir ou eliminar os riscos da exposição.

Embora não possamos contar com o governo e seus departamentos, como o NRPB, ou com as empresas fornecedoras de eletricidade para tomar a iniciativa de alertar a população sobre os prováveis riscos à saúde, muitos membros de conselhos locais pelo país, eleitos pelo voto, estão muito mais conscientes dos efeitos na população dos campos eletromagnéticos e fizeram representações ao governo solicitando algumas linhas práticas de conduta. Em 1998, em resposta a essas solicitações, o Department of the Environment, Transport and the Regions (DETR) e o Department of Health emitiram uma circular conjunta para as autoridades de planejamento locais chamada "Instruções do Conselho: Uso do solo, planejamento e campos eletromagnéticos". Seu objetivo era orientar sobre o uso dos terrenos, sobre o planejamento e a expansão das linhas de força suspensas e das estações de telecomunicações, relacionando-as às crescentes preocupações sobre os possíveis riscos dos CEMs. O texto era acompanhado da cópia de um relatório a ser publicado pela OMS. Em fevereiro de 1999, foram pedidas explicações sobre os dois documentos, mas não houve indicação de quando o trabalho final seria publicado. Os textos não diziam que os autores do relatório da OMS eram Philip Chadwick e Zenon Sienkiewicz, ambos membros do NRPB. Não é de admirar, portanto, que a circular expresse os pontos de vista do NRPB sobre riscos de exposição, que a entidade considera pequenos ou não existentes. Essa visão não reflete extensivos estudos internacionais, como o relatório do American National Institute of Environmental Health Sciences (NIEHS) que classifica os campos de freqüência potentes como "possivelmente cancerígenos para os seres humanos". A posição do NRPB estava claramente expressa no parágrafo 17, onde se lia:

> Se as autoridades locais estiverem considerando adotar políticas que resultem na instalação de qualquer "cordão sanitário" em torno dos equipamentos de telecomunicações ou de fornecimento de eletricidade (como torres de transmissão ou linhas de força aéreas), ou que procurem restringir a expansão dos sistemas, eles devem observar as responsabilidades das operadoras contidas na legislação sobre saúde e segurança e a falta de evidências convincentes sobre uma ligação causal entre a exposição a CEMs e o câncer.[45]

Essa declaração negativa ignorava as evidências devastadoras contidas em tantos estudos e pesquisas em todo o mundo, mas em compensação uma passagem do texto acenava com uma luz no fim do túnel. Referindo-se às "ponderações materiais" a serem levadas em consideração quando uma autoridade está avaliando um projeto, o trecho dizia: "As cortes acreditam que qualquer percepção de perigo vinda do público é uma ponderação válida para o projeto, embora a importância a ser dada a ela seja um assunto da alçada da equipe que aprovará o projeto, a partir da avaliação dos fatos específicos da cada caso".[46] No entanto, essa única passagem promissora não contrabalança as declarações extraordinariamente equivocadas e a falta de imparcialidade.

Atitudes negativas como essa não ajudam em nada no controle da proliferação de postes e torres de transmissão; apenas fornecem credibilidade à firme recusa da indústria da eletricidade em aceitar qualquer associação entre os campos eletromagnéticos e os riscos à saúde — câncer, depressão clínica, dores de cabeça, suicídio e, particularmente, os efeitos nos fetos e nas crianças. Por outro lado, essa atitude encoraja os arquitetos e engenheiros a desprezar a probabilidade de qualquer ameaça potencial à saúde — que não seja um choque elétrico grave ou um ponto de risco de incêndio. Sem considerar o efeito que os níveis dos campos magnéticos e elétricos possam ter sobre os moradores do imóvel, instalam-se cabos de alta tensão sob o piso. A fiação interior da construção e os transformadores são colocados sem o cuidado de se manter distâncias seguras das áreas críticas — as que serão ocupadas. A colocação de dispositivos de proteção aos campos magnéticos é raramente considerada, a não ser quando o cliente aponta que os equipamentos eletrônicos usados no trabalho podem estar sujeitos a interferências. As pessoas nunca são levadas em consideração.

AS EVIDÊNCIAS

De tempos em tempos, os jornais e os programas de TV têm ajudado a aumentar a consciência dos riscos potenciais, mas o interesse e o entusiasmo do público tendem a durar pouco. Em 1996, no entanto, o programa *Dispatches*, do Channel 4, conseguiu exercer um impacto nos produtores de eletricidade. Depois de sua exibição, uma revista conceituada do setor de fornecimento elétrico publicou uma coluna de "opinião" que concluía:

> Enquanto isso, parece que deveríamos tomar algumas precauções para minimizar o risco — se é que ele existe. Por exemplo, parece tolice construir mais casas novas embaixo ou perto de linhas de força. Na verdade, depois do que foi mostrado recentemente no programa de *Dispatches*, do Chanell 4, é duvidoso que qualquer incorporador construa projetos com essas características porque será quase impossível vender as casas, por mais atraentes que sejam seus preços. Parece também prudente que as companhias de energia mudem a rota das linhas de força que correm dentro de condomínios, ou as tornem subterrâneas. Mas, apesar da boa publicidade que essas ações gerariam, não há dúvida de que as companhias irão argumentar contra elas, por causa do custo que envolveriam e também porque estariam admitindo que suas linhas de força podem afetar a saúde de quem vive sob elas. Fica a certeza de que, por mais que a indústria da eletricidade queira, esse assunto não vai desaparecer.[47]

Em outubro de 1996, o jornal *Financial Times* publicou uma reportagem de primeira página relatando que oito das maiores companhias elétricas da Grã-Bretanha estavam planejando criar um fundo de oito milhões de libras para combater as alegações de que os campos eletromagnéticos gerados por linhas de força de alta tensão são prejudiciais à saúde. Wills Corron, um consultor da área de seguros, disse num relatório confidencial: "Uma das prioridades da indústria elétrica deve ser prevenir-se contra a ocorrência de precedentes legais. Isso irá requerer uma defesa extenuante em quaisquer ações judiciais e os custos também devem ser altos".[48]

Enquanto um número crescente de cientistas e ambientalistas independentes continua a desafiar o que consideram uma atitude negligente e algo arrogante do NRPB, a National Grid, a British Nuclear Fuels e algumas companhias de seguros britânicas, notadamente a Norwich Union, estão ficando rígidas em suas avaliações do risco das apólices das distribuidoras de eletricidade que incluem obrigações com o público. Algumas apólices já restringem a responsabilidade da seguradora no caso de processos por poluição de modo a excluir os campos elétricos e magnéticos. Outras companhias esperam por mais provas da ligação entre campos eletromagnéticos e doenças, mas na convenção da Lloyds of London, em 1998, os subscritores de seguros ouviram as evidências do Dr. Theodoro Litivitz, professor emérito de física na Catholic University of America, que disse estar convencido de que os campos eletromagnéticos causam os efeitos biológicos que outros cientistas apregoam, e que eles desempenham um papel na estimulação de tumores e do câncer.[49]

Em 1997, a Swiss Reinsurance Company of Zurich publicou um relatório de 37 páginas sobre as implicações dos processos judiciais e das seguradoras nos possíveis riscos à saúde associados com CEMs. O texto focava as questões principais e recomendava que era necessário procurar soluções, "não diante das cortes ou em laboratórios de pesquisa, mas na controvérsia sociopolítica de como lidar com os riscos". O documento conclui:

> Como conseqüência, o problema dos CMEs não pode ser delegado a grupos individuais ou instituições: isso seria como deixar a elaboração de um contrato a cargo de apenas uma das partes. Lidar com riscos invisíveis é uma tarefa para toda a sociedade, uma tarefa que na análise final irá tão longe a ponto de exigir um maior aperfeiçoamento do processo democrático de tomada de decisões e a reordenação de parte da própria sociedade. Não é aceitável impingir riscos a seres humanos; nem é do interesse do público em geral ter que abrir mão dos benefícios da tecnologia por causa da possibilidade de algumas pessoas sofrerem danos. O que é preciso, portanto, é um consenso geral sobre qual o nível de risco que se espera que as pessoas, de maneira razoável, aceitem correr. Duas conclusões devem ser extraídas daqui: primeiro, cada cidadão deve estar preparado para carregar parte da carga do risco coletivo. Segundo, a sociedade deve mostrar sua solidariedade com as vítimas, ajudando-as a lidar pelo menos com as perdas financeiras envolvidas. Porém, as pessoas nas modernas sociedades industriais nem querem participar de riscos coletivos — na melhor das hipóteses toleram os seus próprios — e nem se consideram obrigadas a ajudar os que sofreram danos. Como conseqüência lógica, elas exigem recompensas.[50]

Em setembro de 1998, um diretor da Swiss Senior Risk Management, prosseguiu com o debate numa conferência na Bristol University. Em sua visão, a ciência e a medicina ainda não podem finalmente confirmar se os CEMs são prejudiciais, e que a única resposta confiável no momento é "talvez". As relações entre CEMs e doenças ligadas à imunodeficiência, como o câncer e o mal de Alzheimer, são complexas, e os métodos de pesquisa atuais não são avançados o suficiente para enquadrar um caso como indiscutível. Mas quando o peso crescente da opinião pública se juntar às pesquisas e aos estudos científicos cada vez mais apurados feitos em muitos países, especialmente na Grã-Bretanha, nos Estados Unidos, na Europa, na Escandinávia e no Japão, a percepção do risco à saúde vai tomar força. E será a opinião pública que vai decidir o resultado numa corte de justiça. Nossos valores, leis, usos e costumes, que condicionam as relações humanas, serão os árbitros finais, e não os cientistas ou as companhias seguradoras.[51]

Se o conflito continuar a crescer, e os reclamantes ganharem suas ações judiciais, isso poderá servir de estopim para o colapso do ramo dos seguros, o que traria conseqüências mais abrangentes e desastrosas para a estrutura básica da sociedade. Portanto, é imperativo as duas forças litigantes aceitarem que "talvez" as CEMs possam ser uma ameaça à saúde e que nós, a população em geral, não precisamos ficar alarmados mas devemos ser advertidos e estimulados a exercitar a "abstenção cautelosa". Ao mesmo tempo, as autoridades governamentais nacionais e locais e as companhias de eletricidade devem limitar as construções na vizinhança de linhas de força. Isso pode causar a desvalorização das propriedades situadas em cima, em baixo ou próximas das linhas, mas o custo de se pagar voluntariamente algumas indenizações razoáveis será muito menor do aquele envolvido nas defesas em litígios judiciais.

Infelizmente, abstenção cautelosa não é uma política adotada na Grã-Bretanha. O primeiro problema é que os níveis de exposição aceitos pelo NRPB são muito maiores, o que permite às empresas de eletricidade operar com parâmetros menos rigorosos, acima dos níveis-limite de segurança adotados por outros países europeus como a Alemanha e a Suécia. O segundo problema é o medo: a National Grid considera que, se adotar a postura de abstenção cautelosa, restringindo as construções a, digamos, um corredor de cem metros de largura ao longo da extensão de uma linha de força — suspensa ou subterrânea — ela causaria pânico imediato nas pessoas que ocupam imóveis dentro desses limites (um argumento semelhante foi usado pelos fabricantes de telefones celulares, que suprimiram a venda de fones de ouvido destinados a reduzir os efeitos da radiação das antenas). As empresas de eletricidade temem que exercitar a abstenção cautelosa seria admitir que as linhas de força representam uma possível ameaça à saúde e abrir as comportas para os processos judiciais de indenização.

Até agora, o batalhão de especialistas em relações públicas e de advogados contratados pelas fornecedoras de eletricidade, e amparados pelos cientistas céticos, tem conseguido rechaçar as evidências produzidas por biólogos, epidemiologistas, físicos e ambientalistas independentes, todos alinhados contra a posição oficial de que não há provas sobre os riscos dos campos eletromagnéticos. No entanto, a visão mais pragmática de algumas companhias de seguros e de financiadoras de imóveis indica que os riscos são bem reais, e que apesar das altas somas investidas em pesquisas e das opiniões conflitantes dos cientistas, no final das contas o fiel da balança será a percepção da sociedade.

O National Grid e o NRPB consideram pouco provável que haja ações judiciais em massa a exemplo do que aconteceu com o amianto e o cigarro, mas as seguradoras acreditam que é inevitável que uma ação ganha pelo reclamante, criando jurisprudência, é inevitável num futuro próximo.

A Guardian Insurance of London reformulou seus padrões de avaliação de risco de seguros que incluem obrigações com o público com várias empresas de eletricidade, incluindo a Eastern Electricity e a Norweb, o que elevou o preço dos prêmios devido a prováveis desembolsos futuros. Já em 1995, um artigo no jornal *Daily Mail* (25 de setembro de 1995) informava que grandes financiadores de imóveis estavam se recusando a financiar propriedades próximas a linhas de força aéreas, ou insistindo para que o preço delas fosse reduzido. Algumas firmas de construção dizem a seus avaliadores para nem sequer se importarem em avaliar casas localizadas sob cabos de alta tensão. A consciência da população está aumentando e, logo, como em outros países, pode se tornar obrigatório que o nível dos campos elétrico e magnético das casas seja investigado. A deterioração nos preços dos imóveis e a ameaça de ações legais contra avaliadores e arquitetos, por negligência profissional, irão trazer um realismo comercial ao debate. Outras considerações de ordem prática na esfera dos negócios podem muito bem acelerar uma mudança de atitude.

O Royal Institute of Chartered Surveyors (RICS) emitiu um guia prático de instruções, o "Livro Vermelho", recomendando os termos que os avaliadores deveriam incluir em seus relatórios estruturais sobre os imóveis vistoriados vulneráveis a ações judiciais por negligência profissional. Segundo as instruções, quando a propriedade encontra-se próxima a equipamentos de fornecimento de eletricidade de alta voltagem (linhas suspensa, subestações), o avaliador deve anotar no relatório: "Há um equipamento de fornecimento de eletricidade de alta voltagem a curta distância da propriedade. É provável que a percepção popular de que campos eletromagnéticos mais fortes que o normal podem ser danosos à saúde afete seu potencial de comercialização e seu valor no futuro. Deve-se considerar a realização de investigações complementares antes de o contrato ser assinado".[52] Essa instrução, publicada em 1996, foi posteriormente alterada numa revisão em 1997, na seção PSA 3.7 — Equipamentos de Fornecimento de Eletricidade de Alta Voltagem, ficando assim:

> Há equipamento de fornecimento de eletricidade próximo à propriedade. Os possíveis efeitos dos campos eletromagnéticos têm sido objeto de cobertura da mídia, mas o National Radiological Protection Board (NRPB), uma entidade independente responsável por fornecer orientação sobre campos eletromagnéticos, concluiu que "não há evidências claras de conseqüências adversas à saúde nos níveis de campos eletromagnéticos a que as pessoas ficam normalmente expostas". A percepção do público, porém, talvez afete o potencial de comercialização e o valor futuro da propriedade. Caso se queira, informações técnicas podem ser obtidas junto ao NRPB ou à companhia de eletricidade local.[53]

Se o futuro comprador de uma casa receber um relatório estrutural contendo este parágrafo, e a seguir contatar a companhia de eletricidade local, é provável que ela lhe ofereça um teste feito por um dos inspetores, seguido de uma carta reafirmando em palavras claras que "as pesquisas estatísticas e biológicas publicadas em julho de 1997 e também no final daquele ano confirmaram que não existe uma conexão entre campos magnéticos de baixa freqüência e a saúde. Essa pesquisa também levou ao encerramento de ações legais pendentes no Reino Unido" (esta é uma referência ao caso Studholme, relatado nas páginas 130-1).

No entanto, se o futuro comprador examinar outras fontes científicas, encontrará evidências abundantes contra os argumentos da empresa fornecedora de energia. O comprador também ficará sabendo das financiadoras de imóveis que se recusam a emprestar dinheiro a não ser que o valor da casa seja reduzido. Com exceção da população da Escandinávia e talvez de um punhado de outros países, ninguém pode hoje confiar que seus respectivos governos reconheçam que as evidências impressionantes produzidas por cientistas independentes em todo o mundo indicam uma clara ligação entre os campos eletromagnéticos e algumas das "doenças da civilização".

Referências

1. "Sweden officialy recognises EMF-cancer link based on new studies (*Epidemiology* 1997, 8: 25-30)", *Electromagnetic News*, vol. 3, nᵒˢ 5-6, dezembro de 1992, pp. 1 e 2.
2. "Higher Leukaemia in Taiwanese adults living near power lines", *Electromagnetic Hazard & Therapy*, vol. 8, nᵒ 2, 1997, p. 7.
3. Gowan, D. e Girdlestone, R. (1996) *Safe as Houses*, Bath: Gateway Books.
4. Collings, J. (1991) *Life Forces*, Londres: New English Library, pp. 197-98.
5. "Hong Kong powerline operation continues", *Powerwatch Network Newsletter*, número 3, julho de 1995, p. 2.
6. "Australian Senate EMF inquiry", *Powerwatch Network Newsletter*, número 6, Janeiro de 1996, p. 4.
7. "REVOLT and the Yorkshire powerline saga", *Powerwatch Network Newsletter*, número 4, setembro de 1995, pp. 3-4.
8. NRPB, *The Advisory Group on Non-Ionising Radiation* (AGNIR), vol. 12, nᵒ 1, março de 2001.
9. Walker, Martin J. (2001) "The Great Outdoors", *The Ecologist*, vol. 31, nᵒ 5, 5 de junho, p. 28.
10. Dominic Rush e Claire Oldfield, *The Sunday Times*, "Business Focus" (p. 5), 16 de abril de 2000.
11. "Concern grows over Irish microwave TV system", *Electronics News*, vol. 1, nᵒ 5, outubro de 1990, p. 6.
12. "Vatican radio to receive transmissions", *Electromagnetic Hazard & Thereapy*, vol. 11, nᵒˢ 2-4, 2001, p. 11.
13. Nuala Haughey, "Pigeon fanciers put blame on mobile phones as birds lose their bearings", *The Irish Times*, 21 de junho de 1997.

14. *Environmental Health Criteria* 137, Organização Mundial da Saúde (OMS) 1993.
15. Ann Silk, "EMFs and tree growth", *Powerwatch Network Newsletter*, número 3, julho de 1995, p. 1
16. "RF/MW studies show significant effects from Latvian radar", *Electromagnetic Hazard & Therapy*, vol. 7, nᵒˢ 3-4, 1996-97, pp. 10-11.
17. "Leukamias and TV and radio station masts", *Powerwatch Network Newsletter*, número 12, janeiro de 1997, p. 4.
18. "Letter to the Editor from Dr. Mark Payne, "Cancer cluster near Sutton Coldfield transmitter", *Electronics News*, vol. 3, nᵒ 2, abril de 1992, p. 6.
19. Cherry Norton e Richard Woods, *The Sunday Times*, "Focus" (p. 10), 20 de dezembro de 1998.
20. "Microwaving your home", *Powerwatch Network Newsletter*, número 12, janeiro de 1997, p. 4 (relatado na edição de 18 de dezembro de *New Scientist*).
21. Government Town Planning Guidance Note PPG 8A.
22. *Powerwatch Network Newsletter*, 7 de março de 1996. "Celular Phones", p. 2.
23. "Mast controls", *The Magazine of the Institution of Planning Supervisors*, "News File", vol. 4, número 4, agosto de 2001, p. 4.
24. "Councils, cancer, planning and electromagnetism", *The Architects Journal*, 17 de novembro de 1994, p. 18.
25. USA EMR Alliance — primavera de 1996, relatado por *Powerwatch Network Newsletter*, número 9, 1996, p. 3.
26. Peter Gruner, "Primary school parents threaten boycott over mobile phone mast", *Evening Standard*, 7 de julho de 1999, p. 22
27. "Orange masts re-sited or rejected after health protests by residents", *Electromagnetic Hazard & Therapy*, vol. 9, nᵒˢ 1-2, 1998, p. 5.
28. Peter Gruner, "Primary school parents threaten boycott over mobile phones mast", *Evening Standard*, 7 de julho de 1999, p. 22.
29. Steve Farrar, "Cordless phone are as big a radiation threat to brain as mobiles", *The Sunday Times*, 4 de julho de 1999.
30. *Red Magazine*, outubro de 1998. Publicada mensalmente por Emap Elan em nome de Hachette-Emap Magazines Ltd., Londres
31. Becker, R. (1990) *Cross Currents*, Los Angeles: Tarcher.
32. "EMF diary by Leif Sodergren, FEB, Sweden", *Powerwatch Network Newsletter*, número 7, março de 1996, p. 3.
33. *Electromagnetic News*, vol. 1, nᵒ 4, 1990, p.1
34. Rob Edwards, "Electric jobs carry higher cancer risk", *The Guardian*, fevereiro de 1996.
35. "Electromagnetic field exposure and male breast cancer", carta para *The Lancet* de Genevieve Mantanoski, Patrick N. Breysse e Elizabeth A. Eliot, do Departamento de Epidemiologia, Johns Hopkins University, Escola de Higiene e Saúde Pública, Baltimore, Maryland, *The Lancet*, vol. 337, 23 de março de 1991, p. 737.

36. "Excess breast cancer in EMF workers found in third study", *Electromagnetic News*, vol. 2, nº 1, fevereiro de 1991, pp. 1 e 2.
37. "US study finds breast cancer risk in female electrical workers", *Electromagnetic and VDU News*, vol. 4, nᵒˢ 3-4, julho de 1993, pp. 1e 3.
38. "$500,000 paid to settle EMP-Leukemia claim by Boeing", *Electromagnetic News*, vol. 1, nº 5, setembro de 1990, pp. 1 e 7.
39. "Alzheimer's Disease Source" (*Los Angeles Times* 18/12/96), *Powerwatch Network Newsletter*, número 12, janeiro de 1997, p. 2.
40. "Lou Gehrig's Disease (ALS)", *Powerwatch Network Newsletter*, número 14, junho de 1997, p. 3.
41. "US military cut levels", *Magnetic and VDU News*, julho/dezembro de 1993, p. 6. Citando reportagem da *Microwave News*, setembro/outubro de 1993.
42. Szmigielski, S. (1996) "Career morbidity in subjects occupationally exposed to high frequency (radio frequency and microwave) electromagnetic radiation", *The Science of the Total Environment*, vol. 180, 1996, pp. 9-17.
43. "Leukaemia and powerlines report by M. Feychting, U. Henriksson and B. Floderus", *Powerwatch Network Newsletter*, número 14, junho de 1997, p. 3.
44. "First UK child cancer case against local power company", *Electromagnetic and VDU News*, vol. 4, nᵒˢ 3-4, dezembro de 1993.
45. Circular do DETR e do Department of Health, "Consultation Exercise: Land use, planning and electromagnetic fields", 1998.
46. "Draft document on land use planning involving EMFs invites comments", *Electromagnetic Hazard & Therapy*, vol. 9, nº 4, 1998, pp. 1-2.
47. "Fielding the health issue", na coluna de opinião, *Electrical Review*, vol. 229, nº 5, 5-18 de março de 1996, p. 18.
48. "Power groups plan fighting fund", *Powerwatch Network Newsletter*, número 11, novembro de 1996, p. 4.
49. "Lloyds underwriters assess EMF threat", *Electromagnetic Hazard & Therapy*, vol. 9, nᵒˢ 1-2, 1998, p. 6.
50. "Swiss Re, Electromagnetic Smog — A Phantom Risk", publicado por Swiss Reinsurance Co Zurich, 1996, p. 35.
51. *Ibid.*, "Summary", p. 17.
52. RICS Red Book Practice Statements, edição de 1996.
53. RICS Red Book Practice Statements, Appendix 3 (revisado em 6/97), p. 4.

Sugestões de leituras complementares

Brodeur, P. (1989) *Currents of Death*, Nova York: Simon & Schuster.
Coghill, R. (1990) *Electro-Pollution*, Northants: Thorsons.
Phillips, A. (1997) *Living with Electricity*, Cambridge: Powerwatch.

5

A era cibernética

Cibernética: a ciência da comunicação e dos sistemas de controle automático em máquinas e seres vivos.[1]

As crianças-prodígio da tecnologia da informação (TI), os gurus e os mágicos de sistemas são os "sacerdotes" dos tempos atuais, tornando-se indispensáveis a todas as empresas e órgãos do governo. Eles são os feiticeiros curadores que podem erradicar vírus e bactérias cibernéticas.

Telefones celulares

Estimativas conservadoras em 2000 indicavam que, no Reino Unido, pelo menos 27 milhões de pessoas (46% da população) eram usuárias regulares de telefones celulares — três milhões de aparelhos desse tipo foram vendidos apenas em 1999.[2] Em todo o mundo havia duzentos milhões de usuários em 1999 e, em 2006, essa cifra global deve chegar a um bilhão. À medida que aumenta o número de torres de transmissão de microondas, a nuvem de poluição eletromagnética dentro da qual vivemos também se torna mais densa, multiplicando a quantidade de locais com "pontos críticos" em quase todos os países do mundo.

Em nível local, o uso de telefones celulares em locais públicos como trens, ônibus, restaurantes, teatros e salas de concerto se tornou um incômodo social. Os trens, nos quais se podia fazer viagens sossegadas, lendo, escrevendo ou dormindo, viraram "escritórios" estressantes e desordenados, graças ao toque incessante dos telefones. O ruído intrusivo de campainhas e de pessoas falando em voz mais alta que o normal (como se estivessem falando da cabine de um helicóptero) alcançou níveis tão inaceitáveis que, atendendo a uma montanha de reclamações, pelo menos uma ferrovia dotou as janelas dos vagões de uma película especial que bloqueia as transmissões de telefones. Os teatros e as salas de concerto são obrigados a dar avisos pelo microfone para se certificar de que a platéia desligou seus celulares. Apesar da crescente proibição em muitos restaurantes, bares e outros locais públicos, a London Transport (LT) anunciou orgulhosamente em agosto de 1998 que estava instalando uma nova rede de comunicações que tornaria possível — num prazo de quatro anos — usar telefones celulares no metrô! Um porta-voz da LT não soube dizer como os passageiros iriam reagir à notícia de que o sistema de trens subterrâneos não mais será um "buraco negro" para as telecomunicações. Se as reclamações dos passageiros dos trens que andam na superfície servirem de exemplo, a LT pode estar gastando muito dinheiro à toa.

Nos vôos, os passageiros são instruídos a não usar seus celulares — ou qualquer outro equipamento eletrônico, como *laptops* e games — para evitar a interferência com o rádio e os sistemas de navegação da aeronave. Aconteceram muitos casos de telefones celulares colocarem em risco a segurança dos vôos ao interferir com os sistemas eletrônicos a bordo. Celulares ligados, embora não em uso, fizeram com que o sistema de ar condicionado desligasse sozinho e causaram alterações nos instrumentos e nos equipamentos de aterrissagem e navegação. Há leis na Alemanha e nos Estados Unidos que proíbem o uso de celulares em aviões e, mesmo assim, a maioria das companhias aéreas ignora os riscos potenciais e deixam a cargo das tripulações o problema de lidar com passageiros teimosos e arrogantes que são obcecados por seus brinquedinhos.[3] Em 1999, um executivo que se recusou a desligar seu celular num 737 da British Airways, num vôo de Madri para Manchester foi preso por doze meses por colocar o avião em perigo. Outros relatórios estabeleceram ligações entre as emissões dos telefones celulares e os defeitos em incubadoras, respiradores, marca-passos, aparelhos auditivos e cadeiras de rodas elétricas. Há advertências até sobre a possibilidade de os celulares causarem explosões ao serem usados quando se coloca gasolina no carro.

Outro risco social tem sido o aumento de acidentes automobilísticos atribuídos diretamente à perda de concentração e do controle do veículo por parte de motoristas usando celulares. O Dr. Barry Grimaldi, clínico geral que atua na área da Harley Street, em Londres, inclui a seguinte informação em seu panfleto "Informações Práticas":

> O uso de telefones celulares continua a incomodar muitas pessoas e a ser essencial para outras. Dois estudos recentes reforçam a noção de que provavelmente deveríamos ficar atentos aos locais onde os usamos. Em Toronto, uma pesquisa sobre acidentes automobilísticos revelou que 24% dos motoristas envolvidos haviam falado ao telefone celular nos dez minutos anteriores à sua ocorrência. Essa elevação do risco, de quatro vezes em relação ao normal, é semelhante à ameaça de se dirigir embriagado.[4]

Apesar das advertências e das penalidades, as tentativas de se proibir o uso de celulares com o veículo em movimento até agora se provaram ineficazes. Enquanto isso, o Institute of Physiotherapists identificou outro tipo de dano por esforço repetitivo chamado "telefonite", também conhecido como "encurvamento do ombro por uso de celular", que pode acabar com a força do braço. Há algum tempo existem no mercado equipamentos que deixam as mãos livres, mas é raro ver alguém os usando.

O eminente cientista Colin Blakemore, professor de psicologia da Oxford University e membro do comitê consultivo de radiação não-ionizante do NRPB, disse ter restringido o uso pessoal do celular a chamadas que não excedam dois minutos, num máximo de dez minutos por dia, desde que passou a sofrer de perda da memória recente e de outros sintomas. Ele advertiu que os efeitos adversos "na função cognitiva, na memória e na atenção", agora muito evidentes, podem ter sérias implicações em quem usa o telefone celular enquanto dirige. Outros cientistas, incluindo o professor Jim Penman, diretor da engenharia na Aberdeen University, o professor David Howard, diretor do departamento de eletrônica da York University, o professor Ross Adey (veja o capítulo 3) e o Dr. Kjell-Hanson Mild, do National Institute of Working Life em Umea, na Suécia, também expressaram publicamente sua grande preocupação com o tema. Depois de analisar os resultados das pesquisas, todos eles reduziram o uso de seus telefones celulares a um máximo de dez minutos por dia.[5]

O Dr. Roger Coghill também acredita que é extremamente arriscado usar um telefone por um período maior do que vinte minutos. Depois que os brasileiros perderam a Copa do Mundo de 1998, descobriu-se que o astro de 21 anos Ronaldo — eleito o melhor jogador de futebol do mundo, mas que jogou mal na última partida — havia sofrido um ataque epilético na noite anterior, imediatamente após falar ao telefone celular com sua namorada por três horas. O fato foi bastante divulgado pelos jornais brasileiros e pode ajudar a explicar por que a França ganhou de 3 a 0! O Dr. Gerard Hyland, professor sênior do Departamento de Física da Warwick University, relatou outras evidências incriminadoras que apontam para os riscos à saúde oferecidos pelos telefones celulares, incluindo ataques epiléticos. Luzes piscando a uma determinada freqüência podem induzir à epilepsia. Os telefones celulares também piscam, à razão de 217 vezes por segundo e, embora esse movimento não possa ser detectado pelo olho humano, ele tem um efeito semelhante ao das luzes.[6]

Na Mayo Clinic, em Minnesota, um estudo feito em pacientes com marca-passo cardíaco implantado, usuários de celulares, mostrou que 20% deles tiveram alterações no funcionamento do marca-passo. O efeito foi ainda maior no caso dos novos telefones digitais GSM. Como esses aparelhos ficam cada vez mais potentes, é possível que um dia vejamos nossos descendentes andarem na rua com um cartaz dizendo: "Atenção: não use telefone celular perto de mim". Enquanto isso, o importante é que os portadores de marca-passo se restrinjam

A ERA CIBERNÉTICA

143

aos telefones analógicos e, seja como for, que mantenham qualquer celular longe do bolso da camisa!

Na prática, a maioria dos usuários de celulares considera que o fator conveniência compensa de longe qualquer possível ameaça à saúde, principalmente porque as operadoras de telefonia e os fabricantes dos aparelhos garantem firmemente que não existem riscos. É justamente isso o que a maioria das pessoas quer ouvir, apesar das crescentes evidências científicas em contrário. Nos últimos dez anos, ou mais, os pesquisadores da ciência e da medicina têm expressado sua profunda preocupação, e têm emitido advertências enfáticas, apontando que 80% da energia transmitida é absorvida na lateral da cabeça dos adultos, perto do fone de entrada de voz do celular. Cabeças menores, como as das crianças ou dos adultos de porte pequeno, podem absorver ainda mais energia irradiada, que penetra ainda mais fundo no cérebro (90% da radiação vem da antena e 5% do fone de entrada de voz). As pesquisas também mostram que após poucos minutos de exposição ao tipo de radiação do telefone celular um câncer 5% ativo pode se transformar num câncer 95% ativo. As estatísticas indicam que cerca de 10% dos europeus sofrem efeitos adversos na saúde, uma taxa significativamente maior que a dos americanos e pode ser explicada pelo reduzido nível de energia transmitido pelos telefones analógicos.

O longamente aguardado e caríssimo Relatório Stewart — produzido pelo Independent Expert Group on Mobile Phones (IEGMP), chefiado por sir William Stewart e publicado em maio de 2000, causou bastante confusão entre o público, os trabalhadores e, particularmente, entre os pais de crianças pequenas. O relatório afirma que não se pode dizer com certeza que os telefones celulares e as torres de transmissão de seus sinais constituem uma ameaça à saúde, *mas que é necessário uma abordagem preventiva do assunto*. Ao mesmo tempo, ele adverte os pais para que evitem o uso "não-essencial" do celular pelas crianças, e recomenda que as leis do Town Planning se tornem mais severas a fim de controlar a instalação de torres de transmissão e evitar que suas emissões atinjam prédios escolares e playgrounds. O relatório acrescenta que os fabricantes de telefones celulares não devem dirigir-se aos jovens em suas campanhas publicitárias. Sustenta ainda que o sistema nervoso, o cérebro e os ossos das crianças não se desenvolvem plenamente até a puberdade e, portanto, a exposição a emissões fracas de radiação pode aumentar os riscos à saúde.[7] Uma pesquisa de Om Gandhi, professor de engenharia elétrica da Utah University, mostrou que as crianças pequenas, ao usar celulares, absorvem no cérebro até 50% mais radiação que os adultos. Devido ao tamanho e à espessura do esqueleto da criança, a radiação penetra até o meio do cérebro de uma criança de 5 anos; a proporção cai para 30% se ela tiver 10 anos.[8] As estimativas são continuamente revistas para cima, mas mais da metade dos jovens — de 7 a 16 anos — tem um telefone celular.

O único aviso positivo do Relatório Stewart diz que mais pesquisas são necessárias e que se deve voltar ao assunto num prazo de três anos. Enquanto isso, ele sugere que o governo envie um folheto a todas as residências para informar a todos sobre a questão dos telefones celulares.

Curiosamente, o relatório recomenda que o Reino Unido adote as diretrizes de 1998 da International Comission on Non-Ionising Radiation Protection (ICNIRP) que foram incorporadas numa Recomendação do Conselho Europeu em 1999 e a princípio aceita por todos os países da União Européia. Na Alemanha, por exemplo, as diretrizes da ICNIRP foram adicionadas ao Código Civil. Ele também recomenda a colocação de uma etiqueta com uma advertência em cada telefone, informando os níveis específicos de absorção da energia que é emitida, e sugere que os graus de proteção alegados pelos fabricantes de equipamentos como os fones de ouvido sejam regulamentados. Os motoristas devem ser proibidos de usar celulares — mesmo com viva-voz — enquanto dirigem porque sua concentração diminui; isso tem causado uma elevação significativa no número de acidentes.

O relatório recomenda com veemência uma abordagem que respeite a escolha do consumidor e forneça à população informações abalizadas e independentes. Em particular, ele critica a posição do National Radiological Protection Board (NRPB) do Reino Unido com relação a assuntos de interesse público, aconselhando o órgão a adotar uma atitude pró-ativa em vez de defensiva, e manifestar-se de maneira mais sensível e didática. Ele também sugere que o NRPB leve em consideração opiniões mais abrangentes de especialistas renomados, incluindo evidências baseadas em casos e dados analisados por estudiosos que não sejam colegas. Isso sem dúvida representa uma defesa de todos aqueles cientistas independentes cujas pesquisas sobre telefones celulares, torres de transmissão e postes elétricos têm sido sumariamente descartadas pelo NRPB.

Desde que o bem-vindo Relatório Stewart foi divulgado, em maio de 2000, o *Journal of Epidemiology* publicou novas pesquisas sobre os riscos dos telefones celulares. Uma equipe alemã, chefiada pelo Dr. Andréas Stang, da University of Essen, constatou um aumento de três vezes nos casos de câncer do olho entre usuários regulares de telefones celulares. A doença, chamada melanoma úveo, desenvolve tumores na íris e na base da retina. Sabe-se que os componentes líquidos do olho podem ajudar na absorção da radiação.[9] A Royal Society of Canada também cooperou com o Eye Institute of Canada na condução de estudos semelhantes.

Sir William Stewart irá produzir um relatório subseqüente baseado no programa de pesquisa do Department of Health sobre as questões de saúde envolvendo telefones celulares, incluindo epidemiologia e dosimetria.[10]

Um programa de estudos mais abrangente está em curso na Suécia, na Orebro University, conduzido pelo professor Lennart Hardell. Acredita-se que a pesquisa irá provar ligações efetivas entre os tumores e os telefones celulares, mas só em 2005 se saberá se os aparelhos mais novos, digitais, têm efeito semelhantes aos analógicos, já que os tumores levam vários anos para se desenvolver.[11]

Em 1998, uma corte do Reino Unido deu permissão ao Dr. Coghill para mover uma ação criminal contra The Telephone Shop UK Ltd., um distribuidor para o varejo de telefones celulares Orange e Motorola. Sua ação alegava que os distribuidores não cumpriam a determinação do Consumer Protection Act, de 1987, de afixar em todos os telefones etiquetas de advertência sobre os possíveis riscos à saúde em caso de conversas prolongadas.[12] Nos Estados Unidos, um grande processo também chegou em 1998 à fase de indagação de testemunhas, movido contra a Motorola por representantes do Dr. Dean Rittmann, um médico que morreu de tumor cerebral — causado, segundo os administradores de seus bens, por anos de uso de telefone celular.[13] Segundo as publicações especializadas, há muitos funcionários movendo ações legais contra seus patrões por incapacidade ou impossibilidade de trabalhar devido a perda de memória, dores de cabeça e falta de concentração causadas por telefones celulares necessários em suas funções. O empresário britânico Richard Branson instruiu seus funcionários do Virgin Group a instalar protetores de ouvido em seus telefones celulares depois que um amigo próximo, o banqueiro Michael von Clemm, que usava muito o aparelho, morreu de tumor cerebral.[14]

Usuário freqüente de telefones celulares desde o início dos anos 90, o londrino Leslie Wilson começou a sofrer de dores de cabeça e de ouvido, enxaqueca, dormência e vermelhidão na pele e sensação de latejamento na área em que o telefone encostava em seu rosto. Em 1993, Wilson registrou uma patente e, em abril de 1996, o estojo para telefone celular MicroShield foi lançado no Reino Unido. O estojo tem um escudo protetor e uma antena retrátil que desliza junto com a antena do telefone, e que supostamente absorve até 90% da radiação de radiofreqüência. A MicroShield diz que seu dispositivo não torna o telefone celular seguro. Ele pode ser comparado aos produtos de baixos teores oferecidos pelas fábricas de cigarros: o risco à saúde pode ser reduzido, mas a ameaça intrínseca permanece. Meses depois do lançamento, a MicroShield havia vendido mais de cem mil estojos: seus maiores compradores foram as empresas multinacionais que temiam futuros processos legais por parte de seus funcionários obrigados a usar telefones celulares no trabalho. A companhia recebeu telefonemas e cartas de mais de 1.500 pessoas que queriam comprar o estojo para aliviar suas dores de cabeça e outros sintomas. Acredita-se que fones de ouvido ou dispositivos viva-voz podem reduzir os efeitos da radiação na cabeça, mas se o telefone propriamente dito é colocado no bolso ou no cinto, os efeitos da radiação são transferidos para outra parte do corpo.[15]

Os telefones celulares emitem radiação de microondas sempre que se faz uma chamada. Os sinais eletromagnéticos são semelhantes àqueles usados para se cozinhar num forno de microondas. No entanto, a radiação de microondas de menor intensidade de um telefone celular afeta a maneira como os processos químicos que transportam mensagens operam entre o cérebro e as células nervosas internas. Esses importantes processos químicos têm descargas elétricas que podem ser influenciadas pela radiação. Como o cérebro é feito de membrana fluida, ele pode absorver rapidamente a radiação de microondas, fazendo com que o tecido se aqueça e seja afetado pela mudança dos íons de potássio e cálcio. A radiação também pode enfraquecer a barreira que evita que elementos químicos perniciosos cheguem ao cérebro pela corrente sanguínea.[16]

Um estudo independente feito por Bo Borstell e equipe no laboratório da IMTEC em Malmo, na Suécia, afirmou que o maior perigo dos telefones celulares pode não ser a radiação, mas a infiltração de produtos químicos danosos que se desprendem dos aparelhos e são absorvidos pela pele, causando dores de cabeça, vertigens e alergias. Os pesquisadores disseram ter provas de que a fonte é o processo de manufatura dos líquidos e das caixas dos aparelhos a partir de plástico fenol. Até os circuitos impressos podem ser prejudiciais.[17]

Em 1997, na segunda conferência anual "Telefones Celulares — Eles São um Risco à Saúde?", em Bruxelas (que reuniu os maiores fabricantes de telefones celulares e vários representantes do governo e das administrações municipais, embora não aberta ao público), os eminentes cientistas e pesquisadores Dr. Lai e Dr. Singh, da Washington University, em Seattle, detalharam os resultados de sua pesquisa que mostram que a exposição repetida à radiação de radiofreqüência pode ter um efeito adverso cumulativo no sistema nervoso. O Dr. Lai também associou os telefones celulares com a progressão inicial lenta do mal de Alzheimer e da doença de Parkinson.[18]

É inevitável que haja visões científicas conflitantes, e que freqüentemente nos confundem, entre os que, de um lado, descartam qualquer evidência de que os telefones celulares possam causar problemas de saúde e, de outro, os cientistas independentes como o Dr. Lai e o Dr. Singh. A pesquisa do Dr. Lai com ratos (veja o Capítulo 4) mostrou mudanças na permeabilidade das membranas de células do cérebro aos íons de potássio durante exposição à radiação de telefones celulares. A interrupção do movimento dos íons, vital ao funcionamento do cérebro, pode ser responsável pelos lapsos temporários de memória.[19]

Estudos da Bristol Royal Infirmary, patrocinados pelo Department of Health, ofereceram a primeira evidência objetiva de que os telefones celulares podem alterar a memória e interferir com a concentração e a percepção espacial. Nesse caso, os cientistas descobriram que a radiação emitida pode afetar a habilidade a curto prazo do usuário realizar tarefas mentais simples.[20] Descobertas semelhantes foram relatadas nas experiências subseqüentes do Dr. Coghill, nas quais células brancas do sangue, ou linfócitos, foram retiradas de um doador e expostas a diferentes campos elétricos: apenas um terço das células expostas à radiação de microondas originadas por um telefone celular estavam ainda em funcionamento depois de três horas. O sistema imunológico é parcialmente controlado pelos campos eletromagnéticos do corpo (CEMs) e as microondas do telefone celular podem interferir com seu funcionamento adequado.[21] Um estudo mais antigo, de 1996, do Dr. John Holt, que era diretor do

A ERA CIBERNÉTICA 147

Instituto de Radioterapia e Oncologia da Western Australia, descobriu que o câncer tem uma condutividade especificamente aumentada, além de outros parâmetros elétricos, comparado ao tecido normal, e em alguns pacientes o câncer reverberava e exibia fluorescência na freqüência das microondas.[22]

Um grande avanço ocorreu em 20 de junho de 1998, quando o respeitado jornal de medicina *The Lancet* publicou um relato do Dr. S. Braune e de seus colegas da clínica de neurologia da Freiburg University, na Alemanha, sobre seu estudo em dez voluntários com idades entre 26 e 36 anos. Cada um tinha um telefone celular preso junto ao lado direito da cabeça, onde normalmente o aparelho é usado. A intervalos variáveis, os telefones eram ligados por controle remoto, mas sem emitirem sons, de forma que os voluntários não sabiam quando estavam sendo expostos a campos eletromagnéticos. A elevação na pressão sanguínea registrada quando os telefones estavam ligados foi suficiente para causar um efeito adverso nas pessoas com pressão alta, concluindo-se que a elevação resultou da contração das artérias causada pelos campos eletromagnéticos da radiofreqüência. Registrou-se que os pesquisadores não examinaram os possíveis efeitos nas pessoas próximas aos usuários de telefones celulares.[23]

Um artigo no jornal londrino *Evening Standard* (13 de julho de 1998) intitulado "Os telefones celulares fritam seu cérebro ou apenas ovos?", relatava os estudos realizados na França, na Montpelier University, sobre os efeitos da radiação de telefones celulares em ovos recém-postos. Os pesquisadores constataram que, após 21 dias, havia uma quantidade bem maior de frangos mortos entre aqueles expostos aos celulares.[24] Três dias depois, os jornais *Daily Mail* e *Evening Standard* trouxeram relatórios da British Defence Establishment Research Agency (DERA), financiada pelo ministério da Defesa, e do Department of Health. Seus estudos descobriram que os sinais do telefone celular perturbam partes do cérebro responsáveis pela memória e pela audição.[25] Dois outros estudos feitos separadamente afirmavam que o uso de telefones celulares pode causar elevação da pressão sanguínea e pode ser prejudicial às mulheres grávidas. Ao longo dos anos, os telefones celulares foram associados com tumores no cérebro, câncer, dores de cabeça e cansaço. O Dr. Rick Hall, diretor de projetos do DERA, disse que, embora não houvesse evidências de danos a longo prazo — como poderia haver se os telefones celulares estão em uso há relativamente pouco tempo? —, ele admitia que o relatório representava a primeira evidência real de que as ondas de rádio afetam o cérebro. O relatório também se referia a um estudo americano de 1997 no qual se constatou que os ratos expostos a 45 minutos de radiação de microondas (semelhantes aos níveis emitidos por telefones celulares) perderam sua habilidade de aprender tarefas simples. O que prejudica o cérebro de um rato em geral prejudica o cérebro humano.[26]

Em janeiro de 1999, a Organização Mundial da Saúde (OMS) anunciou uma nova série de estudos na Austrália, no Canadá, na França, na Itália, em Israel e em três países escandinavos para pesquisar a associação entre o telefone celular com os tumores cerebrais. A direção da International Agency for Cancer Research (IACR) anunciou que o estudo de possibilidades cobriria milhares de pessoas com idades entre 25 e 50 anos. Registrou-se o fato de que num período de dez anos, a partir de 1982, a incidência de tumores cerebrais na Austrália aumentou inexplicavelmente de 6,4 homens e 4,0 mulheres em cada cem mil pessoas para, respectivamente, 9,6 e 6,5.[27]

Numa tentativa de diminuir a preocupação do público, as operadoras de telefonia mudaram o texto de seus manuais para dizer que os telefones celulares operam em radiofreqüências e não em microondas de radiação. Mas, em 1998, o ICNIRP emitiu novas diretrizes definindo as microondas na faixa entre 300 MHz e 300 GHz. As operadoras usam 900 MHz, o que efetivamente está na faixa das microondas. Outro argumento usado pelas empresas telefônicas para defender sua posição é o de que todo debate sobre o impacto biológico dos campos eletromagnéticos vem carregado de emoção, ansiedade e maus sentimentos por parte do público, gerados por reportagens sensacionalistas e parciais da mídia.

Todo ano, principalmente na Europa, nos Estados Unidos ou na Escandinávia, ocorrem convenções e seminários que proporcionam um foro para se levar a público as últimas pesquisas científicas. Em geral, esses eventos permitem que os cientistas independentes apresentem seus mais recentes estudos, seguidos dos cientistas que se opõem a eles (representando as distribuidoras de eletricidade ou as indústrias de telefones celulares), que se dedicam a refutar e desqualificar as pesquisas independentes. A seguir, criando ainda mais confusão, junta-se a esse confronto outras evidências científicas apresentadas em nome de um órgão fiscalizador do governo como o National Radiological Protection Board (NRPB), do Reino Unido, o Federal Communications Commission (FCC), dos Estados Unidos, ou outra agência responsável por estabelecer os padrões que limitam a exposição à radiação eletromagnética.

Em dezembro de 1999, o Department of Health publicou uma resposta do governo ao relatório de um comitê da Câmara dos Comuns de 1999 sobre telefones celulares. O documento acatava as diretrizes recomendadas pelo NRPB e apoiava sua visão de que *"não há base científica para que os limites de exposição à radiofreqüência sejam reduzidos aos níveis propostos pela ICNIRP* (International Comission on Non-Ionising Radiation Protection)". Ainda assim, o relatório recomendava que a indústria e o NRPB investigassem maneiras de criar telefones celulares que limitassem a exposição pessoal à radiação, mas, na verdade, ele endossava a visão de que como não existem evidências, reconhecidas ou novas, vindas da comunidade científica, não havia motivos para se mudar as diretrizes.[28]

Infelizmente, o porta-voz do governo britânico não estava familiarizado com a impressionante abundância de evidências nascidas de boas pesquisas realizadas por instituições científicas como o National Institute of Health, dos Es-

A ERA CIBERNÉTICA 149

tados Unidos, cujos estudos concluíram que os campos eletromagnéticos criados por aparelhos elétricos, incluindo os telefones celulares, são de fato possíveis cancerígenos para os seres humanos.

O Conselho Europeu envia diretrizes a seus países membros estabelecendo as regulamentações e os padrões legais de obrigatoriedade para os produtos. No caso das telas de exibição visual (veja abaixo), por exemplo, os requisitos mínimos de saúde e segurança determinam que os empregadores devem se certificar de que todas as estações de trabalho obedeçam a certos padrões, incluindo que "toda radiação, exceto a da parte visível do espectro eletromagnético, deve ser reduzida a níveis insignificantes do ponto de vista da segurança e da saúde do trabalhador".[29] Por outro lado, a diretriz que trata dos equipamentos dos terminais de rádio e telecomunicações e da compatibilidade elétrica preocupa-se em prevenir a interferência radiofônica, mas não diz nada sobre danos às pessoas. A diretriz sobre segurança no trabalho para mulheres grávidas ou aquelas que deram à luz recentemente, ou estão amamentando, exige que o empregador faça estimativas de risco especiais, mas novamente deixa de oferecer orientação quanto aos limites de radiação eletromagnética. Qualquer proposta adicional sobre a exposição a campos eletromagnéticos e sobre os riscos para os funcionários obrigaria os empregadores a avaliar, mensurar e reduzir os níveis de exposição estabelecidos na diretriz para assegurar proteção, informação e treinamento adequado. Infelizmente, a diretriz não trata dos possíveis efeitos cancerígenos dos campos elétricos e magnéticos, para os quais, ela declara, não há evidências científicas que estabeleçam uma relação de causa e que ofereçam bases para o cálculo dos riscos. No entanto, o Electrical Equipment Directive, de 1973, exige que os fabricantes de equipamentos — como os telefones celulares — se assegurem "de que não sejam geradas temperaturas, arcos elétricos ou radiações que possam causar danos".[30]

Um fabricante de telefones celulares pode ter a impressão que, se o produto obedece aos padrões estabelecidos pelo conhecimento científico e técnico atuais, isso já é defesa suficiente. Mas a posição legal parece ser a de que o fabricante precisa ter conhecimento dos níveis mais *avançados* de pesquisa que estão sendo conduzidos, e de que se as pesquisas disponíveis não são suficientes, ele deve promover de forma independente os novos estudos, seja a que preço for, e usar os resultados na fabricação do produto de forma a garantir aos usuários um alto grau de segurança. Sob o Consumer Protection Act do Reino Unido, de 1987, o fato de um fabricante seguir os padrões estabelecidos não significa que isso sirva como defesa em ações de responsabilidade civil no caso de um defeito.[31] O FCC americano foi desafiado na corte pela central de sindicatos Communications Workers of America (CWA) e pela Ad Hoc Association (AHA) — entidade de utilidade pública formada por cidadãos conscientes — sob a alegação que o FCC e outros órgãos federais ligados à saúde e à segurança deveriam ser responsabilizados pelo fracasso em estabelecer regras sobre a radiação de radiofreqüência para os fabricantes de telefones sem fio que protegessem plenamente a saúde, a segurança e o bem-estar da população.[32]

Enquanto pesquisava com vistas à sua ação legal contra uma distribuidora de telefones celulares por não colocar etiquetas com advertências nos aparelhos, o Dr. Coghill (veja acima) descobriu sete requerimentos de patentes de grandes fabricantes do produto (incluindo Ericsson, Alcatel e Hitachi) para produzir novos componentes telefônicos destinados a reduzir os riscos à saúde. Um requerimento, para um tipo especial de antena, declarava que a finalidade do invento era prevenir danos à saúde do usuário. Outras patentes falavam em redução dos riscos à saúde e em manter distâncias seguras entre o corpo do usuário e os sistemas de radiação. Alguns desses requerimentos de patentes foram encaminhados em 1993![33]

Desde então, em junho de 2001, o jornal *The Times* publicou um artigo confirmando que no início dos anos 90 os "Três Grandes" — Nokia, Ericsson e Motorola — estavam patenteando novos acessórios para reduzir o risco de tumores cerebrais causados por exposição contínua a radiações de radiofreqüência. As patentes podem ser usadas como evidência numa série de processos judiciais movidos contra as operadoras de telefonia, incluindo a Vodaphone. Enquanto as firmas de advocacia, nos dois lados do Atlântico, preparam-se para enfrentar uma quantidade substancial de ações penais, os fabricantes se apóiam no que eles acreditam ser uma falta de evidências científicas que associem o uso de telefones celulares aos efeitos negativos na saúde.[34]

Como pode o público em geral confiar na publicidade e nas assertivas dos fabricantes de que os telefones celulares não representam uma ameaça à saúde se, secretamente, eles têm conhecimento desse risco? Um detalhe interessante é que as regulamentações relativamente recentes sobre saúde e segurança, e sobre proteção ao consumidor, permitem responsabilizar diretamente os diretores de uma indústria acusada num processo judicial. Ainda que existam apólices de seguros que cobrem a estrutura corporativa, elas não se estendem necessariamente aos diretores e aos executivos. Os representantes das firmas de advocacia e das companhias de seguros não têm dúvidas de que inevitavelmente, mais cedo ou mais tarde, as ações civis movidas contra os fabricantes de telefones celulares por usuários, alegando que os aparelhos causaram tumores, danos ao sistema imunológico e perda de memória serão da ordem de bilhões de libras.

Em vista das crescentes evidências, quando os fabricantes de telefones celulares tiverem que admitir a existência de sérios riscos à saúde, eles talvez se arrependam da época em que não tiveram o bom senso de advertir o público sobre o fato de que manter um telefone próximo à cabeça por longos períodos pode causar danos e afetar o funcionamento do cérebro. Evidentemente, esses avisos não fariam com que as pessoas deixassem de usar seus telefones, assim como as advertências nos maços de cigarros não fazem necessariamente com que as pessoas parem de fumar, mas pelo menos a exposição poderia ser minimizada e se restringiria o uso pelas crianças pequenas a ligações muito curtas ou, de preferência, a nenhuma ligação. Isso é ainda mais difícil agora, já que os telefones celulares se tornaram um símbolo de *status* entre crianças de 10 anos ou até mais jovens. Pais cuidadosos podem até conseguir exercer controle sobre a situação, mas as grandes lojas e os supermercados vendem telefones celulares que funcionam com um sistema de cartões, permitindo a todos, inclusive às crianças, comprar um aparelho sem ter que assinar contratos.

Esse avanço foi seguido por uma nova série de acessórios que permitem colocar telefones celulares dentro de ursos de pelúcia e outros brinquedos macios, de forma que crianças de até 3 anos podem falar com seus pais. Outros fabricantes produzem uma caixinha para ser pendurada no pescoço do bebê e, assim, onde quer que os pais estejam no mundo, podem se comunicar com seus rebentos a qualquer hora do dia ou da noite. Enquanto os psicólogos infantis manifestam extrema desconfiança com essa paternidade a distância — comunicação verbal sem a presença física de um sorriso ou de um abraço —, os cientistas que pesquisaram as emissões de radiação pelos telefones celulares estão bem mais preocupados com os danos a longo prazo ao cérebro em desenvolvimento das crianças pequenas.

Outro salto em direção aos riscos desconhecidos do futuro começou em setembro de 1998, quando a Iradium colocou em órbita 66 satélites destinados a manter uma rede global ligada a transmissores na Terra, permitindo que em todos os lugares do planeta possa-se usar telefones celulares para ligações, *bips*, fax, *e-mail* e internet. Mesmo os *laptops* virão com telefones celulares acoplados como acessórios. A indústria prevê que, dentro de muito pouco tempo, nossos eletrodomésticos — máquinas de lavar, fogões etc. — terão microprocessadores de telefones celulares para comunicação instantânea com o usuário, e logo os céus estarão recebendo ainda mais satélites destinados a concorrer com o sistema Iradium. Ao mesmo tempo, surgirá a próxima geração de telefones celulares terrestres, transformando o aparelho num computador capaz de transmitir dados e imagens de vídeo e tornando rotina se fazer compras, operações bancárias e assistir à TV por meio do telefone.

Em todo o mundo, o ramo de telefones celulares é um negócio enorme e a tendência é que ele continue a crescer. Até agora, parece que muito pouco dinheiro é investido em pesquisas na área de saúde e segurança, mas grandes somas são gastas com advogados, cientistas e firmas de relações públicas para enfrentar as probabilidades cada vez maiores de processos indenizatórios baseados em evidências científicas independentes.

Computadores

Estimativas atuais indicam que há mais de seis milhões de pessoas que usam computador no Reino Unido, quarenta milhões nos Estados Unidos e outras quarenta milhões no resto da Europa, totalizando cerca de cem milhões de pessoas que permanecem diante de um monitor em bases freqüentes e regulares. Essas cifras crescem a cada dia e não incluem os milhões de homens, mulheres, adolescentes e crianças que gastam várias horas por dia num computador pessoal (PC) em casa, um contingente que inclui escritores *free-lancers*, jornalistas, *designers* gráficos, datilógrafos, estudantes, crianças na escola e adeptos de games.

Já nos anos 80 tornou-se evidente que as pessoas que usavam PCs e processadores de texto sofriam de uma série de problemas de saúde como tensão ocular, alergias da pele, distúrbios ósseos e musculares e lesão por esforço repetitivo (LER). O uso de computadores nos escritórios e em casa aumentou muitas centenas de vezes desde então e isso talvez explique uma estranha anomalia: muitas pessoas que trabalham em recintos fechados desenvolveram câncer de pele. Seria porque os campos magnéticos inibem a melatonina que combate o câncer no organismo? Ou será em conseqüência da luz ultravioleta (UV) de ondas curtas das luzes fluorescentes somada à radiação da tela do monitor (VDU)?

Muitos usuários de monitores têm sensibilidade eletromagnética, que se manifesta por tipos de inflamações da pele extremamente dolorosas e que podem evoluir para suscetibilidade a outros equipamentos elétricos e à luz do sol. Há muitos anos se discute acaloradamente a possibilidade de que as telas dos monitores causem abortos espontâneos e deformidades nos fetos. Em 1997, no entanto, estudos realizados pela professora Madeleine Bastide na University of Montpelier, na França, sobre os efeitos da exposição contínua de embriões e galinhas jovens a campos eletromagnéticos emitidos por TVs e monitores de computador, revelaram aumento significativo de perdas fetais (de 47% a 68%) e níveis rebaixados das funções imunológicas, supra-renais e da glândula pineal. Suas descobertas indicaram que a exposição contínua afeta adversamente embriões e galinhas jovens.[35]

Em 1998, Ann Silk (veja também as páginas 70, 90, 123 e 162) publicou seus estudos realizados ao longo de dez anos sobre o efeito das emissões eletromagnéticas de monitores sobre as funções oculares. Silk citava outras autoridades internacionais, incluindo a OMS, e concluía que a exposição à radiação de monitores pode afetar seriamente a retina e a íris, e que o uso de lentes de contato pode potencializar o problema.[36]

Quando o alarme começou a tocar, no início dos anos 90, a Comissão Européia foi impelida a emitir uma diretriz para seus países membros, criando regulamentações destinadas a minimizar e controlar os riscos à saúde associados ao uso de monitores e teclados de computadores. As autoridades suecas foram as maiores responsáveis pela redução dos níveis de radiação magnética e eletrostática emitida por monitores, e as telas de computador recentes seguem esses padrões mais severos, embora muitos milhões de telas do tipo antigo ainda estejam em uso, principalmente nas residências. As novas regulamentações européias, emitidas no Reino Unido em 1994 pelo Health and Safety Executive, aplicam-se apenas a funcionários e não aos que trabalham por conta própria e usuários particulares que provavelmente não sabem dos perigos potenciais. Também não se aplicam aos usuários mais vulneráveis: as crianças — inclusive as do jardim da infância, entre 3 e 5 anos — e pessoas jovens que usam computadores na escola ou em casa. Dez anos depois, parece que há um número considerável de funcionários e projetistas de fábricas de computadores que ainda não conhecem a legislação e nem as multas previstas para quem deixa de cumpri-la.

O Conselho Europeu envia diretrizes a seus países membros estabelecendo as regulamentações e os padrões legais de obrigatoriedade para os produtos. No caso das telas dos monitores de computador, os empregadores devem se certificar de que todas as estações de trabalho obedeçam a certos padrões e de que toda radiação, exceto a da parte visível do espectro eletromagnético, deve ser reduzida a níveis insignificantes do ponto de vista da "segurança e da saúde" do trabalhador.[37] A diretriz que trata dos equipamentos dos terminais de rádio e telecomunicações e da compatibilidade elétrica preocupa-se em prevenir a interferência radiofônica, mas não diz nada sobre danos às pessoas. A diretriz sobre segurança no trabalho para mulheres grávidas ou aquelas que deram à luz recentemente, ou estão amamentando, exige que o empregador faça estimativas de risco especiais, mas novamente deixa de oferecer orientação quanto aos limites de radiação eletromagnética.

A maior parte da radiação eletromagnética dos computadores é emitida na parte traseira e nas laterais da tela e não na área bem à frente do rosto do operador: portanto, uma pessoa sentada a dois metros do fundo do monitor pode receber a mesma dose de exposição do que aquela que está sentada próximo à tela. As novas regulamentações alertaram os arquitetos para tomar mais cuidado ao planejar estações de trabalho, eliminando o brilho ofuscante em janelas e na iluminação, escolhendo as cadeiras e mesas por suas qualidades ergométricas e não apenas pela aparência e certificando-se de que o ambiente do local de trabalho mantenha uma atmosfera saudável em vez de colaborar para os riscos. As regulamentações também determinam que todos os funcionários que usam monitores de computador sejam beneficiados regularmente com testes oculares gratuitos e com óculos para leitura, e que sejam adequadamente treinados para cumprir intervalos freqüentes longe da tela e adotar a postura certa ao sentar para minimizar os riscos.

Antes do advento dos computadores e dos processadores de texto, o mundo dos negócios dependia da máquina de escrever, inventada em 1867 pela indústria de armamentos americana Remington, e desenvolvida para uso comercial em 1874. O tipo básico usado no mundo inteiro por secretárias, datilógrafos, escritores e jornalistas não se alterou até os anos 60, quando, mais ou menos pelos 25 anos seguintes, a máquina de escrever elétrica se tornou o equipamento padrão dos escritórios. Todas as máquinas de escrever, mecânicas ou elétricas, exigiam do usuário uma considerável atividade física e energia para pressionar as teclas, empurrar a alavanca do cilindro, colocar o papel e assim por diante. Em contraste, o único esforço físico exigido para operar o PC eletrônico concentra-se nas mãos e nos dedos. Os datilógrafos se movimentavam e exercitavam seu corpo, enquanto os operadores de computador sentam-se olhando para a tela, como zumbis, numa postura imóvel a não ser pelas pontas dos dedos pressionando as teclas. No final dos anos 80, as agências governamentais e os grupos de pesquisa nas áreas de saúde e segurança da Escandinávia, da Europa e dos Estados Unidos começaram a prestar atenção nos crescentes relatos de danos à saúde associados a funcionários de escritórios que usavam PCs.

O esforço físico concentrado apenas nas mãos e nos dedos ao manejar o teclado pode causar uma deterioração dos terminais nervosos, resultando em sensações de formigamento, perda de tato e numa dor crônica chamada lesão por esforço repetitivo (LER). Os sintomas não são facilmente reversíveis. Durante vários anos, patrões e certos setores médicos acreditaram que a LER era produto da imaginação de hipocondríacos, até que se comprovou, depois de muita insistência por parte daqueles que foram afetados, que milhares de pessoas no mundo sofriam desse mal doloroso e que causa incapacitação. Em 1999, os ativistas ligados à LER comemoraram uma decisão da alta corte que estabeleceu uma indenização recorde de cem mil libras a ser paga a uma mulher que danificou seu polegar digitando: ela foi aposentada por invalidez em 1994 e, desde então, suas seqüelas a tornaram incapaz de conseguir emprego. É provável que a indenização abra as comportas para uma enxurrada de pedidos de indenização por parte de outras vítimas da LER.[38]

Um veredicto contra o Midland Bank (hoje Hong Kong Shangai Banking Corporation — HSBC) determinando o pagamento de 60 mil libras a cinco ex-funcionárias que desenvolveram LER foi confirmado pela Corte de Apelações. A equipe do centro de processamento do banco, em Surrey, na Inglaterra, era obrigada a inserir dados no computador num ritmo muito veloz e quem não conseguia manter o nível de produção era demitido. As ex-funcionárias desenvolveram dores no pescoço, nos braços e nas mãos ao trabalhar no teclado sob aquelas condições estressantes de exigência. A defesa do banco alegou que as dores eram "psicogenéticas" e não físicas.[39]

Crianças de até 7 anos de idade estão sofrendo de LER graças ao uso crescente de computadores na escola e ao hábito de jogar *games* obsessivamente em casa. Uma entidade voltada a ensinar as crianças como prevenir distúrbios nos membros superiores descobriu que, em algumas classes de alunos com 11 anos, um número significativo deles sofria dos sintomas iniciais da LER normalmente associados a funcionários de escritórios. Em 1997, o Trades Union Congress (TUC) calculou que cinco milhões de dias de trabalho eram perdidos anualmente por causa da LER.[40]

Embora estejamos hoje no século XXI, muitos médicos ainda se recusam a reconhecer a LER como uma doença. O American National Institute of Occupational Safety and Health acredita que, na última década, a porcentagem de incidência de LER entre todas as doenças relacionadas ao ambiente de trabalho pulou de 18% para 56%. As pesquisas sugerem que quem usa computador apresenta um nível mais alto de trifenilfosfato no sangue do que o normal.[41]

Local de trabalho apertado, escrivaninhas muito pequenas, cadeiras duras e não-ajustáveis e o hábito de sentar-se em posições contorcidas são as causas de dores nas costas e rigidez no pescoço e nos ombros, males reunidos sob a classificação de distúrbios músculo-esqueletais dos membros superiores. A escolha das mesas e das cadeiras do escritório pelos arquitetos, decoradores, secretárias executivas ou, talvez, pela esposa do presidente, costuma ser feita com base no estilo, na aparência estética e no preço, e não nos bons princípios ergonômicos. E as dores e os incômodos causados pela má postura inevitável resultam em faltas ao trabalho e tratamentos médicos.

Outro problema associado à postura entre operadores de computador diz respeito à acuidade da visão. Pessoas jovens tendem a possuir uma visão 20:20 que as permite ajustar rapidamente o foco, mas aquelas que enxergam mal de perto ou de longe precisam usar óculos corretivos. Em geral, a cabeça de um operador fica a uma distância entre sessenta e oitenta centímetros da tela, intermediária entre a que exige os óculos para leitura e aquela que exige os óculos para longa distância. Para submeter-se a essa zona "cega" de foco, o operador ou se curva sobre as teclas para se aproximar da tela, ou estica os braços para alcançar o teclado e olhar mais de longe. Parece que nenhum desses problemas afligia as pessoas que operavam máquinas de escrever.

Durante as décadas de 70 e 80, havia uma tendência a se equipar os escritórios com uma iluminação muito forte e brilhante. Em geral, isso era adequado para os funcionários que trabalhavam com papéis, mas quem opera computadores precisa de níveis muito mais baixos de iluminação para ver as imagens na tela com mais facilidade, considerando-se que a claridade da imagem depende da qualidade do *software* e do bom funcionamento dos controles de brilho da tela. A predominância de algumas condições de iluminação, como a luz exterior forte que entra através de janelas sem persianas, o reflexo na superfície reluzente das escrivaninhas, cores escuras contrastantes e níveis altos de iluminação artificial colaboram para perturbar e confundir a visão, causando tensão nos olhos, dores de cabeça e *stress*.

As condições ambientais do local de trabalho também influem na saúde. Nem todos os sistemas de ar condicionado e ventilação são capazes de lidar com a carga de calor gerada pela massa de equipamentos eletrônicos hoje em uso nas empresas. Temperaturas mais altas, umidade mais baixa, acúmulo de poeira, redução dos íons negativos e a eletricidade estática geradas pelas telas aumentam a incidência de alergias da pele e a fadiga. As mulheres tendem a sofrer mais de problemas da pele do que os homens, em parte porque seu trabalho costuma ser mais sedentário, elas expõem mais o corpo e usam meias e roupas de baixo sintéticas. Estudos mostraram também que operadores de computador que traba-

156 A SÍNDROME DO SAPO COZIDO

lham diariamente por longos períodos e sem intervalos regulares ao longo do dia têm mais probabilidades de sofrer a série de sintomas descritos anteriormente.

Embora o conjunto de regulamentações Visual Display Screen Equipment esteja em vigor no Reino Unido desde 1992, há muitos empregadores (talvez até a maioria) que desconhecem suas obrigações legais ou preferem deixar de cumpri-las. Desde 1993 a fiscalização tem sido negligente, embora tenha se emitido uma certa quantidade de avisos exigindo melhorias e o cumprimento da lei em escritórios. Apesar da publicidade feita nos primeiros tempos, em 1993, e do aumento da consciência geral sobre assuntos ligados à saúde e à segurança em 2000, naquela época o departamento de informações do Health and Safety Executive ainda estava recebendo uma média de cinqüenta telefonemas de escritórios por dia, perguntando como fazer para implementar as regulamentações. A desobediência à lei implica uma multa máxima de cinco mil libras numa corte de magistrados e de vinte mil libras numa corte real. Mais do que em processos legais nas cortes, as autoridades têm contado com os comunicados formais exigindo as melhorias e o cumprimento da lei. A falta de punição tem transferido a tarefa de tomar procedimentos legais contra os patrões desobedientes aos funcionários vítimas de incapacitações agudas ou crônicas.

A era cibernética, iniciada ao final do século XX, é o último marco de referência da evolução da física que começou no século XIX, quando descobrimos como controlar e produzir energia eletromagnética. Nosso conforto, nossa conveniência e nossas horas de lazer transformaram-se além da imaginação nos últimos cem anos. Mas, como sempre, há um lado negativo que contrabalança os benefícios, representado pelos danos e ameaças à saúde que resultam do uso indiscriminado dos fantásticos novos "brinquedos" que usamos.

Referências

1. The Reader's Digest (1996) *Oxford Complete Word Finder*, Londres: The Reader's Digest Ass Ltd.
2. Dominic Rush e Claire Oldfield, "Bidding for the five licenses to run the next generation of mobile phones has topped L20 billion — with more to come", *The Sunday Times*, 16 de abril de 2000.
3. Maurice Weaver, "Jail for passenger who did not switch off phone", *The Daily Telegraph*, 22 de julho de 1999, p. 5.
4. Dr. Barry Grimaldi Practice Information updated (p. 8).
5. Maurice Chittenden, "Top scientists give up 'risky' mobile phones", *The Sunday Times*, 5. "News" (p. 12), 28 de fevereiro de 1999.
6. "Now mobile phones are linked to epilepsy", *Metro*, 27 de maio de 1999, p. 7.
7. The Stewart Report — The Independent Expert Group on Mobile Phones (IEGMP), NRPB, Oxon, maio de 2000.
8. *IEEE Transactions on Electromagnetic Compatibility* 1999, 41:234-45. Relatado em *Electromagnetic Hazard & Therapy*, vol. 10, nos. 3-4, 2000, p. 6.

A ERA CIBERNÉTICA 157

9. Jonathan Leake, "Scientists link eye cancer to mobile phones", *The Sunday Times*, novembro de 2000, p. 30.

10. "Department of Health invites proposals for L7m mobile phone research programme", *Electromagnetic Hazard & Therapy*, vol. 11, nᵒˢ 2-4, 2001, p. 3 (detalhes em www.doh.gov.uk/mobilephones/research).

11. Rachael Ellis, "Mobile phones double risk of tumours", *The Mail on Sunday*, 17 de junho de 2001.

12. Roger Coghill, Coghill Laboratories, Ker Menez, Pontypool, Gwent, País de Gales.

13. "Law suit against Motorola given go-ahead permission", *Electromagnetic Hazard & Therapy*, vol. 8, nᵒ 1, 1997, p. 4.

14. Cherry Norton e Richard Woods, "Companies insist mobile phones are safe. Users suspect they cause ill health. New scientists say the industry is downplaying evidence of the risks", *The Sunday Times*, 20 de dezembro de 1998.

15. "Mobile phones and user symptoms", dissertação apresentada por John Simpson no simpósio "Mobile Phones: Is There a Health Risk?", Londres, outubro de 2001.

16. Cherry Norton e Steve Farrar, "Top scientists give up 'risky' mobile phones", *The Sunday Times*, 28 de fevereiro de 1999, p. 12.

17. "Chemical seepage worries Swedes", *The Magazine of the Institution of Planning Supervisors*, vol. 3, nᵒ 3, junho de 2000, p. 3.

18. Dr. Lai Singh, "Mobile phones — Is There a Health Risk?", conferência, Bruxelas, Bélgica, 16-17 de setembro de 1997.

19. Lai, H. e Singh, N. P. (1996) "Single and double-strand DNA breaks in rat brain cells after acute exposure do radiofrequency electromagnetic radiation", *Int J Radiat. Biol*, vol. 5, 1996, pp. 513-21.

20. Jonathan Leake, "Mobile phones 'slow' the brain in new tests", *The Sunday Times*, "News" (p. 7), 20 de setembro de 1998.

21. Nic Fleming e Michael Hanlon, "Research prompts radiation scare", *The Express*, 15 de outubro de 1998.

22. Dr. John A. G. Holt, "Important non-thermal biological effects may have been demonstrated which could account for the development of brain tumours, asthma and lowering of male fertility", *Powerwatch Technical Supplement*, nᵒ 2, maio de 1996, pp. 2-3.

23. Dr. S. Braune e equipe, "Use of mobile phones raises blood pressure", comunicado de *The Lancet*, 20 de junho de 1998.

24. Chris Partridge, "Do mobile phones fry your brains or just eggs?", *Evening Standard*, 13 de julho de 1998, p. 60.

25. James Clark e David Derbyshire, "Mobile phones in new health warning", *The Daily Mail*, 16 de julho de 1998, pp. 1-2.

26. Jonathan Leake, "Mobile phones 'slow' the brain in new tests", *The Sunday Times*, 20 de setembro de 1998.

27. David Fletcher, "Study into cancer link to mobile phone use", *The Daily Telegraph*, 7 de janeiro de 1998.

28. The Scientific Advisory System: mobile phones and health: the Government's response to the report of the House of Commons Science and Technology Committee on the scientific advisory system: mobile phones and health/Department of Health CM: 4551, Londres: Stationery Office, 1999, ISBN 0 10 1455127.

29. Health & Safety (Display Screen Equipment) Regulations 1992, Guidance on Regulations Crown Copyright 1992, p. 38.

30. Electrical Equipment Directive 73/23, 19 de fevereiro de 1973 (OJL 77/29).

31. Dissertação de Philip Bentley QC na Mobile Phone Conference, Londres, 14-15 de outubro de 1998. Case C — 300/95 Commission, Reino Unido (1997) ECR 1 — 2649.

32. "American Ad Hoc Association appeal challenges FCC RF radiation rules", *Electromagnetic Hazard & Therapy*, vol. 9, n°s 1-2, 1998, p. 6.

33. Sophie Goodchild, "Mobiles are health risk, say makers", *Independent on Sunday*, 25 de outubro de 1998.

34. Nic Fleming, Jan Cobain e Nigel Hawkes, "Phone firms aware of risks in 1993", *The Times*, 11 de junho de 2001.

35. "VDU radiation increases death rate and reduces immune function in chicks", *Electromagnetic Hazard & Therapy*, vol. 8, n° 2, 1997, pp. 8 e 9.

36. Ann Silk, "RF study must include all environmental sources", *Electromagnetic Hazard & Therapy*, vol. 9, n° 4, 1998, pp. 6 e 7.

37. Health & Safety (Display Screen Equipment) Regulations 1992, Guidance on Regulations Crown Copyright 1992.

38. Joel Wolchover, "At last, a degree for the upwardly mobile", *Evening Standard*, 28 de maio de 1999, p. 25.

39. BBC Ceefax, 22 de julho de 1999.

40. Joel Wolchover, "Children log on to RSI threat", *Evening Standard*, 10 de novembro de 1997.

41. Martin J. Walker, "The great outdoors", *The Ecologist*, vol. 31, n° 5, 5 de junho de 2001, p. 25.

6

Abstenção cautelosa

A poluição e as nuvens eletromagnéticas não irão diminuir. Pelo contrário. A demanda global por eletricidade gerada artificialmente vai aumentar a cada dia para atender a novas necessidades do nosso modo de vida e à proliferação de novos equipamentos de trabalho como o sistema de transmissão de dados entre antenas (STDAs), telefones celulares, canais de TV via satélite, estações de rádio, radares, sistemas de defesa e, naturalmente, os últimos acessórios domésticos sem os quais não conseguiríamos viver...

Pela mídia, tornamo-nos cada vez mais cientes de que certos campos eletromagnéticos (CEM) podem ser, ou mais provavelmente são de fato, uma ameaça à saúde. Enquanto parecemos estar felizes e com nossas necessidades atendidas, e os riscos à saúde e as taxas de ocorrências fatais permanecem dentro de limites razoáveis, os governos e as empresas não se sentem estimuladas a estabelecer leis de controle. Portanto, cabe a cada um de nós avaliar a situação e agir de acordo com ela. Pode-se limitar possíveis danos pessoais exercitando-se a abstenção cautelosa — um conceito americano batizado pelo professor Granger Morgan, da Carnegie Mellon University:

Abstenção = permanecer fora dos campos que oferecem riscos
Cautelosa = ações que podem garantir segurança a um custo razoável

A abstenção cautelosa, ou "princípio da precaução", é consagrado pelo Tratado de Maastricht, assinado por todos os países da União Européia. Ele exige que as sociedades ajam de forma preventiva quando há evidências científicas suficientes (mas não necessariamente provas concretas) de que a inércia pode levar a danos e quando as providências se justificam diante de um julgamento razoável da relação custo/benefício.

O princípio da abstenção cautelosa foi adotado oficialmente na Suécia pelos cinco órgãos que regulam a exposição a campos eletromagnéticos — National Electrical Safety Board, Radiation Protection Institute, National Board of Health and Welfare, National Institute for Working Life e National Board of Housing. A posição foi sancionada num documento intitulado *Campos Magnéticos e Câncer — uma Exposição de Critérios*, publicado em 1995. Se as medidas para reduzir a exposição em geral podem ser tomadas a um custo acessível e com conseqüências razoáveis em todos os outros aspectos, deve-se fazer um esforço para reduzir os campos radicalmente, alterando o padrão do que normalmente seria considerado "normal" no ambiente em questão. No caso de novas construções e instalações elétricas, deve-se atentar para a questão já na fase de planejamento para que o projeto limite a exposição. O maior objetivo do princípio da precaução é, em última análise, minimizar a exposição a campos magnéticos em nossos arredores, reduzindo o risco de prejuízos aos seres humanos.[1]

Embora a ciência ainda não tenha conseguido produzir evidências conclusivas, devemos ter em mente o caso dos riscos à saúde associados com o hábito de fumar. Dez anos antes de surgirem provas conclusivas, científicas e definitivas, o governo e os tribunais já tomavam providências com relação ao problema, e os riscos dos fumantes passivos ainda estão sendo avaliados. A constatação de que o tabaco oferecia riscos à saúde era amparada, originalmente, na análise das probabilidades. Sugere-se que o conceito de abstenção cautelosa, baseado na análise das probabilidades, deva ser adotado por todos — políticos, companhias elétricas, incorporadores de imóveis, arquitetos, engenheiros e, evidentemente, por nós mesmos, a população em geral. Hoje já passamos da fase de acreditar que os benefícios mágicos da eletricidade, que melhoram a nossa vida, não têm seu lado negativo. O público, com sua consciência crescente, deve exigir que a política de abstenção cautelosa seja oficialmente adotada.

O que podemos fazer para nos ajudarmos?

Linhas de força e torres transmissoras

Em 1990, o pioneiro pesquisador Dr. Robert Becker (veja o capítulo 4, página 124) propôs a um comitê do Congresso americano que todas as linhas de transmissão de força, subestações e fios de distribuição produzissem um máximo de 100 nanoteslas (nT) nas vizinhanças de qualquer residência, escola ou prédio público, e que todas as instalações já existentes fossem reduzidas a esse padrão por volta do ano 2000.[2] Mais tarde, o Dr. Ross Adey (veja o capítulo 3, página 104) participou de um comitê do National Council on Radiation and Measurements (NCRM), que incluiu uma série de integrantes de organizações científicas e médicas. O relatório resultante, divulgado em 1995, fazia as seguintes recomendações para os novos projetos de construções:

1. Novas creches, escolas e *playgrounds* não devem ser erguidos em locais onde os campos magnéticos de 60 Hz excedam 200 nT.

2. Novas residências não devem ser construídas abaixo ou muito próximas de linhas de alta voltagem que resultem em campos que registrem níveis acima de 200 nT por mais de duas horas diárias.
3. Novas linhas de força não devem produzir campos acima de 200 nT em residências já existentes.
4. Novas instalações de escritórios e indústrias devem ser planejadas com o objetivo de reduzir as exposições a um nível de 200 nT numa extensão de poucos Hz a 3.000 Hz.

As propostas incluíam adotar uma política de redução progressiva de exposições em imóveis já existentes a um nível "Tão Baixo Quanto o Razoavelmente Aceitável" (TBQRA).[3] No Reino Unido, nem o NRPB, nem as empresas fornecedoras de eletricidade adotaram essas medidas de precaução e o governo continuou a negar apoio às autoridades locais que desejam limitar as novas construções perto das linhas de força já existentes.

Se você pretende comprar uma casa próxima a uma linha de cabos de alta tensão, suspensos por postes ou subterrâneos, próxima a uma subestação elétrica, na "sombra" de uma torre de transmissão de radio freqüência ou microondas ou de estações de radares, a melhor recomendação é *não o faça!* Se você já mora numa propriedade com essas características, pode pedir à companhia de eletricidade local para fazer medições das CEMs e guardá-las como registro para o futuro. Um dia, elas podem se tornar importantes. Convide um especialista independente para testar os CEMs e informe-se sobre os vários grupos de apoio que podem ajudá-lo, tendo em mente que tudo depende da distância em que você se encontra das linhas de força: à medida que aumenta a distância até os fios, o risco diminui. A regra básica para se medir a distância segura até os cabos de alta tensão é dividir a voltagem por dois: cada unidade resultante equivale a um metro. Assim, no caso de um cabo de 400 kV, um corredor seguro deve ter duzentos metros de largura. Se o cabo for de 132 kV, a distância deve ser de 66 metros. Mas atenção: as companhias de eletricidade podem elevar a carga que corre nos fios a qualquer momento. Isso significa que as construções que se encontram nas áreas seguras, fora do corredor, expostas a uma voltagem baixa, podem entrar na área de risco quando a carga for aumentada. Alguns postes conduzem voltagens supercarregadas, maiores que 400 kV.

Se você se preocupa com o assunto, verifique com os serviços médicos locais se há registros de pessoas com problemas de saúde; compare os preços das casas nos arredores, o que pode indicar uma valorização baixa devido à proximidade com linhas de força ou subestações; contate as financiadoras e as companhias de seguros para ver se suas taxas e seus preços foram modificados em função de possíveis riscos proporcionados por CEMs, e nesse caso mantenha uma campanha cerrada por compensações. Vender a propriedade para outra família não irá resolver o problema principal.

Se existirem planos para a instalação de novos cabos, uma subestação ou uma torre de transmissão em áreas próximas à sua casa, fazenda, escola ou hospital, tome providências: há muitas organizações ambientais, como o REVOLT, que podem ajudá-lo, e sempre se pode contar com o apoio das revistas engajadas como *Powerwatch News*, *Electromagnetic Hazard & Therapy* e *Microwave News*.[4] Atormente as autoridades locais e assegure-se de que a sua voz e os seus argumentos estão sendo ouvidos. Os governos e órgãos oficiais confiam na imobilidade e na indiferença geral da população para fazer a maioria das coisas que eles desejam sem encontrar oposição significativa.

Fiação elétrica

Qualquer cabo ou instalação conectada à fonte de energia gera um campo elétrico que se irradia para fora, em volta do cabo. O plugue de qualquer aparelho, quando conectado na tomada, gera um campo elétrico mesmo que ele esteja desligado. Um campo magnético só se faz presente quando a força corre pelos fios e, como o campo elétrico, ele se irradia para fora. Em ambos os casos, a potência do campo diminui à medida que aumenta a distância com relação a ele. Campos magnéticos com altos níveis podem ser encontrados em casa, no local de trabalho ou mesmo numa propriedade situada longe de uma linha de força ou de uma subestação. A origem pode estar em cabos subterrâneos, aumentos súbitos de voltagem, "estalos" e "redemoinhos" do cabo de força principal ou na falta de aterramento apropriado. Carregadores de bateria e transformadores de telefones celulares, *laptops*, *games* infantis, aquários, ionizadores, escovas de dentes elétricas, lâmpadas de baixa voltagem e controles de intensidade da luz são fontes de campos magnéticos. Campos eletromagnéticos gerados por máquinas de costura e ferramentas potentes podem ser prejudiciais se o equipamento for usado por longos períodos.

A oftalmologista e pesquisadora britânica Ann Silk (veja páginas 70, 90, 123 e 152) pode ter descoberto uma das causas prováveis de câncer de mama em mulheres. Sua pesquisa sugere que o arame usado nos sutiãs com armação podem agir como antenas de re-radiação. Ressonâncias naturais ocorrem numa vasta faixa que vai de poucos Hertz a cerca de 3 GHz, cobrindo telefones celulares, monitores com tela e fornos de microondas. Sutiãs desse tipo podem amplificar a radiação por meio da ressonância, nessa faixa, e atrair a energia para o peito. Uma indústria espanhola, a Intima Cherry, lançou uma linha de roupas íntimas feitas com Nega-Stat, um material que, segundo ela, anula os CEMs![5]

Mudanças nas relações de emprego e a expansão da tecnologia de informática trouxeram os computadores pessoais (PCs), impressoras, aparelhos de fax, fotocopiadoras e outros equipamentos e acessórios elétricos para dentro de casa. O uso doméstico de *laptops* operados por baterias pode gerar campos elétricos muito fortes quando eles são operados com o fio ligado na tomada (para outras informações sobre computadores, veja o Capítulo 5; e veja abaixo mais sobre abstenção cautelosa com relação ao uso de computadores).

ABSTENÇÃO CAUTELOSA 163

Ao longo da nossa vida, passamos pelo menos sete horas por noite adormecidos no quarto, com nossa cabeça relativamente imóvel e na mesma posição no travesseiro. Durante esse período, a atividade elétrica extremamente baixa de nossas ondas cerebrais ocupa-se em liberar secreções hormonais e em restaurar e fortificar o nosso sistema imunológico (a secreção noturna de melatonina é uma conhecida supressora de células cancerosas). Quando estamos dormindo, o corpo se cura naturalmente e repõe a energia consumida durante o dia. Os campos eletromagnéticos podem causar interferências que perturbam a atividade das ondas cerebrais nesse que é o período mais vulnerável do nosso ciclo de 24 horas. Se você dorme de maneira irregular, sofre de insônia, acorda cansado, com dores de cabeça ou com os músculos tensos, isso pode ser um primeiro sinal do efeito de uma nuvem eletromagnética. A maioria dos equipamentos elétricos aumenta a ionização positiva do ar do ambiente, o que pode drenar a nossa energia e vitalidade.

Alguns quartos de dormir aquecidos por equipamentos de armazenamento de calor ficam carregados à noite. O aquecedor de imersão em água quente ou o medidor de eletricidade podem estar colocados num armário fora do quarto, mas próximo à cabeceira da cama. Na mesa de cabeceira pode haver um relógio elétrico, um rádio, um abajur e, no caso das gerações mais antigas, talvez uma máquina de preparar chá automaticamente pela manhã. Em volta da cabeceira pode haver também interruptores de luz, tomadas e controles de um cobertor elétrico. Um equipamento de som e um televisor podem estar por perto e, no quarto das crianças, talvez haja um computador, brinquedos eletrônicos e *games* que são recarregados à noite.

Todo aparelho ou equipamento deve ser desligado da tomada quando não está em uso, principalmente os cobertores elétricos. Para evitar o inconveniente de ligá-los e desligá-los da parede a toda hora, pode-se instalar interruptores sob demanda junto ao relógio medidor de eletricidade. Eles interrompem o fluxo de corrente elétrica para qualquer aparelho da casa até que ele seja ligado. Essa é uma precaução particularmente importante para os circuitos que servem os quartos de dormir (infelizmente, você pode ter que procurar bastante até encontrar um eletricista qualificado que saiba tudo sobre interruptores sob demanda).

Chame um bom eletricista para verificar se a fiação elétrica que vem da rua foi devidamente aterrada nos canos de água ou gás, e certifique-se de que o pino neutro de todos os plugues de aparelhos elétricos esteja adequadamente conectado.

No quarto de dormir, evite a exposição mantendo os equipamentos elétricos o mais distante possível da cama — pelo menos a um metro. Evite estrados de metal e camas d'água aquecidas a eletricidade. Sempre tire da tomada os plugues dos cobertores elétricos porque, mesmo quando eles estão desligados, seus fios agem como antenas para atrair *stress* geopático vindo de campos magnéticos fracos. Estudos epidemiológicos mostram uma taxa mais alta de abortos espontâneos entre casais expostos ao tipo de campo magnético gerado por cobertores elétricos e camas d'água.

No quarto das crianças, um alarme para bebês que funciona com pilhas é virtualmente isento de campos eletromagnéticos, mas um alarme ligado na eletricidade deve ser colocado a pelo menos um metro da cabeça do bebê. Se o aparelho receptor que fica com os pais for portátil, ele irá gerar radiação de radiofreqüência para o monitor colocado próximo ao berço. Campos mais fortes que o normal foram constatados em casos de síndrome de morte infantil súbita (SMIS), mais conhecida como "morte de berço".

Na cozinha, evite permanecer próximo a lavadoras de louça, máquinas de lavar, fogões elétricos ou qualquer outro eletrodoméstico, principalmente o forno de microondas, enquanto ele estiver em uso. O microondas aquece a comida fazendo vibrar as moléculas do alimento a uma velocidade muito alta. Se o forno não for muito bem vedado, ou se "vazar" — como tende a acontecer com os modelos mais antigos —, a energia das microondas irá agitar e aquecer as moléculas de qualquer coisa que esteja por perto, inclusive o cozinheiro! Siga as instruções do fabricante e, depois de preparar a comida, deixe-a descansar por alguns minutos para que as moléculas se re-estabilizem, caso contrário você comerá comida "agitada".

O forno de microondas é um exemplo de como nos apressamos a usar a mais recente tecnologia sem avaliar seu lado negativo, sempre em busca daquilo que nos fará economizar tempo e dinheiro, ou tornar mais cômodo o nosso dia-a-dia. Segundo a revista engajada *What Doctors Don't Tell You*, há hoje fortes evidências de que os fornos de microondas talvez causem câncer. Os pais também têm sido avisados de que os nutrientes da comida das crianças preparada em microondas podem ser destruídos pelo processo de radiação. A reportagem adverte que o leite aquecido no microondas perde parte de suas propriedades antiinfecciosas. Pratos prontos, feitos para se cozinhar no microondas, contêm aditivos destinados a produzir cores e sabores artificialmente e podem liberar várias substâncias químicas suspeitas.[6]

Computadores

Se você é um empregado, verifique se o seu patrão já colocou em ação um plano para implementar as regulamentações de VDUs (telas de monitores de computador). A resposta será positiva caso você tenha direito a um treinamento e for convidado a realizar um teste oftalmológico relacionado ao trabalho com VDUs. Certifique-se também de que os registros das condições ambientais do escritório estão sendo guardados. Seu local de trabalho deve apresentar padrões mínimos de tamanho e capacidade de adaptação ao corpo nas mesas e cadeiras. No Reino Unido, uma cópia das regulamentações de VDUs e outros detalhes pode ser obtida junto à repartição mais próxima do Health and Safety Executive.

ABSTENÇÃO CAUTELOSA

Seja você um empregado ou trabalhe em casa por conta própria, há algumas maneiras de evitar os riscos potenciais à saúde:

- Verifique se o seu PC está em conformidade com o padrão sueco Mark II ou com o mais recente padrão TCO99 de níveis de segurança na emissão de baixa radiação. Seja qual for o nível da radiação, sabe-se que a pessoa sentada atrás do computador fica exposta a um grau maior de radiação do que quem está sentado à frente da tela, operando o computador. Se necessário, use um filtro antiestático sobre a tela.
- Sempre compre *softwares* da melhor qualidade, com alta resolução, para obter clareza e definição visuais.
- Instale o PC numa mesa grande o suficiente para que a tela fique o mais longe possível de você e lhe permita uma leitura confortável do texto. Guarde a maior distância possível entre a tela e o teclado para que você possa manter as mãos e os dedos próximos do corpo e longe da radiação do VDU.
- Posicione o PC de modo a evitar reflexos ou brilhos fortes que afetem a clareza visual do texto.
- Não se assente a menos de um metro da parte de trás de outro PC, onde a radiação é maior do que na frente da tela. Os campos magnéticos atravessam as paredes, portanto verifique se na sala ao lado não há um PC muito perto da sua estação de trabalho.
- Não se assente numa posição contorcida. Mantenha uma boa postura, ereta, usando uma cadeira com altura, encosto e assento ajustáveis.
- Se você usa ou precisa usar óculos de leitura, certifique-se de que consegue enxergar claramente os caracteres na tela sem precisar dobrar os ombros ou curvar-se para a frente. Esteja seguro de que as lentes estão ajustadas ao foco adequado à distância de seus olhos da tela.
- Mantenha o grau de iluminação baixo e confortável. As luzes da sala devem ser um pouco menos claras do que a tela. Mantenha a bagunça longe da mesa e guarde todos os papéis e arquivos que não estão em uso para reduzir o acúmulo de poeira.
- Mantenha o piso livre de fios, arquivos e caixas para evitar riscos desnecessários nos deslocamentos.
- Desligue as telas dos PCs que não estiverem em uso para reduzir a eletricidade estática e a radiação, e também para poupar energia. Um aquário, vaso de flores, fonte ou travessa com água ajuda a manter os níveis de umidade e reduzir a estática.
- Mantenha a sala tão fresca e ventilada quanto seu conforto permitir.
- Evite passar longas horas diante da tela; faça intervalos regulares de pelo menos dez minutos a cada hora. Vá até outra sala ou faça algo para exercitar e alongar o corpo. Olhe pela janela ou para outro cenário ou pintura contrastante e agradável para descansar os olhos.
- Permaneça o menor tempo possível diante do PC.

Finalmente, se você tem um filho e pretende passar adiante para ele seu velho PC, verifique se ele não é do tipo que emite altos níveis de radiação e se o *software* tem um bom padrão visual. Acima de tudo, dê limites estritos para o tempo que seu filho fica diante da tela.

No "escritório" de casa, siga as recomendações para operadores de telas de VDUs e crie um ambiente saudável e bem ventilado. Restrinja severamente os períodos que os jovens gastam no computador e treine-os nas boas práticas e nos princípios ergonômicos. Em qualquer circunstância, o tempo gasto no PC fazendo a lição de casa, surfando ou jogando *games* deve ser breve e intercalado com longos intervalos. Fotocopiadoras e impressoras não apenas são uma fonte de campos magnéticos fortes: o processo de impressão também pode liberar gases, o que requer um ambiente bem ventilado, e o toner deve ser manuseado com cuidado.

Dispositivos de proteção pessoal

Existem muitos produtos cujos inventores garantem proteger contra o *stress* eletromagnético e a perda de vitalidade, de simples colares de cristais a pingentes e pulseiras feitas de pedras preciosas, espirais de cobre, ouro, prata e magnetos (desde os tempos antigos, amuletos, talismãs e jóias têm sido usados para trazer boa sorte, evitar maus espíritos e nos proteger de doenças). Todas as pedras, minerais e metais têm características particulares de cor, vibração e freqüência, que podem interagir com o corpo a um nível microcósmico extremamente sutil, da mesma forma que o Sol, a Lua e os planetas interagem com a vida na Terra.

Cristais de quartzo são usados como *microchips* de computadores e na fabricação de osciladores elétricos porque seu formato regular e geométrico é determinado pelas estruturas dos átomos, íons e moléculas dispostas num padrão ordenado e constante. Eles também possuem qualidades piezelétricas: bata num cristal e a energia gerada pelo golpe se transforma numa fagulha elétrica; comprima um cristal e alguns elétrons serão liberados — quando a compressão cessa, ele irá reabsorver os elétrons da atmosfera. Essas propriedades do cristal de quartzo têm sido utilizadas através dos séculos, mais ou menos como hoje, para curar, reequilibrar o fluxo de energia e absorver formas de pensamento negativo. Consta que Cleópatra usava um magneto de rocha na testa e, segundo os ensinamentos antigos, as jóias incrustadas nas coroas e tiaras eram escolhidas por suas propriedades específicas de fortalecer os poderes espirituais e psíquicos de um rei, rainha ou alto sacerdote.

Os amuletos modernos são vendidos como "escudos bioelétricos" com marcas como "Argola-Q" ou "Espiral da Tranqüilidade". Relatos de muitos milhares de fregueses satisfeitos, amparados por gente como Cherie Blair, Hillary Clinton e outras celebridades que usam os produtos pra se proteger do *stress* das radiações nocivas, sugerem que algum benefício deve haver. O inventor da

ABSTENÇÃO CAUTELOSA

"Argola-Q", o Dr. William Tiller, professor emérito da Stanford University, na Califórnia, diz que o pingente tem um microprocessador que interage com o corpo do usuário compensando o *stress* causado por partículas caóticas ativadas por campos eletromagnéticos. O Dr. Tiller acredita que a tecnologia usada na "Argola-Q" pertence a uma nova esfera da física, mas declarações como essa tendem a ser desprezadas por cientistas que se baseiam em investigações reducionistas.[7]

Uma nota de advertência: ainda não se sabe se esses objetos pessoais têm propriedades protetoras. Usá-los não acarreta qualquer dano, mas o perigo é que os pingentes e jóias desse tipo dêem à pessoa uma falsa sensação de ser invulnerável aos riscos dos campos eletromagnéticos, e assim ela deixe de exercitar a abstenção cautelosa. Mesmo quando você se sentir adequadamente protegido, manda o bom senso que siga as recomendações e evite os riscos quando e onde for possível.

Proteção comercial

A moderna proteção comercial contra a interferência eletromagnética (IEM) e a interferência de radiofreqüência (IRF) evoluiu desde o seu início, quando descobriu-se que as equipes médicas e os pesquisadores precisavam se proteger contra a exposição aos letais raios X. O desenvolvimento das comunicações eletrônicas no mundo, os sistemas de computador e, em particular, as últimas armas de guerra teleguiadas expandiram o ramo de negócios da proteção para incluir prédios comerciais e industriais, estabelecimentos de pesquisa, instalações militares, navios e hospitais. Mesmo as embarcações civis precisam de proteção para seus sistemas de navegação e radares.

À medida que o "ruído" eletromagnético aumenta de volume, cresce a demanda por proteção contra a IEM. Alguns prédios que abrigam centros militares ou de pesquisa, assim como certas empresas comerciais, recebem proteção por completo, mas o mais freqüente é que as áreas protegidas sejam apenas aquelas onde estão instalados equipamentos sensíveis. A proteção destina-se a absorver ou refletir os sinais eletromagnéticos indesejáveis. As empresas de proteção hoje oferecem a possibilidade de isolar prédios inteiros ou instalar compartimentos dentro do prédio para proteger o sensível equipamento eletrônico da interferência da radiação eletromagnética externa. Em certos locais, os custos para instalar a proteção podem ser tão altos que inviabilizam a construção do prédio, ou, se ele é erguido sem proteção, pode se tornar impossível de ser usado ou mesmo de ser vendido.

Com freqüência cada vez maior, as empresas localizadas próximo a aeroportos, ferrovias, estações que transmitem radiofreqüência e linhas de força suspensa sofrem sérias lentidões, erros ou mesmo pane total em seus computadores devido à IEM. A origem dos problemas pode ser a proximidade de motores elétricos, trens ou transformadores, ou ainda a estrutura principal de cabos do prédio que emite campos magnéticos ao acaso. Até mesmo equipamentos de radar em embarcações navegando podem afetar os computadores de escritórios localizados perto de estuários de rios, nos quais, em certas áreas, o problema está alcançando proporções epidêmicas.

A proteção contra campos magnéticos é mais difícil e mais dispendiosa do que aquela para campos elétricos. A proteção pode jamais eliminar completamente todos os sinais eletromagnéticos que entram ou saem de uma área protegida, mas a potência da interferência pode ser reduzida a um nível aceitável em que eles não afetem equipamentos vulneráveis. Chapas de aço e cobre, malha de cobre, painéis de gesso cobertos com alumínio, telhas de metal e tecidos impregnados como o Mu-metal podem ser usados para cobrir as paredes, piso e teto da área a ser protegida, embora frestas no batente das janelas ou das portas permitam a passagem de radiofreqüências. Em casos de radiação extrema, como as emissões de raios X, usam-se telas protetoras feitas de lâminas de chumbo coladas a painéis de madeira compensada. Novos produtos no mercado britânico para uso geral em imóveis incluem concreto eletrocondutivo e telhas e tijolos fabricados pela Manta Ltd. Nos Estados Unidos, AntiMag é uma proteção magnética e a tinta E-Stop destina-se a bloquear campos elétricos da fiação de uma casa e de outras fontes (depois que a tinta seca, é preciso ligar a superfície pintada a um fio para aterramento).

Arquitetos e engenheiros especializados em hospitais, instalações militares e de pesquisa, edifícios que abrigam centros de transmissão de rádio e TV e aeroportos estão acostumados a lidar com a IEM; no entanto, a maioria dos incorporadores imobiliários e seus consultores profissionais parecem desconhecer os riscos. Até tempos mais recentes, relativamente poucos arquitetos conseguiam detectar os problemas de poluição eletromagnética em locais onde o funcionamento das máquinas e dos equipamentos profissionais de seus clientes haviam sido seriamente afetados. No entanto, quando novos projetos de construção se revelam suscetíveis ao "ruído" ambiental, e uma área de proteção se torna necessária para isolar o prédio em parte ou totalmente, os inevitáveis altos custos podem ter sérias conseqüências financeiras, comprometendo a viabilidade do projeto e talvez levando a processos judiciais e alegações de negligência igualmente caras.

Os regulamentos sobre construções na Alemanha e em outros países europeus levam em consideração os riscos potenciais dos campos eletromagnéticos, enquanto no Reino Unido, arquitetos, engenheiros e inspetores prestaram pouca ou nenhuma atenção às fontes prováveis de interferência eletromagnética ao fazer inspeções e investigações detalhadas. Agora, no entanto, ao analisar a localização de um futuro prédio ou uma propriedade já existente, as autoridades locais do Town Planning estão pedindo o levantamento dos campos eletromagnéticos antes de emitir autorizações.

A proteção está se tornando uma necessidade rotineira para isolar equipamentos eletrônicos contra a interferência eletromagnética e de radiofreqüência presente no "ruído" poluidor do ambiente. Mas se essa interferência pode afetar impulsos elétricos de uma máquina, que efeito ela pode ter nos minúsculos, extremamente sensíveis pulsos elétricos de um cérebro humano — ou na verdade em qualquer outro organismo vivo? O paradoxo é que, de modo geral, a comunidade da medicina alopática permanece silenciosa com relação aos riscos potenciais, enquanto os efeitos de uma ampla gama de campos eletromagnéticos extremamente fracos ou muito fortes são bem conhecidos e usados extensivamente como instrumentos de diagnóstico em vários tratamentos de cura.

O poder de cura da eletricidade e do magnetismo

A corrente elétrica e as terapias magnéticas foram usadas em sociedades antigas por milhares de anos. Há evidências de que os círculos de pedra e os dolmens megalíticos — estruturas baixas cobertas com pedras achatadas — foram erguidos para controlar as correntes magnéticas da Terra e criar um refúgio para a cura de males. Os peixes elétricos, encontrados principalmente em águas rasas e mornas das regiões temperadas, foram usados durante séculos para aliviar dores e tratar doenças: a sensação de formigamento ao se remar num lago cheio de enguias elétricas tinha um efeito curativo e na Roma antiga era um conhecido tratamento para a artrite e a gota.

Uma escavação arqueológica recente na Mesopotâmia descobriu uma peça do século I, uma jarra de cerâmica com um tubo de cobre e uma varinha de ferro no centro. Essa antiga "bateria" (quando se adiciona ácido — até mesmo aquele contido numa uva amassada — a dois tipos de metal diferentes em contato, produz-se uma voltagem) foi encontrada com outros artefatos na casa de alguém que devia ter sido um mágico: tradicionalmente, os mágicos eram também médicos. A bateria pode ter sido usada para galvanizar ouro e prata. É mais provável, porém, que fosse usada para aliviar a dor.

A magnetita — um minério de ferro negro — era o componente básico do compasso magnético, inventado pelos chineses em cerca de 300 a.C. e usado na prática do Feng Shui para alinhar harmoniosamente uma habitação com as correntes magnéticas da superfície da Terra. As propriedades benéficas e curativas da magnetita eram bastante conhecidas no antigo Egito, na Índia, na Grécia e no Oriente Médio.

Os valores terapêuticos dos magnetos têm sido conhecidos e amplamente utilizados através da história, exceto pelos médicos ocidentais. O médico alemão Franz Mesmer (1734-1815), que associou a força vital com o magnetismo, usava magnetos amarrados ao corpo de seus pacientes para curar várias doenças. Seus colegas de profissão o desprezavam como charlatão, por causa de sua terapia com magnetos e também por suas opiniões sobre os benefícios do hipnotismo — o verbo inglês *"to mesmerise"* (hipnotizar, magnetizar, deixar abobalhado) e o substantivo *"mesmerism"* (hipnose, magnetismo animal) foram cunhados por seus detratores, com sentido pejorativo, a partir do seu sobrenome.

Desde então, a ciência médica moderna provou que campos eletromagnéticos muito fracos podem ter um efeito profundo e benéfico em organismo vivos. Pesquisas recentes na Escandinávia, na Europa e na América mostraram que magnetos com campos magnéticos fracos podem produzir ondas pulsantes ou alternadas para ressoar com ondas de características semelhantes geradas naturalmente no corpo (isso pode explicar porque certas pessoas têm "poderes curativos" ao estender as mãos). O sangue e a água são excelentes condutores de energia; um campo magnético vai afetar o comportamento do ferro nas células vermelhas do sangue, e os íons eletricamente carregados no sangue serão desviados pelo pólo de um campo magnético: é desse modo, basicamente, que um campo eletromagnético pulsante estimula e acelera o processo de cura.

A cura pelo magnetismo está hoje se tornando um negócio em franca expansão no Ocidente e sabe-se que os veterinários americanos gastam mais de 4 milhões de dólares por ano em terapias com magnetos para o tratamento de cavalos e outros animais.[8]

Os magnetos podem ser usados numa série de produtos: colchões, travesseiros, assentos e até em solas internas de sapatos. O Queen Elizabeth Hospital, em Birmingham, descobriu que o eletromagnetismo aumenta o fluxo sanguíneo e repara células danificadas. Outra pesquisa na Europa mostrou que os magnetos reduzem os depósitos calcários que se formam nos canos de água, e que a água magnetizada tende a melhorar as colheitas. Terapias eletromagnéticas monitoradas podem acelerar a recuperação dos ossos, aprimorar os tecidos, induzir o sono, suprimir a dor, curar certas doenças e tratar com sucesso a dependência de álcool e drogas. O desenvolvimento dessas técnicas pode até criar a medicina do futuro, oferecendo uma alternativa viável, em certas aplicações, às drogas alopáticas e à cirurgia intrusiva.

Os chineses têm usado magnetos na terapia por acupuntura há séculos. Foi um salto e tanto para a medicina ocidental render-se ao conceito de que os milhares de pontos de acupuntura não podem ser vistos nos traços estruturais dos tecidos do corpo e — talvez ainda mais bizarro — ao conceito de que meridianos invisíveis ou "veias" de energia correspondem a linhas de oscilação eletromagnética conectando cada ponto a um órgão remoto ou uma função no organismo. Quando estimulada nesses pontos, a resistência elétrica da pele apresenta um decréscimo. Uma agulha espetada num ponto de acupuntura irá gerar uma potencia elétrica extremamente fraca e o corpo é capaz de registrar essa minúscula sensibilidade elétrica. O efeito é a revitalização da molécula de ferro encontrada em cada uma das células vermelhas do sangue, ou hemoglobina, no corpo. De maneira semelhante, um magneto estimula a oxigenação para aumentar os níveis de energia.

A energia vital — conhecida como Ond, Prana ou Ch'i (veja o Capítulo 7, "Mestres da geomancia", página 190) — circula através dos meridianos, criando os biorritmos influenciados pelo ambiente do campo eletromagnético exter-

ABSTENÇÃO CAUTELOSA

no, o que inclui as forças gravitacionais que ocorrem naturalmente e a atividade da radiação cósmica no espaço sideral. A agulha da acupuntura libera toxinas acumuladas e restabelece o equilíbrio eletroquímico natural do corpo. Nosso metabolismo e nosso biorritmo podem ser regulados e reconstituídos sincronizando-se as pulsações da Rede de Schumann (veja o Capítulo 3, página 88).[9]

Instrumentos de última geração que calculam raios infravermelhos e fótons podem medir os campos eletromagnéticos emitidos por nossas células e nossos órgãos. Nosso corpo age como um transmissor de rádio, mandando e recebendo informações por meio do nosso sistema bioelétrico. Uma mudança elétrica no corpo antecede qualquer mudança biológica ou anatômica. As freqüências eletromagnéticas extremamente baixas variam de acordo com as partes do corpo e com os diferentes tipos de doença.

Desenvolveram-se instrumentos de diagnóstico para registrar as características dos comprimentos de ondas que variam de acordo com os nossos estados de espírito e condições de saúde. Uma técnica usada pela moderna medicina eletromagnética, chamada terapia de biorressonância (TBR), resultou no desenvolvimento da máquina Biocom, que registra as freqüências extremamente fracas do corpo e decodifica os sinais para identificar quaisquer distúrbios patológicos. A seguir, o aparelho aplica as freqüências benéficas do corpo para anular os distúrbios. Em 1997, havia cerca de quatro mil máquinas Biocom sendo usadas no mundo, e os resultados indicam que essa técnica pode tratar de uma variedade de males, incluindo alergias, doenças degenerativas e dores.[10]

Outras terapias baseadas em microcorrentes são usadas atualmente em tratamentos médicos e estéticos. Em essência, uma célula normal e saudável age como uma bateria que produz uma voltagem extremamente fraca, e que pode ser estimulada pelo tratamento de microcorrentes para fortalecer e rejuvenescer os órgãos do corpo, os tecidos e a circulação. Um procedimento conhecido como tecnologia plasmocinética usa energia de radiofreqüência para dissolver o tecido da próstata e evitar cirurgias intrusivas de grande porte. Também pode ser usada para tratar contusões esportivas e distúrbios do útero.[11]

Desde os anos 50, campos magnéticos de baixa energia e tempos variáveis têm sido usados por osteologistas, quiropráticos, fisioterapeutas e mesmo por alguns médicos alopatas mais ortodoxos para acelerar a recuperação de ossos fraturados, estimular o fluxo sanguíneo, reduzir dores e promover o relaxamento. O desenvolvimento de outras terapias com campos eletromagnéticos pulsantes e de baixa energia (CEMPs) indica que outros distúrbios e doenças fora da área músculo-esqueletal podem responder favoravelmente à aplicação da potência exata. Massa óssea perdida por causa da osteoporose levou a antigas experiências da NASA destinadas a evitar efeitos semelhantes nos astronautas devido à falta de gravidade. Aparentemente, terapias bem monitoradas com CEMP se provaram consideravelmente mais baratas do que as cirurgias intrusivas e têm reduzido risco de efeitos colaterais.

Os mais recentes aparelhos e técnicas de diagnóstico desenvolvidos pela ciência médica podem ter um impacto biológico muito maior do que as terapias relativamente benignas mencionadas anteriormente. O rastreamento feito pela tomografia axial computadorizada (TAC) cria uma imagem em três dimensões através de raios X de todo o corpo. O ultra-som produz uma imagem tridimensional colhendo ondas sonoras dos órgãos e é freqüentemente usado para observar bebês no útero. Os exames de imagem por ressonância magnética (IRM) são usados para detectar doenças como o câncer comparando-se as diversas propriedades magnéticas dos tecidos no corpo. Esse instrumento de diagnóstico, hoje comumente usado, sujeita o paciente a campos de intensidade muito alta que alteram momentaneamente a disposição da estrutura das células do tecido antes de a imagem ser registrada. No entanto, é preciso ficar muito atento aos riscos para as células e para o sistema nervoso autônomo que representa a exposição do corpo a freqüências tão poderosas. Não há dúvida de que o diagnóstico precoce é um aperfeiçoamento das técnicas de medicina preventiva, mas os efeitos colaterais podem ser muito piores que os benefícios.

Sabemos que o corpo doente responde positivamente a campos eletromagnéticos extremamente fracos, e o tratamento com choques elétricos é um procedimento consagrado — embora controverso — para pacientes psiquiátricos. No entanto, essa terapia eletroconvulsiva de alta potência (TEC) pode ser tão intrusiva, e freqüentemente destrutiva, que hoje ela tem muitos detratores. Pacientes psiquiátricos que sofreram danos no cérebro desnecessariamente por causa da TEC processaram as autoridades de saúde, e a TEC ainda pode ser provada tão prejudicial quanto os raios X quando eram usados de maneira indiscriminada.

A ciência médica reconhece os efeitos freqüentemente danosos dos campos eletromagnéticos e mesmo assim, quase sem exceção, em nossos modernos templos de cura, os hospitais, cada cama tem uma bateria de equipamentos eletrônicos e interruptores como pontos de luz e força, TV, rádio e controles de alarme — tudo bem ao lado da cabeça do paciente! Se todos os aparelhos médicos fossem colocados mais longe, pelo menos nos pés da cama, o processo geral de cura talvez pudesse ser mais eficiente e, possivelmente, mais rápido. A própria cama, em geral feita de aço, também tende a amplificar a nuvem eletromagnética. A melhora seria ainda maior se os pacientes dormissem em camas com estrados de madeira e o equipamento elétrico fosse mantido num carrinho portátil, vindo à beira da cama apenas quando absolutamente necessário.

Sem dúvida, o corpo pode responder positivamente a campos elétricos e magnéticos fracos, mas a exposição descontrolada e desnecessária é prejudicial. À luz dos avanços e das técnicas modernas, é surpreendente encontrar tanta resistência por parte da comunidade médica, das empresas fornecedoras de eletricidade, fabricantes de telefones celulares e de outros equipamentos elétricos em aceitar que os campos eletromagnéticos podem afetar e, na verdade, afetam nossa resistência às doenças, causam mutações em nossos genes e desviam nossa mente. Se tivermos alguma dúvida, devemos nos lembrar das novas armas de microondas letais e não-letais já em uso atualmente.

Os pioneiros da eletricidade gerada artificialmente, nos séculos XIX e XX, eram os alquimistas de seu tempo. Eles criaram sua versão do elixir da vida e um tipo de "mágica" sem precedentes que transformou o dia-a-dia da nossa vida. No entanto, isso também deu curso a um prejuízo inestimável à ecologia do planeta e à nossa própria saúde e bem-estar. Como vimos nos capítulos anteriores deste livro, nossa fascinação — às vezes cega — pela alta tecnologia e o uso de técnicas e materiais sintéticos não testados também têm sido fontes importantes de doenças em casa e no trabalho.

Referências

1. "Low-frequency electrical and magnetic fields — the precautionary principle for national authorities: guidance for decision makers", *Magnetic Fields and Cancer — A Criteria Document*, Suécia, outubro de 1995.
2. *EM Fields Information Booklet Nº 1*, publicado por EM Fields em associação com Powerwatch UK e Scientists for Global Responsability, pp. 22, 23 e 45.
3. Professor M. J. O'Carrol, "Electromagnetic fields in the home — a statistician's view", *Powerwatch Network News*, Número 5, novembro de 1995, p. 4.
4. *Powerwatch Network News* e *Electromagnetic Hazard & Therapy* podem ser encontradas nos sites www.powerwatch.org.uk e www.em-hazard-therapy.com. *Microwave News* (quinzenal), caixa postal 1799, Grand Central Station, Nova York.
5. "Are bras a risk?", *Electromagnetic VDU News*, vol. 6, nᵒˢ 1-2, 1995, p. 4.
6. Ian Fletcher, "Microwave ovens can cause cancer, new report claims", *Evening Standard*, 9 de março de 2000.
7. Catherine Bassindale, "Headache? Try pendant power", *Evening Standard*, 8 de agosto de 2000, p. 28.
8. Sean O'Neill, "Magnetic footwear helps lame horse return to ring", *The Daily Telegraph*, 19 de janeiro de 1999, p. 10.
9. Smith, Dr. C e Best, S. (1989) *Electromagnetic Man*, Londres: J. M. Dent.
10. "Bioresonance offers effective therapy for variety of ailments", *Electromagnetic Hazard & Therapy*, vol. 8, nº 2, 1977, p. 10.
11. Roger Dobson, "Radio waves melt prostate trouble away", *The Sunday Times*, 11 de abril de 1999.

Sugestões de leituras complementares

Bentham, P. (1996) *VDU Terminal Sickness*, Londres: Jon Carpenter Publishing.
Coghill, R. (1992) *ElectroHealing*, Northants: Thorsons.

PARTE II

Sabedoria Perene

7

Lições do passado

Tecnologia alternativa

O desenvolvimento da moderna tecnologia virtualmente transformou cada aspecto da nossa vida cotidiana. Apenas no campo da medicina, trouxe-nos os mais extraordinários avanços nos tratamentos de saúde. A alta tecnologia é mágica, sedutora e não pode ser condenada de imediato, mas com que freqüência nos preocupamos em considerar soluções alternativas que podem ser igualmente eficazes e muito menos prejudiciais ao meio ambiente, a nós mesmos e às futuras gerações?

Por vários anos, o Building Research Establishment (BRE), o Royal Institute of British Architects (RIBA) e outras entidades produziram uma grande quantidade de dados sobre métodos de baixa tecnologia e sistemas que podem minimizar o aquecimento global, a chuva ácida e a redução da camada de ozônio, assim como diminuir a demanda geral por eletricidade artificialmente produzida. Além da energia solar, do vento e das ondas, encontra-se disponível uma tecnologia relativamente nova chamada *photovoltaics*, um sistema de semicondutores de silicone montado em painéis colocados numa parede que reagem à luz do sol e podem produzir até 50% da energia consumida num edifício. Infelizmente, à exceção do que ocorre em um número reduzido de novos prédios do governo e alguns particulares, a indústria da construção civil e os incorporadores imobiliários parecem pouco inclinados a implementar dispositivos e técnicas que economizam energia.

A questão é: por que devemos esperar que nossos arquitetos e engenheiros se tornem mais inovadores e gastem tempo e suor pesquisando soluções de baixa energia, não prejudiciais e não poluentes, se a resposta fácil está prontamente disponível na alta tecnologia? Em vez de acreditar que a ciência e a tecnologia modernas são a única alternativa para se avançar, pode-se aprender lições com a natureza e com os mestres construtores tradicionais, cujos métodos de baixa tecnologia, benignos e simples, eram ecologicamente sustentáveis e livres de riscos à saúde. Não é preciso olhar mais longe que o Japão — ironicamente, o eixo da alta tecnologia do século XX — para descobrir dois bons exemplos de construções antigas e de baixa tecnologia.

Antigas tecnologias

Um dos sistemas de alarme de segurança contra intrusos mais elegantes, esteticamente belos, de baixa tecnologia, sem riscos, não eletrônicos e quase totalmente livre de manutenção, o "chão de rouxinol", foi instalado há cerca de mil anos. Ainda está funcionando e pode ser encontrado num palácio em Kyoto, a antiga capital do Japão (794-1192 d.C.). Os magníficos palácios e templos de Kyoto eram construídos com troncos e telas translúcidas que separavam os apartamentos internos e as salas oficiais do amplo corredor que cercava a construção. O chão dos corredores era feito de tábuas largas de madeira colocadas sobre vigas, com cada tábua fixada por cravos encaixados em outros "cravos" nas vigas sob o assoalho. Os cravos são "afinados" de forma que quando uma pessoa caminha, a leve pressão no piso faz com que eles se friccionem entre si, reproduzindo o som doce e tranqüilizante do canto do rouxinol. Quem dorme nos quartos é alertado gentilmente — mas de maneira clara — quando alguém passa no corredor.

O projeto estrutural "à prova de terremotos" de um novo edifício de escritórios da Mitsubishi, com 37 andares, baseou-se numa tecnologia igualmente desenvolvida há cerca de mil anos. Quando a cidade industrial de Kobe foi sacudida por um terremoto, em 1995, mais de seis mil pessoas morreram e áreas inteiras da cidade foram devastadas. Porém, o velho e aparentemente frágil pagode permaneceu de pé no meio das ruínas. Nara, a primeira capital do Japão, tem vários monumentos históricos, incluindo um pagode de seis andares construído no século 8 d.C. Ele também resistiu a um grande terremoto no século XV e a milhares de outros tremores depois disso. Existem cerca de quinhentos pagodes antigos no Japão e apenas dois desmoronaram até hoje por causa de terremotos.

O pagode é uma torre de madeira construída como um santuário para abrigar relíquias de Buda, e só os sacerdotes têm permissão para entrar nas áreas santas internas. A maioria tem cinco andares, embora alguns sejam bem mais altos. Nenhum dos andares é fixado rigidamente sobre o outro; as calhas largas e protuberantes são fortemente empurradas para baixo por telhas que agem como a vara de equilíbrio usada pelos malabaristas quando andam na corda bamba. Dentro, uma coluna central feita de um sólido tronco de árvore corre do alto até a base e não é presa aos andares. Quando os andares começam a sacudir de lado a lado num terremoto, a coluna de tronco funciona como um pára-choque para absorver as vibrações violentas. O novo edifício de escritórios da Mitsubishi foi projetado com uma coluna não-estrutural ao centro, feita de aço "leve", independente do sistema de sustentação do prédio e destinada a "amortecer" as vibrações dos terremotos em cada um dos andares. O sistema ainda precisa ser testado num terremoto de verdade, mas as simulações indicam que o edifício não irá desmoronar.[1]

Outras lições de baixa tecnologia a serem aprendidas com a natureza e com os construtores tradicionais do passado podem nos indicar como resistir às condições climáticas mais difíceis. Nas regiões tropicais, os ninhos de cupins são construídos com grandes montes de terra. A temperatura dentro do labirinto de túneis é mantida num nível constante por um complexo sistema de dutos e passagens alinhadas num eixo norte/sul, a fim de ventilar o ninho. Os inuítes, povo esquimó que habita as regiões árticas da América do Norte e a Groenlândia, usam gelo e neve para fazer suas casas — iglus em forma de domos. As passagens de ventilação do iglu, junto com o calor do próprio corpo, modifica as condições de frio extremo e gera um ambiente habitável. Outros habitantes do Ártico constroem abrigos semi-subterrâneos ou cobrem suas tendas de pele animal com neve. As formas e os materiais da arquitetura das cabanas de barro africanas evoluíram até a criação de telhados com aberturas para a entrada de luz e ar, criando boas condições em seu interior.

Ventilação natural

Uma evolução da cabana africana pode ser vista em Ad Diriyah, a velha capital da Arábia Saudita, onde casas de três andares, construídas com barro espesso e secado ao sol, providas de pequenas aberturas basculantes e uma porta de entrada de madeira, proporciona condições de moradia confortáveis. Ali perto, nos Emirados Árabes, também uma das mais quentes e secas regiões desérticas do mundo, as casas tradicionais e típicas eram construídas com altas torres de ventilação para aproveitar mesmo as pequenas brisas vindas de qualquer direção. O ar é conduzido para baixo nos canais de ventilação, atingindo os cômodos em volta do pátio interno e mantendo todo o prédio fresco, arejado e protegido do calor e da areia do deserto. Esse tipo de baixa tecnologia não apenas tornou as moradias habitáveis como criou o estilo arquitetônico único das torres. Com poucas e notáveis exceções, essas antigas casas não sobreviveram à explosão imobiliária das últimas décadas. Hoje, quase toda a população de Dubai vive em blocos de apartamentos ou casas novas com caixas de aparelhos de ar condicionado projetando-se para fora das paredes ou janelas, enquanto do lado de dentro os espaços vibram com motores barulhentos.

Um exemplo de tecnologia tradicional, desenvolvida através dos séculos para satisfazer as necessidades sociais da população que vive em áreas rurais do norte do Egito, é um sistema que combina resfriador e purificador de água usando jarros de cerâmica não vitrificada chamados *maziara*. A água do rio Nilo, imprópria para beber, é armazenada no *maziara*, cujas paredes são porosas. A água que se infiltra para fora das paredes do jarro é coletada em vasilhas e é suficientemente pura para ser potável. Há evaporação quando a água passa pelas paredes do jarro, e ela absorve o calor do dia. O ar que passa pelos jarros se resfria. A diferença da temperatura fora e dentro da casa significa que o ar fresco circula como um sofisticado sistema de ar condicionado.[2]

Nos anos 70, o autor deste livro foi contratado para pesquisar terrenos para construir, ou prédios já existentes, para um banco multinacional americano que queria expandir suas operações no Cairo. No topo da lista de opções favoritas estava um palácio construído em 1913 para o Kaiser Wilhelm II (Kaiser Bill), que nunca chegou a ocupar o prédio inteiramente depois de pronto por causa do início da Primeira Guerra Mundial. Uma detalhada pesquisa dimensional revelou uma geometria coordenada modular mais identificada com as antigas construções egípcias do que com as da época em que ele foi erguido. Igualmente admiráveis eram os cômodos interiores, iluminados, arejados e agradáveis. Não havia pátio interno, ar condicionado ou ventilação artificial, e ainda assim uma brisa suave soprava continuamente por dentro do palácio, apesar das temperaturas extremamente altas dos dias de julho e das ruas próximas serem quentes, empoeiradas e abafadas. Os arquitetos devem ter aprendido algo com os cupins!

Essas tecnologias tradicionais foram desenvolvidas tirando-se a maior vantagem possível do clima e dos materiais locais. O que é apropriado para o Ártico ou para regiões desérticas não se aplica às condições temperadas do Ocidente, mas as lições sobre as mais vantajosas orientações para se construir são parte dos ensinamentos dos mestres construtores de tempos remotos.

A invenção de alta tecnologia do século XX que teve maior influência nos projetos arquitetônicos foi o ar condicionado mecânico. Ele também teve um sério — até mesmo desastroso — impacto no aquecimento global e na perda dos recursos naturais, além de ser fonte de várias formas de ameaça à saúde. O ar condicionado forneceu aos arquitetos e seus clientes uma tecnologia para criar um microclima interno que isola os ocupantes do meio ambiente externo, por mais inóspito e com condições extremas de temperatura que ele seja. A tecnologia nos permitiu construir virtualmente qualquer tipo de prédio, de qualquer formato, tamanho ou volume em qualquer parte do mundo. A não ser que aconteça alguma catástrofe no futuro próximo, é pouco provável que haja uma redução significativa da demanda por edifícios maiores e mais altos para atender a interesses comerciais e a uma população sempre crescente. Não falta habilidade técnica para se construir prédios gigantescos, embora os custos cada vez maiores, a escassez de combustíveis fósseis e o clamor internacional pela redução da emissão de gases poluentes vão exigir o emprego de tecnologias alternativas (aceita-se que haverá alguns poucos prédios, projetados para fins específicos, que só podem funcionar com algum tipo de ar condicionado mecânico). No entanto, tecnologias alternativas ecologicamente sustentáveis, desenvolvidas mais recentemente, estão disponíveis e já em uso.

A tecnologia para o uso da força do vento existe há milhares de anos no Oriente Médio. Agora, os engenheiros ocidentais estão estudando o comportamento do vento em modernos blocos de escritórios, de diferentes tamanhos e alturas, para determinar a possibilidade de, no futuro, os prédios captarem vento suficiente em seu topo por meio de um sistema de chaminés e turbinas para produzir uma renovação de ar equivalente à dos sistemas de ar condicionado. Em alguns locais, há a possibilidade de se controlar energia suficiente para gerar eletricidade a ser usada de forma complementar na iluminação de escritórios ou fábricas. Empresas japonesas e européias estão analisando protótipos para avaliar se a tecnologia pode ser comercializada: um interesse particular tem sido demonstrado na Alemanha, onde há preocupação significativa com as questões do "verde". O estímulo para o uso da força do vento não virá dos arquitetos (que geralmente têm que atender aos pedidos de quem os contrata), nem dos clientes, que seguem os conselhos dos corretores imobiliários (cujo julgamento é baseado nas tendências de momento do mercado): a necessidade de encontrar soluções de baixo custo e que economizem energia surgirá no futuro próximo das pressões sociopolíticas para se impor impostos pesados ao consumo de combustíveis fósseis. Um exemplo disso é a Climate Change Levy imposto pelo governo britânico em abril de 2001. A demanda por soluções alternativas também pode vir da comunidade empresarial, que não será capaz de bancar o preço dos edifícios modernos que consomem muita energia.

Em 1992, Brian Moss, presidente da Chartered Institution of Building Services Engineers (CIBSE), do Reino Unido, criou um grupo de trabalho para estudar os projetos e as características dos prédios ventilados naturalmente. O objetivo era desafiar o conceito de que as construções de grande porte, como as salas de concerto e de convenções, escritórios, hospitais e escolas têm que ser dotadas de ar condicionado mecânico.[3] Desde então, notáveis arquitetos britânicos tornaram-se pioneiros na busca por prédios "mais verdes", ventilados naturalmente. Os escritórios centrais do Commerzbank, projetados por Lord Norman Foster, em Frankfurt, que é o prédio mais alto da Europa, tem jardins em cada um de seus 58 andares como parte de um sistema de ventilação natural. O edifício Reichstag, de Foster, em Berlim, usa os mesmos princípios de ventilação, inclusive painéis fotoelétricos no topo para gerar eletricidade. O edifício do Parlamento em Westminster, assinado por Sir Michael Hopkins, o da Welsh Assembly em Cardiff, de Lord Richard Rogers e muitos outros prédios menos conhecidos, não-comerciais e ocupados por seus proprietários, como sedes de universidades e teatros, foram projetados com a recomendação de serem tão naturalmente ventilados e ecologicamente sustentáveis quanto permitisse a atual tecnologia. O arquiteto americano William McConnel também projetou vários prédios de grande porte ventilados naturalmente e, sem dúvida, essa tendência logo vai ganhar força em outros países.

Arquitetos britânicos "verdes", atentos às questões ecológicas mas menos conhecidos, encontram forte resistência à tecnologia de ventilação natural por parte de seus clientes incorporadores imobiliários e corretores de imóveis conservadores, que relutam em usar qualquer coisa que não sejam os sistemas de ar condicionado tradicionais em seus prédios de escritórios destinados à especulação. Os poucos arquitetos que foram bem-sucedidos acreditam que seus argumentos ecológicos baseados na redução do efeito estufa e no baixo consumo de energia do prédio tiveram pouco efeito quando comparados às evidências de melhora de produtividade e entusiasmo dos funcionários. A experiência do Commerzbank e de outras empresas mostra claramente que, nos prédios com ventilação natural, as equipes trabalham com mais vigor, apreciam a sensação de respirar ar fresco, em geral faltam menos ao trabalho e não sofrem dos problemas de saúde encontrados em ambientes vedados. A tecnologia da ventilação natural irá mudar a aparência arquitetônica da próxima geração de edifícios, que, num desafio ao *design*, terão chaminés e respiradouros na cobertura, lembrando um pouco as altas torres de vento das casas em Dubai, exceto que sua função será a de puxar o ar para cima e para fora, e não para o interior dos ambientes.

As consideráveis vantagens e os benefícios da ventilação natural para o proprietário do edifício, seus ocupantes e a população em geral incluem a redução do investimento, já que não há máquinas para instalar, os custos operacionais mínimos, a ausência de danos ecológicos e a possibilidade de se controlar melhor o ambiente, com mais flexibilidade. Na maioria dos prédios com ar condicionado, a volumosa parafernália de cabos, equipamentos mecânicos e encanamentos localizada no topo é escondida por telhas suspensas, enquanto num prédio naturalmente ventilado, usando-se a mesma estrutura, a altura do telhado suspenso pode ser aumentada, dando ao espaço mais luz e ar porque não há fios ou equipamentos para esconder. Uma pesquisa realizada pela CIBSE revelou que 89% das pessoas entrevistadas preferiam a ventilação natural, com a possibilidade de ter algum controle sobre o ambiente de sua estação de trabalho. A percepção é que às vezes as altas temperaturas poderiam ser toleradas desde que houvesse uma sensação, mesmo que tênue, de ar circulando pelo ambiente.[4]

Para projetar um arranha-céu com andares de pé direito alto e ventilação natural, os arquiteto e o engenheiro precisam se ocupar primeiro dos requisitos de baixa tecnologia para criar o efeito "chaminé" necessário para controlar o movimento do ar através do edifício. Isso significa que o arquiteto terá que voltar a alguns princípios fundamentais da tecnologia tradicional de construção praticada há um milênio. Fatores de *design* até agora descartados e ignorados terão que ser reaprendidos, entendidos e implementados. Por exemplo: direcionar o prédio de acordo com as principais direções do vento e compreender as influências do Sol; incluir protuberâncias nas fachadas para protegê-las da luz solar, do ruído do trânsito e definir a massa termal da estrutura para regular as flutuações na temperatura. Todos esses itens terão um impacto estratégico nos métodos e técnicas ensinados nas escolas de arquitetura e engenharia.

Encontrando a localização ideal

Escrevendo há dois mil anos sobre dois dos princípios fundamentais da arquitetura — conveniência e economia — em seu *The Ten Books on Architecture*, Vitruvius disse:

> A conveniência será determinada por fatores naturais se, por exemplo, no caso de todos os recintos sagrados nós escolhermos áreas muito saudáveis com fontes de água adequadas... Porque quando seus corpos doentes são transferidos de um local prejudicial ao organismo, e tratados com águas de fontes que transmitem saúde, eles se curarão mais depressa... Haverá conveniência natural em se usar uma luz oriental para quartos de dormir e bibliotecas, uma luz ocidental no inverno para banhos e apartamentos de inverno, e uma luz setentrional para galerias de pinturas e outros lugares onde se precisa de uma luz estável... Economia denota a administração apropriada dos materiais e do local, assim como um equilíbrio cauteloso entre custos e senso comum na construção. Isso será cumprido se, em primeiro lugar, o arquiteto não exigir coisas que não podem ser achadas ou disponibilizadas sem grandes gastos.[5]

Em outras palavras, a seleção do local apropriado por suas qualidades e de acordo com o uso que terá a construção, sua correta posição no terreno, a conservação dos recursos naturais e as questões ecológicas devem ser de responsabilidade do arquiteto. Hoje, os arquitetos que projetam um prédio, digamos, em Londres, provavelmente irão especificar materiais que têm de ser transportados de vários países da Europa ou de ainda mais longe, em vez de adaptar o *design* para o uso de materiais e equipamentos que podem estar mais facilmente disponíveis, próximos ao local, ou pelo menos dentro do Reino Unido.

O trabalho de Vitruvius será examinado de forma mais extensa à frente, mas nesse ponto é suficiente dizer que no formidável livro mencionado acima ele dizia que o arquiteto/engenheiro deve estudar cuidadosamente as características do clima, da geografia, da topografia, dos ventos que predominam e a posição com relação aos pontos cardeais de uma localidade antes de, finalmente, escolhê-la para construir um prédio ou uma cidade. Isso inclui a observação da flora e da fauna locais, não apenas para tomar notas de hábitos e comportamentos associados com os quatro elementos — terra, ar, fogo e água — mas também para respeitar fielmente os "métodos dos tempos antigos" (no caso, antes de dois mil anos atrás!). Vitruvius cita um método "dos tempos antigos" para testar a água e a qualidade do solo para plantio numa área potencialmente destinada à construção de uma cidade: um ou dois animais que se alimentavam da região eram mortos, suas entranhas retiradas e, pelo exame do coração, dos rins, do fígado e do pâncreas, aprovava-se ou condenava-se a saúde e as qualidades do solo (analisar entranhas pode parecer feitiçaria, mas na verdade faz sentido).

O guia de instruções de Vitruvius sobre os critérios para se determinar a adequação de um local para erguer uma cidade determina:

> Primeiro, escolhe-se um local muito saudável. Deve ser alto, nem nublado nem com geada, com um clima nem quente nem frio, mas temperado; além disso, sem pântanos nas redondezas. Porque se as brisas da manhã que sopram em direção à cidade no alvorecer trouxerem vapores dos pântanos e, misturados a eles, o hálito venenoso das criaturas que os habitam, tudo lançado nos corpos dos habitantes, elas tornarão o local insalubre... Essas alternâncias entre calor e frio intensos são prejudiciais às pessoas que vivem em locais assim[6] (um exemplo da versão européia do Feng Shui!).

Ele prossegue dizendo que o desenho e o traçado das ruas deve ser projetado de acordo com a qualidade e a direção dos ventos, já que o efeito de ventos frios e úmidos pode ser reduzido observando-se as condições climáticas predominantes. A seguir ele lista as muitas doenças difíceis de se curar em áreas insalubres porque as direções inóspitas dos ventos não foram consideradas na elaboração do traçado das ruas.

Vitruvius cita o triste caso de uma cidade chamada Old Salpia, erguida num local inadequado e insalubre:

> Ano após ano havia doenças, até que finalmente os atormentados habitantes levaram uma petição pública a Marcus Hosilius e fizeram com que ele concordasse em encontrar um local melhor para onde remover a cidade. Sem demora, ele procedeu à mais cuidadosa investigação, e logo adquiriu uma propriedade perto do mar, num lugar saudável, e pediu permissão ao senado e à população de Roma para transportar a cidade. Ele construiu os muros e espalhou os grupos de casas, entregando uma para cada cidadão por uma ninharia. Isso feito, abriu um caminho de um lago até o mar e assim fez do lago um porto para a cidade. O resultado é que hoje o povo de Salpia vive num local saudável a uma distância de apenas 6,5 quilômetros da antiga cidade.[7]

Eis aí um exemplo animador de autoridade que escutou o povo, prestou atenção e tomou uma atitude a respeito.

Cada local possui suas características particulares determinadas pelo clima, topografia, flora e fauna, composição da camada superficial do solo, estrato de formação rochosa abaixo, minerais subterrâneos e água, além do efeito específico das forças terrestres e cósmicas, como o magnetismo e outras radiações, que podem variar de potência num espaço de poucos metros. O Physic Gardens of Chelsea e a casa de Henrique VIII foram erguidos naquele local específico porque descobriu-se que ele tinha um microclima saudável especialmente adequado para as plantas. A decisão não foi tomada a partir de forças do mercado ou disponibilidade do local.

"Sentir as energias da terra e os sons, provar e cheirar a paisagem natural do ambiente, observar a essência intrínseca da região, das pessoas e da vida selvagem nativas e usar a intuição, assim como a consciência, devem ser procedimentos padrão ao se escolher um local. Com que freqüência, na nossa cultura ocidental, um planejador urbano, arquiteto ou engenheiro visita um terreno potencial de uma construção para analisar a harmonia, o equilíbrio e a salubridade dele? Às vezes até mesmo a posição diante dos pontos cardeais e a paisagem são desprezadas, considerando-se apenas as dimensões físicas, conferidas de acordo com um mapa da região para garantir que a localização e os limites do terreno estão corretos. Os órgãos do governo e seus planejadores urbanos, que selecionam os locais para novas cidades e condomínios residenciais, parecem prestar pouca atenção às qualidade naturais e à salubridade. Mesmo deixando-se de lado o estrato subterrâneo, o magnetismo terrestre e as propriedades naturais menos conhecidas do local, pouca atenção é dispensada às condições ambientais que podem ser vistas, cheiradas, tocadas, provadas e ouvidas. No século XX, tornamo-nos ultradependentes da tecnologia da engenharia moderna para fornecer infra-estruturas urbanas como sistemas de transporte para alimentos e bens, redes de canos, cabos e dutos para o suprimento de energia e água e para o despejo de esgoto. É isso tudo o que precisamos para chegar a uma qualidade de vida saudável e espiritualmente elevada? Se os arquitetos e médicos fossem capazes de se comunicar uns com os outros na mesma linguagem, haveria um grande avanço em seu entendimento a respeito de como evitar o agravamento das ameaças à saúde no meio ambiente construído.

Legado megalítico

A generosidade com que a natureza nos brindou leva a um senso profundo de respeito, reverência e culto à Terra e aos céus. A tradição da Terra Sagrada dos índios navajos, nativos da América do Norte, remonta ao sistema de crenças da era megalítica segundo o qual a Terra era a mãe, o céu era o pai e o trovão o chamado entre eles, com seu casamento produzindo a fertilidade e a abundância do solo. A "morte" do Sol no fim da tarde e seu "renascimento" na manhã seguinte era uma metáfora para o ciclo do renascimento e transformação. Montanhas, rochas, rios e árvores eram imbuídos com força vital, poder e estados de espírito que personificavam uma forma feminina ou masculina de energia. O princípio feminino representava fluidez, escuridão, cores suaves, receptividade e intuição; o masculino representava solidez, brilho, cores quentes e racionalidade, e em diferentes culturas eles eram simbolizados por Mãe e Pai, Lua e Sol, Yin e Yang, Shakti e Shiva, Sirius e Osíris.

A idade da pedra neolítica marcou o início do período no qual passamos por uma significativa mudança: de caçadores nômades, que se reuniam esporadicamente, transformamo-nos em fazendeiros estabelecidos na terra. Análises de isótopos estáveis dos hábitos alimentares indicam que essa mudança para formar comunidades agrícolas assentadas, com a domesticação de animais, ocorreu num período relativamente curto de cerca de duzentos anos. Sobrevivência, vida, fertilidade, morte e imortalidade sempre foram os temas fundamentais do ser humano; as poderosas forças da natureza — vento e água — podiam destruir ou fazer vicejar as colheitas e as pastagens. Para viver em harmonia com o ambiente, tornou-se imperativo imaginar meios de medir o tempo, prever as mudanças de posição do Sol, da Lua, dos planetas e das estrelas, aparentemente imóveis no mesmo lugar, e ainda seguir a grandiosa natureza cíclica das forças cósmicas que afeta as estações e o clima.

Os corpos celestes liberam energias, vibrações, forças magnéticas e gravitacionais, entre outras, que variam de acordo com os seus movimentos e com as posições relativas da Terra. Os padrões de interferências estabelecidos por sua justaposição, em qualquer momento, criam reações positivas e negativas em todos os seres vivos. Essas reações, assim como o DNA, permite que se faça previsões sobre ações ou acontecimentos prováveis de acontecer. As previsões astrológicas precisas dependem do conhecimento minucioso sobre as posições e os movimentos dos corpos celestes em qualquer momento que se queira. O megalítico e outras culturas terrestres construíram estruturas colossais, como Stonehenge, com finalidades astrológicas, para prever a época mais vantajosa de semear e colher suas plantações. Os índios norte-americanos lançam as sementes num determinado alinhamento com o norte magnético para maximizar o valor nutritivo e o tamanho da colheita. Em *Secrets of the Soil*, Marua Thun, uma pesquisadora agrícola do governo alemão, fornece dados sobre o resultado do cultivo de plantas relacionado com a oposição, a trajetória e a conjunção dos planetas. Nodos (intersecções de órbitas), ocultações (quando um corpo passa em frente de outro) e eclipses totais (escuridão) são desfavoráveis para as atividades de semear e plantar, e descobriu-se que em dias de nodo há uma significativa elevação estatística dos acidentes de trânsito[8] (os efeitos das fases da Lua na pecuária foram estabelecidos por Rudolf Steiner: "Se um touro cruza com uma vaca num dia de nodo, ou a vaca não emprenha ou o bezerro nasce com características indesejáveis"). As práticas agrícolas antigas indicam que os povos do passado sabiam muito bem quais as melhores épocas para colher e semear, e esse conhecimento ainda é levado em conta em muitas partes do mundo por fazendeiros não industrializados.

Em 1967, o professor de engenharia aposentado Alexander Thom, um escocês, publicou os polêmicos resultados de suas cuidadosas pesquisas sobre os muitos sítios megalíticos na Grã-Bretanha.[9] Embora o formato de muitos dos círculos de pedra, incluindo Stonehenge, tenha sido alterado e um pouco dilapidado, Thom descobriu que as pedras foram dispostas com grande precisão e sua distribuição no solo foi baseada em cálculos geométricos e pormenores preciso do círculo, da elipse e dos triângulos de Pitágoras, tudo para mostrar alinhamentos astrológicos altamente complexos, o que mais tarde foi confirmado pelo astrofísico professor Fred Hoyle. Uma medida de distância, a "jarda megalítica", também introduzida pelo professor Thom, mostrou ter o mesmo tamanho básico daquela usada para erguer as pirâmides, igualmente construídas com extraordinária precisão geométrica e astronômica.

As descobertas do Dr. Gerald Hawkins, autor de *Stonehenge Decoded*, publicado mais ou menos na mesma época, concluíram que os Aubrey Holes[10] em Stonehenge formam um eclipse perfeito, marcando o ciclo lunar de 56 anos.[11] Isso também foi confirmado por Hoyle. As 56 vigas da colunata representam o número necessário para sinalizar o ciclo de 28 dias da Lua relacionado às características do clima, das estações e das marés. Saber a hora do dia era relativamente simples, observando-se o prolongamento das sombras formadas pelo Sol, mas construir na idade da pedra um "instrumento" capaz de conciliar os treze meses lunares, os meses de 28 dias, o ciclo de quatorze dias das fases da lua, os sete dias da semana, as quatro estações, os 365 dias da volta do Sol, assim como marcar as épocas de solstício e equinócio e o movimento planetário, isso é uma obra de geometria altamente complexa e sofisticada (ossos escavados da idade da pedra, de cerca de 30.000 a.C., tinham marcas seqüenciais representando um sistema de contagem de números correspondente aos treze ciclos lunares).

Adquirir o conhecimento para construir Stonehenge e outros círculos de pedra com tão extraordinária precisão, e com esses objetivos, certamente foi resultado de observação paciente e raciocínio meticuloso durante um enorme período de tempo. Modernos programas de computador, como o Skyglobe e o Redshift, mostram as mudanças na disposição das constelações projetando-as para milhares de anos atrás, permitindo aos pesquisadores atuais entender a profunda engenhosidade e a capacidade intelectual de nossos ancestrais que planejaram o desenho e a construção das estruturas da idade da pedra. Se Stonehenge é tão avançado quanto imaginam muitos pesquisadores, ele antecede, por várias centenas de anos, os babilônios, que segundo a visão ortodoxa teriam fundado a astronomia sofisticada em cerca de 2000 a.C.

O astrólogo Alan Butler acredita que os povos do megalítico sabiam claramente que a Terra era uma esfera, e tinham o conhecimento para calcular com precisão sua circunferência baseados na jarda megalítica do professor Thom, aparentemente criada por volta de 3500 a.C. Em seu livro *The Bronze Age Computer Disc*, Butler explica como ele desvendou o segredo escondido nas inscrições do disco de Faistos, descoberto há cerca de cem anos no palácio minóico de Faistos, em Creta. O disco, que remonta a cerca de 2000 a.C., tem em uma face 31 compartimentos de desenhos em espiral, compreendendo 123 símbolos compostos de 37 pictogramas, e no outro lado tem 119 símbolos dos mesmos 37 pictogramas. Depois de muitos anos de estudo, Butler concluiu que o disco é um calendário calculado, baseado num sistema minóico que usa um círculo de 366° para combinar as medidas de tempo e distância.[12] Ele também analisa a hipótese elaborada nos anos 30 pelo pesquisador francês Xavier Guichard, segundo a qual os megalíticos desenvolveram uma série de linhas de latitude e longitude, bastante parecidas com as que usamos hoje em nossos mapas, e semelhantes linhas ley de Alfred Watkins, usadas para criar uma espécie de "bússola" para a navegação.[13]

Nossos livros de história atuais nos dizem que os astrônomos renascentistas do século XVI Copérnico e Galileu foram os primeiros a declarar que a Terra se movia em torno do Sol, e que o grego Eratóstenes (276-194 a.C.) foi o primeiro a calcular a circunferência da Terra (desde então provou-se que ele errou por apenas mil quilômetros). Mesmo assim, os povos do megalítico não poderiam ter desenvolvido sua sofisticada astronomia se não soubessem que a Terra era redonda e que o sistema solar era heliocêntrico e não geocêntrico. Também fica claro que os povos antigos que ergueram milhares de construções de pedra, incluindo Stonehenge, as pirâmides e os templos egípcios, quase certamente conheciam a geometria dos triângulos de Pitágoras e a Golden Section (veja o capítulo 9, página 243) pelo menos dois mil anos antes de Pitágoras nascer. Os gregos antigos tratavam essas construções geométricas como "sagradas" — segredos bem guardados da sabedoria esotérica.

As opiniões de Robin Heath expressas em seu livro *Sun, Moon and Stonehenge*[14] são bem sustentadas por um trabalho anterior, publicado em 1982, chamado *Time Stands Still*, um livro brilhante e lindamente ilustrado sobre cultura neolítica escrito pelo arquiteto e filósofo professor Keith Critchlow.[15] O autor mostra fotografias de pedras de granito no neolítico, do tamanho de um melão pequeno, entalhadas de modo a formar uma série de simetrias matemáticas regulares conhecidas como os doze Sólidos Platônicos, como o tetraedro, o icosaedro e o dodecaedro (veja o capítulo 9, página 252). Acreditava-se que esses objetos de pedra precisamente geométricos eram usados como uma ferramenta de estudo. Eles deixam claro que a matemática tridimensional era realmente conhecida há pelo menos mil anos, ou mais, antes de Pitágoras ou Platão nascerem. O professor Critchlow encontrou as pedras num museu da Escócia onde elas estavam expostas como sendo antigos exemplares de balas de canhão! O único outro local onde ele viu algo remotamente semelhante foi no British Museum, entre as antiguidades egípcias. Critchlow diz:

> Aqui temos a pedra mais dura encontrada na Escócia sendo escolhida para criar belas simetrias matemáticas aparentemente sem nenhum uso utilitário! É esse último aspecto dos objetos que tem intrigado os arqueólogos até hoje. No entanto, sua própria existência demonstra o grau de conhecimento da matemática que a velha escola da arqueologia ainda reluta em atribuir aos povos neolíticos. Acreditamos que eles podem ser levados em consideração, de forma demonstrável, para reforçar os cálculos

e as teorias de Thom, tão tardiamente aceitas pela maior parte da fraternidade arqueológica. O estudo dos céus, afinal de contas, é uma atividade planetária, que necessita de conhecimento das coordenadas planetárias. Se os habitantes neolíticos da Escócia construíram Maes Howe[16] antes de os antigos egípcios construírem as pirâmides, por que eles não poderiam estar estudando as leis das coordenadas tridimensionais? Não é mais que uma simples coincidência que Platão, assim como Ptolomeu, Kepler e Al-Kindi,[17] tenham atribuído significados cósmicos a essas figuras?[18]

O imaginário popular considera que os povos megalíticos que moravam no território onde hoje é a Grã-Bretanha e na Europa continental eram formados por pessoas inativas, voltadas para a terra, simples e relativamente primitivas que, afinal, foram "civilizadas" pelas correntes migratórias contínuas da cultura do Oriente Médio, onde a "civilização" teria começado. No entanto, como vimos, os monumentos neolíticos — pedras e círculos — são encontrados fora das fronteiras européias, através do Oriente Médio e até mesmo na Ásia. Para surpresa de muitos historiadores e arqueólogos eminentes, um círculo de pedras de doze metros de diâmetro foi desencavado em Miami, Flórida, em 1999. Os arqueólogos locais compararam as pedras esculpidas a um Stonehenge em miniatura, e investigações preliminares confirmaram que seu formato elíptico tinha de fato alinhamentos celestiais. Cálculos matemáticos feitos com outras cavidades encontradas fora do círculo principal resultaram em evidências suficientes de que a estrutura era um observatório astronômico, calendário ou registro de efemérides. A opinião geral é de que o círculo foi construído entre dois mil e três mil anos atrás pelos maias, quando sua civilização se espalhou ao norte da América Central.

A crença popular de que a história da América começou com a chegada dos europeus ignora as evidências arqueológicas de que há dez mil anos os povos nativos pré-históricos formavam uma sociedade neolítica altamente elaborada. Estudos recentes feitos no Brasil pelo biólogo Walter Neves, do laboratório de Evolução Humana da Universidade de São Paulo, mostram que seiscentos esqueletos que foram escavados têm mais de doze mil anos e as estruturas dos ossos e dos dentes são completamente diferentes daquelas dos índios nativos da Amazônia.[19] Outras habitações e ferramentas encontradas em 1997 em Monte Verde, no Chile, datam de pelo menos 12.500 anos atrás e as características dos esqueletos confirmam a teoria de que esse povo migrou da Ásia e da Sibéria através do gélido Estreito de Bering para ocupar tanto a América do Norte quando a do Sul.[20]

Sem dúvida, os povos do megalítico eram viajantes formidáveis. Múmias pré-históricas, descobertas em diversos sítios na bacia do Tarim, no oeste da China, datam de três mil a quatro mil anos atrás. O livro *The Mummies of Urumchi*, de Elizabeth Wayland Barber, relata a descoberta, no mesmo túmulo, das múmias de um homem de dois metros de altura e de três mulheres, uma delas de 1,82 metro e envolta nos tecidos coloridos usados pelos celtas pré-históricos da Europa central. Mais extraordinários eram seus traços europeus, caucasianos: cabelos marrom-claro, ruivos ou loiros, olhos redondos e nariz longo e fino. Os túmulos também continham feixes com ramos de efedra, que produz o efeito da *cannabis* ou do ópio, e que já haviam sido encontrados em túmulos do neanderthal com cinqüenta mil anos de idade.[21]

Os Vedas (palavra do sânscrito que significa "conhecimento divino"), que segundo cálculos têm oito mil anos, são provavelmente o mais conhecido registro de sabedoria antiga baseada nos ensinamentos espirituais orais da Índia. Os Vedas são compostos de quatro partes principais, uma das quais — o Rig Veda — refere-se a um período ainda mais antigo e fala do conhecimento sobre ciclos da astronomia e do tempo que sugere uma época, em algum ponto da pré-história, em que uma civilização avançada extinguiu-se de forma abrupta por causa de um cataclismo. Muitas culturas, espalhadas por todo o planeta, têm como parte de seu folclore uma história sobre uma grande inundação e um mito sobre a criação. Seriam conteúdos do inconsciente coletivo da psique humana ou teriam correspondência no mundo real? Sem dúvida ainda se irá discutir e pesquisar muito a possível existência de uma "Era do Ouro" antes de começar a Era do Gelo, mas vários mistérios continuam à espera de uma solução. Stonehenge, as grandes pirâmides do Egito, as relíquias de pedra do megalítico da América do Sul e milhares de outras foram construídas com detalhamento, precisão e conhecimento de matemática, geometria e astronomia espantosos — e mesmo assim não há uma "história" que registre esse desenvolvimento intelectual.

Mestres da geomancia

Através das eras, curadores/sacerdotes e construtores hábeis têm estado permanentemente atentos aos campos magnéticos da Terra, à distribuição da rede global e às zonas de *stress* geopático. Os estratos subterrâneos, as correntes de água, as características naturais da paisagem, a flora, a fauna, os ventos principais e a posição diante dos pontos cardeais são analisados e levados em consideração para garantir que a localização e o projeto de uma construção — seja ela uma moradia humilde, um palácio majestoso ou um templo de oração — proporcionem as influências mais harmoniosas possíveis para a saúde e a prosperidade de seus ocupantes. As culturas mais antigas tinham um entendimento profundo das características e do comportamento da natureza e, em muitas partes do mundo, elas desenvolveram seu próprio conjunto sistemático de regras e diretrizes para criar condições ambientais afinadas com a natureza e com as forças cósmicas. Conhecidas hoje pelo nome de geomancia, essas regras indicavam a localização e a posição mais favoráveis e benéficas para uma construção. Elas davam indicações sobre ventilação, espessura das paredes, o solo mais seguro para fundações, a aparência mais saudável para a residência e os métodos para prevenir doenças devidas aos ventos frios que sopram do norte. Essas "leis" podem ser encaradas como um conjunto altamente sofisticado de preceitos de construção, semelhante às nossas modernas regulamentações municipais e de saúde pública sobre o assunto, exceto pelo fato de que elas vão muito além dos aspectos meramente práticos e físicos de se erguer um imóvel, levando em consideração também toda a série de campos sutis de energia que nos afetam mental e espiritualmente. Esses preceitos também incluíam instruções abrangentes sobre a localização correta para os túmulos dos ancestrais e a posição do corpo que garantisse uma passagem segura para a próxima vida — uma prática espiritual equivalente às cerimônias de filosofia religiosa e de sepultamento de muitos povos antigos.

As principais tradições sacerdotais do megalítico do norte da Europa foram passadas para os egípcios e culminaram nas escolas esotéricas da Grécia e de Roma, prosseguindo com os celtas e até os dias de hoje. Os ensinamentos eram a base dos princípios fundamentais da escolha do local, do desenho e da construção da magnífica arquitetura dos períodos egípcio, grego, romano e gótico, incluindo as grandes construções do Islã no Oriente Médio e na Índia. Seja qual for o estilo, período ou função, esses antigos princípios, que determinam a integração e a cooperação com as energias naturais e a ordem cósmica, ainda são praticados de forma mais ou menos velada em muitas partes do mundo.

Vestígios da tradição da Europa ocidental sobreviveram à opressão do Cristianismo e à extinção do paganismo céltico e, embora pareça que nunca houve um sistema codificado abrangente, como as formas de geomancia encontradas na China e na Índia, existe uma abundância de textos de Pitágoras, Platão, Vitruvius e outros, até os dias de hoje, disponíveis para todos os interessados em seu estudo e utilização. A pouco conhecida tradição geomântica celta foi pesquisada e bem documentada por Nigel Pennick em seu livro *Earth Harmony*.[22]

Sistemas orientais similares são conhecidos na China como *Feng Shui*, como *Dai Ly* no Vietnã, *Yattana* em Burma e, na Índia, como *Vastu Shastra* (*Vastu* = casa, *Shastra* = ciência ou tecnologia, ou seja, a ciência de construir uma casa).[23] Embora se considere que a antiga tradição celta e o Vastu Shastra precedem o Feng Shui, todos são baseados nos mesmos princípios, mas nenhum é tão conhecido e divulgado como o sistema chinês.

A Índia tem uma longa história impregnada das ciências da física, da química, da astronomia/astrologia e do simbolismo. Os fundamentos do Vastu Shastra são os antigos textos hindus sobre a força da vida, conhecida como *Prana*, ou canais de energia. O *prana vital*, que compreende uma malha de 72 mil canais sutis, flui através dos centros principais de poder, chamados *chakras* — rodas ou redemoinhos de luz — e sua qualidade e eficiência determinam a saúde de uma pessoa. O livre fluir do prana, ou sopro da vida, pela paisagem e pelo interior é influenciado pelo local, posição diante dos pontos cardeais, assentamento e formas da construção. Um efeito prejudicial pode ser causado por uma interrupção das linhas de energia geognósticas no terreno, já que isso também pode influenciar a direção e a fluidez do prana. No idioma celta a força da vida é chamada de *Ond*; os japoneses a chamam de *Ki* e os chineses de *Ch'i* ou *Qi* (pronuncia-se "chii"). A soma total das energias da Terra, da radiação cósmica, dos corpos celestes, do ar, da água, das emoções humanas e dos movimentos, e de todo o mundo natural, é uma força vital transportada pelo vento (*Feng*) e contida na água (*Shui*). No ocidente, encontramos esse mesmo princípio no relato bíblico da criação, no Gênesis: "O espírito (também "sopro" ou "vento") de Deus movia-se sobre a superfície das águas".

Os princípios do Feng Shui

Os mestres da arte e da ciência dos ensinamentos esotéricos eram curadores/sacerdotes altamente treinados. Em nossa cultura ocidental, eles eram conhecidos como *Locator Civitatis*, os celtas os chamavam de *Magos* ou *Xamãs*. Na China eles eram os *Mestres Dragões* — os grandes sacerdotes do Feng Shui.

A tradição do Feng Shui (pronuncia-se "Fãng Sói" em cantonês, ou "Fiung Shoi" em mandarim; uma aceitável pronúncia no Ocidente é "Fãng Shuei", mas nunca "Feng Shúi"!) abrange a agricultura, a arquitetura, a decoração de interiores, a paisagem e a medicina. Ele também reconhece os campos de energia subterrâneos e as correntes positivas. Um texto do século XIV, dedicado à procura do *stress* geopático, menciona as várias doenças associadas a ele. O Mestre Dragão identificaria os pontos de "acupuntura" no solo e usaria alguma coisa — uma estaca ou uma pedra em pé — para atuar como uma agulha e neutralizar a ameaça.[24]

Os princípios do Feng Shui permaneceram virtualmente inalterados por cerca de quatro mil anos. Ele continuou a florescer na China, em Hong Kong, em Taiwan, no Japão e em muitas outras partes da Ásia. Agora, numa forma simplificada, espalhou-se pelos Estados Unidos, pela Europa, pela Austrália e pela Ásia. Quando o regime comunista de Mao-Tse Tung instalou-se na China, em 1949, a prática do Feng Shui foi enfaticamente desencorajada. Ele era considerado uma superstição fora de moda, mas mesmo assim continuou a ser praticado veladamente no país e continua a ser parte da cultura e do modo de vida chinês.

Originalmente, o Feng Shui era uma disciplina sagrada e mantida em segredo, usada para garantir a boa saúde, a riqueza e o poder das dinastias imperiais chinesas. Os guardiões desse conhecimento eram os Mestres Dragões, cientistas e astrólogos altamente respeitados e encarregados de preservar a boa sorte da corte real. Os princípios do Feng Shui eram aplicados mesmo no planejamento urbano, como nas grandes cidades de Pequim, Hanói, Seul e Hong Kong. Os Mestres Dragões tinham um nível profundo de compreensão das relações entre o *Yin* (feminino) e o *Yang* (masculino), necessárias para criar harmonia com a natureza, entre os membros das famílias e nos negócios.

À medida que o *Ch'i* flui através do corpo humano em veias invisíveis chamadas meridianos, ligando os centros de poder (chakras), o *Ch'i* da Terra também flui através das "veias" de energia nas formações do solo e das rochas conhecidas como "Linhas do Dragão" (nossos ancestrais ocidentais pagãos as chamavam de caminhos do Dragão ou da Serpente). Na mitologia chinesa, o dragão é um animal superior, cheio de poderes: o sopro cósmico do dragão — *Shen Ch'i* — e sua cauda têm qualidades revigorantes. O formato característico da cauda deve estar à vista no horizonte quando se projeta uma construção para dotá-la de energia poderosa, e onde quer que se encontre um dragão, aquela outra criatura mítica, o tigre, também estará presente. O "sopro mortal", ou *Sha Ch'i* — as linhas negativas de energia — são uma fonte nociva de perturbação e doenças. O agourento *Sha* pode se acumular em água estagnada, em solos mal drenados ou pode ser transportado em ventos frios e cortantes; ele pode viajar por linhas retas como em canais, trilhos de ferrovias e linhas suspensas de eletricidade ou de telefonia, incluindo as ramificações que levam os fios às casas.

A tarefa do Mestre Dragão é identificar essas forças sutis e desviar, dispersar e neutralizar o *Sha Ch'i* para permitir que a força positiva *Shen* flua e interaja com os ocupantes da casa para lhes trazer coisas boas, saúde e prosperidade. Para conseguir isso, o Mestre Dragão precisa ter uma visão profunda e uma percepção das singularidades da natureza, do espírito e da *alma* de um local ou de uma construção, o que ele consegue praticando a rabdomancia, sentindo, vendo, ouvindo, cheirando e provando tudo o que diz respeito às sutis energias do local e do ambiente onde ele se encontra, seja o imóvel uma casa, um escritório, um hospital, uma escola, uma ponte, um túnel ou uma nova cidade. O centro de energia vibrante, ou núcleo (conhecido na tradição ocidental como *Anima Loci*, ou a alma de um local), é identificado como o coração ou ponto de foco espiritual da propriedade.

Seria tudo isso tolice ou simplesmente bom senso? Pode existir alguma base racional para esses códigos e princípios aparentemente arbitrários ou ligados à superstição? Por que os chineses acreditam que a cor vermelha traz boa sorte? A cor é uma sensação produzida quando a luz de diferentes comprimentos de ondas incide no olho humano. Em nível subliminar, nós reagimos a essas variações vibracionais. Cada cor afeta os nossos sutis centros de poder (chakras) — por exemplo, o vermelho irá aumentar o nosso grau de vitalidade e energia para empreender ações positivas, o que irá criar circunstâncias nas quais a boa sorte pode surgir. A cor do solo é determinada pelo seu conteúdo mineral. Solos brancos e amarelos são ricos em cálcio, potássio, manganês e magnésio, que tendem a possuir propriedades pesticidas. Eles também têm a capacidade de suportar muito peso, e a possibilidade de alagamentos e de ocupação humana apresentam baixo risco. Solos escuros contêm certos minerais e cristais que tendem a expandir-se, têm baixa capacidade de suportar peso, poucas qualidades isolantes com relação à energia solar cósmica e às linhas de fluxo magnético. Solos azuis-escuros são ácidos e, em geral, pouco saudáveis. É claro que essas propriedades do solo e do subestrato talvez se apliquem apenas à China. Vastu Shastra dá um conjunto de cores diferentes para os solos da Índia e, em outros países, as cores que indicam as diferentes propriedades irão mudar novamente. Portanto, os praticantes de Feng Shui devem ter cautela antes de aplicar as "regras" de forma muito rígida, embora os princípios gerais possam ser válidos. Num nível mais palpável, os mestres do Feng Shui têm o cuidado de planejar o "lado certo" para o qual uma porta se abre para um cômodo. De modo semelhante, a maioria das casas ocidentais construídas antes do advento do aquecimento central tinha portas que se abriam de forma a evitar que uma lufada de vento gelado entrasse diretamente no ambiente, ou que o fogo da lareira expelisse fumaça. É tudo uma questão de bom senso.

O fluxo de ar fresco através de um prédio irá diminuir a redução de íons negativos (veja a página 54), estimulando uma sensação de vitalidade; um aquário, fonte ou vaso de flores irá manter a umidade num nível saudável, reduzir a eletricidade estática e proporcionar uma sensação de movimento e vida. A luz do sol da manhã jorrando pela janela desperta o prazer da fluidez da energia benéfica; um ambiente limpo, organizado, livre de papéis que juntam poeira e outras parafernálias evita insetos e bactérias; a disposição cuidadosa e consciente de alguns objetos escolhidos num cômodo pode ser uma lembrança constante da ordem do mundo natural a nosso respeito. Quando ficamos atentos à nossa interação com a natureza e com os ritmos da vida, a nossa vitalidade aumenta e somos conduzidos a um estado mental positivo e organizado que, num nível sutil, afeta os nossos processos de pensamento e sentimentos de otimismo. Isso pode explicar aquelas pessoas "tratadas" pelo trabalho dos Mestres Dragões e que mais tarde experimentam grandes viradas na vida que alteram sua saúde, sua prosperidade e seus relacionamentos. Sem dúvida, uma casa limpa, organizada, bem arrumada, posicionada de forma a receber boa luz natural e ar, com cores harmoniosas, irá criar um ambiente de *stress* reduzido da mesma maneira que as plantas crescem ou murcham dependendo da qualidade do solo e das condições climáticas — vento, água, luz solar e mudanças de estação.

Antes de o projeto do arquiteto britânico Lord Norman Foster para a nova sede do Hong Kong Shangai Bank, em Hong Kong, ser apresentado ao conselho da diretoria, ele teve que ser examinado e aprovado pelo Mestre Dragão do banco, que fez uma série de mudanças destinadas a evitar detalhes indesejáveis. Os arquitetos tiveram que fazer as mudanças de acordo com as instruções dele. Por ironia, naquela época, o edifício era o mais avançado do mundo sob o ponto de vista tecnológico e de controles eletrônicos, e mesmo assim aspectos do traçado geral tiveram que ser alterados para se adaptar a princípios formulados há quatro mil anos!

Os céticos podem considerar o Feng Shui como o tipo do capricho exótico e ingênuo do dono de um imóvel, mas deve-se ter em mente que quando Hong Kong era um protetorado britânico, sujeito às leis do Reino Unido, os direitos de uma propriedade de seguir o Feng Shui eram legalmente protegidos e aplicados de forma semelhante ao que ocorre com a Lei de Direito à Luz britânica ou a Lei de Direito ao Ar americana. Se, por exemplo, um prédio recentemente construído ou um poste de eletricidade interferia negativamente com o Feng Shui de um imóvel já existente, o dono poderia entrar com um processo por danos e as cortes determinavam uma indenização.

Feng Shui no Ocidente

O Feng Shui floresceu por séculos na Ásia, mas só ganhou notoriedade no Ocidente a partir dos anos 90. Hoje, nos Estados Unidos, no Reino Unido, na Europa e na Austrália, ele não apenas é tema de conversas coloquiais como está presente nas agendas de negócios. Novos praticantes no Ocidente são solicitados por proprietários de imóveis, comerciantes, motoristas de táxi, donos de restaurantes, pequenos empresários e firmas multinacionais na esperança de que, por meio da decoração, da distribuição de objetos e das "correções" apropriadas, eles atraiam influências benéficas e tragam saúde, prosperidade e harmonia para seu cotidiano em casa e no trabalho. Alguns homens de negócios ocidentais usam o Feng Shui esperando que ele lhes dê vantagens sobre a concorrência; outros se preocupam com os seus funcionários e experimentam qualquer inovação para melhorar as condições de trabalho; há também os que se sentem obrigados a usar o Feng Shui como uma deferência a seus clientes asiáticos. Sem dúvida, um bom ambiente de trabalho, numa atmosfera de bem-estar e boa vontade produz uma sensação de prosperidade e pode encorajar os funcionários a permanecer fiéis à empresa. Entre as firmas que enfrentaram zombarias vindas de alguns setores e admitiram abertamente o uso do Feng Shui estão a British Airways, a BUPA, a Orange, a Virgin Airlines e a Virgin Megastores, o Bank of England, o Hong Kong Shangai Bank Corporation, Marks & Spencer e muitas outras na Grã-Bretanha e nos Estados Unidos. Outras empresas foram mais longe e adotaram a prática asiática dos exercícios de *Tai Ch'i* para seus funcionários.

A credibilidade que as grandes corporações de negócios ocidentais deram ao Feng Shui somou-se à popularidade que ele alcançou entre celebridades como a família real britânica, os atores, os astros de cinema e da música *pop*, além da enorme exposição na mídia e de uma grande quantidade de livros, revistas e palestras. Toda essa onda de interesse gerou vários autoproclamados "Mestres Dragões", muitos dos quais se colocaram na posição de especialistas depois de freqüentar um *workshop* num fim de semana ou ler dois ou três livros sobre o assunto. Esse amadorismo pode resultar em conselhos inadequados ou inúteis em função da falta de experiência, de profundidade de conhecimento ou de uma interpretação excessivamente rígida das "regras", que muitas vezes não se aplicam às condições do Ocidente.

Para se tornar um Mestre Dragão, uma pessoa deve estar preparada para se dedicar a vários anos de estudos contínuos sob a tutela de professores especializados. Os arquitetos no Vietnã precisam passar por cursos extensivos de treinamento antes de se tornarem profundos conhecedores dos fundamentos, mas, no Ocidente, nossa demanda por tudo o que é prático e rápido encorajou um alto grau de charlatanismo e de equívocos sobre a profundidade da sabedoria do Feng Shui. Mesmo assim, a crescente popularidade e o interesse pelas práticas podem representar uma significativa contribuição para a consciência geral a respeito dos ambientes que nos cercam, da natureza e das forças sutis que afetam a nossa mente, a nossa saúde e o nosso bem-estar.

Existem, é claro, profissionais bem-estabelecidos que passaram por treinamento com especialistas. Alguns arquitetos ocidentais já são peritos em Feng Shui e usam os seus princípios como parte integrante de seus projetos; outros têm sido instruídos por seus clientes a aceitarem as recomendações de um Mestre Dragão como parte da elaboração do projeto. Embora a adesão rígida ao Feng Shui possa ser frustrante e, em muitos casos, inadequada para aplicação no Ocidente, considerar os elementos de ordenação e disciplina pode produzir uma influência moderadora e um aprofundamento da consciência que levam a soluções melhores e mais criativas. Arquitetos contemporâneos que não têm preparação, experiência ou interesse na disposição de móveis, cores, portas e posicionamentos podem muito bem se beneficiar da disciplina e ser mais atentos à posição de um prédio diante dos pontos cardeais e como ela influi no espírito e na singularidade do ambiente natural. É melhor trabalhar com algum tipo de conjunto de diretrizes do que sem qualquer tipo de fundamento para a decoração.

Gerações de curadores/sacerdotes, geomantes e mestres construtores — ancestrais dos atuais arquitetos — ensinaram e praticaram as sabedorias acumuladas em nossa própria e rica herança de geomancia, metafísica, ensinamentos místicos e literatura. Hoje, esses aspectos mais esotéricos do desenho não são mais parte integral dos currículos de nossas escolas de arquitetura. Na verdade, nem sequer são mencionados. Como conseqüência, os arquitetos modernos têm muito pouco ou nenhum conhecimento do uso prático dos princípios fundamentais que criaram não apenas as grandes construções religiosas, como Stonehenge, as grandes pirâmides, as catedrais, as mesquitas e os templos, mas também a arquitetura secular. Esses princípios fundamentais do desenho são comuns a todos os períodos e estilos arquitetônicos.

Em contraste com o desdém dos profissionais de arquitetura por esses ensinamentos básicos, o interesse do público em geral pela geomancia e pela sabedoria do passado impulsionou a popularidade do Feng Shui no Ocidente. No final das contas, parece bem melhor consumir uma tradição importada do Oriente do que permanecer sem contato nenhum com a consciência ambiental ou holística. Enquanto isso, nossos arquitetos, engenheiros e planejadores urbanos não apenas ignoram a nossa própria sabedoria cultural como continuam a projetar e erguer casas, escolas, escritórios e hospitais sem pensar no elemento humano — sabe-se que muitas dessas construções estão na raiz de várias doenças.

Medicina holística

No século I a.C., Vitruvius escreveu que "um arquiteto deve ter conhecimentos de medicina por causa das questões do clima, do ar, da saúde e da insalubridade dos locais e do uso de diferentes tipos de água. Porque sem estar atento a esses fatores, não se pode assegurar que uma habitação seja saudável".[25]

Será que os arquitetos do século XXI também dispõem de conhecimentos de medicina? É provável que a maioria responda a essa pergunta com um sonoro "Não". Eles irão argumentar que as leis de saúde pública e os rígidos códigos de construção garantem a qualidade dos prédios modernos, sua adequação aos ventos e ao clima, sua ventilação ou sistema de ar condicionado eficientes e a proteção contra insetos daninhos. Portanto, garante-se um ambiente limpo e saudável. Quanto à água, o suprimento de combustível e o esgoto, em geral há encanamentos subterrâneos prontos para serem conectados com o prédio. O que mais se pode precisar? Os médicos tendem a concordar com o fato de que a medicina moderna é tão especializada, segmentada, tecnicamente evoluída e orientada para os remédios e as cirurgias que eles mesmos têm dificuldade em entender os procedimentos adotados por seus colegas ou mesmo sobre o que eles estão falando. Mas, aparentemente, esses argumentos plausíveis não respondem uma questão fundamental: por que, apesar dos avanços da tecnologia e da massa de informações disponíveis, as novas cidades, propriedades e prédios da segunda metade do século XX freqüentemente se tornam fontes de doenças e distúrbios de convivência?

Através da história, a arquitetura e a medicina se desenvolveram em linhas paralelas: o curador/sacerdote/mestre construtor dos tempos antigos é a origem da qual as duas profissões derivaram e, até um passado mais recente, ambas as profissões mantinham afinidades próximas, gerando inclusive a velha piada: "Qual a diferença entre o médico e o arquiteto?" Resposta: "Os médicos enterram os seus erros, os arquitetos só podem cobri-los com plantas ornamentais!"

No entanto, mesmo hoje as semelhanças se mantêm. As duas profissões exigem um curso de preparação de cinco anos em período integral, mais dois anos de experiências práticas antes da qualificação final; ambas podem ser classificadas como arte e ciência, ambas proclamam que seus objetivos principais são a saúde, o bem-estar, o conforto e a felicidade da humanidade, e ambas, talvez de forma justificável, reclamam que são sobrecarregadas pela burocracia, pelas leis e pela administração. A arquitetura e a medicina se tornaram altamente dependentes de tecnologias avançadas e equipamentos eletrônicos, e ambas introduziram técnicas, materiais sintéticos e certas drogas "miraculosas" antes que seu impacto nos seres humanos tenha sido corretamente testado e avaliado. Hoje, porém, talvez a grande semelhança entre as duas profissões é que nenhuma demonstra compreender a natureza holística dos seres humanos e a interação básica dos sutis sistemas de energia do corpo e das forças vitais com o ambiente natural.

Desde a revolução industrial, nossa obsessão com o materialismo e nossa insistência em "provas" científicas levaram ao conceito atual do que é "realidade" ou "o mundo real". O que hoje percebemos como realidade seria mais adequadamente definido como a *circunstância objetiva* do mundo físico da matéria, enquanto a realidade implica uma *condição de existência*, ou seja, a interpretação básica de alguém, e também suas experiências, do mundo exterior e do mundo interior, que não necessariamente são iguais para todo mundo. Há uma realidade factual, física, mas na esfera metafísica, oculta, existe uma infinidade de realidades. "Na casa de meu Pai há várias moradas", diz elegantemente São João ao expressar sua visão mística dos vários níveis de realidade. Os conceitos de buracos negros, de universo multidimensional, a vastidão e a quantidade de galáxias, o tempo não-linear e o infinito podem ser tão incompreensíveis e inescrutáveis quanto as noções de purgatório, paraíso e eternidade da alma. Quanto à definição de realidade, nosso dilema foi resumido por Einstein em *A Evolução da Física*:

> Os conceitos físicos são criações livres da mente humana, e não são, por mais que assim pareçam, determinados unicamente pelo mundo exterior. Em nosso esforço para compreender a realidade, somos mais ou menos como um homem tentando entender o mecanismo de um relógio selado. Ele vê o mostrador e os ponteiros se movendo, até mesmo escuta o *tique-taque*, mas não tem meios para abrir a caixa do relógio. Se ele for inteligente, será capaz de visualizar um mecanismo responsável pelas coisas que ele observa, mas nunca terá certeza de que o mecanismo que imagina é o único capaz de explicar o funcionamento do relógio. Ele nunca será capaz de comparar o mecanismo que visualiza com o mecanismo real, e não pode sequer imaginar a possibilidade ou o significado dessa comparação.[26]

Corpos sutis

Embora não contassem com a nossa tecnologia científica de hoje, os ensinamentos dos curadores/sacerdotes mostram que de alguma forma eles tinham conhecimentos das realidades não-visíveis: eles conheciam os centros de poder no corpo humano e podiam controlar esses campos de energia. O biólogo Dr. Rupert Sheldrake chama a essa força vital que cerca todas as matérias vivas e inertes de "campo morfogenético". Em seu livro *A New Science of Life*, ele declara: "Pode-se fazer uma analogia rudimentar com as "linhas de força" de um campo magnético em torno de um ímã. Essas estruturas espaciais são reveladas quando partículas capazes de serem magnetizadas, como as limalhas de ferro, são colocadas nas proximidades do ímã. Apesar disso, pode-se considerar que o campo magnético existe mesmo quando as limalhas de ferro estão ausentes; da mesma maneira, o campo morfogenético ... existe como uma estrutura espacial".[27]

Uma técnica fotográfica desenvolvida há cerca de trinta anos por um casal russo, os Kirlians, produz uma imagem de ondas de alta freqüência, tornando o campo de energia (ou aura) graficamente visível. Eles chamaram a isso de "corpo de bioplasma" e o compararam ao fenômeno das luzes brilhantes do norte na aurora boreal. Uma "fotografia Kirlian" é uma imagem congelada das linhas irradiadoras de energia que emanam, digamos, da mão de uma pessoa, ou da folha de uma planta, mostrando uma clara diferença entre as folhas e sementes saudáveis e aquelas que estão se decompondo ou foram expostas à radiação.

Uma invenção mais recente, de outro russo, o professor Dr. Konstantin Korotkov, é um instrumento — chamado GDV — que, acoplado a um computador pessoal, processa e imprime uma "fotografia" da descarga de gás produzida pelo campo elétrico em torno de um objeto, revelando uma série de informações diagnósticas como alimentação, remédios e fatores ambientais. Afirma-se que a técnica dos campos de energia também pode revelar o modo como uma pessoa morreu — se por choque, trauma, suicídio ou causas naturais.[28]

O conceito da Antiguidade, segundo o qual o corpo físico é envolto por um espectro de sutis campos de energia, tem sido a base de ensinamentos espirituais por todo o mundo. Estátuas, pinturas e desenhos dos santos e outros luminares do cristianismo, do budismo, do sufismo e do hinduísmo mostram todo o corpo da entidade ou apenas a cabeça envolta por uma aura ou halo de energia brilhante — a luz de uma pessoa divina. Nós, simples mortais, também somos cercados por sutis campos de energia, embora não tão claros e brilhantes como os daqueles místicos que são seres plenamente realizados. Como ensina o antigo ditado "assim no alto, igual embaixo", um ser humano não é apenas pele, ossos, músculos e órgãos; nem o planeta Terra é apenas uma massa de matéria física. A um nível macrocósmico, a extremidade do corpo sólido e espesso da Terra é a crosta de solo e rochas na qual vivemos. Envolvendo essa matéria física está a atmosfera, a estratosfera, a camada de ozônio, o cinturão de Van Allen e assim por diante, que são os "corpos sutis" da Terra. Juntos, o corpo sólido e o corpo sutil formam um sistema holístico integral e unificado, essencial para a existência da vida.

Em nível microcósmico, a extremidade do corpo sólido ou material de um ser humano é a nossa pele. Ela está envolta num espectro de campos de energia compostos pelos corpos sutis chamados etéreo, áurico e astral. O corpo etéreo, que permanece a poucos centímetros da pele, é uma camada protetora que pode ser percebida por mãos sensíveis como um balão de gás ou uma almofada macia. Quando uma pessoa (ou animal, ou planta) encontra-se doente, a camada se torna irregular ou interrompida, permitindo que a força vital do corpo seja "drenada" para fora dele. Depois do corpo etéreo encontra-se uma aura ou halo de cores semelhante a um arco-íris. A variação das "pulsações" e das faixas de cores fornece uma indicação clara do estado físico e psicológico da pessoa. Além da aura está o corpo astral, que é onde os nossos processos de pensamento ocorrem. Todos os organismos vivos são uma combinação holística integrada dos corpos sólidos e sutis.

Os chakras

O sânscrito — "a língua dos deuses" — é o idioma sagrado da religião hindu, fundada há cerca de cinco mil anos. Ele tem uma terminologia altamente diferenciada para descrever estados extraordinários de consciência, processos mentais e espirituais e a fisiologia dos corpos sutis, para a qual não há equivalentes conhecidos nas línguas ocidentais. *Chakra* (que significa roda ou círculo) é a palavra em sânscrito para os centros de poder localizados no corpo físico, nas áreas dos órgãos genitais, do abdome, do plexo solar, do coração, da garganta, da testa e do alto da cabeça. Cada um dos sete chakras principais tem um número específico de pontos, ou "pétalas", e a saúde, o estado de espírito e o metabolismo de uma pessoa são medidos pela velocidade com que os círculos rodam. Meridianos, ou veias invisíveis, carregam a força ou energia vital através do corpo — da mesma forma que o sangue corre através de nossas veias físicas —, interligando todo o sistema de chakras (as agulhas de acupuntura chinesas são espetadas nos meridianos para liberar energia bloqueada). Esses chakras podem ser percebidos, mas são invisíveis ao olho consciente.

As tradições orientais da ioga, da meditação e outras práticas místicas destinam-se a abrir gradualmente os centros de energia dos chakras para liberar a extraordinária força potencial do corpo e facilitar a combinação dos hemisférios direito e esquerdo do cérebro, levando no final do processo à transcendência espiritual. Em termos ocidentais, o psicanalista C. G. Jung chamou a esse estado de "individuação" — o ato de conseguir se tornar uma pessoa plenamente realizada. Existe uma ciência que fundamente essas antigas tradições baseadas nas energias sutis do corpo?

A tese da Dra. Serena Roney-Dougal sobre parapsicologia, *Where Science and Magic Meet*, publicada em 1991, reflete que, embora os antigos não tivessem o conhecimento da ciência médica moderna, há uma forte correspondência entre as glândulas endócrinas e o sistema de chakras hindu. Roney-Dougal sugere que as secreções naturais das glândulas têm correlação com expressões intangíveis da sexualidade, da materialidade, dos sentimentos instintivos, do amor, da criatividade e da espiritualidade. Os dois chakras mais baixos — de raiz ou da base, localizados nos genitais e no abdome — correspondem à mente inconsciente e instintiva. A função do terceiro chakra — o plexo solar —, controlado pelas glândulas supra-renais, está relacionada às sensações de "alerta" e ao "frio no estômago" que ocorre quando os níveis de *stress* — a escolha entre fugir ou lutar — libera adrenalina. O quarto chakra, situado em volta do coração, segrega prolactina, o hormônio do amor, da amamentação e da maternidade ou paternidade. A glândula tiróide no chakra da garganta segrega tiroxina, que está relacionada à criatividade e à oratória: uma tiróide hiperativa pode aumentar o desejo sexual e controla o nosso batimento cardíaco, a atividade mental e o nível metabólico. A glândula pineal, conhecida como "a moradia da alma", encontra-se próxima ao sexto chakra, o da testa, às vezes chamado de nosso "sexto sentido", ou "terceiro olho" — nosso senso intuitivo, consciência psíquica e conhecimento inato. O auge das iniciações espirituais é a abertura do sétimo chakra, o do alto da cabeça, que permite experimentar o "florescer de dez mil pétalas" ao entrarmos na esfera do misticismo divino.[29]

Segundo os ensinamentos hindus, cada chakra tem um código de cores específico (que varia ligeiramente em algumas tradições). Reza a seqüência que o chakra da raiz é vermelho; o do abdome, laranja; o do plexo solar, amarelo ou dourado; o do coração, verde; o da garganta, azul; o da testa, azul-anil e o do alto da cabeça, violeta. Cada chakra é estimulado por sua cor correspondente. Por exemplo, o vermelho desperta energia e excita o chakra da raiz ou do sexo: não é coincidência que as cidades tenham bairros classificados como "de luz vermelha". A cor laranja estimula os nossos instintos, os sentimentos impulsivos e a nossa conexão com o mundo natural. O amarelo demanda razão, lógica e atividade intelectual: um quarto ou enfermaria hospitalar pintada de amarelo será extremamente perturbador para pacientes mentalmente instáveis, como os esquizofrênicos. Verde ou rosa são associados com harmonia, equilíbrio e com o coração: uma sala de reuniões de empresa com essas cores estimulará o consenso e o entendimento, mas os membros do conselho podem concluir que estão gastando muito tempo na análise e na consideração dos fatos em vez de tomar decisões finais. Azul, azul-claro e turquesa — as cores da cura, da criatividade e da oratória — estão ligadas ao chakra da garganta. O azul-anil é a cor do "terceiro olho" — da intuição e das experiências psíquicas. Roxo ou violeta, as cores do chakra do alto da cabeça, estão associadas com realeza, a espiritualidade e o "eu superior". Se a entrada principal e os corredores de um hospital forem pintados em tons de violeta, a sensação de baixa estima freqüentemente experimentada por quem está doente pode se dissipar. A intensidade e o tom das cores influem no grau e nas características de sua influência: um tom pastel, sutil e pálido, por exemplo, será menos penetrante e atuante do que uma cor primária plena. Esses códigos de cores podem ajudar a entender por que preferimos ou reagimos a certas combinações de cores, e explicar como a luz e as cores podem ser eficazes no tratamento de doenças.

Tradições médicas da Antiguidade

Paradoxalmente, a medicina ayurvédica, criada há três mil anos e derivada da antiga filosofia védica baseada no reequilíbrio dos chakras, na meditação, no ioga e na massagem, não apenas é ainda praticada extensivamente na Índia como tornou-se um dos vários tratamentos "alternativos" que vem ganhando popularidade no Ocidente. Ayurveda (que significa "conhecimento sobre a vida") é um método lógico de tratar a origem primeira do mal (em vez de apenas os sintomas) por meio de dieta, desintoxicação e prescrição de mudanças no estilo de vida necessárias para devolver ao corpo sua plenitude. Ele se baseia no princípio de conectar o estado físico com a mente, o corpo e o espírito, e também com o meio ambiente e com os movimentos dos planetas. As universidades e os hospitais ayuvérdicos na Índia oferecem um curso de treinamento básico de seis anos. No Reino Unido, a crescente popularidade do ayurveda encorajou a Thames Valley University a manter um curso de graduação mantido pela Ayurvedic Company of Great Britain.[30]

A medicina tibetana, criada há 2.500 anos, também é praticada hoje e tem seu centro de operações no Tibetan Medical and Astrological Institute, entidade exilada do Tibete e hoje sediada em Dharamsala, no norte da Índia, onde se produz os remédios feitos de ervas e metais preciosos e os estudantes recebem seu treinamento de sete anos. As leis tibetanas da medicina baseiam-se na premissa de que toda doença é resultado de uma força contida da alma. A arte/ciência do curador é libertar a alma de modo que a força da vida possa fluir através do organismo. Entender o que o paciente pensa e deseja fará com que o curador descubra para onde a energia curativa deve ser direcionada dentro do corpo etéreo. Os estudantes precisam ter conhecimentos da lingüística, da gramática e da poesia tibetanas para inteirar-se da ciência curativa baseada na filosofia budista dos três venenos — a cobiça, o ódio e a ilusão — e dos cinco tipos básicos de personalidade ou temperamento relacionados com os cinco elementos: ar, fogo, água, terra e espaço celeste. Os quatro níveis de tratamento variam de mudar uma dieta inadequada a corrigir comportamentos impróprios, de prescrever medicamentos a finalmente, executar uma "cirurgia", que consiste de massagem, sangria, terapia com agulha de ouro e tratamento com calor. Novamente, a doutrina fundamental é atacar a causa do mal ou da doença, e não os seus sintomas.[31]

Os ensinamentos budistas sobre o advento do sofrimento determinam que "Antes de tratar um homem doente, é essencial descobrir a causa da doença. A eficácia do tratamento depende da remoção da causa". Isso coincide com a visão de Sócrates (469-399 a.C.) de que "Quando se pede um conselho a um médico, sua primeira pergunta deve ser: se você procura a saúde, quer evitar a causa da doença no futuro?" Só então deve-se tentar curar a pessoa.

Os gregos da Antiguidade também acreditavam que a saúde podia ser restabelecida por meio de dieta apropriada, hidroterapia, massagem, exercícios e boas condições ambientais proporcionadas por ar fresco, luz e uma relação íntima com a natureza. Esculápio, o deus da medicina na mitologia grega, filho de Apolo e Coronis, foi educado pelo centauro Chíron, um mestre da sabedoria e do conhecimento da medicina. Os templos de cura de Epidaurus e na ilha de Kos, no Egeu, onde os doentes iam dormir, eram dedicados a Esculápio na crença de que o deus tinha o poder de curá-los por meio dos sonhos. A seita Asklepeon fundou uma escola de medicina na ilha de Kos onde Hipócrates (460-377 a.C.), um contemporâneo de Sócrates, estudou e de onde mais tarde saiu para desenvolver seus próprios métodos, que influenciaram a ciência médica até o século XVIII, quando a moderna medicina alopática ortodoxa surgiu.

Esse surgimento coincidiu com outra mudança significativa: a separação entre a prática médica e a botânica. Antigos tratamentos à base de ervas e plantas, desenvolvidos e usados com sucesso por alguns milhares de anos — e ainda presentes nos textos médicos até o início do século XX — foram sendo substituídos por uma nova tecnologia química que, há duzentos anos, foi a precursora da moderna farmacopéia sintética (é interessante notar que os remédios "fora de moda" à base de ervas estão sendo hoje amplamente pesquisados na Europa e nos Estados Unidos. As empresas farmacêuticas estão descobrindo que as propriedades naturais únicas encontradas em ervas e plantas comuns são muito mais eficientes no tratamento de várias das doenças atuais, como cânceres, Aids e diabetes, do que os compostos artificiais manufaturados).[32]

Medicina alopática

Alopatia é o uso de remédios, cirurgia ou outras maneiras de induzir uma reação no corpo que irá combater os sintomas de uma doença. Em contraste, a homeopatia desenvolvida por Samuel Hahnemann, de Leipzig, em 1796, é o sistema de tratar doenças usando doses mínimas de uma droga que, caso fosse ministrada em grandes quantidades, causariam os sintomas da doença numa pessoa saudável. A homeopatia é baseada na ressonância — o princípio da "cura pelos semelhantes" expresso no adágio latino *simila similibus curantur* — enquanto a alopatia ampara-se no princípio da ação contrária ou polarização (enfrentando a doença com forças opostas a ela). Assim começou o conceito alopático de tratar o sintoma em vez de tentar curar a causa primeira da doença. A medicina moderna parece mais focada em lidar com a doença do que em promover a saúde. O conceito de medicina preventiva poderia ser aprendido com os médicos chineses, que eram pagos pelo seu trabalho apenas quando seus pacientes estavam bem de saúde!

A atitude com relação às doenças e enfermidades passou por outra mudança nos séculos XVIII e XIX, quando os hospitais se institucionalizaram e passaram a ser mantidos por filantropos. Presume-se que um hospital seja um templo curativo, um local para se reconstituir a vitalidade e o espírito, um ambiente que facilite a capacidade do paciente de se auto-recuperar, que permita a ação dos poderes de cura da natureza e nos torne "completos". A palavra "hospital" deriva do francês para hospitalidade — gentileza ao receber estranhos ou convidados, um local que dê hospedagem ou abrigo aos viajantes, geralmente mantido por uma ordem religiosa monástica, no qual o corpo e o espírito possam se renovar. O Hospitallers foi uma ordem religiosa da nobreza: sob o nome completo de Order of the Hospital of St John of Jerusalem, oferecia abrigo aos peregrinos que se dirigiam para Jerusalém no século XI e serviu como hospital militar durante as Cruzadas.

Florence Nightingale (1820-1910), a inglesa que reformulou os hospitais e criou a profissão de enfermeira, levou um grupo de colegas para trabalhar nos hospitais militares da guerra da Criméia. Ela dedicou-se a transformar as terríveis instalações nas quais os homens morriam de doenças e não dos ferimentos, providenciou uma atmosfera calma, espaços arejados, de onde se pudesse enxergar a natureza, para favorecer a recuperação da saúde (uma terapia-padrão recomendada pelos gregos na Antiguidade!). Rudolf Steiner, o místico e pedagogo do começo do século XX, prescrevia processos curativos holísticos semelhantes, incluindo arte bem colorida para criar locais de recuperação que atraíssem os sentidos e satisfizessem a alma, para aperfeiçoar o ambiente terapêutico e oferecer privacidade e dignidade, e também utilizava a tecnologia médica da época quando apropriado. Esses conceitos holísticos foram seguidos mais tarde, em 1978, quando Angie Thieriot fundou o movimento Planetree em San Francisco, e novamente em 1985 no hospital Vidar Kliniken, de Erik Asmussen, na Suécia (citando anteriormente), usando cores, espaços e elementos da natureza como plantas, árvores, montanhas e água — aliás, todos evocativos dos bons princípios do Feng Shui — para oferecer um ambiente propício a facilitar o processo autocurativo do paciente.

Um marco importante na ortodoxia alopática ocorreu em 1840 quando os gases forem usados como anestésico. Subitamente, pela primeira vez uma parte doente do corpo (o sintoma) podia ser cortada e o paciente ser costurado com chances maiores de sobreviver. Logo a medicina se tornou totalmente dependente das cirurgias radicais e das drogas químicas para curar os efeitos físicos das doenças, o que só encorajou os médicos a focar cada vez mais em erradicar o sintoma e desprezar a causa.

O esforço para curar o sintoma em vez da causa da doença pode ser comparado a um *freezer* com defeito: quando a luz de advertência começa a piscar, indicando que algo está errado, não se espera que o mecânico de manutenção chegue e execute o serviço apenas desatarraxando a lâmpada. A luz vermelha é apenas um sintoma — o efeito — indicando que alguma coisa está errada no interior da máquina. No entanto, embora a prática médica alopática contemporânea concentre-se principalmente no corpo e dê pouca ou nenhuma atenção ao "funcionamento" do paciente, há uma crescente demanda das pessoas por práticas curativas que tratam de todo o espectro da pessoa. Ao mesmo tempo, a resistência cada vez maior ao uso de drogas traumatizantes e cirurgias resultou numa reação significativa à ortodoxia alopática e numa demanda por tratamentos "complementares", e já ocorrem mudanças nos procedimentos médicos básicos.

Embora uma pequena minoria de médicos alopatas no Ocidente esteja começando a utilizar uma abordagem mais holística da medicina, eles correm o risco de serem punidos por conduta antiprofissional, já que a medicina oficial considera esses métodos como charlatanismo. Mesmo assim, em resposta à resistência do público aos métodos desumanos da prática médica atual, alguns profissionais estão realizando sérios estudos sobre cura por meio de dietas, meditação, terapias de cores e sons e tratamento do corpo etéreo. Esses e outros tratamentos antigos, chamados de "marginais", não-ortodoxos mas eficientes, não apenas são menos intrusivos como reconhecem que somos multidimensionais, sensíveis, holísticos — organismo com mente, corpo e espírito.

Numa reunião da British Medical Association (BMA) em Londres, em junho de 2000, ficou acordado que os médicos em geral podem agora usar a acupuntura como um tratamento aprovado. No entanto, essa decisão de maneira alguma desacredita os avanços freqüentemente milagrosos nos tratamentos alopáticos modernos, como as microcirurgias, os transplantes de órgãos e por aí afora.

O poder curativo da doença

Os antigos curadores/sacerdotes entendiam e usavam o poder da estrutura mental — a psique — dos pacientes para gerar o fluxo de forças naturais de energia da vida e restabelecer sua saúde. A doença era interpretada como uma mensagem dos deuses: uma comunicação sagrada ao sofredor ou paciente, codificada em sinais e símbolos que, quando decifrados, davam instruções claras sobre que ações deveriam ser tomadas. Em outras palavras, a doença é uma advertência — uma verdadeira reclamação — de que alguma coisa em nossa vida precisa mudar. Em certo sentido, ela serve a uma finalidade semelhante a dos sonhos, que podem ser lidos como uma mensagem da psique apontando um caminho a seguir para conquistar a satisfação e o bem-estar. Um sonho, como uma doença, também pode ser uma advertência, pode dissipar falsas ilusões ou conter uma diretriz vital expressa em simbolismos e sinais codificados. Uma linguagem tão metafórica pode ser complexa e confusa para os não-iniciados, mas os curadores/sacerdotes forneciam a interpretação: eles traduziam os códigos na direção necessária para o retorno ao "estado completo" — uma simetria entre a mente, o espírito e o corpo. Os processos de cura tradicionais se desenvolveram mediante o seu conhecimento e a compreensão das causas fundamentais das doenças.

Essa abordagem antiga da compreensão é exposta em *The Healing Power of Illness*, do Dr. Rudiger Dahlke e do psicólogo alemão Thorwald Dethlefsen, que dirige uma clínica particular em Munique. No prefácio, os autores afirmam que:

> Este é um livro inquietante, já que ele priva as pessoas da doença como um álibi para problemas não resolvidos. Propomo-nos a mostrar que o paciente não é a vítima inocente de algum desvio da natureza, e sim o responsável pela sua própria enfermidade. Desse modo, não vamos nos referir à poluição ambiental, aos males da civilização, à vida insalubre e a outros bodes expiatórios conhecidos: em vez disso, pretendemos trazer o aspecto metafísico da doença para o centro das atenções. Desse ponto de vista, os sintomas são vistos como expressões físicas de conflitos psicológicos, que, por meio de seu simbolismo, podem revelar os problemas atuais do paciente.[33]

A doença exige uma mudança de estilo de vida e muito do sofrimento que ela provoca poderia ser evitado se escutássemos a "silenciosa voz interior" — a mensagem dos deuses. Cada emoção e trauma experimentado fica registrado em algum lugar do corpo e, mais cedo ou mais tarde, irá se manifestar em forma de doença, enfermidade ou acidente. Quando as plantas, ervas e outros remédios naturais eram usados para acelerar o processo de cura, as características da doença e onde ela estava localizada no corpo é que permitia ao curador ajudar o paciente a entender a importante mensagem e a aceitar as mudanças necessárias para conseguir a recuperação.

Para exemplificar como isso funciona na prática, tomemos a parte inferior do torso, onde os fluidos corporais se localizam. Para o curador/sacerdote, a causa primária de uma doença centrada nessa área seria alguma forma de *stress* emocional (simbolicamente, a água é associada com os períodos de calma e de tempestade do estado de espírito e dos sentimentos). Se a bexiga de uma pessoa faz com que ela sinta vontade de urinar a todo instante mesmo havendo pouca ou nenhuma urina para ser expelida, isso pode expressar uma incapacidade de relaxar — as pressões, os significados e outras questões psicológicas envolvidas podem ter resistido por tempo demais, perderam sua utilidade e agora representem apenas um desperdício.

As doenças do coração causam a morte de milhões de pessoas no Ocidente, embora muito pouca gente nasça com o coração doente ou funcionando mal. A medicina desenvolveu a mais fantástica cirurgia de pontes de safena múltiplas e, como num passe de mágica, um paciente pode ser equipado com um sistema de tubos e válvulas inteiramente novo. Apesar da feitiçaria, se o paciente não fizer mudanças radicais na sua vida para melhorar sua dieta, fazer exercícios regulares e evitar situações de *stress* emocional, ele pode morrer prematuramente de falência coronária.

Todo mundo tem células cancerosas no corpo, então, o que serve de estopim para o desenvolvimento de um câncer? Substâncias orgânicas, como as fibras de amianto, podem causar doenças, assim como a radiação eletromagnética das linhas de eletricidade suspensas e dos equipamentos eletrônicos podem enfraquecer o sistema imunológico, mas são as características da doença e onde ela se manifesta no corpo que parece ter relação com o perfil psicológico de cada pessoa.

Nossas emoções e nossos pensamentos, assim como tudo o que ingerimos — remédios, fumaça, ar, alimentos e bebidas — altera a composição química do nosso sangue. A síndrome de Sybil foi batizada a partir de uma mulher esquizofrênica que tinha dezesseis personalidades distintas. Testes mostraram que, a cada vez que uma delas dominava a sua mente, a composição do seu sangue mudava, assumindo características compatíveis com o perfil de cada uma de suas subpersonalidades, que tinham até mesmo diferentes tons de voz, com freqüências vibracionais distintas. Isso sugere que a consciência, as formas de pensar, o canto, a meditação, a oração e toda a variação de estados de espírito, da raiva ao riso e ao amor, induzem a mudanças químicas no sangue. Essas alterações emocionais, que afetam a secreção de hormônios da nossa glândula endócrina, dão credibilidade aos ensinamentos esotéricos segundo os quais o pensamento afirmativo e positivo pode causar mudanças significativas na vida. O corolário é que as formas negativas de pensar levam a resultados negativos: se pensarmos que o pior vai acontecer, ou se ficarmos dizendo a nós mesmos que somos tolos, sem valor ou pobres de espírito, essa reflexão negativa se auto-alimenta e cria uma projeção capaz de nos levar à depressão, à baixa auto-estima e à doença.

Não é de admirar que a medicina e a ciência oficiais rejeitem de modo geral essas visões sobre a anatomia das doenças porque, se fosse verdade que a personalidade pode acionar um mecanismo para o corpo aceitar um vírus, criar uma disfunção biológica ou mesmo criar condições para a ocorrência de um acidente, a atual prática médica de prescrever remédios poderia, até certo ponto, tornar-se obsoleta. No entanto, há hoje uma maior aceitação do fato de que as doenças e alguns acidentes podem ter origens psicossomáticas (*psico* = mente, *soma* = corpo), porque cada pensamento e cada ação começa no plano inconsciente e instintivo da mente, que controla em grande parte a nossa experiência individual e a percepção do mundo sobre nós.

Alguns médicos aconselham seus pacientes a praticar a visualização dos chakras ou repetir um mantra para clarear a mente durante o estado de meditação. Esse tipo de autocura, prescrito nos antigos textos da Índia e do Tibete, tornou-se um ritual diário para muitos ocidentais que apreciam os benefícios do relaxamento profundo: é um processo energizante que acalma a mente, melhora a concentração, incentiva a criatividade e alivia o *stress* e as tensões do dia-a-dia. O psicólogo infantil David Fontana, que trabalha na University of Cardiff, no País de Gales, é co-autor de um livro, *Teaching Meditation to Children*, destinado a encorajar os jovens a praticar essa técnica. Ele tem certeza que a meditação ajuda a superar algumas das doenças ligadas à ansiedade e a problemas emocionais das crianças e dos adolescentes de hoje, causados por nosso mundo moderno, materialista e altamente competitivo.[34]

A prática, que remonta há três mil anos, de se usar sanguessugas com objetivos terapêuticos, e que veio a ser considerada uma forma arcaica e punitiva de tratamento médico, foi agora ressuscitada pela vanguarda da medicina. Hoje, mais de cem hospitais no Reino Unido fazem uso regular de sanguessugas para tratar pessoas que tiveram membros ou dedos das mãos e dos pés reimplantados depois de acidentes. O sangue nas artérias e nas pequenas veias cristaliza-se e bloqueia a circulação entre o corpo e as partes reimplantadas. Mas as sanguessugas podem evitar isso por meio de um anticoagulante que existe em sua saliva. Nas instalações centrais da Biopharm UK, em Swansea, País de Gales, erguidas há dez anos pelo médico americano Dr. Roy Sawyer, cerca de trinta mil sanguessugas são criadas por ano e exportadas para muitos países.[35]

O uso de ímãs e agulhas pelos chineses para a terapia da acupuntura data de 2500 a.C. e tornou-se uma prática aceita pela medicina oficial. O Air Travel Advisory Bureau (ATAB) sugere que as crianças entre 5 e 15 anos que costumam sofrer de náuseas ao viajar usem uma pulseira especial de tecido e elástico chamada "seaband" (pulseira do mar), munida de um botão plástico que pressiona uma região do pulso conhecido na acupuntura como o ponto "Nei-Kuan".[36] Outro antigo remédio foi recuperado na década de 20, quando a água magnetizada foi usada na preparação dos bebedouros destinados aos animais de rebanho e na irrigação de plantações, produzindo um efeito bacteriológico e fungicida que aumenta a produção, estimula a vida nos terrenos alagados e diminui a incidência de doenças.

Medicina e arquitetura

Não se pode contestar as fantásticas conquistas da medicina moderna, mas a maré está se voltando contra a dependência quase exclusiva de máquinas, alta tecnologia e remédios. Há um sentimento de que a medicina alopática pode ser prejudicial à sua saúde! No entanto, a consciência da natureza holística dos seres humanos e de como todos os fenômenos externos podem influenciar a psique e os campos de energia ainda está para se instalar nas correntes principais do ensino e da prática da arquitetura. Em parte, isso acontece porque, inadvertidamente, nós conspiramos com nossos profissionais para criar os cuidados médicos e a arquitetura que exigimos coletivamente. Os hospitais são um bom exemplo das tendências paralelas da medicina e do desenho arquitetônico.

Um programa da TV britânica apresentou o Kangaroo Project (Projeto Canguru), batizado com o nome do marsupial que carrega seus filhotes numa bolsa sobre o estômago. Hospitais na Colômbia, América do Sul, ficaram sem estoque das cápsulas incubadoras Perspex, usadas para colocar bebês prematuros que permanecem por várias semanas num ambiente aquecido, protegido, confortável e higiênico, até que fiquem fortes o suficiente para levar uma vida normal. Num último recurso para contornar a desesperadora falta das cápsulas, as mães eram instruídas a segurar seus bebês prematuros, nus, junto ao peito. Juntos, enrolados num cobertor, a mãe e a criança passavam a maior parte do dia e da noite como os cangurus. Posteriormente, um hospital de Londres descartou o uso das ortodoxas cápsulas incubadoras Perspex em favor da técnica dos cangurus. Descobriu-se que, com ela, não apenas a taxa de sobrevivência dos bebês era igual, senão maior, do que usando a cápsula, como o contato físico da mãe com a criança estimulava a lactação — o fluxo de alimentação natural. O programa concluía que o isolamento estéril do bebê numa cápsula Perspex era prejudicial ao seu desenvolvimento e recuperação. "Cápsulas Perspex", "privação sensorial", "isolamento", "contato humano pouco freqüente", "ventilação artificial", "ambiente não-natural" — será que essas expressões lembram alguns de nossos edifícios contemporâneos?

A visão de Frank Lloyd Wright era a de que "pacientes de hospitais nunca devem ser imbuídos da idéia de que estão doentes... A saúde deve estar sempre diante de seus olhos".[37] Um hospital não deveria ser uma linha de montagem para "curar" doenças; ele deveria ser um refúgio para a renovação e a restauração da vitalidade; um templo para curar o espírito assim como o corpo. Evidentemente, um hospital deve ser um lugar funcional e higiênico, onde a moderna tecnologia médica e a equipe de enfermaria possam atuar de modo eficiente, mas o processo de cura também é responsabilidade do paciente. Um quarto de meditação, acesso a jardins e à natureza e a possibilidade de o paciente ter um certo grau de controle sobre a temperatura, os níveis de iluminação, o barulho, o ar e a privacidade facilitaria o senso de reabilitação e de regeneração, e reativaria o fluxo de energias. Essas idéias se encontram no resumo de um documento chamado "A visão de uma janela pode influir na recuperação de cirurgias", que diz:

> Registros de recuperação pós-colecistectomia em pacientes de um hospital de um subúrbio da Pensilvânia entre 1972 e 1981 foram examinados para se determinar se sua permanência num quarto dotado de janela com vista para cenários naturais poderia ter efeitos reabilitadores. Vinte e três pacientes colocados em quartos com janelas para a natureza tiveram permanências pós-operatórias mais curtas, receberam menos comentários negativos de avaliação nas anotações das enfermeiras, tomaram menos analgésicos potentes e tiveram menos registros de pequenas complicações pós-cirúrgicas em comparação com outros 23 pacientes instalados em quartos semelhantes com janelas que davam para a parede de tijolos de um prédio.[38]

Os novos hospitais — descritos pelo professor Keith Critchlow como "oficinas do corpo"[39] — são projetados para abrigar máquinas e equipamentos de alta tecnologia e, principalmente, para facilitar o trabalho da equipe médica. Eles se parecem mais com laboratórios espaciais e pouco colaboram para aliviar a ansiedade e o *stress* das pessoas que se internam para um tratamento.

O presidente e C.E.O. do American Centre for Health Design, Wayne Ruga, desde 1988 organiza uma série anual de simpósios sobre projetos arquitetônicos ligados à saúde. O encontro de 1995, em San Diego, contou com 1.500 arquitetos, *designers*, médicos, enfermeiros e pessoas influentes da área, e "quase tudo relacionado a projetos para instalações era baseado na funcionalidade ou na tecnologia médica. Havia muito pouca preocupação com a qualidade da experiência dos pacientes".[40] Isso sugere que os arquitetos parecem ter pouco ou nenhum interesse ou consciência das potenciais ameaças à saúde criadas por suas construções, nem consideram a mente, o espírito e a psique como relevantes. O *design* é focado em produzir edifícios de alta tecnologia e assépticos para atender às funções materiais, físicas e corpóreas. Essa visão unidimensional, típica do século XX, foi expressa pelo arquiteto suíço Le Corbusier ao afirmar que "a casa é uma máquina de morar" — uma frase que caracteriza a índole atual da arquitetura enquanto profissão e a visão ocidental de hoje sobre os seres humanos e a natureza.

A arquitetura de cada período da história é como um livro aberto: uma crônica precisa que registra as condições sociais, a cultura preponderante, a filosofia, a política e a estrutura espiritual que refletem a vida e os costumes das pessoas. A forma, a aparência e as funções dos prédios de nossa era moderna só irão mudar se nossos valores e atitudes se transformarem. Não podemos esperar por intervenções do governo, regulamentações burocráticas ou rigor profissional para projetar e construir ambientes saudáveis e respeitar a essência holística da natureza humana: em vez disso, temos que nos preparar para fazer nossas próprias investigações, ser vigilantes e exigir ações.

Costuma-se dizer que todo profissional é tão bom quanto seus clientes lhe permitem ser ou exijam que sejam. Isso significa que um bom edifício é resultado de um bom arquiteto *e* de um bom cliente. Na verdade, todos somos clientes de "segunda geração" ou "substitutos" porque, no dia-a-dia, nós, as "pessoas comuns", ocupamos e usamos uma ampla gama de edifícios diferentes e temos que suportar quaisquer defeitos que eles possam ter. Pelo bem de nossa própria saúde e bem-estar, também precisamos nos tornar "bons clientes".

Os capítulos anteriores destinam-se a fornecer informações para que nos tornemos bons clientes, de modo a que possamos acelerar o necessário processo de mudança e promover os aperfeiçoamentos há muito exigidos no meio ambiente construído. No próximo capítulo, vamos examinar a proposta de que a presente crise no ofício da arquitetura oferece uma oportunidade para que os arquitetos repensem sua condição atual, levando em conta as antigas tradições a respeito do que significa ser arquiteto.

Referências

1. "Tomorrow's World", da BBC, 22 de julho de 1998.
2. *The Ecologist*, vol. 12, janeiro de 1982, p. 2. Editorial por Hildygard Nicholas.
3. *Natural Ventilation in Non-Domestic Buildings*, Application Manual AM10 1997, The Chartered Institute of Building Services Engineers (CIBSE) UK, "User Preferences", p. 2.
4. *Ibid.*
5. Vitruvius (1960) *The Ten Books on Architecture*, Livro 1, Capítulo 11, Parágrafo 788, Nova York: Dover publications.
6. *Ibid.*, Livro 1, Capítulo IV, Parágrafos 1 e 2.
7. *Ibid.*, Livro 1, Capítulo V, Parágrafo 12.
8. Tompkins, Bird (1992) *Secrets of the Soil*, Londres: Arkana.
9. Thom, A (1967) *Megalithic Sites in Britain*, Oxford: Oxford University Press.

LIÇÕES DO PASSADO 211

10. Os Aubrey Holes foram descobertos por John Aubrey (1626-1697), um autor, dramaturgo e arqueólogo amador. Eles se compõem de um anel externo de 56 cavidades que formam buracos para colunas de madeira. Alguns dos buracos são marcados com discos brancos na grama.
11. Hawkings, G. (1965) *Stonehenge Decoded*, Nova York: Doubleday.
12. Butler, A. (1998) *The Bronze Age Computer Disc*, Berkshire: Foulsham & Co.
13. Watkins, A. (1970) *The Old Straight Track*, Londres: Garnstone Press.
14. Heath, R. (1998) *Sun, Moon and Stonehenge*, Cardigan, País de Gales: Bluestone Press.
15. Critchlow, K. (1982) *Time Stands Still*, Nova York: St Martin's Press.
16. Uma estrutura cônica com cúpula.
17. Al-Kindi, ou Alkindus na forma latina, nasceu por volta de 805 em Kufah. Filósofo islâmico de origem árabe pura, ele escreveu um tratado sobre os Sólidos Platônicos chamado *Sobre as Razões Pelas Quais os Antigos Relacionavam as Cinco Figuras aos Elementos*.
18. Critchlow, *op. cit.*, p. 148.
19. Christian Lamb, "Amazonian Indians 'were not the first Brazilians'", *The Sunday Telegraph*, 16 de maio de 1999, p. 31.
20. *Ibid.*
21. Barber, E. W. (1999) *The Mummies of Urumchi*, Nova York: Norton & Co.
22. Pennick, N. (1997) *Earth Harmony*, Berkshire: Capall Bann Publishing.
23. Sahasrabudhe, N. H. e Mahatme, R.D. (1998) *Secrets of Vastushastra*, Nova Delhi: Sterling Publishers.
24. Richard Creightmore, "Feng Shui", *The Journal of the British Society of Dowsers*, vol. 39, nº 268, junho de 2000, pp. 12-16.
25. Vitruvius, *op. cit.*, Livro 1 Capítulo I, Parágrafo 10.
26. Einstein, Albert e Infield, I. (1938) "The rise of the mechanical view", *The Evolution of Physics*, Cambridge: Cambridge University Press.
27. Sheldrake, R. (1983) *A New Science of Life*, Londres: Granada, p. 77.
28. Jackie Sievey, "Russian GDV instrument", *Region 14 Newsletter*, The National Federation of Spiritual Healers, verão de 1999.
29. Roney-Dougal, S. (1991) *Where Science and Magic Meet*, Dorset: Element Books.
30. The Ayurvedic Medical Association, Garrat Lane, Londres SW7.
31. Sither Bradley, Tamdin (2000) *An Introduction to Tibetan Medicine*, Londres: Harper Collins.
32. Roger Dobson, "Healing groovy", *The Sunday Times*, revista "Style", 9 de maio de 1999.
33. Dethlefsen, T. e Dahlke, R. (1992) "Foreword", *The Healing Power of Illness*, Dorset: Element Books.
34. Fontana D. (1998) *Teaching Meditation to Children*, Dorset: Element Books.
35. Christopher Middleton, "Suck it and see", *The Sunday Times*, revista "Style", 28 de março de 1999, p. 35.

36. Passenger Safety Fact File, folheto distribuído pelo Air Travel Advisory Bureau.
37. Citado em *The New England Journal of Medicine*, 14 de setembro de 1995, Scale Page 738, Healing by Design.
38. Ulrich Rogers, "View through a window may influence recovery from surgery", *The American Association for the Advancement of Science*, vol. 224, 27 de abril de 1984, p. 420.
39. Critchlow, Keith e Allen, Jon (1995) *The Whole Question of Health*, Londres: The Prince of Wales's Institute of Architecture.
40. David O. Weber, "Life enhancing design", *The Healthcare Forum Journal* (sem data), p. 3.

Sugestões de leituras complementares

Ardalan, N. e Bakhtiar, L. (1979) *The Sense of Unity*, Illinois: University of Chicago Press.
Bamford, C. (org.) (1994) *Rediscovering Sacred Science*, Edimburgo: Lindisfarne Press & Floris Books.
Brennan, B. (1998) *Hands of Light*, Nova York: Bantam Books. [*Mãos de Luz*, publicado pela Editora Pensamento, São Paulo, 1990.]
Davidson, J. (1998) *Subtle Energy*, Essex: CW Daniel. [*Energia Sutil*, publicado pela Editora Pensamento, São Paulo, 1989.]
Graves, T. (1980) *Dowsing & Archeology*, Northants: Turnstone Books.
Grof, S. (1984) *Ancient Wisdom & Modern Science*, Nova York: State University of New York.
Hall, A. (1997) *Water, Electricity & Health*, Gloucestershire: Hawthorn Press.
Lau, K. (1996) *Feng Shui for Today*, Nova York: Tengu Books
Lip, E. (1995) *Feng Shui for the Home*, Singapura: Times Books International.
Michell, J. (1983) *The View over Atlantis*, Londres: Thames & Hudson
Strachan, G. (1998) *Jesus the Master Builder*, Edimburgo: Floris Books.

8

A crise/oportunidade

Mestres construtores

Pode causar surpresa que os temas tratados até agora sobre o ambiente construído, e os que serão apresentados neste capítulo, sobre os princípios fundamentais da arquitetura e do *design*, não são ensinados nas escolas de arquitetura e nem compreendidos pela maioria dos arquitetos profissionais. No momento, ninguém está atuando no papel tradicional do mestre arquiteto. Em vez disso, deixa-se por conta da sorte se um prédio resultará estimulante do ponto de vista espiritual e promoverá a saúde e o bem-estar ou será incômodo, intrinsecamente doente e prejudicial a todos que o ocuparão.

Segundo o professor Keith Critchlow, um mestre, educador e praticante das artes e ciências sagradas da arquitetura,

> A arquitetura é o ambiente construído ao nosso redor que foi criado pelos meios adequados de modo a refletir a natureza do Universo e a relação da Humanidade com ele.[1]

E ele define arquitetura da seguinte maneira:

ARCH: Relaciona-se com as leis fundamentais; o arquétipo, no sentido de estar no reino do infinito ou do divino.

TECT: Diz respeito às habilidades técnicas, à perícia e ao conhecimento baseado na experiência.

URE: Refere-se às características telúricas do mundo físico da matéria e da materialidade.[2]

A palavra "arquiteto" significa "mestre construtor" — alguém que domina o conceito completo de projeto, construção e custo de um prédio; alguém que estudou a arte e a ciência da arquitetura e seus princípios fundamentais; um filósofo que possui sabedoria e percepção espiritual da essência da humanidade e da natureza ao nosso redor. O mestre construtor concebe e determina a "alma" de um prédio, controla sua localização no terreno, a fachada exterior, o *design* interior, a decoração, a mobília, os custos envolvidos e os conceitos que irão satisfazer sua função, seu objetivo e suas necessidades. Um mestre construtor também entende a "organização sistemática do conhecimento". Como se verá mais adiante, o arquiteto romano Vitruvius estabelece o que o arquiteto precisa estudar e compreender para se tornar um mestre construtor (a arquitetura, como é praticada hoje, só se tornou um ramo do conhecimento em separado há cerca de duzentos anos).

Os arquitetos/mestres construtores, digamos, de Stonehenge, das pirâmides do Egito e das catedrais góticas concebiam a finalidade, a função e a geometria etérea (ou "sagrada") de suas construções e depois orientavam os mestres pedreiros que se encarregavam de erguê-las. Mesmo os grandes arquitetos do Renascimento, do século XV em diante, não eram instruídos para serem arquitetos profissionais. Brunelleschi (1377-1446), por exemplo, o fundador da arquitetura renascentista, foi treinado como ourives e adotou a arquitetura mais tarde na vida, depois de estudar as ruínas de Roma e as técnicas de construção romanas. Alberti (1404-1472) era um acadêmico, escritor, músico, matemático e atleta que tinha um profundo conhecimento das artes e também estudou o trabalho dos antigos construtores romanos e seus princípios de *design*. Ele encarava a arquitetura como uma disciplina intelectual e uma ação social que requeria habilidades em pintura e matemática. Ele foi o primeiro a "projetar a distância". Leonardo da Vinci (1452-1519) era um pintor, escultor, inventor, engenheiro, biólogo, botânico e geólogo que projetou prédios, mas não tinha instrução como arquiteto, e Palladio (1508-1580) treinou para ser pedreiro antes de se tornar um dos grandes arquitetos do período.

De modo semelhante, na Inglaterra, Inigo Jones (1573-1652) — um contemporâneo de Shakespeare — era pintor, *designer* de festivais, artesão de máscaras, antiquário e engenheiro militar. Apesar de educado no ambiente elisabetano, ele levou o estilo Palladio de arquitetura renascentista para a Grã-Bretanha e criou algumas das construções mais admiráveis do período. Sir Christopher Wren (1632-1723), físico, astrônomo, matemático e fundador da Royal Society, encarava a arquitetura como um passatempo. Ele introduziu o estilo barroco na Inglaterra e, além da St. Paul's Cathedral, construiu 51 igrejas, 36 prédios de companhias e o hospital Greenwich, e foi provavelmente o mais bem-sucedido arquiteto barroco inglês. Sir John Vanbrugh (1664-1726), outro famoso arquiteto, também foi soldado, dramaturgo e cenógrafo.[3]

Embora todos os grandes mestres construtores da história não tenham recebido treinamento como os arquitetos de hoje, para se tornar o que os franceses chamam de *maître d'oeuvre* — literalmente "mestre no trabalho" — eles adquiriram uma profunda compreensão dos princípios fundamentais da "divina harmonia" por meio do estudo dos ensinamentos sagrados da antiga sabedoria eterna, que são essenciais ao conceito de qualquer construção, seja ela eclesiástica ou secular, e de qualquer estilo ou período. Um mestre construtor tem qualidades intelectuais e visionárias, incluindo liderança e autoridade, para engendrar e erguer prédios esteticamente coerentes, integrados — ou seja, holísticos —, salubres e que melhorem a vida de seus habitantes. A grande maioria de nossos arquitetos não leva em consideração esses requisitos essenciais.

Diversos fatores contribuíram para o declínio dos arquitetos e da arquitetura do século XX. O primeiro deles é que as escolas de arquitetura do Ocidente não ensinam filosofia humanística e os princípios fundamentais do *design*. Isso tem deixado os profissionais patinando, sem saber como lidar com os extraordinários avanços na tecnologia da construção. Isso, por sua vez, criou um novo movimento entre especialistas que usam seu conhecimento em outras disciplinas para auxiliar a "turma do *design*". Novamente, por causa dessa falta de treinamento e entendimento básicos, os próprios arquitetos deixaram que seu papel de *maître d'oeuvre* se desgastasse até o ponto em que, com freqüência, eles se tornam pouco mais que "desenhistas de projetos" e autores de fachadas convenientes, atuando como um técnico em maquiagem ou um figurinista teatral, que cria qualquer efeito dramático desejado.

Por que os arquitetos modernos se preocupam tanto com as superficiais fachadas? Nós vivemos dentro, trabalhamos dentro, brincamos dentro e passamos a maior parte de nossas vidas *dentro* das construções. Sem dúvida, a disposição, os volumes, as proporções e os elementos de *design* dos espaços interiores devem ser o principal foco de atenção do arquiteto. Mesmo assim, quase sempre que os arquitetos mostram seus projetos para um novo prédio, exibem planos, seções e elevações externas, às vezes fazendo-se acompanhar de uma maquete ou ilustração artística para destacar o volume e os materiais da fachada. Raramente há perspectivas dos espaços interiores. Como pode o exterior de um prédio estar desconectado do que ocorre dentro dele?

O exterior é uma concha que deve exprimir o uso, a função e o *design* do interior do mesmo modo que nossas expressões faciais, linguagem corporal, palavras e ações são um reflexo externo do nosso interior psicológico e espiritual. Não é de admirar que o vácuo deixado pelos arquitetos tenha sido preenchido pelos especialistas em *design* de interiores. De fato, esse novo tipo de profissional se tornou em larga medida muito mais destacado e importante que o arquiteto porque ele assumiu o controle sobre aquela parte do prédio que tem maior impacto no dia-a-dia de nossa vida — os espaços interiores. Como iremos mostrar, esse é apenas um dos vários campos de trabalho e serviços que os arquitetos permitiram a outros assumir o comando.

Atualmente, há cerca de trinta mil membros no Royal Institute of British Architects (RIBA), no Reino Unido, cerca de cem mil arquitetos americanos filiados a vários organismos, como o American Institute of Architects (AIA), e muitos milhares de outros arquitetos trabalhando na Escandinávia e na Europa ocidental. Observando-se os prédios modernos, não seria descabido afirmar que a grande maioria desses profissionais produz uma competente pele de proteção contra o vento e a chuva destinada a envelopar as instalações que acomodam os aparelhos, máquinas e outros elementos impostos pelos especialistas técnicos. As tecnologias mais recentes permitem que se construa prédios de virtualmente qualquer formato e tamanho, seja qual for a função que ele terá. Quase tudo pode ser executado, mas não há restrições ou normas para o tratamento do projeto arquitetônico do que é hoje, basicamente, uma caixa construída com vidro, concreto, aço e plástico.

No início do século XX, a maior influência na arte e na arquitetura ocidentais foi a Bauhaus School of Design, fundada em Weimar, na Alemanha, em 1919. Temas e padrões estéticos tradicionais foram abandonados em favor de um modelo inteiramente geométrico, que abraçava todas as artes, o que na arquitetura pode ser chamado de "funcionalismo". Durante os últimos quarenta ou cinqüenta anos, assistimos na arquitetura a uma abundância de modismos e tendências que vestiram as fachadas de concepções como "brutalismo", "modernismo heróico", "pós-modernismo" e "edwardismo", sempre na tentativa de criar algo "novo", mas sem qualquer fundamento ideológico para servir de base à mudança de "estilos". Será que todas essas modas surgiram porque os arquitetos não sabiam o que fazer a seguir para vestir suas "caixas" com trajes extravagantes e enfeitados, tornando-as próximas dos estilos de outros tempos? Seria isso a busca de uma terapia para satisfazer nostalgias oníricas do passado? O emprego desses truques é uma tentativa desesperada e estéril de criar um pastiche aceitável do neoclássico, dos estilos georgianos ou vitorianos, na esperança de confundir nossa percepção inata do que é "boa" ou "má" arquitetura. O desconhecimento dos princípios fundamentais e "sagrados" tem sido estimulado pelos desvios estéticos e pela aceitação apática do público em geral do que é de segunda categoria (esconder a ignorância pode ser um tipo de negócio muito lucrativo). É também uma expressão do fascínio da sociedade com o materialismo e com a pergunta "o que há de novo?", que sacrifica uma compreensão mais profunda dos valores não-materialistas. Como foi mostrado anteriormente, parece que nem mesmo estamos muito preocupados se nossos prédios oferecem um ambiente saudável.

Entre os mais recentes "-ismos" da arquitetura, talvez o "eco-techismo" ofereça a possibilidade de se criar uma arquitetura de certa forma diferente: para um prédio funcionar de forma eficiente usando ventilação natural, tecnologia de baixo consumo de energia e ser ecologicamente sustentável, o projeto precisa incorporar chaminés de circulação de ar e geradores de energia solar ou a vento. Além disso, a concepção geral básica deve considerar o uso de telas, "prateleiras" ou outras técnicas para a proteção contra a luz direta do sol. Em outras palavras, o

A CRISE/OPORTUNIDADE

verdadeiro eco-techismo não pode ser aplicado a um prédio já construído. Seja qual for o estilo escolhido, a arquitetura possui dimensões mais profundas do que a tarefa de criar uma pele protetora que funcione a contento.

A grande diferença entre a mudança de estilos que ocorreu antes de meados do século XIX e os "-ismos" que surgiram depois é que, antes da segunda metade do século XX, a educação dos arquitetos era baseada na antiga sabedoria e nas lições esotéricas de Platão, Vitruvius e outros. A metafísica e a compreensão da antropometria eram consideradas tão essenciais ao desenho arquitetônico quanto as necessidades materiais, as funções e os requisitos da construção.

O declínio gradual da arquitetura acelerou-se no final do século XIX, com o domínio sobre a energia elétrica e o uso comercial do petróleo e seus derivados, que causaram rápidos avanços na tecnologia, afetando todos os aspectos do cotidiano, especialmente na construção, nos equipamentos e nos acessórios dos prédios. Materiais não tradicionais, novas máquinas e técnicas de construção levaram a um crescimento igualmente rápido da demanda por edifícios mais altos, maiores e de alto desempenho, o que por sua vez gerou uma necessária proliferação de leis e regulamentações de controle sobre os projetos e sua execução. Os arquitetos ficaram sobrecarregados com a necessidade de se atualizar permanentemente com o grande volume de leis regionais sobre construção e com os mais recentes materiais e dispositivos eletrônicos. Essas pressões encorajaram o uso de muitos produtos e sistemas novos, não testados e, portanto, sem passarem por uma avaliação abrangente de seus efeitos na saúde e no bem-estar dos funcionários dos edifícios e das pessoas que afinal iriam ocupá-los. O arquiteto passou a se preocupar mais com a construção física do prédio do que com o conceito essencial do *design*. Essa tendência intensificou-se na Grã-Bretanha pela introdução, em 1947, dos Town and Country Planning Acts, dando às autoridades locais uma poderosa legislação para controlar os projetos de desenvolvimento imobiliário. Isso encorajou os clientes dos incorporadores a escolher os arquitetos mais inclinados a espremer uma grande quantidade de prédios num terreno do que aqueles conhecidos por qualidades humanísticas de mestres construtores.

Paralelamente à crescente complexidade das leis de planejamento e dos códigos de regulamentação imobiliários, e à demanda por tecnologia de alto desempenho, surgiu uma tendência por parte dos clientes, e do público em geral, a se tornarem mais litigiosos. Eis aí mais um fator a exigir a atenção constante do arquiteto: ele tem que se precaver contra ações legais por negligência, em vez de usar esse tempo para se dedicar aos princípios fundamentais do *design*.

Lidar com as questões mundanas legais e administrativas é um peso que os arquitetos sempre tiveram que carregar, mas hoje muitas das tarefas tradicionais da arquitetura foram assumidas por profissionais associados. Mesmo com o aconselhamento técnico especializado e o apoio de outras disciplinas profissionais, o arquiteto ainda não redescobriu ou recriou o papel de mestre construtor. Os prédios modernos são "montados" como um grande Lego por uma equipe de especialistas treinados para dar contribuições dentro de seu relativamente estreito campo de operação e, é claro, todos esses especialistas que fazem parte do "time profissional" sem dúvida dão contribuições significativas e altamente técnicas ao projeto de um prédio. Hoje, todos no time — inclusive o arquiteto — são treinados para engendrar a grandiosa estratégia que torna um edifício digno do nome da arquitetura. Pode-se demonstrar essa questão observando-se a atual composição e responsabilidades de um time profissional reunido para um típico projeto de edifício:

- O arquiteto costumava ser o líder do time, mantendo contato direto com o cliente: hoje, com exceção de projetos de pequeno porte, o líder é o *gerente de projeto*, mediante o qual passam todas as informações e instruções.
- O arquiteto costumava controlar os orçamentos e estimativas de custo: agora esse trabalho é de responsabilidade única do *gerente de controle de custos* ou *inspetor de medidas*.
- O arquiteto costumava determinar os elementos estruturais e fundações: hoje esse é um domínio exclusivo do *engenheiro de estruturas*.
- O arquiteto costumava planejar as condições de ventilação, iluminação, aquecimento e refrigeração do ambiente: hoje esse é o trabalho dos *engenheiros elétricos* e *mecânicos*.
- O arquiteto costumava ter liberdade para escolher os materiais e os métodos de construção: agora, cada decisão passa pelo escrutínio de um especialista em saúde e segurança chamado *supervisor de planejamento* (que, por sinal, não planeja nem supervisa, mas lida com cada aspecto ligado à saúde e à segurança no projeto e na construção do edifício).
- O arquiteto costumava projetar cada detalhe das características e do mobiliário dos interiores: agora, isso é tarefa do *designer de interiores*. E se o cliente for um entusiasta do Feng Shui, toda a concepção também pode estar sujeita à consultoria do *Mestre Dragão*.
- O arquiteto costumava definir a posição do imóvel com relação aos pontos cardeais, a localização no terreno, o projeto paisagístico, o volume da construção, a forma, o tamanho e a aparência externa: agora, todos esses elementos importantes do conceito arquitetônico estão sujeitos à análise e às determinações freqüentemente arbitrárias de um comitê de leigos das autoridades locais e/ou dos *agentes de planejamento urbano* ou *agentes municipais de design*, que podem ser formados em sociologia ou economia, mas em geral nada sabem sobre desenho arquitetônico.
- No caso de projetos destinados à especulação comercial, como escritórios ou *shopping centers*, não é raro que o incorporador consulte primeiro os *consultores imobiliários* e *agentes de marketing*, que podem determinar o formato e o tamanho dos pisos, a localização e a aparência da entrada

principal, o aspecto e os materiais dos banheiros e o "estilo" do prédio *antes* que o arquiteto coloque a caneta no papel e, às vezes, antes mesmo que o arquiteto tenha sido escolhido.

- O arquiteto costumava supervisionar e controlar a execução do projeto e a construção no local: isso agora é feito pelo *gerente de projeto* ou *supervisor de construção.*
- O arquiteto costumava se preocupar em criar ambientes e prédios que oferecessem uma sensação de segurança e desestimulassem as oportunidades para crimes: agora, sob o Crime & Disorder Act 1998, os procedimentos burocráticos do Town Planning devem incluir uma consulta sobre medidas de prevenção ao crime junto ao *oficial encarregado da arquitetura.*

Além de tudo isso, o time profissional pode incluir ainda *engenheiros acústicos*, designers *de iluminação, especialistas em tecnologia da informação, arquitetos paisagistas, técnicos em materiais tóxicos* e *especialistas em meio ambiente.* Além disso, de acordo com o RIBA, na última década 40% dos grandes prédios no Reino Unido foram erguidos sob um contrato de "projeto e construção". Isso significa que o time profissional, incluindo o arquiteto, é escolhido pelo empreiteiro principal, que atua como o "cliente", e tudo o que se relaciona ao projeto, às especificações e à construção do prédio fica sob a direção e o controle total do *construtor.* Freqüentemente, o arquiteto é contratado para criar apenas um "conceito de *design*" e não lhe é permitido ter contato direto com o proprietário do prédio ou com o incorporador.

Então, por que os arquitetos abriram mão de sua posição e de sua autoridade? Todos os profissionais associados — engenheiros, inspetores de medidas, *designers* de interiores, gerentes de projetos e empreiteiros — são treinados para atuar como conselheiros do ponto de vista estratégico e técnico, mas eles não podem agir e começar seu trabalho antes que o arquiteto trace uma linha! Os cínicos podem argumentar que não é de admirar que outros profissionais tenham preenchido os vácuos deixados pelos arquitetos porque estes são notoriamente avessos a controlar despesas, raramente são pontuais na entrega dos desenhos e das informações, são fracos em engenharia, negligentes na inspeção e supervisão das obras, indulgentes no uso dos novos materiais e técnicas de construção que ainda não foram rigorosamente testados quanto à saúde e à segurança e vagos ou indiferentes às questões de *design* interior. Os clientes podem também reclamar que os arquitetos são excessivamente submissos às exigências dos administradores dos órgãos de planejamento urbano e de outros burocratas. Evidentemente, nem todos os arquitetos podem ser acusados de ter algumas ou todas essas qualidades negativas e é muito provável que essas deficiências sejam imputadas aos arquitetos há milhares de anos, desde que as pessoas começaram a contratar os serviços de alguém para aconselhá-las sobre como erguer uma construção de acordo com suas necessidades.

O problema com esse sistema "coletivo" de construir é que cada integrante do time profissional, inclusive o arquiteto, é nivelado por baixo no papel de consultor tático que fornece um trabalho técnico como parte de uma rede de fornecedores de informações necessárias para construir um edifício. Quando "arquitetura" vira sinônimo de materialismo que seduz o olhar, não há necessidade de um mestre construtor ou de um *maître d'oeuvre*. De qualquer maneira, sob o atual sistema, ninguém recebe uma educação profissionalizante que inclua os aspectos filosóficos, intelectuais, espirituais e práticos da arquitetura, uma educação que equipe a pessoa para assumir a tarefa de projetar um prédio que melhore a vida das pessoas, promovendo sua saúde e espiritualidade. Em outras palavras, o mestre construtor, a pessoa que determina a "alma" de uma construção, não tem lugar no "time profissional" de hoje. Vamos colocar de outra maneira: o arquiteto está numa orquestra, tocando um instrumento, sentado ao lado de todos os outros músicos especializados em seus próprios instrumentos. Mas quem é o compositor da música e a quem cabe reger a orquestra? Um compositor tem a inspiração: ele sabe como criar as emoções desejadas que serão expressas no espírito da música. Ao mesmo tempo, o compositor determina a tonalidade, arranja as notas e os ritmos para criar a sinfonia. Do mesmo modo, as "tonalidades" da composição arquitetônica são as relações harmônicas, as proporções e os preceitos numéricos e geométricos definidos pelo arquiteto com base nas leis naturais que governam o mundo à nossa volta.

Um arquiteto precisa estudar e acumular conhecimentos sobre muitos assuntos, assim como o compositor de uma sinfonia precisa ser bem versado nos potenciais e limitações de todos os instrumentos musicais a serem usados numa composição, embora não seja essencial que ele seja um virtuose em todas as seções da orquestra. Nem o compositor deve se sentar entre os instrumentistas enquanto rege, caso contrário cada uma deles interpretará a música de sua própria maneira e em seu próprio tempo. Quem é, então, o compositor/maestro de nossas composições arquitetônicas? Quem é o mestre construtor? Certamente não é o gerente de projeto, o inspetor de medidas, o engenheiro de estruturas e nem o empreiteiro. No entanto, agora que o arquiteto é auxiliado por tantos especialistas tecnicamente bem equipados — como músicos de talento numa orquestra — ele tem a oportunidade de usar mais tempo, energia e criatividade nos elementos essenciais do projeto para criar um ambiente saudável que pode alimentar e elevar o nosso espírito, desde que ele seja educado e treinado nos assuntos adequados.

Infelizmente, o advento de um novo e abnegado *Zeitgeist* (o conceito alemão de "espírito de um tempo") pode ser retardado porque é provável que nenhuma das escolas de arte e arquitetura convencionais disponha de educadores com a compreensão e o conhecimento das lições apropriadas da sabedoria eterna.

Segundo o professor Keith Critchlow,

O axioma fundamental da sabedoria eterna é que existe uma definição interior para todas as aparências e formas externas. Por exemplo: não apenas há camadas de significado para cada um dos livros sagrados nas dimensões humanas, terrenas, morais e filosóficas, como há também uma interpretação interior da ciência da matemática — esta última sendo uma expressão cosmológica das idéias arquetípicas das quais nosso mundo depende —, um fundamento oculto numérico e geométrico do universo aparente. Portanto, a arte e a arquitetura não devem ser teóricas, mas uma integração das leis metafísicas.[4]

Para descobrir como alguém que aspira a ser ou professa ser um arquiteto pode se elevar até o nível de um mestre construtor, basta observar os ensinamentos de Vitruvius e outros mestres da sabedoria como Platão, Pitágoras e as antigas escolas arcanas.

Todas as obras-primas da arte e da arquitetura têm princípios básicos de controle da ordem e da disciplina que são tão pertinentes e aplicáveis às modernas "caixas de vidro" quanto o foram ao templo de Minerva, à catedral de Chartres ou a um palacete de Palladio. Essas qualidades aparentemente ocultas ou "sacras" não acontecem por coincidência: todas as grandes obras possuem qualidades interiores que podem parecer misteriosas, mas os arquitetos/mestres construtores foram instruídos sobre elas através da história e precisam ser instruídos novamente. Se todas as nossas novas construções, incluindo pequenas casas e fábricas, incorporassem esses princípios básicos do *design*, surgiria naturalmente uma arquitetura autêntica e um "estilo" arquitetônico que expressasse nossa era nuclear/eletrônica. Se os arquitetos de hoje compreendessem e praticassem esses princípios, seus prédios seguramente seriam modernos nas formas, nos materiais e na tecnologia sem se ocultarem sob fantasias espúrias de época. Esses truques arquitetônicos seriam desnecessários porque a geometria e a harmonia na base dos projetos iriam satisfazer a alma.

As escolas de arte costumavam ensinar técnicas de desenho para serem praticadas diariamente, de maneira que os alunos se tornassem hábeis artistas do lápis — uma condição básica para ser capaz de desenhar bem um nu, uma planta ou uma natureza morta. Uma espiada nos prolíficos livros de esboços e nos primeiros trabalhos do pintor surrealista Picasso mostra o domínio da arte "descritiva" que foi o fundamento de suas pinturas posteriores. Hoje, as escolas de arquitetura formam profissionais sem habilidade (e nem inclinação) para desenhar manualmente com uma caneta ou um lápis — tudo é feito no computador. As escolas também costumavam ensinar história da arte e da arquitetura de modo a se entender o presente como uma continuação do passado; os alunos tinham que estudar a gramática da arquitetura e os preceitos clássicos de Vitruvius e desenhar pelo menos um projeto de época, ou parte dele, como um exercício completo de penetrar na mente de um mestre arquiteto.

Quando o autor deste livro era um estudante, há meio século, e sem dúvida mesmo antes, as escolas de arquitetura não ensinavam nada sobre energias terrestres, sobre os corpos sutis e multidimensionais dos organismos vivos e sobre como nosso campo de energia é influenciado, interage e responde de maneira inteligente com o ambiente à nossa volta. Em visitas a locações, não éramos estimulados a sentir, ouvir, cheirar ou "provar" o terreno. Nada se falava sobre campos eletromagnéticos (CEMs); cores e sons não eram discutidos e, embora os aspectos ecológicos e ambientais talvez não fossem temas tão prementes quanto hoje, a responsabilidade dos arquitetos em levá-los em conta era desprezada. Permanecíamos ignorantes sobre as ciências naturais, os fenômenos naturais, a filosofia, a dimensão humana, os princípios fundamentais e os aspectos esotéricos das "leis" do cosmos.

Se, quando éramos estudantes de arquitetura, tivéssemos aprendido sobre as "leis" que transcendem os períodos e estilos arquitetônicos, os ornamentos e a decoração, e fôssemos ensinados a projetar de acordo com aqueles métodos aritméticos e geométricos, sem dúvida iríamos considerar que nossa liberdade de expressão e criatividade estariam sendo desrespeitadas e não avaliaríamos que a totalidade do universo — a grande organização e a variedade de desenhos, formas, cores e texturas do mundo natural — é determinada pelas leis dos números e da geometria. Tínhamos a pretensão de nos tornarmos mestres arquitetos, mas nos graduamos sem nada saber sobre a linguagem arquitetônica do simbolismo e da metáfora, ou sobre como traduzir os números e a geometria abstrata, oculta, em manifestações concretas.

Vitruvius

Sabemos que o mundo natural move-se em ciclos. Portanto, não causa surpresa descobrir que nossa situação atual repete mais ou menos as circunstâncias que ocorreram há dois mil anos. No século I a.C., o arquiteto e engenheiro romano Marcus Vitruvius Pollio, conhecido simplesmente como Vitruvius, testemunhou um declínio na qualidade da arquitetura. Ele a atribuiu ao fato de os arquitetos terem sua atenção desviada por fatores periféricos e à sua falta de instrução sobre as artes sagradas, as ciências e os princípios fundamentais do *design*. Vitruvius percebia claramente a queda na qualidade das construções e a escolha equivocada de terrenos. Ele também sabia que era quase inútil tentar convencer os arquitetos e seus professores — que estavam preocupados com detalhes supérfluos — a respeitar os princípios fundamentais sagrados herdados dos "construtores" curadores/sacerdotes e dos mestres da antiga sabedoria (distrair o olhar com referências históricas triviais em excesso, ou artificiais, era e continua sendo o truque da arte e da arquitetura de má qualidade).

Ainda que na prática do dia-a-dia o ofício de construir englobe orçamentos, pagamentos, questões legais, materiais, técnicas de construção e espaços funcionais, a essência do *design* arquitetônico precisa se basear nas leis naturais e nos cânones do universo. Tudo que precisamos saber sobre os ensinamentos e a prática da arquitetura pode ser encontrado no livro de Vitruvius, *The Ten Books on Architecture*, reconhecido como uma das grandes obras clássicas da antiguidade e talvez o livro mais importante sobre o assunto no Ocidente. O livro é, na verdade, um único volume dividido em dez seções, cada uma apresentando os temas que um arquiteto deve estudar. Eles cobrem aspectos do projeto de casas, templos e cidades, os preceitos clássicos, a procura de água, as proporções do corpo humano a serem refletidas nos prédios e mesmo projetos de máquinas de guerra e fortificações. Muito do trabalho pode ter hoje apenas interesse histórico, como o método vitruviano de usar escalas musicais para projetar e "afinar" suas máquinas de guerra, ou suas técnicas de amplificar o som numa arena variando a quantidade de água em urnas de bronze. Mas o conhecimento esotérico da geometria, as relações harmônicas da música, o movimento dos corpos celestes, a medida do ser humano e os princípios fundamentais da arquitetura são tão importantes hoje para o planejamento e os projetos de prédios e cidades do século XXI como eram há dois mil anos.

O *Ten Books on Architecture* ficou perdido por cerca de 1.500 anos, até o século XVI, quando o italiano Daniele Bárbaro traduziu o livro sob o título *Vitruvii de Architectura Libri Decem*. Ele tornou-se a bíblia de todos os grandes arquitetos, pintores e sábios do Renascimento, como Michelangelo, Leonardo da Vinci, Palladio e outros que, por sua vez, influenciaram a arte e a cultura ocidentais pelos quatrocentos anos seguintes. Até as últimas décadas do século XX, o *Vitruvii de Architectura Libri Decem* foi estudo obrigatório — especialmente os preceitos clássicos — para todos os estudantes de arquitetura. Hoje devem existir apenas algumas escolas de arte e arquitetura — se é que existe alguma — nas quais, mesmo fora do interesse histórico, Vitruvius faz parte do currículo. Talvez os professores considerem que a arquitetura moderna não deve fidelidade à história, mas o mais provável é que a obra seja descartada porque eles não entendem o significado do que ela diz.

Embora o livro seja sobre arquitetura, deve-se notar que ele era endereçado diretamente a Augustus César, o imperador de Roma, aconselhando-o — na verdade, advertindo-o — sobre os padrões necessários de instrução e treinamento que deveriam ser exigidos dos arquitetos antes de comissioná-los para o extenso plano de construção de novos prédios e cidades que ele estava prestes a colocar em prática, tendo voltado recentemente de suas bem-sucedidas campanhas no exterior. Com a devida deferência e humildade, Vitruvius informava a César o que o imperador e sublime cliente deveria saber a respeito da educação dos arquitetos e sobre a filosofia, a ciência e a arte da arquitetura. Ao longo do livro, Vitruvius se refere constantemente ao imperador para lembrar que pertence ao cliente — aquele que contrata a obra —, mais do que ao arquiteto, o poder de influenciar e efetuar as mudanças necessárias para aprimorar o nível da arquitetura e melhorar a qualidade de vida dos cidadãos de Roma.

De maneira bem franca, Vitruvius disse ao imperador que se ele quisesse um trabalho perfeito, teria que se tornar um patrão — ou cliente — bem-informado, capaz de entender as qualidades e os pré-requisitos de um bom arquiteto:

> ... O arquiteto deve estar equipado com conhecimentos sobre muitos campos de estudo e variados tipos de aprendizado, pois será pelo seu julgamento que todo trabalho feito nas outras artes será avaliado. O conhecimento é filho da prática com a teoria...

> Portanto, ele deve ser ao mesmo tempo naturalmente talentoso e receptivo à instrução... que seja educado, habilidoso com o lápis, domine a geometria, saiba bastante sobre história, tenha se debruçado sobre os filósofos com atenção, entenda de música, tenha algum conhecimento de medicina, saiba a opinião dos juristas e seja informado sobre astronomia e a teoria dos céus.[5]

Vitruvius reconhece que não se pode esperar que os arquitetos se tornem especialistas em todos os campos, mas mesmo assim eles devem ter um bom conhecimento aplicado ao trabalho e uma boa compreensão desses temas.

Evidentemente, de modo isolado, alguns deles são ensinados hoje em nossas escolas de arquitetura. Por exemplo: os arquitetos precisam aprender algo sobre geometria, física e aritmética para conseguir projetar seus prédios e ter certeza de que eles serão estruturalmente sólidos. Quanto às questões legais, nossos arquitetos podem alegar, com razão, que precisam aprender um excesso de leis sobre construção e planejamento urbano, assim como despender muito tempo e esforço evitando ações litigiosas. A história da arquitetura é geralmente ensinada nos primeiros anos da faculdade, mas, lamentavelmente, ela é quase sempre rebaixada ao posto de disciplina anacrônica e de menor importância. Pode-se argumentar que a medicina é hoje tão especializada que tudo o que um arquiteto precisa é um conhecimento adequado das Leis de Saúde Pública e das Regulamentações Sobre Saúde e Segurança que controlam os projetos e construções de prédios. No entanto, já se mostrou que a arquitetura de hoje certamente necessita de uma compreensão e de um conhecimento muito maior de medicina do que meramente uma familiaridade com as leis sobre saúde pública. O entendimento de questões legais é um pré-requisito para qualquer profissional, seja qual for sua área, e sem uma educação e uma habilidade básica em aritmética e geometria é improvável que alguém escolha ser arquiteto. Então, por que um arquiteto moderno precisaria no trabalho de um maior entendimento sobre medicina, música, astronomia e filosofia, assim como das disciplinas óbvias como aritmética, física, geometria, direito e história?

Se formos um pouco mais fundo, receberemos algumas respostas quando Vitruvius diz a César que todos esses temas têm "uma afinidade e uma ligação interativa entre eles"[6] que se situam além da mera esfera prática. Em outras palavras, ele está dizendo que todos esses temas aparentemente diferentes têm uma ligação encoberta, oculta, e que juntos eles formam o currículo necessário para a educação completa de um arquiteto. Quando fala sobre aritmética e geometria, por exemplo, ele está se referindo à linguagem simbólica (ou sagrada) dessas disciplinas, e o arquiteto deve entender de música para ter um conhecimento de teoria canônica e matemática. Em outras palavras, a essência da música gira em torno de tons e relações harmônicas que expressam proporções numéricas, geometria e física num plano esotérico muito além da simples avaliação de melodias agradáveis. Do mesmo modo, a música e a astronomia têm um terreno comum baseado na relação entre os padrões geométricos do movimento dos corpos celestes e as relações proporcionais harmônicas da escala musical.

Um arquiteto que compreendeu essa antiga sabedoria terá as habilidades para criar um prédio com poder de curar e alimentar o nosso espírito e de lembrar-nos eternamente de nossas raízes e nossos laços em comum com tudo o que está no universo. Continuando, Vitruvius diz:

> ... os homens não têm o direito de se declararem arquitetos apressadamente, sem terem galgado desde a infância os degraus desses estudos e, desse modo, alimentados pelo conhecimento de muitas artes e ciências, alcançarem os cumes do território sagrado da arquitetura.

> ... Aqueles, então, que desde os verdes anos recebem instrução nas várias formas de conhecimento reconhecem a mesma marca em todas as artes e uma inter-relação entre todos os estudos, e aí eles compreendem a todos mais prontamente.

> ... arquitetos que tencionaram adquirir habilidade manual sem estudar nunca foram capazes de alcançar uma posição de autoridade que corresponda a seus esforços, enquanto aqueles que se amparam apenas nas teorias e nos estudos estão obviamente procurando pela sombra, não pelo conteúdo.

> ... Ele precisa, portanto, ser naturalmente talentoso e aberto aos estudos.[7]

Vitruvius foi iniciado nos profundos ensinamentos filosóficos de uma antiga escola de mistérios, provavelmente a Seita Dionisíaca, fundada mais de um mil anos antes de seu nascimento (veja o Capítulo 11 para mais informações sobre escolas de mistérios). Os dionisíacos, adeptos de Baco, se originaram em Hermes Trismegistus (significando "três vezes honrado" — não confundir com Hermes, o deus mensageiro grego) no antigo Egito. Eles eram guardiões do secreto e sagrado conhecimento das leis da arquitetura e foram os mestres construtores que ergueram os templos de Tebas e Karnak, o tempo de Diana em Éfeso e todos os grandes prédios públicos, monumentos e locais de adoração através da Europa central, Ásia e Índia. Tudo se remete aos ensinamentos e práticas dos dionisíacos, cujos prédios eram feitos em ressonância harmônica com a estrutura do universo; as dimensões e a geometria da arquitetura refletiam as leis que governam o cosmo.

O supremo mestre construtor da escola dionisíaca foi Hiram Abiff, arquiteto, artesão, ourives e decorador, contratado para erguer o templo de Salomão. Muitas lendas que cercam sua vida e seu assassinato em 1570 a.C. são o tema do livro *The Hiram Key*, de Christopher Knight e Robert Lomas, que traça a história desde o antigo Egito, passando pelo cristianismo e chegando até a atual maçonaria.[8] O alcance da influência dos dionisíacos pode ser medido pelas marcas e símbolos dos maçons, esculpidos em pedra nas câmaras das pirâmides de Guizé, nos muros subterrâneos de Jerusalém, Herculano e Pompéia, nos muros de Roma, nos templos gregos, nos prédios e monumentos do Islã, Índia, México, Peru e Ásia Menor e ainda em prédios e ruínas na Inglaterra, Escócia e Europa. A semelhança entre essas marcas sugere que todos os mestres construtores pertenciam a seitas que descendiam diretamente da mesma escola dionisíaca de Vitruvius.

Podemos ter outra compreensão das conexões de Vitruvius e sobre sua vida relativamente humilde de estudioso ao ler as entrelinhas do seguinte trecho:

> Devo muito e sou infinitamente grato a meus pais... por terem providenciado para que eu aprendesse uma arte, do tipo que não pode ser levada à perfeição sem o aprendizado e a educação generosa em todos os ramos do saber. Graças ... (a) meus pais e à instrução dada por meus professores, obtive uma vasta gama de conhecimentos, e pelo prazer que tenho em assuntos literários e artísticos, e em escrever dissertações, adquiri bens intelectuais cujos principais frutos são as seguintes reflexões: o excesso é inútil, e não desejar a posse das coisas é a verdadeira riqueza. Pode haver algumas pessoas, no entanto, que consideram tudo isso sem importância, e acham que os sábios são aqueles que têm muito dinheiro. Eis porque muitos, em busca desse objetivo, agem com petulante confiança, ganhando notoriedade e riqueza ao mesmo tempo.
>
> Mas de minha parte, César, ... (eu) adoto o princípio de que recursos modestos e uma boa reputação são preferíveis à riqueza e à má reputação... (mas) minha esperança é que, com a publicação destes livros, eu me torne conhecido mesmo na posteridade... os antigos costumavam confiar seu trabalho, em primeiro lugar, aos arquitetos de boa família, e a seguir perguntavam se eles haviam sido adequadamente educados, acreditando que deve-se confiar mais na honra de um cavalheiro do que na exibição de petulância. E os próprios arquitetos ensinariam apenas a seus filhos ou parentes e os treinariam para ser bons homens, nos quais se poderia confiar sem hesitação em questões de tanta importância.

Mas quando vejo que essa arte grandiosa é atrevidamente professada pelos que não têm educação e habilidades, e pelos homens que, longe de ter intimidade com a arquitetura, desconhecem até o ofício da carpintaria, não encontro senão elogios para aqueles chefes de família que, decididos a aprender, são encorajados a construir por eles próprios. Sua avaliação é que, se eles precisam confiar a tarefa a pessoas inexperientes, é mais conveniente usar uma boa soma para seu próprio prazer do que para o prazer de um estranho.

Ninguém, então, tenta praticar qualquer outra arte em sua própria casa — como, por exemplo, o sapateiro, o ferreiro ou qualquer outro que tenha um ofício mais simples —, mas apenas a arquitetura, e isso se deve ao fato de que os profissionais não possuem a arte genuína, mas chamam a si próprios, falsamente, de arquitetos. Por esses motivos, considerei adequado escrever com o maior cuidado um tratado completo sobre a arquitetura e seus princípios, acreditando que ele será um presente bem-vindo para todo o mundo.[9]

Vitruvius achava que todas as construções, para qualquer objetivo ou função, incluindo os relógios de sol e os mecanismos, deveriam ser erguidas levando-se em conta a durabilidade e a comodidade, com a apropriada disposição dos cômodos e posicionamento diante dos pontos cardeais. Elas deveriam ser bonitas, agradáveis, de bom gosto, e de tal forma que todos os elementos estivessem em proporção de acordo com os princípios da simetria.

Os princípios fundamentais da arquitetura

Segundo a tradução de Vitruvius feita por Daniele Barbaro no século XVI, os princípios fundamentais da arquitetura são *ordinatio* (ordem), *dispositio* (disposição), *eurythmic* (eurritmia), *symmetria* (simetria), *decor* (conveniência) e *distributio* (economia).[10] O velho significado em italiano permanece basicamente o mesmo em inglês ou em português modernos. Wittkower, citando o trabalho de Daniele Barbaro, diz que:

> Toda obra de arte deve ser como um belo poema, que se desenvolve de acordo com as melhores rimas, uma seguida da outra, até chegar ao final bem ordenado. As proporções do corpo humano são equilibradas e harmônicas como os acordes de um violão. Espera-se dos cantores que suas vozes sejam afinadas, e o mesmo se aplica às funções da arquitetura. Esse belo procedimento na música, assim como na arquitetura, chama-se harmonia, a mãe do encanto e do deleite. A beleza da ordem é a simetria, assim como a eurritmia é a beleza da combinação.
>
> Não é suficiente ordenar as medidas individualmente, uma após a outra, mas é necessário que essas medidas estejam relacionadas entre si, o

que significa que é preciso haver alguma *proporção* entre elas. Assim, onde há proporção não pode haver nada supérfluo. E como o instinto da natureza é o regente da proporção natural, o regente da arte é mestre da proporção artificial. Disso resulta que a proporção pertence à forma e não ao conteúdo, e onde não há funções não pode haver proporção. Isso porque a proporção se origina de uma composição de funções e de suas relações entre si: e, como foi mostrado, é preciso haver pelo menos dois elementos em cada relação.[11]

Barbaro se referiu à proporção como o segredo da arte. Em outras palavras, é preciso procurar abaixo da superfície para redescobrir a verdade das coisas.

A *ordem* diz respeito à ordenação de cada elemento e de cada parte do prédio. Tudo na natureza, desde o movimento macrocósmico e as dimensões dos corpos celestes até o microcosmo de toda a vida na Terra, incluindo as estruturas subatômicas, está *ordenado* de acordo com as relações proporcionais encontradas nos números, na geometria e na música. Quando essas relações universais se harmonizam, surge o bom, o belo e o verdadeiro, que não precisa ser amparado por adornos decorativos (a decoração diz respeito à *elegância*).

Disposição é colocar as coisas nos lugares certos com uma *elegância* produzida pelos planos, elevações e perspectivas. Segundo Frank Lloyd Wright, antes de o arquiteto pegar no lápis, ele deve ser capaz de visualizar com os olhos da mente cada parte do projeto do prédio. Em outras palavras, antes de se debruçar no caderno de esboços ou no computador, o arquiteto deve meditar sobre o pedido do cliente — a visualização, o ato de dar asas à intuição, permite que o projeto se desenvolva e flua sem as restrições físicas do gesto de colocar as idéias no papel ou na tela. Muitos de nós abortamos a criatividade na pressa de passar para as áreas técnicas, de fácil domínio, nas quais se processa o *como* e o *quando* — a passagem de A para B — em vez de focar na estratégia interior do *conceito*, que surge do desenvolvimento intuitivo. A "disposição" arquitetônica é como a composição musical: primeiro o compositor escolhe a tonalidade da sinfonia e depois "desenha" todas as múltiplas variações de notas, acordes, melodias e tempos compatíveis com as relações harmônicas dentro da ordem específica daquela tonalidade musical.

A arquitetura tradicional japonesa é coerente com os ensinamentos de Vitruvius. A simplicidade elegante e serena dos prédios japoneses integra o interior e o exterior com uma clareza de expressão que é particularmente admirada e apreciada pelos arquitetos ocidentais da escola moderna. As dimensões dos cômodos são determinadas pelo tamanho dos tatames feitos de junco. Cada tatame mede um pouco menos de 1 metro x 2 metros, o que traduz a proporção harmônica 1:2. Como o tamanho de cada cômodo é projetado de acordo com os módulos de tatames, todos os espaços interiores, do menor ao maior, são baseados nas proporções harmônicas 1:2 ou 2:3 ou 3:4 e assim por diante, aumentando de acordo com as escalas e relações musicais. As paredes de papel de arroz shoji e painéis de madeira são projetados de acordo com as proporções dos tatames e as relações geométricas da "golden section" (veja o Capítulo 9). Por mais diferentes que sejam os espaços internos e as fachadas, a arquitetura expressa um todo harmonioso e uno.

Eurritmia, disse Vitruvius, é "beleza e adequação na distribuição das partes... quando todos os elementos de um trabalho têm a altura compatível com sua largura e com seu comprimento..."[12] Em outras palavras, tudo exprime uma concordância de proporções que *permanece na tonalidade certa*. Rudolf Steiner usava a palavra "eurythmics" para descrever seu sistema de ensinar música e dança por meio da resposta física do corpo ao ritmo. Eurritmia — uma palavra raramente ou nunca usada no vocabulário de hoje da arte e da arquitetura —, significa um ritmo gracioso e harmônico da ordem estrutural e do movimento.

Simetria é a combinação proporcional entre as partes e o todo. Sem simetria e proporção, disse Vitruvius, "não pode haver princípios no *design*... se não há uma relação precisa entre as partes, como no caso de um homem bem modelado".[13] Assim, a simetria é a correlação entre os vários elementos do projeto do prédio. Ele a seguir descreve a harmonia simétrica presente na natureza entre o antebraço, o pé, a palma da mão, o dedo e todas as outras partes do corpo humano e a precisa relação proporcional das partes com o todo. Ele descreve as proporções de um "homem bem-modelado" tomando o umbigo como ponto central para produzir a geometria do quadrado e do círculo. Séculos mais tarde, Leonardo da Vinci e outros arquitetos e artistas do Renascimento ilustraram essas hábeis medidas-chave e proporções, que serviram de cânone para seus grandes trabalhos criativos na arte e na arquitetura.

Os mestres construtores do antigo Egito em diante entenderam a simetria como definida por Vitruvius, mas em nossas atuais escolas de arquitetura o termo "simetria" é usado na acepção de um certo número de elementos arquitetônicos de formato idêntico colocados em cada lado de uma linha central. Quando uma composição arquitetônica contém formatos, volumes e elementos diferentes, sem nenhum eixo ou linha central, diz-se (incorretamente) que é assimétrica. Os estudantes e profissionais de arquitetura de hoje tendem a favorecer os chamados *designs* assimétricos para eliminar qualquer vestígio da linha central clássica, que é considerada um anátema nas tendências modernas — o que pode explicar a concepção equivocada da palavra simetria.

A definição moderna do Collins English Dictionary para o termo "simetria" — "similaridade, correspondência ou equilíbrio entre sistemas ou partes de um sistema... beleza ou harmonia de formas amparada numa distribuição proporcional das partes" — está de acordo com a visão de Vitruvius. Expressa como uma equação matemática, $X + Y = Z$ é uma equação simétrica na qual X, Y e Z são valores diferentes, mas permanecem *proporcionais*. A definição do dicionário para assimétrico é "desproporcional" e, quando o termo se refere à música, significa qualquer número irregular de tempos numa partitura divididos em combinações não equilibradas. Quando não há ordem, concordância e conexão numa tonalidade, a música ou o *design* arquitetônico resulta frustrante e desagradável.

Sem um apreço pela estética, pela matemática e pela música, pode ser um pouco difícil assimilar os princípios fundamentais da proporção, da relação e da simetria dinâmica. Mas se observarmos a história da arquitetura, há abundantes exemplos de construções — templos clássicos, catedrais góticas, palácios renascentistas — que não são projetados com uma linha central. Em nossa época, os móbiles do surrealista Juan Miró ilustram a simetria na arte moderna — as superfícies e os fios têm formatos e comprimentos diferentes, mas se movem em perfeita oscilação e harmonia em torno de um ponto de sustentação com equilíbrio dinâmico.

Conveniência, segundo Vitruvius, diz respeito à adequação aos objetivos, à escolha do estilo apropriado e às características do terreno, de modo a que todos os prédios, incluindo as estruturas utilitárias, sejam duráveis, convenientes e projetados de acordo com os princípios da simetria e da escala dos seres humanos. Ele também acreditava que os arquitetos deveriam se preocupar com cada aspecto da vida, incluindo questões de segurança e moral pública.

Em seu exemplo, Vitruvius refere-se ao projeto para os muros de uma cidade com idéias tão simples e eficientes que, depois de expostas, parecem óbvias. As torres fortificadas devem se projetar para além do muro, de forma a que o inimigo fique vulnerável aos ataques em seu flanco desprotegido; a estrada que leva aos portões da cidade deve ser escarpada e em forma de curva da direita para a esquerda, assim o lado direito dos agressores fica fora da proteção de seus escudos; os muros devem ser largos o suficiente para permitir que os homens armados passem à frente uns dos outros no topo; o espaço entre as torres deve ser pequeno, o suficiente para se disparar uma flecha com o arco, e devem ser redondas ou poligonais porque torres quadradas podem ser destruídas com maior facilidade.

Excluindo-se as novas ameaças do terrorismo global, comparada ao passado, a incidência de assassinatos e seqüestros pode ser hoje relativamente baixa. Mas as taxas de roubos, furtos, assaltos, vandalismo, comportamento anti-social e o medo do crime podem restringir severamente nossa liberdade e comprometer a qualidade de vida a um ponto que o morador das metrópoles se sinta acuado, ameaçado e tão vulnerável quanto os moradores das antigas cidades, obrigados a repelir exércitos invasores. Há dois mil anos, se os muros e as fortificações de uma cidade fossem mal projetados, seus defensores podiam sofrer muitas baixas ou mesmo falhar em vencer os invasores. Mais do que hoje, a qualidade do *design* e a atenção ao detalhe da escala do corpo humano podia ser uma questão decisiva de vida ou morte. Mas, apesar de pesquisas extensivas e legislações oficiais ao longo da última década, poucos arquitetos e planejadores urbanos parecem estar cientes da correlação entre o *design* arquitetônico e a incidência de crimes. Não temos mais que construir fortificações para rechaçar hordas de bárbaros, mas podemos melhorar a segurança projetando ambientes que nos protejam do crime urbano.

Mais recentemente, o súbito impacto do terrorismo global exigiu uma ampla reavaliação dos projetos e das construções dos grandes edifícios. Mas, talvez porque o aumento da criminalidade e o medo tenham se instalado de maneira mais traiçoeira na vida das comunidades nas últimas décadas, o fato não atraiu a atenção dos arquitetos e planejadores, e isso é a Síndrome do Sapo Cozido em ação!

Apesar das iniciativas do governo no campo das leis, das quais falaremos, a situação atual pode ser resumida pelo seguinte trecho da introdução de um livro publicado em 2002, *Planning for Crime Prevention*, do professor associado Richard Schneider, da University of Florida e do professor Ted Kitchen, da Seffield Hallam University, na Inglaterra:

> Se o planejamento e outras atividades profissionais relacionadas com a qualidade do ambiente querem provar suas afirmações de que agem "para o povo", então nos parece que uma das condições básicas é que se deveria atentar para as preocupações daquelas pessoas que se relacionam com seus ambientes, e não apenas para as preocupações e os interesses dos próprios profissionais. Mesmo assim, com algumas claras exceções, afirmaríamos que as relações entre as atividades de planejamento, a prevenção ao crime e o *design* do ambiente construído não figura entre os interesses principais dos planejadores e, como é de se esperar, não aparece com destaque no currículo educacional do planejamento urbano.[14]

Ainda em 1961, com a publicação do livro *The Life and Death of Great American Cities*,[15] de Jane Jacobs, e de outros projetos de pesquisa e estudos, estabeleceu-se o conceito de prevenção do crime por meio do *design* ambiental (PCADA). Durante os anos 70 e 80, policiais e alguns poucos arquitetos e planejadores desenvolveram um movimento nesse sentido, que finalmente ganhou notoriedade em 1996, quando se realizou a primeira conferência internacional sobre PCADA em Calgary, no Canadá. O objetivo do evento era "criar ambientes mais seguros e melhorar a qualidade de vida por meio do uso dos princípios e estratégias do PCADA".[16]

A International CPTED Association (ICA) tem hoje mais de trezentos membros em trinta países do mundo. A filial da ICA no Reino Unido, conhecida como Design Out Crime Association (DOCA) foi fundada em 1999. Seus princípios estão expressos na iniciativa da polícia conhecida como Protegido Pelo *Design* (PPD), cujo objetivo é identificar fatores que podem conduzir ao crime e à desordem no estágio inicial do planejamento, quando os projetos de construção são submetidos às autoridades locais para aprovação. Em teoria, todos os projetos poderiam/deveriam ser examinados e merecer comentários do oficial encarregado da arquitetura, que geralmente é um policial com experiência em prevenção ao crime (os princípios do PPD foram há pouco incorporados às leis sobre construção na Holanda e outros países europeus devem fazer o mesmo em breve).

Um exemplo de sucesso dos princípios do PPD foi relatado em outubro de 1999 por Rachel Armitage, do Grupo de Criminologia Aplicada da University of Huddersfield, referindo-se à reforma num conjunto de condomínios no setor de moradias públicas na área de West Yorkshire. O trabalho nas partes externas e internas dos edifícios incorporou mudanças baseadas nos conceitos do PCADA e uma análise do tipo antes-e-depois mostrou que, em dois dos condomínios, as taxas de criminalidade por habitações caíram, respectivamente, em 66,6% e 50%.[17] Nem todos os condomínios PPD podem afirmar que igualaram essas espetaculares reduções percentuais, mas há muitos exemplos semelhantes que mostram resultados encorajadores. Mesmo assim, apenas nos últimos dois ou três anos, a segurança passou a figurar no treinamento de arquitetos, lidando com o *design* relacionado à comunidade e princípios de *design* criminal e ambiental para reduzir os riscos.

Deve-se mencionar também que os proponentes do PPD não alegam que esse conjunto de regras se aplica a todas as situações. Na verdade, alguns dos itens, como "obstrução do alvo" e o fechamento de rotas prováveis de fuga, contrariam a posição, preferida por alguns, do American New Urbanist, embora as semelhanças sejam muito mais numerosas que as diferenças (contrariando as expectativas, a comparação entre tipos similares de taxas de crimes individuais, excluindo assassinato e uso de armas de fogo, mostra que nos Estados Unidos os índices tem caído regularmente, enquanto no Reino Unido eles há tempos vêm aumentando aos poucos).

Até a implantação do Crime & Disorder Act, em 1998, não havia obrigação dos arquitetos, autoridades locais e legisladores eleitos de estabelecer o conceito de PCADA. O capítulo 17 dessa lei determina:

> 17-(1) Sem prejuízo de qualquer outra obrigação imposta, é dever de cada autoridade a que esse capítulo se aplica exercer suas várias funções visando ao efeito provável do exercício delas, e a necessidade de fazer tudo o que for razoável para prevenir o crime e a desordem em sua área.[18]

Isso obriga todas as autoridades locais a implementar estratégias que evitem o crime e a desordem, e essa obrigação abrange todo um leque de serviços e atividades além das simples questões do planejamento urbano. Inclui a manutenção e administração de propriedades, tendo em mente que a falta de verbas para realizar os serviços não isenta a autoridade local de seus deveres legais. Deve-se também considerar que a criação de um ambiente físico que não propicie o crime é apenas metade da história. A manutenção e a administração apropriadas e sistemáticas do ambiente e dos prédios é um fator igualmente significativo na prevenção ao crime: a rápida remoção de grafites e o conserto de vandalismos, eliminando os símbolos da desordem social, a expulsão forçada de moradores anti-sociais e o controle dos vizinhos barulhentos — tudo isso é previsto pelo Crime & Disorder Act 1998. E agora, sob o Human Rights Act 2000, todos têm direito à liberdade e à segurança, ao respeito pela vida privada e familiar e à proteção à propriedade. Isso dá a nós, "cidadãos comuns", os poderes para não nos sujeitarmos a uma autoridade local indolente e relapsa, que não proporciona instalações e serviços adequados à educação, à moradia e à prevenção ao crime.

Para voltar a Vitruvius, além de suas visões sobre crime e segurança, ele também transmitia aos arquitetos instruções sobre como a localização de certas construções pode influenciar a moral pública: "Temos que escolher os locais dos templos, do fórum e de outros locais públicos levando em conta a conveniência e a utilização".[19] Ele recomendou que os templos para Júpiter e Juno fossem erguidos no ponto mais alto da cidade; Mercúrio deveria estar no fórum: Apolo e Baco perto do anfiteatro e Marte no campo de treinos. O templo para Vênus, em particular, deveria ficar fora dos muros da cidade "para que os homens jovens e as mulheres casadas não se habituem na cidade à tentação incidental de cultuar Vênus".[20] Continuando, Vitruvius recomendou que os santuários para Vulcano e Ceres também deveriam se situar fora dos muros da cidade para reduzir o risco oferecido pelo fogo nos rituais religiosos. O raciocínio é elementar e, mesmo assim, esse tipo de pensamento básico parece escapar a alguns de planejadores urbanos e arquitetos de hoje, que freqüentemente erguem construções em terrenos sabidamente inadequados ou incompatíveis com seu uso. Hoje, nossos problemas em potencial têm menos relações com o fogo do que com riscos à saúde, poluição industrial, barulho de trânsito e de aviões, segurança e proteção aos usuários dos prédios.

Vitruvius definia "adequação aos objetivos" como "...princípios (que)... derivam da verdade da natureza" e os ornamentos e a decoração como "um idioma" que tem suas próprias regras de sintaxe e organização gramatical.[21] O arquiteto deve escolher cuidadosamente que idioma será usado no prédio e certificar-se de que as regras "gramaticais" não sejam quebradas (apesar disso, arquitetos como Wren desrespeitaram as regras clássicas, mas só um mestre pode fazê-lo com um grande resultado). A conveniência nos é ensinada para encorajar os arquitetos a ser disciplinados e a respeitar os cânones ou leis da natureza. Afinal de contas, a natureza opera dentro de cinco limitações: terra, ar, fogo, água e espaço celeste e, mesmo assim, cria uma infinita variedade de formas.

Finalmente, a conveniência relaciona-se às condições do terreno, sua salubridade e adequação à habitação humana, assim como às condições ambientais e à posição correta da construção diante dos pontos cardeais tendo em vista a luz solar, a paisagem e os ventos mais freqüentes. Vitruvius descreveu como um ponteiro de relógio de sol colocado no chão para criar sombra era o centro ou ponto focal do primeiro círculo desenhado no solo, passo inicial da construção. Os eixos norte-sul e leste-oeste podiam ser determinados com precisão pela sombra e os arcos "vesica" eram gerados pelo círculo, formando ângulos retos, triângulos e toda a geometria fundamental do prédio.

Curiosamente, muito do que Vitruvius tinha a dizer sobre os aspectos mais práticos da conveniência e as condições naturais a serem consideradas ao se planejar uma nova cidade ou projetar a disposição, o formato e a localização de um novo prédio não apenas remete aos procedimentos do Feng Shui e do Vastu Shastra como também se tornou pertinente e importante para os arquitetos "eco-tech" de hoje, que precisam aprender novamente a arte dos "antigos métodos" dos mestres construtores do passado. Projetos bem-sucedidos de prédios naturalmente ventilados, ecologicamente sustentáveis e ambientalmente amigáveis dependem da habilidade de se entender a apropriada posição diante dos pontos cardeais, da direção dos ventos, do ganho de calor solar, da iluminação diurna e do abrigo das sombras.

Economia, disse Vitruvius, refere-se à correta administração dos materiais e do terreno, assim como o equilíbrio nos custos e o bom senso no processo de construção. Ele advogava a cuidadosa conservação dos recursos, a seleção de materiais já disponíveis na região e projetos adequados aos propósitos do prédio. As questões ligadas à economia e à ecologia são, de novo, ainda mais pertinentes à época atual do que à de dois mil anos atrás!

César foi também aconselhado a criar leis para frear os arquitetos voluntariosos e que gastavam somas extravagantes. Vitruvius lembrou a César que na cidade grega de Éfeso havia uma antiga lei pela qual a estimativa de um arquiteto sobre o preço de um prédio era entregue a um magistrado; a moradia do próprio arquiteto era então penhorada como garantia até que o trabalho fosse concluído. Se para terminar a obra fosse necessário gastar menos de 1/4 do orçamento inicial, o tesouro arcava com o investimento complementar e nenhuma penalidade era aplicada, mas se fosse preciso gastar mais do que 1/4 da verba, quem pagava era o arquiteto. Ele concluía:

> Quisera Deus que essa também fosse uma lei do povo romano, não apenas para prédios públicos, mas também para os privados. Isso porque os ignorantes não mais fariam loucuras com impunidade, mas os homens bem qualificados por um treinamento científico adequado iriam inquestionavelmente adotar a profissão de arquiteto. Cavalheiros não seriam enganados com despesas sem fim e esbanjamentos, e os próprios arquitetos poderiam ser obrigados, por medo da penalidade, a ser mais cuidadosos ao calcular e estabelecer os limites dos gastos.[22]

Embora na prática o dia-a-dia do ramo da construção seja feito de orçamentos, comissões, questões legais, materiais, obras, técnicas e espaços funcionais, a essência do *design* de arquitetura deve ser basear nas leis naturais do universo. Essas leis ou cânones são conhecidos como leis sagradas (sagradas — em oposição aos valores seculares ou mundanos — nenhuma relação com a palavra "religião"). Na verdade, *The Ten Books on Architecture* é um tratado parcialmente disfarçado sobre elementos perenes das artes sagradas e os princípios básicos e fundamentais do *design*. Vitruvius apresenta um programa completo para a formação e o trabalho essenciais à prática da arquitetura: para se tornar um mestre construtor é preciso estudar e praticar o espectro completo das artes, das ciências, das questões de saúde e do desenvolvimento moral e espiritual, assim como dos métodos de construção e engenharia.

Para ter no futuro a arquitetura de que precisamos e queremos, as faculdades do século XXI terão que se preparar para aplicar um currículo baseado nesses princípios.

Referências

1. Ensaio KAIROS Nº 2, "Architecture — A Return to Sacred Principles", 1984, por Peter David Gilbert e Keith Critchlow.
2. *Ibid.*
3. *The Macmillan Encyclopaedia* (1984), Londres: Macmillan.
4. Excerto de uma palestra Kairos feita pelo professor Keith Critchlow.
5. Vitruvius (1960) *The Ten Books on Architecture*, Livro I, Capítulo I "The Education of an Architect", Parágrafos 1 e 3, Nova York: Dover Publications.
6. *Ibid.*, Parágrafos 10 e 12.
7. *Ibid.*, Parágrafos 2, 3, 10 e 11.
8. Knight, C. e Lomas, R. (1996) *The Hiram Key*, Londres: Century.
9. Vitruvius *op. cit.*, Livro VI, Parágrafos 4, 5, 6 e 7.
10. Vitruvius *op. cit.*, Livro I, Capítulo II, Parágrafo 1.
11. Wittkower, R. (1971) "The problem of harmonic proportion in architecture", em *Architectural Principles in the Age of Humanism*, Nova York: W.W. Norton & Co, pp. 138-9.
12. Vitruvius *op. cit.*, Livro I, Capítulo II, Parágrafo 3.
13. Vitruvius *op. cit.*, Livro III, Capítulo I, Parágrafo 1.
14. Schneider, R. e Kitchen, T. (2002) "Introduction", *Planning for Crime Prevention*, Londres: Routledge, p. xix.
15. Jacob, Jane (1961) *The Life and Death of American Cities*, Nova York: Vintage Books.
16. Designing Out Crime Association (DOCA), PO Box 355, Staines, TW 18 4WX.
17. Armitage, R. (1999) *An Evaluation of Secured by Designs Housing Schemes Throughout the West Yorkshire Area*, The Applied Criminology Group, The University of Huddersfield, outubro de 1999, p. 66.

18. Crime & Disorder Act 1998, Capítulo 37.
19. Vitruvius *op. cit.*, Livro I, Capítulo VII, Parágrafo 1.
20. *Ibid.*
21. Vitruvius *op. cit.*, Livro IV, Capítulo III, Parágrafo 6.
22. Vitruvius *op. cit.*, Livro X, Introdução, Parágrafo 2.

Sugestões de leituras complementares

Clarke, R.V.G. e Mayhew, P. (1980) *Designing Out Crime*, Her majesty's Stationery Office.

Crowe, T.D. (1991) *Crime Prevention through Environmental Design*, Massachusetts: Butterworth-Heinemann.

9

A harmonia divina

Nós rachamos o código cósmico. Nós, que somos poeira de estrelas animada, temos um vislumbre das regras pelas quais o universo se move. Como nos tornamos conectados a essa dimensão cósmica é um mistério. Ainda assim, não se pode negar a conexão.[1]

Os seres humanos sempre tentaram explicar como o mundo começou, explorar os segredos da vida e descobrir a ordenação fundamental que torna o cosmos um conjunto unificado. Fazendo uma observação longa, meticulosa e sistemática do mundo físico, do vasto movimento dos céus, e também do menor detalhe do crescimento das plantas e do corpo humano, os antigos desenvolveram a "idéia" de que tudo no universo funciona de acordo com o projeto divino de padrões ordenados de números, relações harmônicas, ritmos e proporções geométricas. Essas teorias das correspondências baseiam-se no axioma ou lei de Hermes Trismegistus: o reino macrocósmico do universo é refletido no reino microcósmico do homem e da natureza na Terra — "Assim no alto como embaixo".

As sete artes liberais

A sabedoria esotérica relacionada à harmonia divina foi passada apenas oralmente para os iniciados das escolas de mistérios, até que Platão estabeleceu seus princípios fundamentais em sua obra *Timaeus*.[2] Pela primeira vez, os ensinamentos sagrados, que ele chamou de "sete artes liberais", foram colocados na palavra escrita. Platão foi criticado por não seguir a tradição oral do *Dogma Agrapha* (doutrinas não-escritas), mas defendeu o seu trabalho dizendo que eles eram comentários que serviam apenas para orientação. Em sua *Sétima Carta*, ele respondeu a seus críticos da seguinte maneira:

238   A SÍNDROME DO SAPO COZIDO

Ao divulgar estes segredos, não considero estar trazendo benefícios aos homens, exceto àqueles iniciados, capazes de descobri-los com não mais que uma pista em mãos. Para os outros, eles produziriam um escárnio estúpido ou uma autoglorificação na suposição equivocada de que comeram sabedoria às colheradas.[3]

As Sete Artes Liberais foram divididas em *Trivium* (3) e *Quadrivium* (4), sendo que os números representam a trindade dos céus multiplicada por quatro, ou o cubo da terra.

O *Trivium*

As artes e ciências do *Trivium* eram a *gramática*, a *retórica* e a *lógica* (ou dialética). As três estão relacionadas ao uso adequado da linguagem:

Gramática é a escolha exata de palavras ou construção de frases que conduzem a um significado preciso para expressar em linguagem nobre os pensamentos mais profundos, ideais e idéias e a personificação da VIRTUDE.

Retórica é a qualidade da comunicação em linguagem bela e convincente, com estilo, análise e apresentação para personificar a BELEZA.

Lógica é a organização da linguagem em busca da verdade por meio do poder da dedução e do debate equilibrado, sem o desejo egoísta de ganhar uma discussão. É fazer uso por completo dos instrumentos intelectuais para descobrir a VERDADE.

Como disse Platão, "se não somos capazes de perseguir o Bom com apenas uma idéia, com três talvez alcancemos o nosso objetivo: beleza, simetria e verdade são as três".[4] Sem dúvida, ansiamos e procuramos por virtude, beleza e verdade porque instintivamente sabemos que tudo o que dizemos deve refletir as qualidades do nosso jeito natural de ser, e nossa singularidade individual não deve nos separar da totalidade da natureza e do universo.

Gematria — uma palavra hebraica derivada do grego *geometria* — é a arquitetura da linguagem, na qual as palavras estão relacionadas ao seu significado por números, e os números à geometria. Seja um texto ou um prédio, se existe em sua base uma geometria "sagrada", a forma irá conter mais do que o olho vê e irá expressar uma essência que é eterna e infinita. Os antigos consideravam uma "ciência" revelar os mistérios mais profundos de Deus e as dimensões esotéricas do espaço, da música, da astrologia e da arquitetura.

Os primeiros idiomas do Egito, da Índia e da Grécia, e a tradição hebraica usavam as letras de seus alfabetos como expressão aritmética dos números, como o sistema numeral romano de letras, III = 3, V = 5, X = 10, XX = 20 e assim por diante. Pode-se ver que os cálculos aritméticos e todos os números que usam letras do alfabeto formam palavras inteligíveis. Assim, as palavras podiam ser soletradas de uma maneira que ajudaria um jovem iniciado a memorizar os ensinamentos sagrados mediante uma fórmula matemática correspondente à sucessão de letras que somavam valores numéricos. Por exemplo: os nomes de deuses e deusas se relacionavam a números específicos com um significado que criava uma linguagem sagrada: cada letra, palavra e frase tinham valores místicos quando os princípios dos números, sons e formas (geometria) eram associados com cada letra do alfabeto, e quando eram ajuntadas, geravam tamanhos e significados estendidos. Segundo Sócrates, "o conhecimento dos nomes é uma grande parte do conhecimento". A Gematria foi usada para compor as escrituras hebraicas, os textos cristãos do Novo Testamento e os códigos ocultos de Platão, dos gnósticos, dos alquimistas e dos cabalistas.

Um dos poucos mestres vivos das artes sagradas, o professor Keith Critchlow, descobriu que tanto o Corão quanto os textos originais da Bíblia e a Cabala têm o número 19 como chave para os textos.[5] Todos os nomes, palavras e frases foram "projetados" para produzir o número 19, que tem muitas associações místicas e astrológicas, como o período de dezenove anos que o Sol e a Lua levam para voltar à mesma posição relativa. Infelizmente, a integridade gemátrica e os significados ocultos mais profundos das escrituras se perdem quando os textos são traduzidos para outro idioma. A Gematria não é apenas a troca de letras por seus equivalentes numéricos, mas também expressa um método de determinar, por meio de uma análise de suas medidas, o objetivo místico (sagrado) pelo qual um prédio ou outro objeto foi feito. F. Bligh Bond, um arquiteto, e o Dr. T. S. Lea, vigário de St. Austell, escreveram um pequeno livro chamado *Gematria: A Preliminary Investigation of The Cabala*, publicado pela primeira vez em 1917 e republicado pela Rilko (Research Into Lost Knowledge Organisation) em 1977. A respeito da verdade geométrica, os autores dizem:

> Meras palavras de significado normal não conseguem interpretar idéias espirituais, a não ser que um sentido figurativo seja associado a elas. Por sinais e símbolos isoladamente, a essência da verdade pode ser transmitida. No mito e na parábola, os poetas, profetas e professores religiosos de todos os tempos nos apresentam as realizações do sentido espiritual. E não na linguagem das palavras isoladas, mas na arquitetura e em suas artes associadas, algumas das mais sublimes concepções humanas foram transmitidas.[6]

O *Quadrivium*

O *Quadrivium* era uma preparação para a maior das artes e das ciências, a filosofia — que significa "amor pela sabedoria", do grego *philo* (amor) e *sophia* (sabedoria). Seus quatro componentes — aritmética, geometria, harmonia (música) e cosmologia — formavam uma entidade intrínseca e não podiam ser estudados separadamente, assim como não se pode separar o corpo da alma ou do espírito. No entanto, com o alvorecer da "Era Iluminista" foi decretado que a alma não era um elemento apropriado para o estudo racional. Desde então, a matemática e a geometria também têm sido ensinadas como ciências em separado, levando à moderna compartimentalização das disciplinas e à quebra da integridade dos ensinamentos tradicionais.

O *Quadrivium* influenciou fortemente a arte, a arquitetura e o pensamento ocidental. Todos os seus quatro componentes expressam certas verdades universais que transcendem a linguagem (em qualquer idioma não se pode contestar que 2 + 2 = 4) e são fundamentais para se entender a natureza da existência: eles são linguagens sagradas do simbolismo.

Aritmética é número em estado puro, conhecida como a "Rainha das Ciências". A aritmética de Platão é a chave para a grandeza, a dimensão e o mistério da ordem universal. Adição, subtração, multiplicação e divisão eram feitas no ábaco até o século XIII, quando os numerais romanos foram substituídos pelos símbolos indo-arábicos e houve a introdução dos conceitos de álgebra, decimais e zero.

Geometria é o número em forma de espaço, a harmonia e o ritmo dos ângulos e a filosofia da organização. Geometria significa literalmente "medição da Terra" (estereometria é a medição dos volumes). Usando apenas uma régua e um compasso, a geometria plana, sólida e espacial de Pitágoras e Euclides pode originar uma disciplina filosófica para descobrir significados profundos e também com finalidades práticas na construção e na engenharia.

Música é o número no tempo governado pelas leis das relações harmônicas, como aquelas expressas no ritmo e no movimento dos corpos celestes (a discordância ou cacofonia de parte de nossa música contemporânea indica nossos conflitos com a natureza e com o meio ambiente).

Cosmologia é o número no tempo e no espaço que expressa a inter-relação entre o homem (o microcosmo) e o universo (o macrocosmo). Embora a cosmologia de Platão fosse baseada na visão geocêntrica de Ptolomeu e da astronomia árabe (em vez da visão heliocêntrica de Copérnico, Kepler e Galileu), o conceito filosófico permaneceu o mesmo e refletia o temor do poder desconhecido.

A linguagem mística dos números

Tudo no universo, das estruturas subatômicas às vastas galáxias, é organizado de acordo com padrões numéricos e geométricos que se repetem. Desde o movimento dos planetas até o crescimento de uma planta, o formato de uma concha e os ossos do nosso corpo, todos os fenômenos naturais seguem as leis da

A HARMONIA DIVINA

proporção determinadas por esses padrões de números. Os antigos mestres da sabedoria usavam números, geometria e música como linguagens simbólicas para revelar o significado sagrado dos mistérios da vida e para compreender a divina, sublime inteligência que controla e unifica o cosmos inteiro. Esses mestres eram os curadores/sacerdotes, os mestres construtores e os místicos que entendiam a divina harmonia do universo e a integravam com a ciência, a religião e a medicina num único sistema filosófico, que abarcava e congraçava os mundos exotérico (material), mesotérico (oculto, psicológico) e esotérico (místico/espiritual). Esse sistema filosófico foi a base dos antigos ensinamentos das escolas de mistérios (veja o Capítulo 10). Como uma linguagem abstrata dos símbolos, os números eram uma maneira de entender o universo e trazer os iniciados das escolas de mistérios para mais perto do seu objetivo espiritual de compreender a oculta Divina Inteligência. Como disse Santo Agostinho, "Números são pensamentos de Deus... A Divina Sabedoria é refletida nos números estampados em todas as coisas... (e) a construção do mundo físico e do mundo moral é igualmente baseada em números eternos".[7]

Poderia-se dizer que o verdadeiro "mistério" dos números é a origem simbólica e a ligação entre o céu e a Terra: entre o não-evidente e o evidente. Aqueles que entendem o significado abstrato dos números e da geometria são capazes de traduzir esse conhecimento profundo numa forma física de maneira que, no caso de uma construção, sua ressonância com a harmonia universal será percebida pelos que a adentram. A mera aplicação das leis isoladamente, pela simples reprodução de números simbólicos e geometria, resultará numa construção estéril e sem alma.

O simbolismo mesotérico dos números, que transcende o nosso atual entendimento da aritmética de adição, subtração, multiplicação e divisão, pode ser resumida da seguinte maneira:

UM é a unicidade de todas as coisas, a uniformidade, o começo da criação, Deus e o Espírito Divino.

DOIS é dualidade, separação entre masculino e feminino, Adão e Eva.

TRÊS é a trindade, a reconciliação, o retorno à integridade, a simetria dinâmica entre mente, corpo e espírito.

QUATRO é a evidência, o mundo da matéria, os quatro elementos: fogo, terra, ar e água.

CINCO é o produto de 2 (o primeiro número primo par, que representa o princípio da fêmea) e 3 (o primeiro número primo ímpar, que representa o princípio do macho). Cinco simbolizava a humanidade, a harmonia no amor e a saúde. A estrela de cinco pontas — o pentáculo — é o selo do homem.

DEZ — o Decad — representava a totalidade da criação. Os primeiros filósofos gregos estipularam o número da natureza (o cosmos) como o *Decad*. Eles também expressaram o enigma da criação com a charada "dez é completo no quatro", que pode ser interpretado como uma afirmação de que o processo criativo cósmico tem quatro estágios — expressos simbolicamente por meio dos números 1 (unicidade), 2 (dualidade), 3 (trindade ou reconciliação) e 4 (o mundo evidente) — que, juntos, somam a totalidade da criação (ou seja, 10). Portanto, pode-se também dizer que 10 (o cosmos) completa a si próprio no 4 (a manifestação do mundo material), como demonstrado na fórmula matemática 1 + 2 + 3 + 4 = 10. Essa fórmula era representada geometricamente no *tetractys* (veja Figura 9.1).

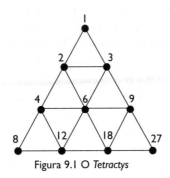

Figura 9.1 O *Tetractys*

Certas seqüências de números, chamadas "Quadrados Mágicos" (veja Figura 9.2) eram usadas para expressar outros ensinamentos esotéricos. Essas metáforas matemáticas se somavam ao antigo conceito de que existe unicidade em toda existência — todas as coisas tangíveis, tudo o que podemos perceber e mesmo nossos padrões de pensamento. Os números também expressam uma correlação metafórica semelhante às duas e três dimensões da geometria:

O *ponto* é a semente da criação (chamado *bindu* no Tantra Hindu)
O *círculo* também representa Deus, o firmamento, a eternidade e o que é impossível conhecer.
A *linha* ou *diâmetro* representa dualidade ou separação.
O *triângulo* representa a trindade, a reconciliação, o retorno à totalidade.
O *quadrado* ou *cubo* representa a evidência, o mundo material.
O *pentagrama* representa o homem.
O *hexagrama* representa o masculino e o feminino, o Selo de Salomão, a Estrela de Davi e, na teologia tântrica hindu, a harmonia divina.
O *heptaedro*, uma estrela de sete pontas num círculo, representa a figura mística dos ciclos da Lua, as sete cores e os sete dias da semana (não é possível dividir um círculo em sete partes iguais, seja matemática ou geometricamente).
O *octaedro* representa as energias ou vibrações que conectam os céus e a Terra.
O *nonaedro* é a figura de nove lados que representa a finalização.

Os segredos do mundo natural estão escondidos atrás do enigma dos números irracionais. Um número racional, como 24, é um número completo que

8	1	6
3	5	7
4	9	2

16	2	3	13
5	11	10	8
9	7	6	12
4	14	15	1

13	25	7	19	1
17	4	11	23	10
21	8	20	2	14
5	12	24	6	18
9	16	3	15	22

Figura 9.2 Exemplos de quadrados mágicos

pode ser composto como um número integral. Um número irracional, ao contrário, nunca pode ser composto num número integral. Por exemplo: se um lado de um quadrado é a unidade 1, o da diagonal será 2 (a raiz quadrada de 2), que é 1,4142... e assim por diante até o infinito. Esse número pode ser projetado num computador, mas nunca terminará como um número integral decimal composto. De modo semelhante, um círculo de diâmetro de unidade 1 terá uma circunferência de 3,14159... até o infinito. Esse número é conhecido como Pi (π). Seja qual for o diâmetro de um círculo, a circunferência é sempre o diâmetro multiplicado por 3,14159 (π). Assim, a relação numérica de Pi é constante. Numericamente, não podemos saber precisamente a área de um círculo nem saber exatamente o comprimento diagonal de um quadrado, mas eles podem ser demonstrados com precisão pela geometria, usando uma régua e um par de compassos.

As Seqüências de Fibonacci e a Golden Section

Um matemático italiano do século XIII, Leonardo de Pisa (conhecido simplesmente como Fibonacci), formulou pela primeira vez uma seqüência notável de números. Cada número da série é a soma dos dois anteriores: 0, 1, 1, 2, 3, 5, 8, 13, 21, 34 e até o infinito. Quando cada número da série é dividido pelo anterior — por exemplo, 13 dividido por 8 — o resultado é aproximadamente 1,62; quando um número é dividido pelo número seguinte — digamos, 8 dividido por 13 — o resultado é aproximadamente 0,62. Esses números, 1,62 e 0,62, são aproximadamente os mesmos ao longo da série, até o infinito. Eles são conhecidos como números irracionais e as mesmas proporções invariáveis se repetem nos padrões básicos de crescimento encontrados nos organismos vivos e nas estruturas minerais.

As espirais à esquerda e à direita das margaridas são dispostas numa seqüência Fibonacci de 21 espirais no sentido horário e 34 no sentido anti-horário; um abacaxi tem um padrão de 8 espirais numa direção e 13 na outra. As folhas crescem em volta do caule das plantas numa relação de proporções semelhantes. Isso é conhecido como "expansão gnomônica" — ou seja, crescimento expresso em números numa sucessão de acréscimos através do tempo. O crescimento de uma árvore, os chifres de um carneiro, a espiral dentro de uma concha, girassóis, trombas de elefante, o cordão umbilical, o formato do ouvido interno — tudo isso segue a mesma seqüência proporcional de números, e também os ossos do dedo médio, da palma da mão, o braço e todo o corpo dos seres humanos. O movimento e as órbitas dos planetas e galáxias obedecem igualmente a esses mesmos padrões harmônicos.

Keith Foster, escrevendo no *Journal of the British Society of Dowsers*, refere-se ao livro *The Vortex of Life: Nature's Patterns in Space and Time*, de Lawrence Edward, no qual o autor sugere que há pequenas leis (ou princípios) universais conhecidas que orientam o crescimento de todos os organismos vivos, incluindo nossos órgãos, plantas e embriões, na direção de padrões pré-determinados.[8] Essas "curvas de trajetória" são construções matemáticas inerentes a todos os seres vivos. No século XIX, Felix Klein e Sophus Lie foram os primeiros a descobrir as formas ou modelos que todas as entidades vivas devem seguir à medida que crescem. As curvas de trajetória resultam de dois vórtices integrados que fluem da Terra para cima e do cosmos para baixo.

A energia dos elétrons que sobe da superfície da Terra em espiral cria um movimento giratório em sentido anti-horário como resultado do campo magnético de carga negativa. A energia do Sol tem carga positiva e gira no sentido horário. Essas duas forças contrabalançadas, mas opostas, tomam a trajetória de menor resistência, criando um fluxo que desenvolve as belas formas e curvas dinâmicas da natureza e os padrões naturais de crescimento dos botões de flores, das pinhas, dos ouriços do mar, dos ovos e o formato do coração.[9]

A enigmática série de números e proporções chamada de Seqüências de Fibonacci era conhecida pelos antigos como o "Equilíbrio Divino", a "*Golden Section*" ou às vezes o "Corte Sagrado". A *Golden Section*, descrita por Platão como a chave para toda a física, não é produto de uma "idéia" matemática abstrata, mas um princípio das leis do equilíbrio, da estabilidade e da harmonia que corresponde a uma ordem natural. A fórmula pode ser encontrada na arte, na arquitetura, na poesia e na música. Se somos ou não atraídos por esses formatos e padrões — consciente ou inconscientemente — porque o corpo humano e os organismos vivos seguem as mesmas leis divinas da proporção, não se sabe, mas sem dúvida a mente percebe as relações, repercussões e correspondências que podem determinar nossa percepção estética do belo. Em outras palavras, harmonia é sinônimo de beleza e virtude: quando reconhecemos o belo, e sentimos as sutis relações harmônicas na natureza, reconhecemos esses elementos como presentes na nossa alma. Um contemporâneo e amigo de Leonardo da Vinci, Luca Pacioli, sugeriu que o equilíbrio divino era uma das duas "jóias" da geometria conhecidas como *Golden Section*.

A *Golden Section* é a única fórmula geométrica que permite padrões de crescimento gnomônico tanto para aumentar como para diminuir a superfície ou o volume sem mudar o formato básico e as proporções da espiral (veja a Figura 9.3). Em outras palavras, ela permanece sempre semelhante a si própria.

O corte proporcional de uma linha ou a relação de comprimento e largura de um retângulo *Golden Section*, que os antigos mestres mantinham em segredo, divulgando o sistema arcano apenas a seus iniciados, só pode ser produzido com precisão por métodos geométricos.

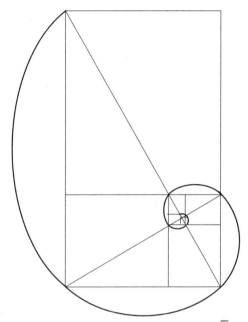

Figura 9.3 Uma espiral baseada num retângulo $\sqrt{3}$

A *Golden Section* é a divisão de uma linha em duas, de maneira que o pedaço menor está para o maior assim como o maior está para a linha inteira. A linha *AC* é cortada em *B* de modo que *BC* está para *AB* como *AB* está para *AC*. O retângulo *golden* ocorre quando um lado é a medida de unidade um e o outro lado é uma unidade de medida 1,618 (veja Figura 9.4).

Os gregos simbolizavam essa proporção *golden* como φ (*Phi*). Ela tem muitas características únicas em termos de números, álgebra e geometria:

$$\frac{1}{\phi} = 0{,}618$$

$$\phi = \frac{\sqrt{5} + 1}{2} = 1{,}618$$

$$\phi = \frac{\sqrt{5} + 3}{2} = 2{,}618$$

$$\phi = \frac{\sqrt{5} + 5}{2} = 3{,}618$$

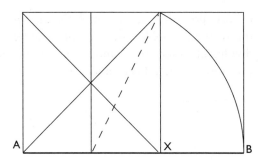
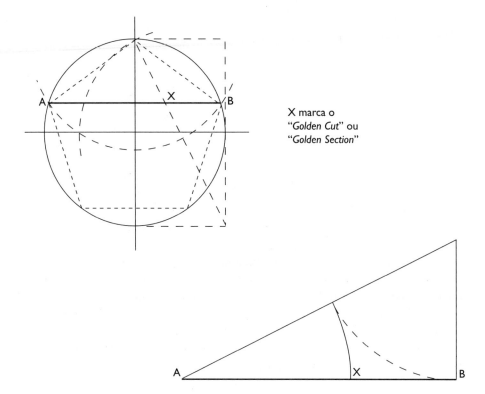

Figura 9.4 A *"Golden Section"* (três métodos de construção)

O método geométrico para produzir ϕ ou o *Golden Cut* origina-se no pentagrama — a figura de cinco lados —, que é a base da raiz quadrada de 5. Cada um dos triângulos na estrela pentagonal tem dois lados iguais que estão para o terceiro lado como 8 está para 5 (aproximadamente) na *Golden Section* (ou seja, 1,618 está para 1). Essas relações recíprocas criam uma raiz quadrada de cinco retângulos *Golden Section*.

A geometria metafísica de *Phi* está evidente nas proporções do corpo humano ideal. Se a totalidade da altura = 1, então dos pés ao umbigo = 1/ϕ e do umbigo à cabeça = 1/φ. Os órgãos sexuais dividem o corpo em duas partes iguais. No nascimento, o umbigo fica no meio do corpo da criança mas na maturidade, o umbigo se move para o ponto da divisão *Phi*. A altura da face é igual à distância vertical entre o meio do corpo e o umbigo. O topo da cabeça e o umbigo situam-se à mesma distância que a ponta do dedo médio e o chão. A proporção de *Phi* é encontrada em três ossos do dedo médio. O desenho de Leonardo da Vinci do homem foi baseado no conceito de Vitruvius do corpo humano (mediano) ideal, expressando as leis da proporção e das relações mensuráveis.

Obras-primas de Leonardo da Vinci, Michelangelo, Alberti e Palladio, e a *Sonata para Dois Pianos e Percussão* de Bartók são apenas alguns exemplos que abrigam as Seqüências de Fibonacci. Mesmo as oscilações cíclicas nas bolsas de valores ocorrem em padrões semelhantes e os sociólogos detectaram as relações de Fibonacci em comportamentos inconscientes e em certas atividades sociais e esportivas. Dias "bons" ou "maus" do calendário parecem coincidir com os mesmos padrões de correspondência. O teclado do piano moderno tem cinco teclas pretas dispostas numa proporção 3:2, a oitava é a oitava tecla, perfazendo as treze notas da escala cromática completa, o que estabelece uma ligação com as séries de números de Fibonacci na *Golden Section* e no *Phi* (veja a Figura 9.5). O formato "A" do papel europeu, introduzido na Grã-Bretanha nos anos 70, também obedece à geometria da *Golden Section*, ou seja, o lado maior é idêntico em comprimento ao lado menor do tamanho A3 e assim por diante. Assim, partindo do lado maior do A1, todos os outros tamanhos são proporcionalmente os mesmos. Já em 1790 o formato "A" era usado na França e, possivelmente por motivos de funcionais e econômicos, ele gradualmente foi adotado em toda a Europa.

Como vimos, proporção significa que as várias partes ou elementos de uma composição ou forma têm uma relação correspondente com todas as outras partes e encontram ligação com a construção inteira para completar uma reciprocidade de *design* e uma beleza intrínseca. Sócrates acreditava que a beleza era a harmonia de todos os números e, portanto, nada pode ser retirado, adicionado ou mudado. Alberti achava que a beleza numa determinada construção dependia de três qualidades — números, proporções e ambientação (ordem e disposição) — que se uniam para formar um todo bem-ajustado e estabelecer uma relação com o corpo humano. Ele também acreditava que beleza é algo próprio, inato e disseminado pelo todo, enquanto o enfeite é adicionado e fixado, em vez de ser próprio e inato. Em outras palavras, harmonia não resulta do gosto pessoal, mas de raciocínio objetivo.

Rudolf Wittkower, escrevendo sobre "Princípios da Arquitetura", disse:

> A convicção de que a arquitetura é uma ciência, e de que todas as partes
> de uma construção, tanto no interior como exterior, devem ser integra-
> das numa unidade pelo mesmo sistema de relações matemáticas, pode
> ser chamada de axioma básico dos arquitetos do Renascimento (ou de

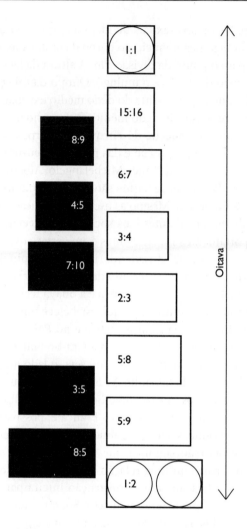

Figura 9.5 Retângulos proporcionais baseados em notas musicais

qualquer outro arquiteto digno desse nome). Já vimos que o arquiteto de maneira alguma é livre para aplicar numa construção um sistema de proporções de sua própria escolha, que as proporções têm que obedecer a conceitos de ordem maior e que um prédio deve espelhar as relações do corpo humano: necessidade que se tornou aceita universalmente pela autoridade de Vitruvius. Um homem é a imagem de Deus e as proporções do seu corpo são produzidas por desejo divino, logo as proporções na arquitetura devem abraçar e expressar a ordem cósmica. Mas quais são as leis da ordem cósmica, quais são as relações matemáticas que determinam a harmonia no macrocosmo e no microcosmo? Elas foram reveladas por Pitágoras e Platão, cujas idéias nesse campo sempre permaneceram vivas, mas ganharam nova importância a partir do século XV.[10]

Quadrando o círculo

Os antigos mestres depararam com um desafio enigmático para encontrar uma resposta geométrica e também metafísica para o paradoxo ou "mistério" de "quadrar o círculo". Existe uma geometria para produzir um quadrado com a mesma área de um círculo e, da mesma maneira, uma geometria para criar um quadrado com o mesmo comprimento de perímetro da circunferência de um círculo, mas as duas nunca podem ser conciliadas (veja a Figura 9.6).

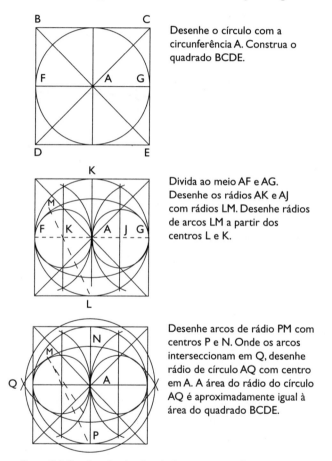

Desenhe o círculo com a circunferência A. Construa o quadrado BCDE.

Divida ao meio AF e AG. Desenhe os rádios AK e AJ com rádios LM. Desenhe rádios de arcos LM a partir dos centros L e K.

Desenhe arcos de rádio PM com centros P e N. Onde os arcos interseccionam em Q, desenhe rádio de círculo AQ com centro em A. A área do rádio do círculo AQ é aproximadamente igual à área do quadrado BCDE.

Figura 9.6 Quadrando círculos de áreas aproximadamente iguais

No entanto, os mestres construtores das Grandes Pirâmides de Queóps conseguiram esse resultado construindo a altura da meia sessão vertical e, tomada como um rádio, isso produz um círculo com uma circunferência igual à medida de perímetro da base do quadrado (veja a Figura 9.7). Em linguagem simbólica, o quadrado (ou cubo) representa os quatro elementos — terra, ar, fogo e água —, a ordenação quádrupla do mundo físico; o círculo (ou domo) representa os céus — o sutil mundo divino do espírito e da eternidade. Os ensi-

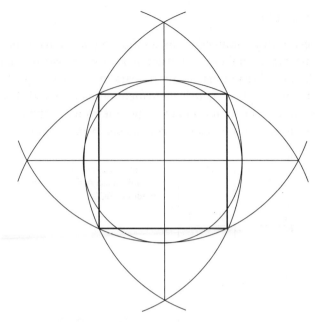

Figura 9.7 Quadrando o círculo. O *Vesica Piscis* gera um quadrado e um círculo de perímetros aproximadamente iguais.

namentos espirituais e as tradições religiosas se preocupavam em unir o mundo material — o corpo e a existência humanos — com o mundo não aparente, para estabelecer uma relação com a alma e com Deus. Isso expressava a união dos céus com a Terra e personificava o desafio de um ser humano de conseguir um equilíbrio dinâmico entre corpo e alma.

Quadrar o círculo pode ser um processo complexo em termos de arquitetura: como obter a transição, digamos, da estrutura cúbica de uma mesquita para o círculo hemisférico do domo? Em prédios como o Panteão romano, o Hagia Sophia em Istambul, o Taj Mahal, a St. Paul's Cathedral ou a Casa Branca, o método de construção geralmente empregado foi o de construir, saindo do plano quadrado ou retangular, uma série de mísulas de formato octogonal para assim transformar o plano num círculo. Casualmente, sir Christopher Wren ergueu a St. Paul Cathedral com três domos: o externo, para ser visto de fora e o interior, logo acima da "galeria dos sussurros", para criar um efeito estético mais agradável ao ser visto da nave. Entre os dois há um domo de tijolos em forma de cone que sustenta o conjunto. Na base dos domos, em volta do perímetro, há correntes pesadas para conter a pressão da estrutura em direção ao exterior.

Segundo o sofista grego Protágoras (485-15 a.C.), "O homem é a medida de todas as coisas". O mesmo foi dito por Vitruvius em seu *Livro III*, sobre os templos, no qual ele declara que as proporções do homem ideal devem se refletir nas proporções das construções. Ele descreve como a figura de um homem bem constituído, com mãos e pés alongados, encaixa-se perfeitamente na geometria de um quadrado e de um círculo — ou seja, a relação do homem com a Terra física (o quadrado) e com os céus espirituais (o círculo).[11] O círculo também é encontrado em abundância na natureza — o domo do céu, as órbitas dos planetas, o Sol e a Lua, o formato de uma margarida, os ninhos de pássaros e a própria Terra.

A compreensão e a admiração que temos hoje pela mentalidade, criatividade e profunda sabedoria dos antigos mestres construtores em simbolizar nossa ligação humana microcósmica com o cosmos se deve a R. A. Schwaller de Lubicz, um egiptólogo e arqueólogo francês que, em 1949, publicou os resultados de quinze anos de pesquisas meticulosas no Templo de Luxor da Décima Oitava Dinastia.[12] Ao longo de muitos anos, ele mediu cuidadosamente cada parte da construção inteira para provar que o plano do templo era baseado nos princípios das proporções do corpo humano, simbolizando os faraós egípcios que representavam a divindade e a perfeição do homem. Dos entalhes aos baixos-relevos que cobrem as paredes, até o projeto em si e o plano do templo, a geometria do *Golden Rectangle* foi usada em tudo. Schwaller de Lubicz resumiu os princípios da seguinte maneira:

> Os sábios sempre se empenharam em transmitir para a posteridade a revelação do espírito camuflada nas palavras e parábolas dos textos sagrados. Esses textos são sínteses do Conhecimento, cuja base é sempre a mesma, embora adaptada às épocas e ao grau de consciência de um povo ou dos povos. Os métodos usados para transmitir esses ensinamentos são variados, compreendendo lendas, contos e costumes, assim como monumentos, estátuas e templos. Assim, até o final da Idade Média, os atributos específicos do Cristianismo determinados pelas tradições são uma verdadeira escritura que revela o que não pode ser dito em simples palavras. Templos — sejam hindus, egípcios, judeus, cristãos ou muçulmanos — são sempre concebidos de acordo com um cânone que respeita certos elementos que elucidam os ensinamentos. O esoterismo não deve ser entendido como uma charada ou um escrito secreto, mas como o "espírito da letra" — ou seja, *aquilo que não pode ser transcrito claramente*, não porque exista algum desejo de ocultar informações, mas por causa da inaptidão do intelecto "cerebral" de compreendê-las. Cada pessoa verá na parábola ou na arquitetura de determinado tempo o que ela pode ver: utilidade, estética, mito e lenda, princípios filosóficos, ou visões da gênese material e espiritual. Parece bastante claro que o ensinamento secreto dos faraós era baseado nas funções vitais das quais os órgãos (humanos) são os símbolos vivos. Não pode haver mais dúvida sobre o conhecimento da Antiguidade a respeito do que pode ser chamado de "metabolismo espiritual", da assimilação dos alimentos à liberação da Energia — ou Espírito — manifesta nas faculdades intelectuais e nos poderes da Consciência.[13]

Geometria oculta

Platão disse que ninguém poderia entender sua filosofia sem saber geometria, já ela continha os segredos fundamentais de toda a ciência da Antiguidade. A geometria a que ele se referia era uma linguagem simbólica que expressava profundos significados "sagrados": por meio dos números e da geometria, podemos sentir o tempo e o espaço, tanto internos quanto externos, e estudando as medidas da Terra, o homem poderia entender os céus — "Assim no alto como embaixo". Em seu *Timaeus*, Platão relacionava a *Golden Section* e os cinco polígonos regulares, conhecidos como "Sólidos Platônicos" aos elementos básicos terra, ar, fogo, água e o etéreo, que também têm correspondências nas estruturas atômicas, padrões naturais de crescimento e nas órbitas dos corpos celestes:

O *tetraedro* representava o fogo.
O *octaedro* representava o ar.
O *cubo* representava a terra.
O *icosaedro* representava a água.
O *dodecaedro* representava o cosmos.[14]

Um corpo sólido regular tem lados, faces e ângulos iguais e se encerra numa esfera. Os cinco Sólidos Platônicos são os únicos polígonos que não se incluem nesses parâmetros. Cada sólido tem uma afinidade, uma inter-relação e uma compatibilidade tridimensional com os demais.

Estudos sobre a integração de todos os Sólidos Platônicos produziram uma esfera que combina o dodecaedro com o icosaedro. Os locais onde os pontos nodais coincidem, quando transpostos para um globo terrestre, recaem muito próximos a alguns dos lugares religiosos ou sagrados importantes na Terra, como Jerusalém, Lhasa, Roma e vários outros.

A geometria tridimensional do retângulo sólido (um paralelepípedo de ângulos retos) é definida pelas três faces que produzem relações proporcionais que regem o volume, as superfícies e as linhas. Esses retângulos sólidos têm particular importância para arquitetos, fabricantes de móveis e, na verdade, para qualquer *designer* que trabalhe em três dimensões. Alguns dos mais celebrados exemplares da arte e da arquitetura da Antiguidade são baseados em sólidos retangulares dinâmicos derivados da *Golden Section*, do cubo duplo e de outros elementos gerados dos cinco sólidos regulares platônicos e do círculo ou da esfera. Acredita-se que o olho reduz as estruturas complexas a formatos geométricos simples como o círculo, o quadrado, o triângulo, o pentagrama e o hexagrama, para perceber e entender o objeto e apreciar suas qualidades estéticas.

Antes de Platão, Pitágoras revelou o mistério do triângulo reto. Conhecido como o Triângulo Sagrado, ele é expresso no teorema "o quadrado da hipotenusa é igual à soma dos quadrados dos dois outros lados". É o único triângulo com uma progressão aritmética dos lados 3, 4 e 5, e é o mais simples de se criar usando uma corda com nós a 3, 4 e 5 intervalos. Platão descreveu o triângulo eqüilátero como o mais bonito e o isósceles — com dois lados iguais — como o triângulo "sublime" (veja Figura 9.8).

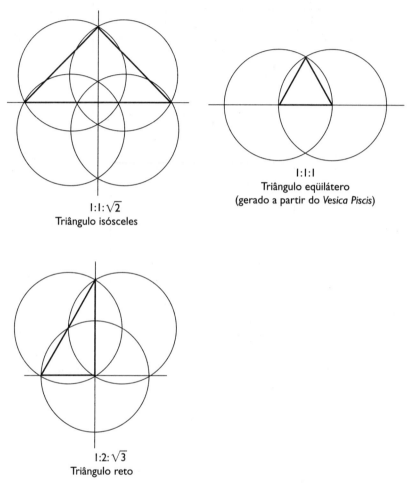

Figura 9.8 Os triângulos pitagóricos

Os retângulos regulares incluem-se em duas categorias: um grupo é *estático* e o outro, *dinâmico*. Retângulos estáticos têm frações aritméticas de números racionais como 1/2, 2/3, 3/3, 3/4, enquanto os retângulos dinâmicos têm frações geométricas que são números irracionais como 2, 3, 5 (veja Figura 9.9). Somente os retângulos dinâmicos podem gerar subdivisões que automaticamente estabelecem relações proporcionais ou harmônicas com o todo. Essas divisões harmônicas produzem simetria dinâmica, como a forma bidimensional do *golden rectangle*, no qual as partes sempre se relacionam com o todo.

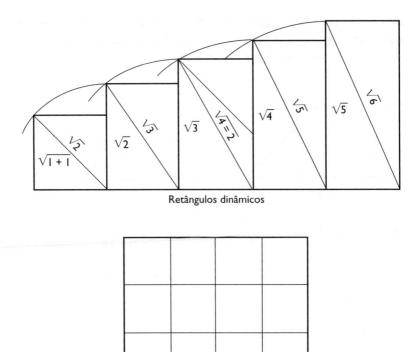

Retângulos dinâmicos

Retângulos estáticos

Figura 9.9 Retângulos dinâmicos e estáticos

O *Vesica* (também conhecido como *Vesica Piscis*, que significa "bexiga de peixe") é uma figura geométrica formada pela interseção de dois círculos de diâmetro igual, nos quais o centro de um está localizado no perímetro do outro (veja Figura 9.10). A relação proporcional entre as linhas *AB* e *CD*, à razão de

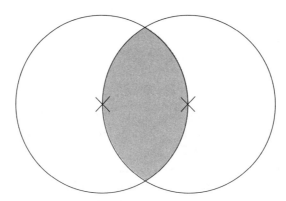

Figura 9.10 O *Vesica Piscis* é construído por dois círculos de rádios iguais com o centro de um círculo na circunferência do outro círculo. A área escurecida é um orifício ou "Embarcação Sobre os Peixes"

26:15 era um símbolo das leis ocultas da natureza. Essa proporção comprimento/largura gera as formas físicas da geometria irracional da *Golden Section*, os polígonos básicos, os polígonos regulares e os três triângulos essenciais.

Simbolicamente, o *Vesica Piscis* representa os genitais da Mãe Terra e a criação da vida. Na tradição hindu, o *Vesica* era o símbolo do Yoni — o útero do universo. O cristianismo adotou o *Vesica Piscis* para representar a Virgem Maria e a expressão feminina de Cristo e as "chagas". (O signo zodiacal de peixes se tornou o símbolo da era do cristianismo). As proporções de comprimento e largura do *Vesica* também coincidem com os quatro círculos da órbita de Mercúrio, gerando um diagrama que se parece com o símbolo de Cristo. Ele foi também a base geométrica para a escolha do local e da posição e elaboração do plano-mestre metafísico de alguns dos grandes templos e catedrais, como Chartres (veja Figura 9.11) e outras obras-primas da arquitetura do passado.

Vitruvius descreveu o procedimento de se enfiar uma vara no solo para definir a posição de um prédio e estabelecer os ângulos mediante um método que usa o *Vesica* e com o qual se definia a geometria e as proporções da construção inteira. A relação do traçado plano da Grande Pirâmide com a extensão da lateral

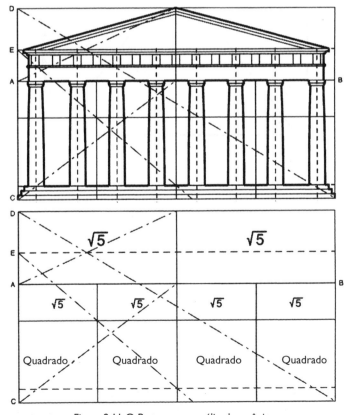

Figura 9.11 O Partenon — análise harmônica

está na mesma proporção do *Vesica* (veja Figura 9.12). Se os arquitetos modernos usassem os mesmos fundamentos geométricos na escolha do local, da posição, da preparação do plano-mestre metafísico, e permitissem que as proporções e disposições dos prédios derivassem da "semente" em vez de usar cálculos aritméticos, iriam conseguir, ao menos em parte, uma harmonia do todo que se refletiria nos seres humanos.

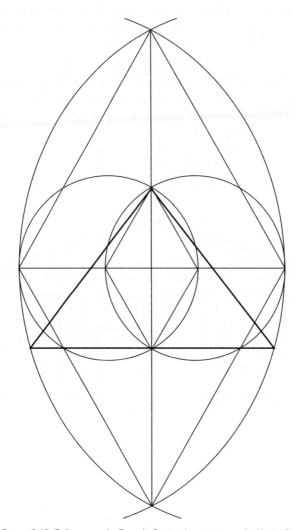

Figura 9.12 O formato da Grande Pirâmide origina-se do *Vesica Piscis*

A música celeste

A expressão "música celeste" — cunhada por Pitágoras no século XI a.C. — descreve como os padrões de movimento dos corpos celestes seguem as mes-

A HARMONIA DIVINA

mas relações harmônicas encontradas nas seqüências musicais. Sua descoberta das correspondências entre números abstratos, música e teorias harmônicas o levaram a enunciar que "Número é música e música é número". O efeito da música na mente e no corpo levou Pitágoras a chamá-la de "remédio musical". Muito mais tarde, no século XVIII, Johann Titus e Johann Bode identificaram uma relação entre o Sol e as distâncias e trajetórias orbitais dos planetas então conhecidos, indicando que elas correspondiam a uma sucessão de oitavas conhecida como "Lei de Bode". Certas lacunas na sucessão oportunamente levaram a astronomia moderna a descobrir outros planetas e planetóides que também obedecem aos mesmos padrões de freqüências harmônicas e tonais enunciadas por Pitágoras:

> A chave para as relações harmônicas está oculta no Tetractys pitagórico ou pirâmide de pontos (veja Figura 9.1). O tetractys é constituído dos primeiros quatro números — 1, 2, 3 e 4 — que, em suas proporções, revelam os intervalos de oitava, de quinta e de quarta. Para Pitágoras, a música era um dos domínios da ciência divina da matemática, e suas harmonias eram controladas rigidamente por proporções matemáticas... (ele)... aplicou sua recém-descoberta lei de intervalos harmônicos a todos os fenômenos da natureza... (incluindo)...a relação coerente entre os planetas e constelações e aos elementos entre si.[15]

Robert Cowley, num estudo crítico sobre o trabalho de Barbara Hero no *Rilko Journal*,[16] diz que a matemática, musicista, artista e educadora americana dedicou o seu trabalho de toda a vida ao estudo do Lambdoma, geralmente atribuído a Pitágoras (veja Figura 9.13). O Lambdoma, baseado no *lambda* (a letra grega Λ), mostra correspondências com o alfabeto grego, com os intervalos musicais e com os números racionais e é composto de números inteiros de um lado e frações no outro, mostrando as relações entre acordes maiores e acordes menores.

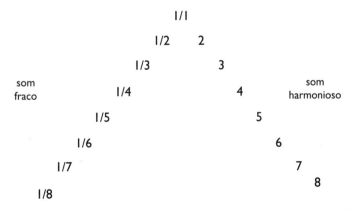

Figura 9.13 O Lambdoma

Barbara Hero acredita que a matemática do Lambdoma era conhecida dos antigos egípcios, que usavam as proporções nos projetos das pirâmides. Esse conhecimento sagrado continuou na tradição das escolas de mistérios e foi usado nas catedrais góticas e nas abadias cistercienses.[17]

Pitágoras estabeleceu três formas de música:

Musica instrumentalis	a música dos instrumentos que têm o poder de nos emocionar (Pitágoras, o curador, usou *musica instrumentalis* como remédio para todas as doenças).
Musica Humana	uma música que não se ouve mas que emana continuamente do organismo humano.
Musica Mundana	a música ou harmonias dos números e da geometria criada pelo movimento dos corpos celestes (a Música Celeste).[18]

Platão usou as mesmas relações harmônicas que controlam os corpos celestes para imaginar uma sociedade política ideal.[19] Em sua teoria da música, Platão definiu as relações numéricas entre as seqüências de notas e comprimentos de ondas para produzir sons naturalmente harmônicos no contexto de uma oitava que podem ser traduzidos para a geometria existente na natureza. As proporções resultantes, observadas na arquitetura e ouvidas na música, são reconhecidas nos níveis consciente e inconsciente, e afetam significativamente nosso estado de espírito e nossas emoções.

Música é a expressão das relações. As relações harmônicas entre as notas são determinadas por princípios matemáticos — o volume sonoro de uma corda tangida depende do tamanho da corda e os sons harmônicos que saem das cordas dependem da relação entre seus comprimentos — sendo essas relações compostas por simples números inteiros.[20] O sistema metafísico da integração de números inteiros e relações harmônicas é expresso na primeira oitava, na quinta e na quarta, para produzir as proporções de 2:1 (oitava), 3:2 (quinta) e 4:3 (quarta).

Essas relações musicais harmônicas são encontradas em grandes obras de arte e na arquitetura, o que confirma a visão de Alberti de que música e geometria são fundamentalmente a mesma coisa. Comentando sobre Pitágoras, Alberti disse que ele converteu simetria em sinfonia e harmonia sonora num tipo de harmonia visível. Em outras palavras, música é geometria traduzida em sons (veja Figura 9.14). Uma visão semelhante era sustentada pelo poeta, estudioso, estadista e místico do século XVIII Johann Goethe, que descrevia a geometria (ou seja, a arquitetura) como "música congelada". Quando ouvimos as harmonias musicais numa construção, as harmonias geométricas são trazidas à nossa percepção inconsciente. Volumes e proporções geométricas "sagradas", que produzem vibrações sonoras específicas, causam reverberações variadas no nosso tórax. Orações declamadas, hinos religiosos cantados, o cântico budista do "Om"

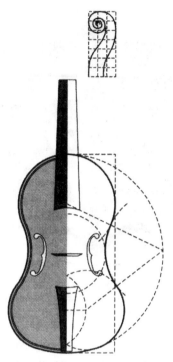

Figura 9.14 Os princípios geométricos sagrados dos instrumentos musicais

ou um mantra irão ressoar por meio das qualidades acústicas de uma construção para intensificar a experiência espiritual. O som do cântico "Om" é uma vibração primal: uma reflexão na Terra do reino espiritual, onde o som é inaudível. Considera-se que "Om" é uma vibração presente em todas as substâncias e formas na criação, expressando a essência de pura energia cósmica. Ou, como disse o místico hindu Ramakrishna, "o universo é apenas Deus repetindo seu próprio nome para ele mesmo".

Pesquisadores dos textos sagrados indianos do Rig Veda acreditam que os místicos hindus expressaram a teoria da música celeste alguns milhares de anos antes de Pitágoras. O mantra sagrado hindu "Nada Brahma" significa som (*Nada*) e Deus ou Criação (*Brahma*) — ou seja, "O mundo é som" — ou, colocado de outra maneira, "No começo foi a palavra". A tradição hindu usa um *mantra* (uma vibração vocal) em conjunção com um *yantra* (uma composição geométrica sagrada) para produzir uma metáfora poderosa e dinâmica de matéria ou forma física como som concentrado. Um yantra é uma expressão geométrica arquetípica de unidade cósmica baseada nas energias dos princípios masculino e feminino simbolizadas na tradição hindu por seus deuses e deusas.[21] (Veja Figura 9.15)

O sânscrito, a língua literária clássica das escrituras hindus, falada no noroeste da Índia desde 1500 a.C., ainda hoje é usada como idioma sagrado. As letras do alfabeto são baseadas em números, na geometria e nos sons, e cada le-

Figura 9.15 O Sri Yantra é um símbolo sagrado da tradição hindu. Cada triângulo simboliza um deus ou deusa, representando o espectro dos princípios masculinos e femininos que criam a energia e o poder do universo

tra é uma metáfora matematicamente precisa do misticismo oculto. A vibração causada pelo som de cada letra cria o seu formato, e nesse sentido, trata-se de um alfabeto puro e sagrado (os cientistas da tecnologia da informação escolheram o sânscrito como a linguagem a ser usada por computadores projetados para conversar entre si porque essas propriedades inerentes não são encontradas em nenhum outro idioma escrito).

A música indiana e chinesa parece mais voltada para os seus objetivos do que para efeito exterior. A matemática que incorpora as proporções sagradas e cósmicas, presente em suas tradições, usa a música para a transcendência espiritual e eleva tanto o ouvinte quanto o músico a estados mais elevados de consciência. Ravi Shankar, talvez o expoente mais conhecido da música indiana, toca acordes diferentes de manhã, à tarde e à noite para ajudar o avanço da alma rumo à iluminação ao longo do dia. A música não se preocupa com sons melodiosos e sentimentais criados apenas para entreter ou evocar sensualidade e sensações físicas: é música enquanto ciência metafísica sagrada. Para o típico músico ocidental, ou pessoa interessada em música, os números e relações não têm significado esotérico. Por exemplo: *La Mer*, de Debussy, encanta no nível físico, emocional e mental, mas não no nível espiritual ou sagrado. Essa distinção entre o sensual e o espiritual é expressa claramente no *Katha Upanishad*:

> O bom é uma coisa; o sensorialmente agradável é outra. Ambos, diferindo em suas finalidades, induzem à ação. Abençoados são aqueles que escolhem o bom; aqueles que escolhem o sensorialmente agradável erram

A HARMONIA DIVINA 261

o alvo. Ambos, o bom e o agradável, se oferecem ao homem. O sábio prefere o bom ao agradável; o tolo, guiado por desejos mundanos, prefere o agradável ao bom.[22]

A ciência moderna redescobriu que os intervalos e acordes harmônicos tradicionais têm qualidades únicas. Por exemplo: enquanto fazia uma lista dos elementos em ordem ascendente de seus pesos atômicos, John A. Newlands concluiu que a cada oitavo elemento revelava-se uma repetição diferente de propriedades. Isso é hoje conhecido na química moderna como Lei das Oitavas. O cientista e médico suíço Hans Jenny fotografou fumaça, fluidos e pós expostos a sons e descobriu que eles criavam os mesmos extraordinários formatos, padrões e disposições encontrados na natureza. Ele chamou a essa nova ciência de *Cymatics* — significando "onda". O estudo das vibrações em todos os níveis no cosmos — desde a molécula até o sistema solar e além — sugere que alguma lei de energia vibratória funciona por toda a criação, baseada nas leis da física, das relações numerológicas, da geometria e das relações harmônicas presentes nos organismos vivos. Também se descobriu que partículas subatômicas reagem a "nodos de ressonância" que são como configurações de interferência de várias freqüências, vibrando em cerca de vinte oitavas acima ou vinte oitavas abaixo da amplitude da nossa audição. O som nos fornece senso de equilíbrio e, ao o escutarmos no nível mais profundo e inconsciente, ficamos em sintonia com a Terra e com os corpos celestes, afinando-nos com os seus próprios ritmos e "música".

No início do século XIX, Chladni descobriu que quando as ondas sonoras eram executadas mediante areia, xarope, limalhas de ferro, pastas e outras substâncias, elas mudavam de formato de acordo com a intensidade e a ressonância da freqüência de vibrações. Quando as ondas vibratórias se tornam visíveis, vêem-se os padrões e a extensão das mudanças — como os círculos concêntricos orgânicos dos anéis de troncos de árvores e as listras das zebras, redes hexagonais como os favos de mel, águas-vivas do mar em formato de raios de rodas de carro e espirais que se dissipam. Tudo isso pode ser reproduzido de modo a que padrões sonoros arquetípicos reflitam as formas do mundo real, expressando significativas qualidades numerológicas, proporcionais e simétricas.

Os antigos chineses, hindus, egípcios e gregos usavam a música cantada e instrumental em seus templos de adoração e teatros para complementar a poesia e o drama. Como foi dito antes, Pitágoras também reconheceu os efeitos emocionais e curativos da música no corpo e na mente, mas ao mesmo tempo entendia que a música expressa em termos da "ciência divina" dos números, da geometria e das relações proporcionais refletia a coerência e as inter-relações entre o cosmos, a natureza e os seres humanos. Essa interpretação e entendimento oculto das proporções musicais na arte e na arquitetura foi descartada a partir do século XVII, quando o declínio na tradição mística criou um rompimento entre a arte, a ciência e a filosofia. Cada uma foi para o seu lado e hoje a música está estabelecida como uma forma de "arte" destinada exclusivamente ao lazer e ao prazer estético.

A música tonal — ou seja, música que está *afinada* com o universo — foi objeto de pesquisa e descobriu-se que ela pode curar e ajudar a regeneração do corpo, da mente e do espírito dos indivíduos e da sociedade como um todo. As células dos tecidos vivos respondem ao poder do som. A música atonal produz o oposto, um efeito negativo. Quando o corpo está passando por *stress* e ansiedade, ou quando é submetido a música executada em volume altíssimo, o coração bate rápido, os vasos sanguíneos se contraem, as pupilas se dilatam, a pele fica pálida, o estômago, os intestinos e o esôfago sofrem espasmos porque o hormônio adrenalina é lançado no sangue para contrabalançar a causa do *stress*. Um estudo de três anos mostrou que uma pessoa sob pressão constante de um som de setenta decibéis sofre uma contração vascular. Música harmônica (sagrada) executada a um volume aceitável pode induzir as plantas a crescerem, as galinhas a pôr mais ovos e as vacas a dar mais leite. Numa experiência, deu-se a um grupo de ratos a opção de escolha entre duas caixas. Numa delas, eles podiam escutar Bach; na outra eles ouviriam uma banda de *rock*. Os ratos permaneceram o tempo todo na caixa de Bach. Experiências russas e canadenses com mudas de plantas de trigo mostraram que aquelas submetidas a sons de qualidade cresceram até três vezes mais do que as que não receberam o mesmo tratamento.

Quando um som ou uma construção são dissonantes — ou seja, não estão de acordo com as leis das relações harmônicas — sentimos perturbação e desprazer. Daí a analogia entre música e proporções arquitetônicas (simetria e eurritmia). Portanto, se os mestres construtores/arquitetos entendessem e expressassem a mesma fonte de relações harmônicas, padrões e proporções encontradas na grande arquitetura do universo, suas construções refletiriam a ordem e a beleza cósmicas divinas. Em outras palavras, se o *design* e cada parte da estrutura do prédio — seja uma habitação humilde, um palácio, teatro ou templo — recriar os mesmos princípios de proporção, ele será agradável, revigorante e satisfará a alma. Nós sentiremos subliminarmente as sutis ressonâncias vibracionais que nos une e nos integra à natureza e ao mundo à nossa volta.

Os padrões e ritmos dos fenômenos naturais refletem a origem da conexão entre todas as coisas. A antiga visão holística do universo era baseada na premissa de que Tudo é Um e todas as coisas estão interconectadas: o Todo está não apenas refletido em cada uma das partes, mas cada parte contém em si um reflexo de todas as outras partes — o princípio do moderno holograma. A mensagem de Vitruvius é que, como as proporções do corpo do homem refletem um desejo divino, as proporções da arquitetura devem refletir a ordem divina do cosmos. Luca Pacioli expressou a mesma visão em *De Divina Proportione*, ao escrever que do corpo humano (o microcosmo) derivam todas as medidas encontradas no universo (o macrocósmico) mediante as quais Deus revela os segredos sagrados.[23]

O axioma fundamental dessa sabedoria perene é que existe uma orientação interior para todas as aparências e formas evidentes. Existem camadas ocultas (sagradas) de significado expressas como proporções místicas, unidas pelas ciências matemáticas dos números, da geometria, da música e da cosmologia, que refletem a estrutura do universo e de todos os organismos vivos.

Assim no alto, como embaixo

A vida é ordenada pelos ciclos da luz do dia e da escuridão da noite. Quando os povos megalíticos se tornaram agricultores, eles precisavam entender a mudança das estações e quando plantar, colher e semear novamente. Isso gerou um conhecimento do tempo e da matemática que lhes permitiu criar sólidos instrumentos astrológicos para prever com precisão o movimento dos céus. O ciclo anual de 365 dias, os treze meses lunares, cada um com um período de 28 dias divididos em quatro períodos iguais de sete, eram os únicos dados necessários para produzir um "calendário" circular que fornecesse todas as informações exigidas para entender a matemática básica dos corpos celestes. Esse conhecimento era mantido em segredo pelos sacerdotes a fim de manter e aumentar seus poderes e riquezas (a palavra egípcia para sacerdote significava "observador de estrelas").

Em seu *Livro I*, sobre astronomia e astrologia, Vitruvius descreve a geometria para construir um dispositivo capaz de verificar a direção dos ventos ao planejar uma nova cidade. Ele diz:

> empregando teorias matemáticas e métodos geométricos, revelou-se pela trajetória do Sol, pelas sombras lançadas por um gnômon equinocial e pela inclinação do céu, que a circunferência da Terra é de 252.000 stadia, ou seja, 31.500.000 passos. Observando que uma oitava parte disso, ocupada por um vento, é 3.937.500 passos, eles não deveriam ficar surpresos em descobrir que um único vento, espalhando-se por uma superfície tão grande, está sujeito a mudanças de direção aqui e ali, criando uma variedade de brisas.[24]

Iniciados nas ciências sagradas reconheceriam essas medidas minuciosas como códigos numéricos para projetar uma nova cidade, planejada por padrões divinos para criar um ambiente no qual os seres humanos se sentissem à vontade e integrados ao mundo. A "Nova Jerusalém" de São João, a "Magnésia" e a "República" de Platão eram estados políticos ideais, planejados e governados de acordo com princípios esotéricos baseados nas leis ou cânones das proporções e das relações harmônicas entre música, geometria e aritmética. Até o número máximo de habitantes e a extensão das terras a serem ocupadas eram definidas de acordo com as ciências sagradas.

Em The *Dimensions of Paradise*, John Michell descreve como os seres humanos tentaram recriar uma cidade celestial na Terra seguindo a ordem e os modelos cósmicos.[25] As dimensões de Vitruvius eram expressas em unidades de medidas que têm correspondência com outras unidades da Antiguidade. As medidas imperiais de jardas, pés e polegadas originam-se em antigas medidas sagradas baseadas nas dimensões e proporções encontradas no corpo humano e na ordem da natureza. A medida egípcia da realeza *ell* ou *cubit*, depois de decifrada, tornou as dimensões da Grande Pirâmide mais facilmente compreensíveis e lógicas, indicando que todos os sistemas antigos eram baseados nas medidas da Terra, do homem e da natureza. O poeta britânico do século XIX Percy Bysshe Shalley, em *Prometheus Unbound*, disse: "a palavra criou o pensamento que é a medida do universo". Mais de dois mil anos antes, o filósofo grego Heráclito (535-475 a.C.) acreditava que a busca pela sabedoria era entender o princípio dinâmico eterno de que tudo está sempre mudando. Em contraste, o sistema métrico moderno foi imposto à Europa no tempo da Revolução Francesa, quando os fanáticos da "razão e lógica" deliberadamente foram buscar um sistema de medidas diferente de todos os outros conhecidos. Originalmente, a Revolução também queria mudar o calendário para um ano de dez meses e um dia de vinte horas, o que também desafiava qualquer relação com as fases do Sol, da Lua e da natureza. Felizmente, resistiu-se a isso, mas ainda assim a República impôs penas severas àqueles que não se adequaram ao novo sistema métrico de pesos e medidas. Aparentemente, Napoleão suspendeu a severidade das punições, mas, apesar das reações violentas do povo, o sistema métrico sobreviveu e se espalhou para outras regiões da Europa, finalmente chegando às Ilhas Britânicas. O sistema métrico é sintomático do declínio de nossa compreensão e de nossas relações com a natureza e com o universo.

Análises feitas por computador dos projetos e alinhamentos de antigas estruturas como Stonehenge e as pirâmides do Egito mostram como essas culturas eram adiantadas em matemática complexa, geometria, proporções divinas e conhecimento dos movimentos dos corpos celestes. Sua "ciência" espiritual atribuía aos seres humanos características quaternárias que correspondiam aos quatro elementos — fogo, terra, ar e água —, representando os reinos espiritual, físico, intelectual e emocional da existência. De forma coerente com a série de números, as progressões harmônicas e a geometria relacionada às fases da Lua, aos ciclos do Sol e aos padrões das mudanças no céu, os antigos desenvolveram uma filosofia que integrava astrologia/astronomia com religião. Essa filosofia parece ter se tornado um fenômeno mundial, expressando a viagem da alma para a pós-vida reencarnada na constelação de estrelas — a transição da vida na Terra para uma existência eterna no paraíso.

Além de *The Orion Mystery*,[26] de Bauval e Gilbert, *Fingerprints of the Gods e Heaven's Mirror*,[27] de Graham Hancock, *On Earth as it is in Heaven*,[28] de Greg Rigby e *Sun, Moon and Stonehenge*,[29] de Robin Heath, outros livros apresentam visões de que os círculos de pedra pré-históricos da Grã-Bretanha, a esfinge e as pirâmides de Guizé, as pirâmides dos incas, os templos de Angkor Wat, no

A HARMONIA DIVINA   265

Camboja, e as mais importantes catedrais da França não apenas se conectam por medidas comuns relacionadas à geometria e às distâncias entre a Terra e os planetas como também refletem as formas de certas constelações do céu, replicando assim o reino macrocósmico celeste na Terra (Plutarco disse que Eratóstenes, o famoso astrônomo de Alexandria, foi o primeiro homem a calcular a circunferência da Terra, por volta de 255 a.C.). Além disso, segundo Hancock, as proporções e a geometria das construções são um conjunto de códigos que "gravam" os dados astronômicos e isso, por sua vez, relaciona-se ao ano de 10500 a.C., quando uma série de desastres cataclísmicos, incluindo uma reversão de 180° no pólo magnético terrestre, mudou a face do planeta e destruiu uma "Civilização de Ouro".

Os autores citados acima produzem evidências convincentes de que a esfinge reflete a constelação de Leão, as Grandes Pirâmides do Egito espelham Órion e o templo de Angkor Wat reflete a configuração da constelação de Draco. Do mesmo modo, as misteriosas linhas Nazco e as gigantescas ilustrações de animais e pássaros nas planícies do Peru também podem ter conexão com os símbolos do zodíaco atribuídos a agrupamentos de estrelas no céu. As linhas Nazca foram formadas no deserto e considera-se que foram criadas ainda no século I a.C. Elas permanecem um mistério, mas acredita-se que as linhas retas e as figuras humanas e de animais foram desenhadas a partir de alguma representação astrológica. É difícil imaginar como o povo de Nazca pôde produzir arte tão maravilhosa sem ser capaz de enxergá-la do alto!

A astrologia medieval também era essencialmente um instrumento prático por meio do qual os construtores de igrejas tentavam relacionar padrões terrestres a padrões cósmicos para criar seu céu na Terra. Em *The Mysteries of Chartres Cathedral*, a análise de Louis Charpentier da geometria sagrada da catedral revela a correspondência com as constelações celestes. Ele também explica como as sete estrelas da Ursa Maior estão espelhadas em algumas das maiores catedrais e outros santuários do norte da França. Observando-se os alinhamentos, no sentido anti-horário, de um certo número de catedrais dos séculos XII e XIII que levam "Notre Dame", de Chartres a Reims a Amiens a Bayeux e a Evreux, constata-se uma notável correspondência com a constelação de Virgem (a Virgem Maria, ou Notre Dame em francês) como ela é vista no céu — ou seja, Gamma, Spica, Zeta e Epsilon, respectivamente, com estrelas menores coincidindo com as catedrais de Evreux, Étampes, Laon e Paris. Existe até uma Notre Dame-de-l'Épine, que foi construída mais tarde e localiza-se sob a estrela Spica (veja figura 9.16). Outro exemplo é a configuração das abadias beneditinas da região de Caux, que replicam na Terra a forma da Ursa Maior.[30]

A estrutura inteira da mesquita islâmica é uma expressão de simbolismo astrológico. O corpo cúbico principal da mesquita expressa metaforicamente a forma quadrada, as qualidades intrínsecas da terra, os quatro elementos do mundo natural e a ilusão dos sentidos. O domo representa os céus e os reinos

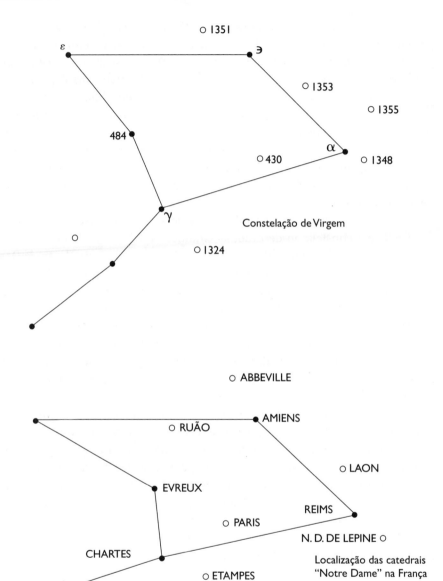

Figura 9.16 A constelação de Virgem e a configuração das catedrais que levam o nome "Notre Dame" na França

espirituais das verdades eternas. Um domo circular pode ser construído sobre um cubo usando-se uma série de modilhões na forma de um octógono. Na geometria esotérica, o octógono é considerado um elemento transicional que une o reino dos céus e a Terra. Nas catedrais cristãs, é freqüente se encontrar pias batismais, desenhos no chão e torres em forma octogonal.

A dança cósmica

A astronomia é a ciência dos corpos celestes no universo. Astrologia é o estudo dos movimentos e das posições relativas dos corpos celestes em termos de sua influência nos organismos vivos e nas atividades humanas. A astronomia e a astrologia eram uma única mesma arte e ciência até o século XV, quando a separação entre elas teve início com o cientista polonês Copérnico (1473-1543), que formulou a moderna teoria heliocêntrica do sistema solar (estabelecida originalmente muito antes pelos gregos da Antiguidade). Os caminhos se tornaram mais divergentes quando o matemático italiano Galileu (1564-1642) e o físico alemão Kepler (1571-1630) apoiaram as idéias de Copérnico. O telescópio por refração de Galileu e, uma geração depois, no século XVII, a invenção de Newton para medir e posicionar os planetas e estrelas, permitiram investigar em detalhes o céu e a composição dos corpos celestes, nascendo assim a astronomia como uma ciência separada.

Os caldeus foram os grandes astrônomos/astrólogos do mundo antigo. A astrologia foi levada da Babilônia para a Grécia, a Índia, a China, o Oriente Médio e, finalmente, chegou à Europa por meio dos árabes na Espanha. Vitruvius menciona a "ilustre e muito renomada escola eleusina na ilha de Kos",[31] onde a astrologia se desenvolveu e tornou-se uma arte e ciência altamente adiantada para a previsão do clima e dos períodos ideais para o plantio de sementes, assim como para se calcular horóscopos a partir das datas de nascimento e estudar os fenômenos naturais. O movimento dos corpos celestes, os padrões geométricos cíclicos das "luzes errantes" e seus poderes irradiantes capazes de influenciar a vida na Terra se tornaram uma metáfora para unir o homem, a natureza, a religião e o cosmos.

Vitruvius se refere à astrologia como uma "filosofia natural". Ele relaciona Thales, Anaxágoras, Pitágoras, Xenófanes e Demócrito como homens de grande sabedoria "que de variadas maneiras investigaram e nos deixaram as leis e o funcionamento das leis pelas quais a natureza governa". Ele define a palavra "universo" do seguinte modo:

> o conjunto geral de toda a natureza. Também significa os céus feitos de constelações e do percurso das estrelas... existe um largo cinturão circular composto dos doze signos, cujas estrelas, ordenadas em doze seções equivalentes, representam cada uma um formato criado pela natureza... elas são todas visíveis ou invisíveis de acordo com tempos determinados... (e elas)... funcionam e se movem na direção oposta, com as leis e relações numéricas sob as quais passam de um signo para o outro e completam suas órbitas.[32]

Os doze signos formam o zodíaco astrológico, sinalizando a órbita anual da Terra em torno do Sol. O Sol, por sua vez, orbita o sistema solar no que é conhecido como *ciclo de precessão*, ou Grande Ano (às vezes chamado de Ano Platônico pelos astrólogos). O efeito da precessão é como o giro de um pião em torno do seu eixo: no início ele é vertical, mas à medida que o pião perde velocidade, ele começa a *alterar* sua posição original. Essa ação causa o movimento gradual para o oeste dos equinócios em torno do caminho eclíptico ou anual do eixo de rotação do Sol e da Lua, causado principalmente pela atração gravitacional do Sol e da Lua na "saliência" da linha do equador. O eixo muda de direção em períodos de 25.920 anos até retornar ao ponto de partida original. Daí a mudança progressiva ou a "escorregada" da posição do ponto do Sol nascente quando observada da Terra e a mudança progressiva da posição relativa da Terra com relação às constelações à noite. Como comparação, a Lua demora de 27 a 32 dias para completar a órbita da Terra: ela leva dezoito anos e sete meses para concluir seu ciclo eclíptico.

Os antigos astrólogos pesquisaram a posição do Sol nascente com relação às constelações ao fundo e descobriram que ela muda à medida que a Terra progressivamente se move no sentido anti-horário numa grande órbita que, em termos astrológicos, significa que nosso planeta passa de uma para outra das doze "casas" ou "eras" a cada 2.150 anos. Nós acabamos de passar da Era de Peixes (o símbolo da era do cristianismo) para a atual Era de Aquário (que abriga a água e reabastece a Terra). Os dois mil anos anteriores a Cristo foram marcados pela Era de Áries, o signo astrológico do fogo e do intelecto, simbolizados pelo Carneiro e por Marte; um período dominado pelas conquistas gregas e romanas e pelas grandes obras da arte e da filosofia. Touro, o signo da beleza e da solidariedade marcou a era das dinastias egípcias e de Stonehenge, entre cerca de 4000 a 2000 a.C. Antes disso, até 6000 a.C., foi a Era de Gêmeos, quando as antigas religiões se estabeleceram e desenvolveram-se formas de escrita na China e no Egito. A agricultura e os ritos de fertilidade foram firmemente estabelecidos na anterior Era de Câncer, um signo "regido" pela Lua e pela cultura da "Mãe Terra". Antes dela veio a Era de Leão, que nos leva ao período da idade da pedra em 10.000 a.C. O leão também representava o Sol e essa foi a época das pinturas nas cavernas e das comunidades sociais dos ancestrais do megalítico.

Monumentos da Antiguidade como as pirâmides de Guizé e Stonehenge guardam relação com a configuração das estrelas à época em que eles estavam sendo construídos. Hoje, com a ajuda do sistema computadorizado Sky Globe and Red Shift (veja a página 187), a qualquer momento os pesquisadores podem estudar a mudança das constelações no céu voltando há milhares de anos atrás. Isso levou a uma revisão da idade tradicionalmente atribuída à esfinge, uma imagem de leão entalhada na rocha sólida, que agora se acredita ter sido feita ainda na Era de Leão, há cerca de doze mil anos. As evidências de erosão durante o tempo em que o Egito era uma região sujeita a chuvas fortes empresta credibilidade a essa revisão de datas.

Tradicionalmente, o horóscopo (*horo* = hora ou tempo) era uma tabela astrológica para prever a oportunidade mais apropriada para um evento. Uma lei de Hermes Trismegisto diz que, embutido no começo de alguma coisa, existe um rascunho do seu desdobramento em eventos futuros e do resultado final. Por exemplo: se uma semente de maçã — que contém o rascunho para a árvore — for plantada na época errada do mês, no mês errado do ano e no local errado, a qualidade da fruta estará comprometida. Portanto, a adequação da época em que vai se iniciar alguma coisa é um fator essencial para o seu resultado final.

No século XIII, uma faculdade especializada no ensino da astrologia foi instalada em Paris. A disciplina se tornou comum em outras universidades européias até a Era do Iluminismo, cerca de trezentos anos atrás, quando os ensinamentos de metafísica, filosofia e astrologia não foram mais incluídos nos currículos em geral. Desde o século XVII, físicos e astrônomos tendem a ignorar a astrologia por considerá-la sem valor. No entanto, até o início dos anos 1600, o Royal Observatory, em Greenwich, ainda era uma autoridade e fonte para a preparação de horóscopos destinados a líderes militares, homens de negócios e gente de todas as profissões. Os médicos consultavam o mapa astral do paciente antes de lhe prescrever o tratamento. Através das eras, onde você vivesse — na Europa Ocidental, nas Américas, no Oriente Médio, na Índia, na China — se você fosse embarcar num novo projeto ou empreendimento, como casar ou ir para a guerra, era considerado prudente consultar primeiro o astrólogo local para determinar a época mais favorável.

Referências aos signos astrológicos do fogo, da terra, do ar e da água são freqüentemente encontradas nas catedrais góticas. Esses quatro elementos são representados por um leão, um touro, um homem com um jarro (Aquário) e uma águia (Escorpião, já que a águia é o plano mais elevado do escorpião). Os evangelhos de São Mateus, São Marcos, São Lucas e São João foram escritos tendo como chave o ar, o fogo, a terra e a água. Presumivelmente, o moderno cristianismo ortodoxo rejeita a astrologia como inaceitável na fé cristã por causa de sua associação popular com a adivinhação, mas há claras referências astrológicas na catedral de Chartres, na Madalena de Vézelay, nas pias batismais de Florença, Bérgamo e Parma, nas séries de afrescos do Salone, em Pádua e no Palácio Schiffanoia, em Ferrara. Mesmo o mais antigo templo judeu em Jerusalém tem um chão de mosaicos que retrata os doze signos do zodíaco, cada um representado pela figura de um homem e nenhum deles circuncidado!

Mestre historiador da arte e do oculto, Fred Gettings descobriu os segredos da igreja florentina San Miniato al Monte, construída em 1207. Em seu livro *The Sacred Zodiac — the Hidden Art in Medieval Astrology*, ele revela como os maçons do século XIII usavam a posição da igreja no terreno, a luz do sol, as inscrições lapidárias, as formas de arte e os métodos secretos de escrita para expressar uma criação unificada de arte, simbolismo, filosofia, teologia e arquitetura. A chave para esse magnífico quebra-cabeça arcano é o zodíaco no teto da nave da igreja.[33]

Religião e astrologia estão mais claramente expressas nos templos hindus, onde santuários para planetas exibem várias divindades como o Ganesh com cabeça de elefante — o Deus da astrologia e da boa sorte. Embora a astrologia praticada no Ocidente e no Oriente tenham a mesma origem na Antiguidade, o sistema Védico indiano considerava o símbolo da Lua mais significativo do que o símbolo do sol (o Oriente vê o Sol mais como uma força ou energia "hostil" do que positiva).

A tradição — há quem a chame de "conto das velhas esposas" — de plantar de acordo com as fases da Lua tem sido praticada nas últimas duas décadas por Nicholas Joly, proprietário de uma vinícola que produz um dos mais apreciados e caros vinhos brancos da França, o Coulée de Sarrant. Joly descobriu que a época da Lua nova, quando tudo pulsa num ritmo menor, é a melhor para a fermentação. Quando a Lua está minguante e causa menos perturbações, ele engarrafa o vinho. Outros procedimentos são feitos com as videiras quando a Lua está cheia e em datas específicas, dependendo da posição da Lua nas "casas" específicas do zodíaco (se a Lua faz com que bilhões de toneladas de água subam e desçam nas marés duas vezes por dia, parece verossímil que os oceanos não sejam o único fenômeno natural afetado por ela).

A astrologia oficial está sendo reintroduzida nas universidades britânicas em Manchester, Plymouth e no Warburg Institute de Londres. Em Southampton também se formou um grupo de pesquisas para investigar o efeito dos movimentos planetários no comportamento humano. O grupo está particularmente interessado na teoria segundo a qual no nascimento, a glândula pineal do bebê se torna sensível às forças eletromagnéticas que emanam dos planetas. Seus testes científicos podem lançar alguma luz nas associações históricas entre a astrologia e a arqueologia, a sociologia e a antropologia. O grupo também irá analisar dados sobre doze mil pessoas portadoras de doenças mentais que parecem ter relação com previsões astrológicas. Nos Estados unidos, o Kepler College of Astrological Arts and Sciences, em Seattle, oferece um curso acadêmico de bacharelado em astrologia.[34]

Homens de negócios e políticos perspicazes no Ocidente estão percebendo como as tendências de mercado e os padrões de comportamento social freqüentemente parecem ocorrer em ciclos, e um poderoso programa de computador foi desenvolvido para analisar dados sobre o mercado de ações relacionando-os aos movimentos dos planetas. Como no caso dos Mestres Dragões do Feng Shui, os astrólogos estão hoje sendo usados num nível muito mais amplo do que as empresas e os políticos estão preparados para admitir.

Os objetivos originais e a integridade da astrologia foram grosseiramente vulgarizados e degradados ao nível das adivinhações e previsões supersticiosas, como as que dizem que vamos encontrar "um estranho alto e moreno". Com o uso impróprio e a interpretação equivocada dos oráculos, perdemos nossa consciência de como a vida e o universo são comandados por ritmos e ciclos que se repetem indefinidamente. Num passado recente, físicos que estudaram e registraram as variações diárias da Lua e o efeito negativo do Sol no campo magnético da Terra abriram a mente para a compreensão de que os campos magnéticos, as vibrações e as forças gravitacionais dos corpos celestes realmente exercem influências que variam de acordo com seus movimentos e posições relativas no sistema solar. Em outras palavras, sua justaposição causa uma significativa interação com todos os organismos vivos. O astrofísico Dr. Percy Seymour propôs um modelo segundo o qual a reação dos planetas aos campos magnéticos da Lua, do Sol e da Terra incide sobre a supersensibilidade da glândula pineal, causando mudanças nos campos magnéticos fracos. Estes podem criar ressonâncias positivas ou negativas e, assim como o "diagrama" do DNA, permite que se faça previsões sobre as conseqüências prováveis de uma ação ou o rumo de um acontecimento.[35]

Como vimos num dos capítulos anteriores, os campos de energia cósmica também determinam as configurações da rede global que circunda a Terra. A imagem convencional do Universo mostra sistemas estelares individuais separados por grandes extensões de vazio, mas muitos cientistas hoje acreditam que o vazio, na verdade, é ocupado por uma rede entrelaçada de forças gravitacionais imensamente fortes, que afeta as estrelas e os planetas. Estrelas que entraram em colapso — os buracos negros — localizadas a milhares de anos luz podem ser responsáveis por manter no lugar o nosso sistema solar.[36]

Deve o arquiteto do século XXI se preocupar de algum modo com o movimento dos corpos celestes? Em nível prático, o correto posicionamento de uma construção, os ventos que prevalecem, a penetração da luz solar e o ganho do calor do sol deveriam ser fatores simples e elementares, reconhecidos e levados em consideração ao se projetar um prédio moderno. Mas se as configurações orbitais dos planetas, do Sol e da Lua também influenciam os nossos sistemas biológicos, nosso despertar, nossos hábitos de sono, nosso estado de espírito e todas os outros tipos de organismo vivo na Terra, nossos arquitetos certamente deveriam entender, se conscientizar e considerar essas forças dinâmicas da natureza.

Quando entramos em muitos dos prédios sobreviventes do passado podemos experimentar uma sensação gratificante, um prazer interior — uma perfeição — que numa certa medida se deve a outros fatores além da geometria e da arquitetura. Por exemplo: os materiais tradicionais usados nos prédios mais antigos criam naturalmente uma harmonia com o ambiente; freqüentemente os cômodos são maiores; a decoração e a ornamentação cativam o olhar; as proporções do prédio podem estar conectadas com as do ser humano; a construção pode estar assentada sobre campos de energia terrestre positiva e assim por diante. Sem dúvida, todos esses fatores influenciam a nossa reação de uma maneira prazerosa e confortável. No entanto, a maioria dos prédios modernos não parece contar com essas características inerentes. Será porque os arquitetos não os projetaram de acordo como os princípios fundamentais e não levaram em consideração outros fatores, como os campos terrestres e cósmicos? Se for por isso, é compreensível a ausência das sensações de conforto, prazer, entendimento e ressonância.

Referências

1. Davies, Paul (1993) *The Mind of God*, Londres: Penguin Books.
2. Plato, *Timaeus and Critias* (1971), Londres: Penguin Books.
3. "Plato's Seventh Letter", *Plato's Phaedrus and Letters*, transcrição de W. H. Hamilton, Londres: Penguin Classics.
4. Anotado de uma apresentação de *slides* por Keith Critchlow.
5. Palestra KAIROS do professor Keith Critchlow.
6. Bligh Bond, F. e Lea, Dr. T. S. (1997) "On geometric truth Part II", *Germatria: A Preliminary Investigation of the Cabala*, Londres: Rilko, p. 95.
7. *Ibid*, "Epigraph".
8. Edwards, L. (1993) *The Vortex of Life: Nature's Patterns in Time and Space*, Edimburgo: Floris Books.
9. Foster, Keith (2000) "Pathcurve vortex generators", *The Journal of the British Society of Dowsers*, vol. 39, n⁰ 268 (junho), pp. 5-8.
10. Wittkower, R. (1971) *Architectural Principles in the Age of Humanism*, Nova York: W. W. Norton & Co.
11. Vitruvius (1960) *The Ten Books on Architecture*, Livro III, Capítulo I, Nova York: Dover Publications.
12. Schwaller de Lubicz, R. A. (1977) *The Temple in Man*, tradução de Robert e Deborah Lawlor, Vermont: Inner Traditions International.
13. *Ibid.*, "Summary of principles", pp. 46-47.
14. Plato *Timaeus and Critius* (1965), Londres: Penguin, p. 73.
15. Hall, Manly P. (1977) "The Pythagorean Theory of Music and Colour", em *The Secret Teachings of All Ages*, Los Angeles: The Philosophical Research Society Inc, pp. LXXXI e LXXXII.
16. Robert Cowley, "The Great Pyramid, Means and the Pythagorian Lambdoma", *Rilko Journal* 57, outono/inverno de 2000, p. 20.
17. Hero, B. (1992) *Lambdoma Unveiled*, Maine: Strawberry Hill Farm Studies.
18. James, J. (1995) *The Music of the Spheres*, Nova York: Springer-Verlag.
19. Plato (1955) *The Republic*, tradução de Sir Desmond Lee, Londres: Penguin.
20. Levin, M. H. (1994) *The Manual of Harmonics*, Michigan: Phanes Press.
21. Khanna, Madho (1997) *Yantra: the Tantric Symbol of Cosmic Unity*, Londres: Thames & Hudson.
22. *Katha Upanishad* (1949) "The Upanishads", vol. 1, tradução de Swami Nikhilananda, Nova York: Ramakrishna-Vivikananda Centre.
23. Pacioli, Luca (1509) *De Divina Proportione*, edição de Constantin Wintervberg 1889, reimpresso em 1974 em *Quellenschriften Fur Kunstgeschichte un Kunsttechnick des Mirtelalters und der Neozeit*, Hildesheim: Georg Olms Verlag.
24. Vitruvius *op. cit.* Livro I, Capítulo VI, Parágrafo 9.
25. Michell, J. (1971) *The Dimensions of Paradise*, Londres: Thames & Hudson.
26. Bauval, R. e Gilbert, A. (1994) *The Orion Mistery*, Londres: Heinemann.

A HARMONIA DIVINA

27. Hancock, G. (1995) *Fingerprints of the Gods*, Londres: Heinemann; Hancock, G. e Faiia, S. (1998) *Heaven's Mirror*, Harmondsworth: Penguin.
28. Rigby, G. (1996) *On Earth as it is in Heaven*, Guernsey: Rhaedus Publications.
29. Heath, R. (1998) *Sun, Moon and Stonehenge*, País de Gales: Bluestone Press.
30. Charpentier, L. (1972) *The Mysteries of Chartres Cathedral*, Londres: Rilko.
31. Vitruvius *op. cit.*, Livro IX, Capítulo VI, Parágrafos 2 e 3.
32. Vitruvius *op. cit.*, Livro IX, Capítulo I, Parágrafo 2.
33. Gettings, F. (1989) *The Sacred Zodiac — The Hidden Art in Medieval Astrology*, Londres: Arkana.
34. Senay Boztas, "On another planet", *The Sunday Times*, 17 de junho de 2001, p. 14.
35. Seymore, Percy (1992) *The Paranormal: Beyond Sensory Science*, Londres: Penguin.
36. Comet trails through the solar system em *Reed Cyclopaedia* (1820).

Sugestões de leituras complementares

Azzam, K. e Critchlow, K. (1997) *The Arch in Islamic Architecture*, Londres: The Prince of Wales's Institute of Architecture.

Brunes, T. (1967) *The Secrets of Ancient Geometry*, Vols. I e II, Copenhagen: Rhodos.

Burckhardt, T. (1967) *Mystical Astrology according to Ibn "Arabi"*, Gloucestershire: Beshara Publications.

Cooper, J.C. (1982) *Symbolism The Universal Language*, Northants: The Aquarian Press.

Critchlow, K. (1976) *Islamic Patterns*, Londres: Thames & Hudson.

Critchlow, K. (1987) *Order in Space*, Londres: Thames & Hudson.

Critchlow, K. (1997) *Proportional Rectangles*, Londres: The Prince of Wales's Institute of Architecture.

Doczi, G. (1981) *The Power of Limits*, Boston: Shambhala.

Edwards, L. (1982) *The Field of Form*, Edimburgo: Floris Books.

Flegg, G. (1984) *Numbers*, Harmondsworth: Penguin.

Ghyka, M. (1997) *The Geometry of Art and Life*, Nova York: Dover.

Godwin, J. (1987) *Harmonies of Heaven and Earth*, Londres: Thames & Hudson.

Guthrie, K.S. (1987) *The Pythagorean Source Book & Library*, Michigan: Phanes Press.

Hambridge, J. (1967) *Elements of Dynamic Symmetry*, Nova York: Dover.

Hancox, J. (1992) *The Byrom Collection*, Londres: Jonathan Cape.

Hersey, G.L. (1980) *Pythagorean Palaces*, Ithaca: Cornell University Press.

Huntley, H. (1970) *The Divine Proportion*, Nova York: Dover.

I Ching, tradução de Richard Wilhelm, Routledge & Kegan Paul, Londres, 1975

Ivins W. M. Jnr. (1964) *Art & Geometry*, Nova York: Dover.

James, J. (1995) *Music of the Spheres*, Londres: Abacus.

Javine, F. e Bunker, D. (1971) *Numerology and the Divine Triangle*, Pensilvânia: Para Research Inc.

Marchant, P. (1997) *Unity in Pattern*, Londres: The Prince of Wales Institute of Architecture.

McClain, I. (1984) *The Myth of Invariance*, Maine: Nicolas-Hays Inc.

McClain, I. (1984) *The Pythagorean Plato*, Maine: Nicolas-Hays Inc.

Michell, J. (1981) *Ancient Metrology*, Bristol: Pentacle Books.

Michell, J. e Rhone, C. (1991) *Twelve Tribe Nations*, Londres: Thames & Hudson.

Nasr, Seyyed (1993) *An Introduction to Islamic Cosmological Doctrines*, Albany: State University of New York Press.

Pennick, N. (1982) *The Mysteries of Kings College Chapel*, Northants: The Aquarian Press.

Pennick, N. (1994) *Sacred Geometry*, Berkshire: Capall Bann Publishing. [*Geometria Sagrada*, publicado pela Editora Pensamento, São Paulo.]

Raleigh, A. S. (1987) *Occult Geometry & Hermetic Science of Motion & Number*, Califórnia: De Vorss & Co.

Raleigh, H. S. (1991) *Occult Geometry*, Califórnia: De Vorss & Co.

Stirling, W. (1981) *The Canon*, Pesquisa sobre a Lost Knowledge Organisation (Rilko).

Tame, D. (1984) *The Secret Power of Music*, Nova York: Destiny Books.

10

Tradição secreta

O que é arquitetura sagrada?

O que se entende por *geometria sagrada* ou *arquitetura sagrada*? Na linguagem da sabedoria perene, "sagrado" significa que os prédios, peças musicais, pinturas ou símbolos gráficos, sejam quais forem suas características aparentes, sempre terão um significado oculto e secreto que expressa o profundo conceito espiritual ou filosófico que foi a fonte de sua inspiração.

Toda arte sagrada é... encontrada numa ciência das formas... no simbolismo inerente às formas... um símbolo não é apenas um signo convencional. Ele manifesta o seu arquétipo pela virtude de uma lei ontológica clara... segundo a visão espiritual do mundo, a beleza de um objeto é apenas a transparência dos seus invólucros existenciais; uma arte digna do nome é bela porque é verdadeira. Não é possível e nem mesmo proveitoso que cada artista ou artesão engajado na arte sagrada esteja consciente da Lei Divina inerente às formas; ele saberá apenas alguns aspectos dela, ou algumas aplicações que surgem dentro dos limites das regras do seu trabalho; essas regras o capacitarão a pintar um ícone, talhar uma embarcação sagrada ou praticar caligrafia de uma maneira liturgicamente adequada sem que lhe seja necessário saber o significado último dos símbolos com os quais está lidando. É a tradição que transmite os modelos sagrados e as regras do trabalho, e desse modo garante a legitimidade espiritual das formas. A tradição contém em si mesma uma força secreta que é transmitida a uma civilização inteira e determina até às artes e aos ofícios os objetos neles presentes que não incluem nada especialmente sagrado. Um dos típicos preconceitos modernos mais persistentes é aquele que combate as regras artísticas impessoais e objetivas, temendo que elas possam sufocar o gênio criativo. Na realidade, não existe trabalho que seja tradicional e, portanto, "amarrado" a princípios imutáveis, que não dê expressão sensível a uma certa alegria criativa da alma; ao passo que o individualismo moderno produziu, à exceção de alguns trabalhos de gênio que, apesar disso, são espiritualmente estéreis, toda a feiúra — a interminável e desesperançada feiúra — das formas que permeiam a "vida comum" de nossos tempos.

Uma das condições fundamentais da felicidade é saber que tudo aquilo que alguém faz tem um significado na eternidade; mas quem nesses dias pode ainda conceber uma civilização na qual todas as manifestações vitais se desenvolvem "à semelhança dos céus"?[1]

Numa construção sagrada, função e forma são unificadas pela origem comum na semente do significado interior. Por exemplo: em nível inconsciente, a psique percebe a geometria que define um prédio ou um vaso, mas só aqueles que foram iniciados na linguagem metafórica irão entender plenamente o seu significado fundamental e simbólico. O termo "arquitetura sagrada" é, portanto, uma característica que pode ser aplicada a todos os tipos de construção e não está confinado necessariamente a prédios usados para cerimônias religiosas. Em contraste, o termo "profano" — que deriva de *pro*, que significa "fora" e *fanum*, que significa "templo" ou "local sagrado" — define aquilo que não exibe iniciação nos mistérios secretos.

Quando os mestres construtores aplicavam os mistérios secretos do sistema simbólico de números e geometria no projeto inteiro de seus prédios — os "ossos" da construção, pode-se dizer —, a "alma" do prédio transmitia de maneira inerente as leis da natureza, afinada para repercutir nos ossos de verdade, o corpo e o espírito dos seres humanos. O cosmos, a natureza e todos os organismos vivos são "construídos" com os mesmos princípios fundamentais da geometria sagrada. Quando entramos em construções como essas, sentimo-nos conectados no tempo e no espaço.

A análise geométrica de, digamos, um templo grego, uma catedral gótica ou uma villa Palladiana, ou de qualquer outra grande obra de arquitetura, revela uma relação proporcional coerente em toda a construção. Como descobriu Rudolf Wittkower, ao analisar os mais notáveis marcos da arquitetura de todos os períodos, "Harmonia, a essência da beleza, consiste... na relação das partes entre si e com o todo, e, na verdade, um único sistema de proporções permeia a fachada; a colocação e o tamanho de cada parte e de cada detalhe é determinada e definida por ele".[2]

Numa construção sagrada, os planos, os cortes e as elevações são projetados segundo uma estratégia geométrica fundamental e de acordo com certas relações de proporções que determinam a linha e o ritmo das colunas estruturais, a altura dos cômodos, a localização das janelas e portas, a posição do altar ou da

TRADIÇÃO SECRETA

bancada de recepção no salão de entrada e assim por diante. As proporções de um cômodo ou de um conceito arquitetônico que afeta o nosso estado de espírito ou as nossas reações emocionais estão intimamente relacionadas com a afinidade natural das proporções e relações harmônicas do corpo humano. Por exemplo: quando um cômodo é projetado de acordo com uma determinada relação dinâmica e harmônica, e cada parte do cômodo — suas características arquitetônicas e a decoração — remete a essa relação (da mesma forma que uma peça musical remete a um tom), a mente subliminar registra as proporções geométricas e estas irão repercutir nas proporções equivalentes do próprio corpo humano.

Talvez porque a obra de Andrea Palladio no Renascimento do século XVI tenha sobrevivido e sua filosofia tenha sido bem explicada em seu livro *I Quattro Libri dell' Architectura*,[3] ele é considerado um dos grandes arquitetos e um dos mais iniciados do período entre os que incorporavam a seus projetos as divinas proporções harmônicas da Antiguidade. Cada projeto seguia um "tom" proporcional, como 1:2 (oitava), 3:2 (quinta) ou 4:3 (quarta), dependendo do "estado de espírito" ou "temperamento" que Palladio queria invocar. Cada desenho do projeto informava o "tom" — como 3:2 — escolhido para aquela construção em particular, incluindo a paisagem, a localização no terreno, os planos, os cortes, as elevações e o *design* interior, garantindo que seus assistentes que trabalhavam na obra não tivessem dúvidas sobre as bases das relações proporcionais do conceito do prédio como um todo (Inigo Jones usou o cubo duplo como tom para o projeto da Wilton House, na Inglaterra). O prédio era então *afinado* de acordo com as proporções harmônicas musicais de Pitágoras (veja o Capítulo 9). Palladio também recomendava sete volumes para os cômodos, os mais apropriados para assegurar a "atmosfera" ou o "estado de espírito". Cada exemplo descrevia o método para projetar o comprimento e a largura das características relacionadas ao plano do cômodo. Proporções — a uniformidade entre duas relações — ou seqüências de números são progressões conhecidas como "meios". As três relações são:

Aritmética	1, 2, 3, 4, 5, 6...
Geométrica	1, 2, 4, 8, 16, 32...
Harmônica	1, 1/2, 1/3, 1/4, 1/5, 1/6...

Essas relações, ou leis, são os fundamentos que regem as nossas percepções de beleza, as nossas experiências de deleite e o nosso senso de prazer estético. Inconscientemente — ou intuitivamente — tendemos a fazer escolhas, ter preferências e adotar padrões de comportamento de acordo com as relações que se repetem nas estruturas do crescimento orgânico.

O *design*, a construção e a afinação dos instrumentos musicais também seguem os mesmos princípios de Platão e Vitruvius da geometria sagrada e das proporções harmônicas baseadas nas medidas do homem e na totalidade da natureza para criar o som que repercute vindo da "alma". Cada instrumento deve ser atraente do ponto de vista estético, além de geométrica e harmonicamente simétrico; precisa ser acusticamente afinado por meio da proporção correta entre o comprimento das cordas e a caixa de ressonância, e geralmente cada componente tem um objetivo e função — nada é supérfluo. Ele também precisa ser projetado ergonomicamente para se ajustar à pessoa que o executa. Em outras palavras, o formato e a disposição dos elementos desenvolvem-se a partir da finalidade, da função, do uso e da *raison d'être* (razão de ser) do instrumento em criar um som ou "tom" específicos[4]

A sabedoria perene sugere que os arquitetos elaborem seus trabalhos de acordo com os sistemas de proporção e relações harmônicas, do mesmo modo que um compositor elabora uma sinfonia. Deve-se selecionar um tom e cada parte da composição vai então se relacionar de maneira harmônica e rítmica com as outras segundo a "simetria" pré-determinada. Todas as dimensões, volumes e áreas, uma vez definidas pelo "tom", irão garantir que tudo — a localização, a paisagem, a construção, incluindo os cômodos e suas características — estará em relação proporcional com o todo e o todo irá corresponder aos padrões metafísicos encontrados no homem, na natureza e no cosmos. Proporções harmônicas não apenas influenciam as propriedades acústicas do cômodo a fim de gerar sons agradáveis como também irão proporcionar prazer aos nossos olhos e à psique. Os mestres construtores entendiam as harmonias universais da música determinadas pelos intervalos e consonâncias da escala, e traduziam essas relações para a geometria de suas construções para ecoar com as harmonias do mundo natural: daí a concepção de Goethe de que arquitetura é música congelada. No entanto, a mera aplicação das leis sagradas não adiantará sem a inspiração do arquiteto. É preciso aquela centelha divina de genialidade que existe dentro de todos nós para criar uma obra de arte.

Repercussão sagrada

Vitruvius também achava que as correlações microcósmicas/macrocósmicas, as proporções e relações harmônicas expressas em todo o mundo natural deveriam ser a base — o *tom* — para se determinar as dimensões, os formatos e os volumes de uma construção. Como conseqüência, em prédios assim erguidos, o corpo e a alma irão se elevar e sentir sutis repercussões subliminares visuais e acústicas. Por isso o estudo de teoria musical, escalas e proporções harmônicas (incluindo proporções arquitetônicas) — ou seja, simetria e eurritmia — eram essenciais para qualquer estudante de arquitetura. Um conhecimento da consonância e da dissonância dos sons era a base do *design* arquitetônico no qual exterior *e* interior eram harmônicos individualmente, além de ter uma relação harmônica mútua.

Vitruvius fornece instruções práticas sobre como evitar interferências acústicas num teatro e registra cuidadosamente a ciência do som da voz humana: "Os antigos arquitetos, seguindo os passos da natureza, aperfeiçoaram as filas ascendentes de assentos nos teatros a partir de suas investigações sobre a voz ascendente, mediante as teorias canônicas dos matemáticos e da clareza e suavidade para os ouvidos da platéia. Assim como os instrumentos musicais alcançam a perfeição na clareza do som de suas cordas por meio de placas de bronze ou cornetas, os antigos criaram métodos para aumentar a potência da voz nos teatros pela aplicação de harmônicos musicais".[5] Ele também descreve a colocação de vasos de bronze em nichos para amplificar o som, usando princípios matemáticos para determinar o tamanho dos vasos de modo a que eles fossem proporcionais ao tamanho do teatro. Os vasos eram dispostos segundo as leis harmônicas e, assim, a voz no centro do palco poderia se espalhar e atingir as cavidades dos diferentes vasos para melhorar a qualidade do som e "fazer uma nota harmoniosa formar uníssono com si mesma".[6] Quando tocados, eles produziam entre si as notas da quarta, da quinta e assim por diante até a dupla oitava. Vitruvius notou que se o teatro fosse grande, a altura deveria ser dividida em quatro partes de maneira que os nichos horizontais fossem construídos da seguinte forma: um para produzir os enarmônicos, outro para a escala cromática, o terceiro para o sistema diatônico, além de vasos que omitiam os sons na fileira central já que nenhuma outra nota no sistema cromático forma uma concordância natural de sons. Usando essas mesmas leis da música, ele descreve como as catapultas eram preparadas, afinando-se a tensão das cordas "até o tom certo por meio do sentido musical da audição".[7]

Um exemplo de música sagrada — a música "da alma" — criada pela expressão arquitetônica da geometria harmônica, pode ser ouvida na abadia romanesca na cidade de Lê Thoronet, situada poucos quilômetros acima de St. Tropez, ao norte da auto-estrada entre Lê Muy e Lê Lac, no sul da França. A abadia foi fundada como monastério em 1135 pelos cistercienses e durante alguns anos foi ocupada por uma seita de freiras. O prédio simples, de pedra, compreendendo uma nave em forma de arco e uma única janela sobre o altar, com um par de nichos de cada lado, é despojado de decoração, ornamentos ou mobília, com exceção dos bancos de madeira rude na galeria. Quando se entra no prédio há uma "necessidade" de silêncio e por mais suaves e silenciosos que sejam os nossos passos, sente-se uma preocupação em não perturbar a serenidade. Antes da missa, sem emitir qualquer som, cerca de vinte freiras, vestidas de grandes hábitos cinzas com capas, deslizam até a nave e iniciam um canto assombroso e angelical. O prédio inteiro ecoa com sons harmônicos que fazem vibrar cada fibra do corpo.

Assim como um instrumento musical, Thoronet foi projetado para criar uma extraordinária qualidade acústica para a voz humana. Evidentemente, de tempos em tempos, apresentam-se concertos na nave, mas descobriu-se que os instrumentos modernos produzem um som perturbador. Há vários anos, o professor Keith Critchlow, fundador da instituição beneficente educacional Kairos, recebeu permissão para fazer medições no prédio e descobriu que a geometria da nave está na relação de 1:2 (a oitava) e a proporção *golden Phi* (ϕ) do teto em forma de abóbada produz o efeito de "coro angelical", tornando o volume e a qualidade sonora iguais por todo o ambiente. Ao escrever sobre suas experiências em Thoronet na revista *Parabola*, em 1994, um outro membro integrante da Kairos, o filósofo e escritor Prof. Robert Lawlor, disse:

> Não sei por que a acústica nesse ponto em particular da nave reproduz os efeitos de uma esfera. Talvez seja uma ação residual do arco em forma de abóbada. Especulando mais, pode ter sido uma intenção do grande geômetra místico e maçom Achard, que era um colaborador próximo de São Bernardo. Na geometria sagrada, a esfera — o círculo — representa o perfeito, a unicidade não-evidente, enquanto phi (ϕ) a *Golden Section* representa o poder consciente de autodivisão do Criador, que, rachando a unidade, produz o universo. Essa proporção singular reproduz a perfeição e glória da unicidade original mediante as progressões geométricas oscilantes (que podemos encarar como uma evolução), no Universo evidente e dividido... Seja ou não esse efeito acústico particular uma simples coincidência, é certo que desde os tempos mais escuros a geometria sagrada tem sido capaz de expressar as relações místicas entre phi (ϕ), a função da divisão, e pi (π), a função do círculo ou da unidade.
>
> Ao escolher as relações musicais como base para as proporções arquitetônicas, os maçons cistercienses estavam na verdade unificando o mundo visual e objetivo e as sensações sonoras experimentadas emocionalmente. Isso relacionava seu trabalho à tradição dos templos acústicos em culturas e épocas bastante distantes, da Índia ao antigo Egito, à Mesopotâmia, à Grécia e à Bretanha céltica.[8]

Tornamo-nos uma sociedade dominada pelas imagens visuais da TV, do cinema, das fotografias nas revistas e nos jornais, pela realidade virtual e pela tecnologia dos computadores. "Uma imagem vale por um milhão de palavras" é o ditado que resume nossa confiança no olho para a comunicação. Mas, freqüentemente, as imagens visuais que enxergamos podem se tornar distorcidas ou imprecisas, dependendo da qualidade da nossa visão e das nossas reações conscientes ou inconscientes, enquanto com a audição podemos reconhecer instantaneamente e distinguir de modo preciso as mais sutis variações tonais, sem necessariamente nos envolvermos intelectualmente. O ouvido tem três vezes mais conexões nervosas com o cérebro do que o olho. Dependemos do ouvido para o equilíbrio e para a orientação espacial. O ouvido é um órgão de precisão magnífica, enquanto muitas vezes o olho consegue apenas uma imagem aproximada — "o olho compara e avalia; o ouvido mede". Sem dúvida, o som pode ter um impacto muito maior nas nossas emoções e no nosso estado de espírito e quando o som audível — a música — segue a leis das relações harmônicas, nossa percepção reage com prazer e harmonia. A conexão é descrita como a ligação entre a forma exterior mensurada (a aritmética) e as relações harmônicas interiores que são unificadas pelos princípios geométricos que regem tudo no universo.

O objetivo do *espaço sagrado* é fornecer alimento nutritivo, carregando o corpo com a energia das harmonias universais. Sem o conhecimento, a precisão da geometria de Pitágoras e as escalas proporcionais da música, os templos e catedrais do passado não poderiam ter produzido sons etéreos e que elevam o espírito, como Thoronet.

O olho não necessita de decoração. As igrejas românicas não tinham ornamentos, mas, seja o observador um religioso ou um turista, essas construções geram uma serenidade e um profundo sentimento de mistério que emana da geometria sagrada — as proporções harmônicas que falam diretamente à psique. Os prédios modernos não precisam de decoração ou ser envoltos por um estilo pastiche. A psique deleita-se com as formas e linhas puras, mas qualquer *design* de obra de arte, para satisfazer e gratificar num nível além da mera superficialidade, precisa nos lembrar da nossa ligação com a natureza e o universo. Temos uma mente "sabe-tudo" que registra essas vibrações ocultas. A própria existência desses campos de energia não pode mais ser desprezada como sendo fruto da imaginação fantasiosa dos antigos místicos. A avançada ciência moderna confirma que as "vibrações" existem e a mente subliminar — a psique — pode ver, ouvir, sentir e ecoar esses padrões geométricos e relações harmônicas.

A catedral de Chartres

Um dos melhores exemplos de prédio sagrado no Ocidente é a catedral de Chartres. Meu primeiro contato com as mais fascinantes e enigmáticas expressões da linguagem transcendental do simbolismo, incorporadas na localização, nos números, na geometria, na construção e na própria estrutura do prédio, na decoração e nos entalhes, foi por ocasião de uma das palestras do professor Keith Critchlow na catedral. Aqui não existe a expressão "arte por amor à arte" — cada forma e cada elemento em Chartres tem um significado prático, assim como expressa um ensinamento oculto (sagrado) dos mestres do misticismo esotérico da escola neoplatônica que inspiraram e criaram a catedral para refletir o universo divino. O prédio tem um poder magnético sobre o visitante. Por mais que eu vá lá freqüentemente, sempre existe um motivo para voltar, sabendo que haverá mais uma descoberta para aprofundar a sensação de percepções extraordinárias e conhecimento místico que se manifesta com tanta beleza em termos materiais.

A cidade provincial e independente de Chartres situa-se na grande planície de Beauce, a cerca de 45 minutos de trem de Paris. A catedral fica no centro da cidade, numa colina suave: abaixo fica o antigo labirinto de cavernas, uma gruta e distante cerca de trinta metros abaixo, a cripta. A área rural é repleta de círculos de pedra megalíticos, obeliscos e dólmens. Séculos antes da era cristã, Chartres era um importante santuário para peregrinos celtas e outros que vinham de longe, do leste, fazendo viagens extremamente arriscadas para banharem-se nos campos de energia terrestre positiva, tomar as águas curadoras e passar um tempo na gruta em orações e penitências. Nas ruínas do santuário, os cristãos colocaram uma velha estátua druídica entalhada em pereira, que escureceu com o tempo. Ela foi batizada de "Virgem Negra Sagrada" e consagrada à igreja. Uma basílica românica, erguida sobre as ruínas mais antigas em cima da gruta, foi destruída pelo fogo no século XI e o prédio da nova igreja também foi consumido pelas chamas. Em 1194, os devotos habitantes da cidade decidiram empenhar o coração, a alma e as energias na reverente tarefa de reconstruí-la, e foram eles que escavaram as pedras, cortaram os troncos e fizeram o trabalho manual pesado para os mestres maçons e escultores. A catedral que existe hoje foi consagrada em 1260 (a torre norte é um acréscimo do século XVI).

Chartres é uma das várias catedrais góticas naquela região dedicadas a Notre Dame que, como foi mencionado antes, juntas formam um desenho que reproduz a constelação de Vênus — a Virgem — para simbolizar um paraíso celeste, a "Cidade de Jerusalém" na Terra (veja a Figura 9.16). Mas por que Chartres não está situada precisamente nos quatro pontos cardeais como as outras catedrais? Por que as torres da fachada oeste são tão diferentes em altura e formato? Por que não há cenas ou esculturas da crucificação? Por que há esculturas de filósofos gregos pagãos? Por que o labirinto foi "disfarçado" pelas autoridades da Igreja? Por que, a qualquer hora do dia — mesmo no pôr-do-sol — e com qualquer tempo, nublado ou ensolarado, a catedral está sempre banhada por uma luz opalescente e etérea?

Estudos sobre algumas catedrais antigas revelam que o alinhamento básico da nave freqüentemente coincide com uma linha geodésica ao longo do corredor central e que termina nos degraus que levam ao altar, formando um ângulo reto com os transeptos. A primeira das muitas anomalias de Chartres é que ela não segue a tradição de alinhamento do prédio num eixo preciso norte-sul e leste-oeste. A localização aparentemente arbitrária no terreno, de 46° 54' para nordeste foi determinada pelos veios naturais de energia magnética terrestre conhecidos como "correntes da cobra" ou "linhas do dragão", que seguem a linha da água subterrânea da fonte da gruta. Também era importante que a nave, o centro espiritual da igreja, estivesse localizada sobre a fonte. Onde a nave e o plesbitério, o coro e as capelas da catedral não estão no alinhamento preciso, isso é devido à capacidade dos mestres construtores de seguir as sutis configurações geodésicas subterrâneas, conhecidas apenas pela hierarquia dos sacerdotes que guardavam seus segredos a sete chaves. A intenção era garantir que os grandes monumentos — como no caso de Chartres — fossem construídos sobre santuários sagrados muito antigos, em alinhamento preciso, para evitar perturbações relacionadas com as energias terrestres positivas já existentes e as correntes de radiação abaixo. Também se acredita que os centros de ensinamentos espirituais e escolas de mistério como Stonehenge, as Grandes Pirâmides, Newgrange, na Irlanda, a catedral de Chartres e outros prédios e monumentos significativos em volta do mundo são marcos-chave ou pontos de poder dentro de uma vasta rede de energia global.

O terreno onde está Chartres já era firmemente estabelecido como um antigo local sagrado com campos de energia terrestre muito positivos (ali funcionou o principal colégio de treinamento dos druidas gauleses, muitos anos antes da construção da catedral).[9] A "fundação espiritual" da catedral foi feita seguindo-se o ponto exato do centro de poder do terreno. Esse "ponto" é como o *bindu* hindu — a semente a partir da qual toda a construção é erguida. Seguindo-se uma vara que marca o ponto "bindu", a geometria do *Vesica Piscis* foi desenhada no solo para definir a posição e todas as outras proporções e relações que geraram a "ordem" para a construção de todo o prédio.

As soluções geométricas sagradas e as inscrições simbólicas foram determinadas pelos "clientes", os sacerdotes místicos. Eles dirigiram os mestres construtores (arquitetos) que, geração após geração, foram iniciados no conhecimento secreto que lhes permitia traduzir o plano principal metafísico para a realidade material. É provável que os sacerdotes da escola de Chartres fossem cavaleiros templários neoplatonistas que trouxeram de volta à França as "sete artes liberais" e o conhecimento alquímico do Oriente Médio, abraçando uma filosofia segundo a qual a matéria, o espírito e a alma são gerados pelas leis divinas do cosmos. Sem dúvida, as esculturas grandes e proeminentes do setor oeste, representando Pitágoras, Euclides, Boethius e Ptolomeu são uma referência à origem grega do *quadrivium*: números, espaço, tempo e o movimento dos céus (veja o Capítulo 9).

Louis Charpentier, uma autoridade em Chartres, ligou os números idênticos, a geometria, as medidas e proporções da catedral àqueles que regem a Grande Pirâmide e a Câmara Real. Erguidas com vários milhares de anos de diferença, as duas construções seguem as mesmas leis universais que relacionam as dimensões às medidas da Terra, assim como adotando a ciência em diferentes aplicações — ou seja, usando as mesmas soluções básicas. Em seu livro *The Mysteries of Chartres Cathedral*, Charpentier escreve:

> Com relação a essa solução ou chave, pode-se ver facilmente seus sinais na história, mesmo quando o que se está procurando parece lenda. Para não voltar ainda mais no tempo, ela perdurou das pirâmides até Moisés, que a escreveu nas Tábuas da Lei; ela passa de Davi a Salomão, seu filho, que foi "instruído com toda a sabedoria dos egípcios (reis) e a usou na construção de seu templo". *O Document de Damas* diz que o Salvador tinha conhecimento dela. Os peritos persas parecem não tê-la desprezado depois que Jerusalém caiu não mãos do Islã. Os primeiros cavaleiros templários a entregaram aos cistercienses, que dela extraíram as três *Notre Dame* iniciais. Depois, ela foi escondida mais uma vez e assim perma-

neceria até surgir o momento certo, já que o crescimento das civilizações segue um ritmo temporal, uma pulsação das grandes Estações das Eras. E devemos notar que houve um período de uma era entre as pirâmides e o templo de Salomão, outra entre o templo e Chartres.[10]

As pistas para se decifrar o método geométrico principal estão nas estátuas de Cristo segurando um livro sagrado, que é um retângulo na proporção da *Golden Section*, e de São João segurando um livro, na relação de 2:1. Os mestres construtores não teriam usado cálculos aritméticos para determinar as medidas e escalas: isso teria sido feito com um compasso e uma régua para converter as proporções de um plano bidimensional para as de uma estrutura tridimensional. Quando um maçom precisava saber o formato e o tamanho de uma pedra que ele iria cortar, o maçom mestre tinha que desenhar na areia a chave básica das proporções do bloco. A chave garantia que cada pedaço da pedra seguiria as mesmas proporções e relações da estrutura completa do prédio.

Titus Burckhardt, outra autoridade, deduziu que a figura dominante, ou modelo genético, é o pentágono que rege o plano do chão e o decágono do qual a *Golden Section* é produzida. A altura dos andares tem a mesma proporção harmônica:

> O comprimento da interseção (da nave e do transepto) é equivalente à altura dos pilares das paredes (das colunas das arcadas até o começo da abóbada), e esta é igual à largura da nave (quando medida não entre os pilares centrais, mas entre as colunas) e a altura da abóbada nos corredores... da altura total da nave (do chão ao cume da abóbada), o próximo pequeno trecho da "*golden section*" é a altura da nave até o começo da abóbada, depois a já mencionada altura dos pilares das paredes (das colunas das arcadas ao começo da abóbada), depois a altura das colunas das arcadas em si (da base até a nervura do arco), e finalmente a distância entre a nervura do arco e a cornija mais baixa. A esse conjunto harmônico está ligado, como no plano do chão, a simples proporção de dois para um, enfatizada pela cornija superior no pilar da parede.[11]

O conjunto harmônico da catedral não é apenas esteticamente agradável — o olho, subliminarmente, percebe a coordenação entre os elementos —, o corpo responde à ressonância da proporção e o ouvido pode facilmente ouvir as qualidades acústicas etéreas registradas pela escala musical correspondente às alturas dos arcos.

As duas torres da fachada oeste são, à primeira vista, algo incompreensível: elas não são idênticas e, na verdade, diferem bastante uma da outra em detalhes de *design*, formato e altura. Em cima da agulha da torre norte há uma representação do Sol e na da torre sul, mais baixa, uma representação da Lua. Simbolicamente, o Sol representa Cristo e a Lua o elemento feminino — a Virgem Maria.

Esses símbolos não apenas nos levam à compreensão de que a igreja tem uma significação astrológica como as alturas relativas também têm um significado dimensional relacionado com a geometria e com os comprimentos na nave. Como na maior parte da arquitetura das igrejas medievais, há algumas referências ao zodíaco e aos quatro evangelhos: por exemplo: o touro, o peixe, a águia (de escorpião) e um homem (de aquário) estão entalhados no púlpito da nave.

A fachada frontal oeste exibe outra semelhança incomum com o sistema de chakras hindu. Você se lembrará de que os círculos dos chakras têm um certo número de "raios", pontos ou "pétalas" (veja o Capítulo 7). O chakra da raiz tem quatro pétalas, o do abdome tem seis, o do plexo solar tem dez, o do coração tem doze, o da garganta tem dezesseis, o da testa, ou terceiro olho, tem dois e o do alto da cabeça tem um, que representa o infinito. O professor Critchlow chamou a atenção para as características arquitetônicas da fachada oeste, com quatro pilares, dez vidraças entre as esquadrias das janelas altas, doze janelas redondas e ovais de vidro na grande janela circular, dezesseis arcos contendo figuras sobre a janela e duas figuras de cada lado da Virgem.[12] Parece improvável que essas correlações sejam apenas coincidência.

A entrada norte, conhecida como Porta dos Iniciados — aqueles que buscam o cálice sagrado alquímico da iluminação espiritual — é sinalizada por uma estátua de Melquisedeque, segurando a taça em sua mão, junto com as figuras de Moisés, Abraão e Samuel carregando tabelas com as leis universais e um entalhe da Arca com rodas. A porta sul é alta o suficiente para uma pessoa entrar na igreja montada num cavalo — um símbolo reconhecido de alguém que é iniciado, como os Cavaleiros Templários. Seu credo, combinando as doutrinas do cristianismo e do neoplatonismo, não aceitava que Cristo fosse o homem na cruz, daí a ausência na catedral de esculturas que mostrem a crucificação.

Cada um dos magníficos vitrais, descritos por Ruskin como "jóias flamejantes", conta uma história da Bíblia para lembrar os fiéis dos ensinamentos de Cristo. A luz dentro da catedral tem uma qualidade iridescente que "enverniza" o chão de pedra. A maioria dos vidros originais permanece intacta, mas através dos pequenos painéis em que eles foram substituídos por outros, modernos, a luz que entra forma manchas azuis, vermelhas e brancas no chão. Ninguém ainda descobriu o segredo da técnica, que teria vindo dos alquimistas da antiga Pérsia, que faz com que vidros de diferentes cores produzam esse "nevoeiro" difuso, esbranquiçado, que parece de outro mundo e que mantém a mesma qualidade de iluminação ao longo do dia, do alvorecer ao cair da tarde.

Embora, milagrosamente, Chartres tenha sobrevivido sem maiores danos a muitas grandes guerras e revoluções, a catedral sofreu atos de vandalismo no século XVIII, quando um dos bispos quebrou algumas das janelas superiores para que a congregação pudesse vê-lo melhor!

Se a grande janela oeste (a roda cósmica do espírito eterno) de Chartres fosse dobrada em 90° sobre a nave, ela cobriria a mesma área do labirinto (o caminho ou jornada da alma). O labirinto (veja a Figura 10.1) é um piso de mármore branco com 13,5 metros de diâmetro incrustado no chão de pedra. Filetes estreitos de mármore preto marcam o caminho, que tem apenas quarenta centímetros de largura e cerca de 266 metros de distância a percorrer. O labirinto é como uma *mandala* hindu: o centro se parece com um lótus ou rosa de seis pétalas em volta de um ponto central — é um círculo do cosmos, que compreende unidade e união. Parte de nosso ouvido interno é chamado de labirinto: a doença labirintite é causada por um desequilíbrio ou desarmonia.

Figura 10.1 Pavimento do Labirinto, Catedral Chartres

Um labirinto não é um quebra-cabeça ou um teste de habilidade: é uma trilha de uma só direção que não requer raciocínio e nem "busca de soluções" para chegar ao final — apenas meditação. O piso em Chartres está localizado próximo à entrada oeste, de forma que os fiéis podiam atravessar o "caminho dos peregrinos" antes de chegar ao altar. Formas variadas de labirintos têm sido usadas como ferramenta espiritual por milhares de anos. Construíram-se labirintos no chão de muitas catedrais, em Sens, St. Martin, St. Omer, Poitiers, Toussaint, Auxerre, Reims; todos, à exceção dos de Bayeux, St. Quentin e Chartres, foram desfigurados ou removidos porque foram considerados relíquias de um passado pagão (se ao menos eles entendessem que o "paganismo" — ou seja, o pré-cristianismo — era o princípio fundamental da arquitetura gótica)! Em minhas visitas anteriores a Chartres, o piso com o labirinto tinha sido coberto com cadeiras; como outros antes de mim descobriram, ele parecia ser um assunto tabu para as autoridades da Igreja, relutantes em trocar idéias ou fornecer informações. No entanto, quando minha esposa e eu chegamos à catedral, num fim de tarde de 1998, para minha agradável surpresa, numa parte da nave havia uma exposição que exaltava as virtudes e o simbolismo do labirinto.

Infelizmente, pouquíssimas pessoas ainda vivas tiveram a oportunidade de andar pela trilha no chão de Chartres. Agora que as autoridades da Igreja adotaram uma visão mais aberta sobre o labirinto e tudo o que ele simboliza, espera-se que muitas outras pessoas tenham a oportunidade de apreciá-lo. Seja qual for a religião a que se pertença, ou mesmo que não se tenha religião, Chartres é a manifestação orgânica de ensinamentos esotéricos universais que remetem a milhares de anos. Há sempre algo novo para se descobrir na catedral, que, como numa transmutação alquímica, tem o poder de transformar.

Colocando o sagrado em prática

Thomas Sandby, que era professor de arquitetura da Royal Academy of Arts em 1771, disse certa vez sobre os estudantes que "Acima de tudo, é necessário que o jovem estudante se habitue, o mais cedo possível, à história do sublime e do belo... (e) ao estupendo trabalho da natureza".[13]

Qualquer construção, por mais importante ou insignificante que pareça ser, não será uma obra de arquitetura a menos que tenha sido projetada de acordo com os princípios coordenados no qual os planos, seções, elevações e todas as partes do prédio tenham um sistema unificado de proporções geométricas. Trabalhando com essas disciplinas, o *designer* tem o mesmo espaço infinito de expressão artística que o compositor de uma grande sinfonia, mas cada parte da composição deve ser *controlada*, estar dentro da estrutura do *tom*. Uma escolha banal de dimensões descoordenadas e sem relação entre si, o uso de proporções arbitrárias e a colocação de janelas e portas sem equilíbrio nunca produzirão um prédio que possa ser classificado de um grande trabalho de arquitetura.

No seu livro *Chartres and the Birth of the Gothic Cathedral*, Titus Burckhardt comenta:

> Nada faz menos sentido que a opinião de que a obediência a uma lei geométrica pode inibir a criatividade artística; se fosse assim, teríamos que considerar as harmonias naturais na música como inibitórias para a criação da melodia... existe uma correspondência entre as proporções geométricas e os intervalos musicais... a dependência de um conjunto específico de proporções, derivado de um polígono regular, encontra sua contrapartida sonora na música modal da Antiguidade, da Idade Média e do Oriente de hoje... uma nota-chave... confere a cada melodia um "estado de espírito" ou qualidade específica que deriva dela. Amparando-se no esquema básicos dos modos, a música medieval podia multiplicar

seus padrões melódicos sem nunca "perder o fio da meada", assim como o arquiteto medieval, permanecendo na ordenação geométrica que escolhera, podia desenvolver livremente e mudar os elementos isolados de um prédio sem nenhum risco de perder a unidade do conjunto.[14]

A construção de um prédio sagrado também exige a centelha divina do gênio e a inspiração do arquiteto. Essa centelha divina encontra-se em qualquer ser humano, do contrário não conseguiríamos reconhecer a virtude, a beleza e a verdade. Trabalhar com uma geometria básica como chave para se gerar todos os volumes e proporções de um prédio pode parecer, aos arquitetos de hoje, uma forma de disciplina severamente restritiva, desnecessária e fora de sintonia com o espírito de liberdade do modernismo da arte e da arquitetura dos séculos XX e XXI. Mas, quando as ciências sagradas forem ensinadas novamente nas escolas de arquitetura por mestres que têm uma profunda compreensão dos "mistérios", nossos arquitetos irão produzir prédios capazes de gerar e aperfeiçoar uma sensação de plenitude e uma volta à integração com o ambiente. Os ensinamentos das escolas de mistérios sobre números, geometria, harmônicos, tempo, espaço, alquimia, medicina e o entendimento sobre os "laços de união" entre essas disciplinas são essenciais para a nossa compreensão do caráter sagrado de todas as coisas, e de que nós também estamos sujeitos às mesmas leis universais que preserva a criação. Este era o objetivo das escolas de mistérios.

Referências

1. Burckhardt, Titus (1997) "Introduction", *Sacred Art in East and West*, Middlesex: Perennial Books, pp. 8-9.
2. Wittkower, R. (1971) "Alberti's approach to antiquity in architecture", em *Architectural Principles: In the Age of Humanism*, Nova York: W. W. Norton & Co, p. 45.
3. Palladio, A. (1965) *The Four Books of Architecture*, Nova York: Dover Publications.
4. Coates, K. (1991) *Geometry, Proportion and the Art of Lutherie*, Oxford: Oxford University Press.
5. Vitruvius (1960) *The Ten Books of Architecture*, Livro V, Capítulo V, Parágrafos 1-8, Nova York: Dover Publications.
6. Vitruvius, *op. cit.*, Livro V, Capítulo V, Parágrafo 3.
7. Vitruvius, *op. cit.*, Livro X, Capítulo XIII, Parágrafo 2.
8. Robert Lawlor, "Geometry at the service of prayer. Reflections on a Cistercian mystic architecture", *Parabola Magazine*, vol. 3, nº 1, 1994 (reproduzido sob gentil permissão de Society for the Study of Myth and Tradition)
9. Sir Geoffrey Tory, "Aspects of dowsing", *Journal of the British Society of Dowsers*, vol. 38, nº 260, junho de 1998, p. 69.
10. Charpentier, L. (1992) *The Mysteries of Chartres Cathedral*, Londres: Rilko, P, 188.

11. Burkhardt, T. (1995) *Chartres and the Birthplace of the Cathedral*, Ipswich: Golgonooza Press, pp. 97-98.
12. Palestra do professor Keith Critchlow.
13. Texto em exposição na exposição de Sir John Soane na Royal Academy London, de 11 de setembro a 3 de dezembro de 1999.
14. Burkhardt, T. (1995) *Chartres and the Birthplace of the Cathedral*, Ipswich: Golgonooza Press, p. 94.

Sugestões de leituras complementares

Artress, L. (1996) *Walking a Sacred Path*, Nova York: Riverhead Books.
Green, M. (1988) *The Path Through the Labyrinth*, Dorset: Element Books.
James, J. (1985) *The Master Masons of Chartres*, Londres: Routledge & Kegan Paul.
Querido, R. (1987) *The Golden Age of Chartres*, Edimburgo: Floris Books.
Meurant, R.C. (1989) *The Aesthetics of the Sacred*, Auckland: The Opoutere Press.
Schwaller de Lubicz, R.A. (1961) *Sacred Science*, Vermont: Inner Traditions International.
Whone, H. (1990) *Church, Monastery, Cathedral*, Dorset: Element Books.

Estudos mais detalhados sobre o misticismo sagrado em números, geometria, música e arquitetura podem ser encontrados em muitos livros, brochuras e em organizações e círculos de pesquisa. Com um simples e barato par de compassos, uma régua, lápis e papel, qualquer pessoa pode explorar e experimentar por si mesma os mais profundos mistérios e paradoxos da vida por meio da geometria. Livros como *Sacred Geometry*, de Robert Lawlor, dão exercícios elementares que conduzem o leitor passo a passo ao reino da reflexão e permitem que ele repita aquelas mesmas experiências fascinantes dos antigos mestres com o sagrado. Veja Lawlor. R. (1992) *Sacred Geometry*, Londres: Thames & Hudson.

11

A sabedoria perene

Quando faltar aos homens a sensação do medo, ocorrerá o desastre.[1]

Nascemos no mundo exotérico da sobrevivência, da economia, dos negócios, da política, das doenças, da poluição, da pobreza e das riquezas, da vida e da morte. Também precisamos aprender a nos relacionar com os outros, com o planeta Terra, o cosmos, a criação, o espírito infinito ou divina inteligência a que podemos chamar de "Deus" e a nos relacionar com nós mesmos. Quando tomamos consciência de que a vida é mais do que sobrevivência e gratificação dos sentidos, surge a necessidade de descobrir a nossa origem — um desejo de conhecimento intelectual e espiritual, e de erguer o véu da ilusão e da autodissimulação.

O fenômeno chamado de "crise da meia-idade", bastante comum nas sociedades ocidentais, manifesta-se de várias formas como alcoolismo, uso de drogas, doenças súbitas, separação e divórcio, ou frustração, raiva e ressentimento com a família, com o emprego ou com a sociedade em geral. Por trás dessas manifestações exteriores de crise existe uma outra crise, interior, de natureza psicológica/espiritual, que causa uma necessidade de procurar satisfação explorando-se os mistérios da vida. Mais cedo ou mais tarde, em nossos momentos solitários, podemos vir a nos fazer três perguntas: "Quem sou eu?" "Por que estou aqui?" e "Qual é o meu destino?" É preciso coragem para tomar a decisão de procurar as respostas porque, ao fazê-lo, a pessoa precisa embarcar numa jornada interior até os reinos do inconsciente, do oculto ou do mundo mesotérico e ainda além — do mundo esotérico do misticismo.

Em qualquer idade, começar essa jornada no mundo moderno não é fácil, já que os professores autênticos que dominam as lições mesotéricas e esotéricas se tornaram raros. A instrução religiosa ou espiritual foi eliminada de muitas escolas públicas e não há cultos ou iniciação para os jovens.

Iniciação à sabedoria

A iniciação é intrínseca à natureza humana, embora os processos de iniciação formais e estruturados não sejam mais praticados no Ocidente "civilizado", e aqueles remanescentes que ainda subsistem parecem ter perdido muito do seu objetivo místico original. Na Índia, os parses celebram o Novjot para suas crianças com idades entre 8 e 11 anos: para sobreviver à infância na Índia é suficiente garantir a presença num grupo social, de qualquer maneira, mas o objetivo original por trás da celebração não era simplesmente comemorar a aproximação da vida adulta. A iniciação do crisma na tradição católica lida com o desenvolvimento espiritual dos jovens; o barmitzvah judeu lida com a mente e o espírito, mas ambas as religiões descartaram a natureza holística humana de espírito, mente e corpo.

Segundo Louis Charpentier, a iniciação não é um grau de conhecimento mas um estado (de graça).[2] Ao longo da história, todas as culturas sempre tiveram seus próprios tipos de ensinamentos nas escolas de mistérios, nos quais jovens e adultos são iniciados nos segredos e na antiga sabedoria da tribo ou sociedade. As chamadas sociedades "primitivas", ainda encontradas na África, na Austrália, na Ásia, na América do Norte e do Sul, todas seguem padrões semelhantes de iniciação. Por exemplo: na cultura indígena norte-americana, como na maioria das tradições ligadas à Terra, ela é baseada numa filosofia mística de integração da alma e de unicidade com as forças cósmicas e a natureza. As florestas, os rios, as rochas, as montanhas e o céu personificam criaturas invisíveis; o Sol simboliza o espírito da virtude e seus conceitos. Seus ritos de iniciação não são muito diferentes daqueles praticados nas escolas de mistérios do antigo Egito. Por meio dos ritos de passagem, um neófito pode começar a compreender o simbolismo que está em todos os lugares, disponível para quem tem olhos para ver e ouvidos para ouvir. Os Upanishads dizem que "é impossível aprendermos em algum outro lugar aquilo que podemos aprender dentro do nosso corpo". Em outras palavras, o nosso corpo é um modelo microcósmico de todo o universo.[3]

Os anciãos tribais — o xamã e os curadores/sacerdotes —, que são os guardiões e professores dos mistérios da vida, sempre estiveram conosco e mesmo hoje, anciãos ou iniciadores às artes sagradas contemporâneos ainda podem ser encontrados no Ocidente, embora eles mantenham um comportamento discreto. Os neófitos determinados a seguir o caminho da iniciação esotérica o fazem por instinto ou intuição, talvez sabendo que "quando o estudante está pronto, o professor aparece". Sejamos nós habitantes de uma tribo primitiva ou produto de uma sociedade altamente intelectual e materialista, há uma necessidade, no fundo da nossa psique, que requer alguma forma de iniciação aos mistérios — os mistérios de se tornar um homem, de se tornar uma mulher, os mistérios da vida e os ensinamentos sagrados. A base de toda iniciação é a transcendência, a graduação de um plano da existência para o nível seguinte e mais elevado. Os iniciados tinham que se submeter a rituais para experimentar a confusão, a desorientação e ter a "realidade" revirada, do mesmo modo que os mestres Zen usam Koans e paradoxos para quebrar os conceitos de tempo e espaço dos cinco sentidos do corpo como preparação para uma nova etapa de consciência e compreensão espiritual.

Essas transformações psicoespirituais existem no contexto de todas as tradições ortodoxas, mas freqüentemente seu objetivo se perde em dogmas ou na falta de entendimento daqueles que se declaram professores. A ausência de práticas de iniciação sagrada deixa uma grande ferida aberta no inconsciente coletivo da nossa sociedade.

Mircea Eliade, uma autoridade em mitologia e religiões, diz que "Todo homem quer experimentar certas situações arriscadas, enfrentar desafios excepcionais para abrir o seu caminho até o outro Mundo — e ele experimenta tudo isso no nível da sua vivência imaginária ao ouvir ou ler contos de fadas".[4] Sabedoria perene significa sabedoria eterna e duradoura: como as estações do ano, às vezes ela floresce, em outros períodos permanece adormecida, mas a semente está sempre conosco. Vestígios das escolas de mistérios clássicas ainda existem no Ocidente.

A tradição das escolas de mistérios

Desde a Antiguidade mais remota até os dias de hoje, as escolas secretas de iniciação à sabedoria esotérica floresceram. As artes e ciências da construção perfeita, da matemática, da geometria, da medicina, do direito, da música, da filosofia e da astrologia/astronomia remetem no passado aos filósofos e sacerdotes iniciados das escolas de mistérios que, segundo o teólogo Origen, do Egito do século III, tinham um conhecimento sublime e secreto do segredo de Deus. A palavra "mistério" é derivada do grego *muo*, que significa "fechar a boca". A antiga palavra *mystis* é a provável raiz etimológica da palavra moderna "místico", que significa alguém que procura a verdade e, para os gregos, "Verdade" significava todo o sistema cósmico. Os ensinamentos das escolas de mistérios eram portanto um sistema codificado de sabedoria que integrava as artes, as ciências e a espiritualidade com a natureza e o universo.

Em cada comunidade e civilização, os místicos e sábios eram, e ainda são, profundamente versados nas leis da natureza e do universo: eles acreditam que sem ter um entendimento fundamental das leis divinas, não podemos viver de forma inteligente. Os mestres das escolas, depositários que passaram adiante esse conhecimento sagrado de geração para geração, ensinaram práticas secretas para aqueles que alcançaram níveis adequados de disciplina regular. Os ensinamentos eram profundos, convincentes, poderosos e permaneciam quase inteiramente na forma oral, para protegê-los de interpretações equivocadas ou do uso inescrupuloso por parte dos iniciados. O objetivo não era ocultar a verdade sobre os segredos da natureza, nem mistificá-los, mas fazer o iniciado entender plenamente o homem como um símbolo microcósmico de todo o universo. O material escrito que foi produzido era formulado em linguagem secreta, simbólica, que só tinha significado para os iniciados e só podia ser compreendida por eles.

Os antigos místicos foram extraordinariamente longe para garantir que o conhecimento sagrado fosse preservado para as futuras gerações e permanecesse protegido contra a superstição e o vandalismo dos não-iniciados. A matemática, a geometria, a astrologia, as relações harmônicas e os hieróglifos eram símbolos usados pelos mestres das escolas de mistérios para ensinar o conhecimento sagrado. Esses ensinamentos eram camuflados nas posições, nas dimensões e no simbolismo do volume, dos espaços e da decoração de seus prédios para codificar os significados esotéricos da vida, da morte e das leis do universo.

A escola de mistérios fornecia o mapa e as instruções de comportamento para aqueles prestes a explorar tanto os fenômenos naturais de outros mundos como o seu próprio mundo interior da natureza humana e da psique. Os ensinamentos reconheciam três níveis principais de realidade: o *exotérico*, reino físico da matéria, o reino *mesotérico* da mente e do espírito e o reino *esotérico* do misticismo divino. Em essência, os ensinamentos das escolas de mistérios eram uma iniciação do profano para o reino sagrado, enquanto o currículo dos grandes professores da tradição hemética e pitagórica do Ocidente, e daqueles da Índia, da China e das civilizações orientais eram fundamentalmente o mesmo das sociedades tribais xamânicas como as do interior da Austrália ou das selvas da América do Sul: seu objetivo era guiar o neófito ao longo do caminho heróico dos ritos espirituais de iniciação até os mistérios da nossa relação com a natureza, com o cosmos e com o espírito divino a que algumas pessoas chamam de "Deus", e despertar novamente a nossa alma por meio da "memória".

Os ensinamentos das escolas de mistérios ocidentais eram basicamente divididos em mistérios menores (secundários) e maiores (principais). Os primeiros dizem respeito a nossas experiências com o oculto, os reinos mesotéricos escondidos, como a ilusão e a irrealidade da vida na Terra, nossas percepções intuitivas, nossas revelações, nossos instintos e incontáveis sensações, o poder de cura, os oráculos e outros fenômenos psíquicos, tudo conduzindo ao autodesenvolvimento e ao autoconhecimento. Os mistérios maiores lidam com o "conhecimento" místico, inexplicável e profundo dos reinos espirituais e divinos alcançados por meio da libertação da alma. Nas palavras de Herbert Whone, "Sabedoria é a transcendência do conhecimento pessoal — a verdadeira finalidade da religião, quando a visão do Homem se une com Deus".[5]

Ensinamentos esotéricos que elevaram as pessoas às alturas do misticismo intelectual e espiritual foram revelados apenas para alguns poucos iniciados altamente capazes: a maioria permaneceu no nível mesotérico para desfrutar uma vida virtuosa e gratificante de integridade, afinada com a ordem divina e com os princípios da lei da natureza. Todas as grandes religiões e ensinamentos espirituais parecem ter sido extraídos de uma fonte antiga e universal de filosofia, metafísica, arte e ciência que brotou e continua a se desenvolver entre os

294 A SÍNDROME DO SAPO COZIDO

mestres das escolas de mistérios do mundo que dedicaram a vida à procura das verdades divinas, à beleza do homem e da criação e a conduzir os não-iniciados para fora da ignorância cega.

As escolas de mistério européias

Antes de os romanos conquistarem a Bretanha e a França, o antigo sacerdócio celta conhecido como druidismo estava firmemente estabelecido. Seu conhecimento esotérico e adoração ao Sol parece ter derivado dos ensinamentos da escola de mistérios eleusina do Egito e da Grécia, compreendendo uma profunda compreensão da cabala, da astrologia, da teologia natural, da geometria e das ciências físicas. Os sacerdotes eram também médicos que, para curar, usavam magnetismo e amuletos, assim como remédios de ervas e instrumentos cirúrgicos rudes. Eles também cultuavam os espíritos da natureza e acreditavam na imortalidade da alma. Júlio César, que escreveu sobre eles, era muito hostil às suas práticas e finalmente os romanos os varreram da Europa continental e da Bretanha por volta do ano 61. Aqueles que escaparam para a Irlanda sobreviveram apenas até a chegada dos missionários cristãos. Vestígios da Irmandade Druida ainda se encontram entre nós — podemos ver os seus membros reunidos em Stonehenge para os equinócios e solstícios: no dia-a-dia, eles permanecem uma sociedade secreta.

Uma antiga seita cristã estabelecida em Roma no século II era conhecida como os "gnósticos". *Gnosis*, ou *Nous*, é uma palavra grega para "conhecimento" — que significa "autoconhecimento" ou "conhecimento do eterno por meio de experiências pessoais" em vez de fé cega —, a pessoa religiosa *acredita*, a mística *sabe* (em uma das raras aparições na televisão de C.G. Jung, perguntaram-lhe: "O senhor acredita em Deus?" Ele respondeu: "Eu não acredito, eu *sei*"). Apesar da perseguição de Roma, o gnosticismo se espalhou pela Europa e chegou tão longe como a Pérsia, o Iraque e a China.

O *humanismo* se desenvolveu no século XIV como a base do Renascimento, que começou na Itália após a redescoberta e posterior tradução dos antigos textos gregos e romanos, como os de Platão e Vitruvius, que se preocupavam com a estrutura e as proporções do corpo humano, as conquistas dos homens nas artes e ciências e nossa inter-relação com a natureza, o universo e Deus.

Apesar da clara recuperação do esoterismo clássico, expressa na cultura, na arte e na arquitetura do Renascimento até o século XVI, a oposição ao dogma cristão sobreviveu de maneira encoberta até que uma irmandade protestante germânica chamada Ordem Rosa-cruz tornou público seu manifesto *Fama Fraternitatis*, em 1610. Os rosa-cruzes acreditavam que as artes e as ciências do mundo material eram um reflexo da sabedoria divina e que somente penetrando nos segredos mais íntimos da natureza os seres humanos poderiam alcançar a compreensão e avaliar a realidade baseada na eterna doutrina do neoplatonismo e nas teologias hebraica e hindu. Na Inglaterra, embora a Ordem não tenha prosperado, muitas pessoas de destaque, como sir Christopher Wren, tornaram-se adeptas. Durante o século XVIII, os rosa-cruzes dirigiram-se ao Novo Mundo: a guerra da independência americana representa a experiência política rosa-cruz de estabelecer um governo nacional baseado nos princípios da lei divina e natural. O conceito de liberdade, fraternidade e de que todas as pessoas nascem iguais foi inspirado pelas visões de Sir Francis Bacon em sua Nova Atlantis e pelas aspirações das sociedades secretas. O simbolismo contido no Grande Selo dos Estados Unidos é uma lembrança permanente do ocultismo rosa-cruz.

Outro acontecimento marcante na história antiga da América está registrado num livro de Allan Campbell intitulado *Our Flag*. Ele conta a estranha história do desenho da bandeira em 1775 e de um homem anônimo que era muito conhecido do general George Washington e do filósofo Dr. Benjamin Franklin, que, acredita-se, tenha sido um iniciado rosa-cruz. Franklin e outra figura misteriosa, o Marquês de Lafayette, são as duas pessoas que tiveram um papel importante nas circunstâncias que levaram as treze colônias americanas a se tornarem uma nação livre e independente.[6]

Virtualmente, o último elo da cadeia das ciências ocultas ocidentais depois dos rosa-cruzes é a Irmandade da Franco-maçonaria. Ela foi fundada no começo dos anos 1700 por "nobres e destacados cidadãos" que combinaram a fundação de uma "grande loja maçônica" como uma ramificação ética de grande eficácia prática. Eles também foram influenciados pela sociedade alquímica secreta de Sir Francis Bacon e sua crença na educação e na democracia universais. Eles conheciam bem as "sete artes liberais" de Platão e outras filosofias esotéricas das escolas de mistérios. Suas doutrinas, o simbolismo, o trabalho de Hiram Abiff e a antiga escola dionisíaca de arquitetura tinham conexões com os cavaleiros templários e com as associações maçônicas medievais.

Washington D. C. foi planejada segundo o simbolismo da estrela de cinco pontas maçônica e da estrela Sirius. As datas de todas as cerimônias ligadas à construção do obelisco chamado de Monumento a Washington, desde a colocação da pedra fundamental, em 4 de julho de 1848, até a cerimônia final de consagração, em 21 de fevereiro de 1885, foram escolhidas para coincidir com os movimentos de Sirius. O ideal maçônico, simbolizado por uma pedra brilhante no topo de uma pirâmide, pode ser visto na cédula americana de 1 dólar.[7]

Os alquimistas

A antiga disciplina da alquimia é um dos fios de ouro bordados na trama de ensinamentos e sabedoria perene das escolas de mistérios. As palavras modernas "alquimia" e "química" vêm de *Khem*, o nome das terras do Egito. A fórmula alquímica mais reverenciada é a tábua de esmeraldas de Hermes Trismegistus, conhecida como a *Tabula Smaragdina*. Os antigos alquimistas se referiam aos textos químicos secretos como "herméticos" e o termo ainda hoje é usado para descrever a fabricação de vidro por derretimento.

Tradicionalmente, os alquimistas usavam três substâncias simbólicas — sal (corpo), mercúrio (alma) e enxofre (espírito) — com um quarto elemento místico chamado *azoth*, que representava o espírito sem limites da vida — uma força vital semelhante à celta *ond*, à chinesa *ch'i* ou à hindu *prana*.

Os alquimistas não estavam tentando inventar algo a partir do nada mas apenas se esforçando para melhorar aquilo que já existia. Será que eles realmente transmutavam metal sem valor em ouro? Parece impossível, mas algumas pessoas e autoridades museológicas afirmam possuir objetos de ouro criados alquimicamente. O rei Henrique IV da Inglaterra convenceu-se a ponto de decretar que a "multiplicação de metais" era um crime contra a Coroa. Quando William e Mary o sucederam no trono, eles revogaram o decreto, em 1689, mas a partir de então todas as transformações alquímicas de metais tinham que ser entregues à casa da moeda — e dali para os cofres reais! Depois disso, compreensivelmente, eles encorajaram a alquimia.

Embora a alquimia fosse praticada reservadamente, a antiga sabedoria continuou por meio dos templários (os Cavaleiros de Cristo e do Templo de Salomão) e encontrou expressão nas mensagens codificadas dos trovadores da Inglaterra elisabetana. Muitos dos trabalhos de Shakespeare e os próprios manuscritos originais e sua numeração foram analisados para se investigar as mensagens ocultas que seriam entendidas pelos iniciados. A obra The *Alchemist*, de Ben Johnson, de 1610, foi tratada como uma sátira, mas contém percepções profundas sobre a filosofia da alquimia.[8]

Uma reação contra o dogma e a nova ciência materialista levou o físico britânico Robert Fludd (1574-1637) a retomar os ideais dos rosa-cruzes e defender as interpretações metafóricas, a astrologia e a alquimia. Sic Isaac Newton (1642-1727) não era apenas um grande cientista, presidente da Royal Society and Warden of the Mint, como também astrólogo e neoplatonista, e escreveu um milhão de palavras sobre a filosofia da alquimia. Ele também estava procurando pelo Santo Graal, que iria determinar a interação entre o cosmos — os corpos celestes — e a materialidade na Terra.

A química moderna tem suas origens primeiras no antigo Egito, mas ela trata a alquimia como uma pseudociência aparentada com a mágica e a superstição, sem entender sua linguagem simbólica. As experiências químicas atualmente usadas para transformar substâncias não são tão diferentes, exceto pelo fato de que hoje não existe uma motivação espiritual.

Por que os nossos atuais cientistas são incapazes de reproduzir as conquistas da alquimia medieval, mesmo seguindo meticulosamente todos os passos? Será porque falta aos experimentos o sutil elemento da filosofia alquímica conquistado pela iniciação? Essa analogia pode ser encontrada na arquitetura moderna: por mais que se adote e se incorpore aos projetos os princípios da geometria sagrada e da harmonia, se o arquiteto não tiver a compreensão da filosofia e tenha recebido os ensinamentos esotéricos passo a passo, a construção resultará agonizante e sem a qualidade intrínseca que transmite virtude, beleza e verdade. Parecerá um trabalho de pintura em quadrados numerados.

Referências

1. Lao Tzu, Tao Te Chung, 72 Wildwood House, Hampshire (1986).
2. Charpentier, L. (1992) *The Mysteries of Chartres Cathedral*, Londres: Rilko.
3. *Katha Upanishad* (1949) "The Upanishads", vol. 1, tradução de Swami Nikhilananda, Nova York: Ramakrishna-Vivikananda Centre.
4. Eliade, M. (1957) *Myths, Dream and Mysteries*, Nova York: Harpers & Row.
5. Whone, H. (1994) *The Hidden Fact of Music*, Londres: Gollancz.
6. Hall, Manly P. (1997) "Fraternity of the Rosicrucians", *The Secret Teachings of All Ages*, Los Angeles: The Philosophical Research Society, p. CXLIII.
7. *Ibid.*, "Episodes from American history", p. CC.
8. *Ibid.*, "Alchemy and its exponents", p. CXLIX.

Sugestões de leituras complementares

Baldock, J. (1997) *The Alternative Gospel*, Dorset: Element Books.

Burckhardt, T. (1986) *Alchemy*, Dorset: Element Books.

Case, D.F. (1985) *The True and Invisible Rosecrucian Order*, Nova York: Samuel Weiser.

Churton, T. (1987) *The Gnostics*, Londres: Weidenfeld & Nicolson.

Fabricius, J. (1989) *Alchemy*, Northants: The Aquarian Press.

Gilbert, A. e Cotterell, M. (1995) *The Mayan Prophecies*, Dorset: Element Books.

Godwin, J. (1979) *Kircher*, Londres: Thames & Hudson.

Godwin, J. (1979) *Robert Fludd*, Londres: Thames & Hudson.

Halevi, Zerben Shimon (1979) *The Way of Kabbalah*, Londres: Thames & Hudson.

Khanna, M. (1979) *Yantra*, Londres: Thames & Hudson.

Klossowski de Rola, S. (1973) *The Secret Art of Alchemy*, Londres: Thames & Hudson.

Scott, W. (1993) *Hermetica*, Reino Unido: Solos Press.

Steiner, R. (1999) *Architecture as a Synthesis of the Arts*, Dorset: Rudolf Steiner Press.

Taylor, T. (1980) *The Eleusinian & Bacchic Mysteries*, San Diego: Wizards Bookshelf.

Wood, Florence e Wood, Kenneth (1999) *Homer's Secret Iliad*, Londres: John Murray.

12

Um caminho à frente

Recordando a sabedoria

Não há nada de novo — isso é tão velho quanto a história — no fato de as gerações mais velhas se exasperarem por causa das novas. Nós repreendemos os jovens estudantes por sua falta de informações básicas em matemática, linguagem e conhecimentos gerais, e por sua inabilidade em escrever corretamente no próprio idioma. Criticamos os universitários — dos cursos de arquitetura e arte em particular — por sua aparente ignorância em história, arte, filosofia e herança da humanidade. Hoje, por meio de explorações arqueológicas, livros e museus, aprendemos sobre os povos do passado, suas construções e seus objetos. E agora, a internet, mais do que a biblioteca ou os estudos de campo, é a maior fonte de pesquisas (segundo uma pesquisa recente, a maioria dos estudantes gasta mais dinheiro com drogas e álcool do que com livros).

Mas os problemas não se devem necessariamente aos estudantes — eles são produto dos pais, dos adultos, dos professores, dos palestrantes das universidades e dos políticos que insistem que tudo deve ser feito de forma "politicamente correta" e nada deve cercear a liberdade de expressão. Autodisciplina, responsabilidade pessoal, uma ampla base de avaliação e compreensão dos clássicos, das artes e das ciências, e qualquer alusão às dimensões metafísicas da natureza e dos seres humanos — tudo isso é visto pelos mais velhos como excesso de exigências e de rigor, e como um risco de se prejudicar as sensibilidades que se imagina inerentes a qualquer universitário, prejudicando também aqueles que podem "não ser muito brilhantes". Cada tema é compartimentalizado: os ramos das artes, das ciências, da filosofia e da espiritualidade são fragmentados e nunca ensinados como um conjunto abrangente. Os padrões são "simplificados" com base no denominador comum mais baixo; nada é investigado em profundidade e tudo é reduzido a tempo, espaço e medidas. Em outras palavras, não se explica o *porquê* da vida.

Observe-se um típico prédio de escritórios, hospital ou escola moderna: retire-se as placas indicativas da atividade e eles são indistinguíveis. A única pista para se reconhecer um prédio de escritórios são as portarias imponentes, enquanto muitos hospitais e escolas têm entradas tão obscuras que é difícil encontrar o caminho até os corredores. A semelhança entre as aparências dos prédios pode ser uma indicação clara de que o mundo dos negócios, os procedimentos de cura e o aprendizado são baseados nos mesmos princípios de organização, precise você de aconselhamento financeiro, um marca-passo cardíaco ou informações suficientes para passar numa prova e conseguir um diploma. Tudo é trabalho "de laboratório" com alta tecnologia. O hospital não nos acolhe num local de cura holística do corpo e do espírito — é um laboratório técnico. A escola não é um centro de tesouros do conhecimento e da sabedoria — é uma base de dados que disponibiliza informações a serem absorvidas em vez de disponibilizar educação. *Educação* se origina da palavra *educari*, que significa "extrair" conhecimento interior em vez de "introduzir à força" informações. Platão sustentava que todo mundo é dotado de total sabedoria e conhecimento — tudo o que precisamos fazer é procurar os professores que nos ajudem a *lembrar*. Ensinar é estimular a memória.

O mundo global dos negócios e a política criaram a arquitetura e a aparência "universal" do *design* (sempre igual) de muitas cidades em volta do mundo. Londres planejou a construção de dez novos arranha-céus, numa tentativa de manter seu *status* de centro financeiro da Europa. Em resposta, Frankfurt, sua principal concorrente, pretende construir 35 novos arranha-céus nos próximos dez anos para tentar arrebatar-lhe o título. Os desastrosos conjuntos residenciais de altas torres construídos pelas autoridades locais no pós-guerra, e que logo se tornaram pardieiros insalubres, antros de delinqüência e de comportamento anti-social, foram uma exigência dos "sacerdotes" políticos do socialismo moderno. Os arquitetos projetaram caixas de concreto empilhadas até às alturas para as pessoas viverem — alguns quarteirões até ganharam prêmios — mas podia-se ter evitado que os prédios se tornassem guetos infestados pelo crime se os planejadores e arquitetos tivessem uma percepção mais profunda de todo o espectro das nossas necessidades e da natureza humana. Em vários casos, nem mesmo as exigências materiais elementares para uma residência saudável, seca e abrigada dos ventos e do mau tempo foram satisfeitas.

O chamado "progresso" e os avanços técnicos que continuam a moldar a nossa vida trouxeram desastres inesperados como Chernobyl, Bhopal, exaustão de terras e de áreas de pesca, poluição, aquecimento global e armas capazes de varrer a vida da Terra em poucas horas. Mesmo sendo vítima de desastres naturais e fabricados, a raça humana hoje soma seis bilhões de pessoas (em 1900, a população mundial era de 1,6 bilhão) e continua a ser a espécie mais bem-sucedida do planeta. Mas por quanto tempo ainda o será? A bandeira dos ativistas verdes, "Salve o Planeta", pode não ser o *slogan* mais eficaz. Em primeiro lugar, "o planeta" é grande demais para que qualquer pessoa com uma idéia tenha o poder de realizar alguma coisa. Em segundo lugar, o planeta, de uma forma ou de outra, definitivamente vai sobreviver. Podemos arrancar as coisas de sua superfície, deixar cicatrizes na paisagem, poluir os oceanos e a atmosfera, mas depois de um tempo a Terra irá curar a si mesma e continuará girando. Nós, seres humanos, junto com outras criaturas vivas e plantas é que poderemos não sobreviver. Se as bandeiras expressassem claramente que nós e nossas crianças é que estamos seriamente ameaçados, a campanha poderia ter maiores chances de sucesso, mas primeiro precisamos reduzir nossas atitudes materialistas injustas e nossa adoração das "forças de mercado". O materialismo obscurece a alma humana.

A filosofia materialista não é um conceito novo. Ainda no século IV a.C., Demócrito propôs uma teoria mecanicista da natureza e do universo que ele chamou de atomismo, e que casualmente coincidiu com o abandono por parte de Hipócrates das terapias curativas e da medicina holísticas. Mesmo assim, o conceito místico de um cosmos unificado, interconectado e harmonioso, que abrangia toda a existência, persistiu e continuou através do Renascimento até o século XVIII, quando a física e a ciência de Newton se tornaram dissociadas da filosofia e da metafísica, e a idéia do universo como uma energia viva e vibrante foi transformada numa outra, a de uma massa mecânica e sem vida. Essa visão mundial produziu a nossa atual concepção de que os seres humanos e todos os organismos vivos, incluindo o planeta Terra, consistem de um corpo sem alma ou espírito — a ponto de, ainda hoje, a psicologia não reconhecer nem a alma nem a consciência elevada.

Somos uma criação sublime dotada dos mais extraordinários meios de nos mantermos verdadeiros com nós mesmos, de enxergar claramente um *plano divino*, de sermos capazes de sonhar um sonho, e ainda assim acreditamos piamente apenas na objetividade e dedicamos o nosso tempo e o nosso esforço a conseguir sucesso e poder, controlar e manipular a natureza e os recursos naturais:

> Só depois que a última árvore for cortada
> só depois que o último rio for envenenado
> só depois que o último peixe for pescado
> é que você descobrirá que não se pode comer dinheiro.[1]

A história da ilha de Páscoa contém uma lição útil para nós em forma de uma metáfora em miniatura sobre o que estamos fazendo ao ambiente que nos sustenta a vida. A história começa há milhares de anos, quando uma violenta erupção vulcânica no sul do oceano Pacífico expeliu 165 quilômetros quadrados de rocha, que se transformaram no que é hoje conhecida como ilha de Páscoa. Os polinésios habitavam a ilha e desenvolveram uma cultura religiosa que gerou as seiscentas enormes estátuas de pedra entalhada que variam de 3,5 a treze metros de altura. Até há cerca de trezentos ou quatrocentos anos, eles também entalhavam belas figuras alongadas de madeira, algumas das quais foram levadas para a Europa pelo capitão Cook no século XVIII e podem ser vistas hoje no British Museum, em Londres, e em São Petesburgo. Numa certa época, a ilha acolheu uma população próspera. As espécies nativas de árvores forneciam madeira para a construção de barcos de pesca e de viagem. À medida que a população crescia, cada vez mais árvores eram cortadas para dar lugar a plantações. Quando todas as árvores se foram, os ilhéus ficaram sem matéria-prima para construir barcos de pesca ou fazer entalhes de madeira. Hoje, a paisagem árida da ilha é marcada apenas pelas esculturas majestosas — monumentos a uma cultura próspera de uma era que passou. Os poucos habitantes hoje sobrevivem de frutas, vegetais, da exportação de lã e do turismo.[2]

Em capítulos anteriores, vimos que, apesar de seus muitos benefícios, o progresso tecnológico criou condições ambientais potencialmente prejudiciais para o nosso bem-estar. Já ultrapassamos o ponto em que a nossa habilidade pode "dar um jeito de consertar", na esperança de inventar ainda mais tecnologia para resolver os problemas tecnológicos anteriores, isso porque a tecnologia tende a agravar as dificuldades em vez de resolvê-las. Nossa fé no materialismo, na tecnologia, no consumismo e nas forças de mercado não nos levou mais perto de nossos objetivos de saúde, felicidade e prosperidade.

O mundo nunca se viu privado de filósofos sábios e de ensinamentos espirituais fundamentais, mas estamos excessivamente mergulhados no materialismo para prestar atenção à sua sabedoria. Em vez de procurar pelo significado e entender a finalidade da vida, do nosso destino e dos mistérios da morte, gastamos o nosso tempo curto e precioso e a nossa energia tentando descobrir novas coisas transitórias para desviar os nossos pensamentos daquilo que é transcendental. "O verdadeiro assassinato da vida", disse o grande filósofo e antropólogo americano, já morto, Joseph Campbell, "é quando você se encontra no último degrau da escada portátil e descobre que está se apoiando na parede errada".[3] Continuando, Campbell dizia que essa sensação profunda de insatisfação, essa falta de gratificação que causa um vazio e um buraco negro no estômago, ocorre quando dedicamos a vida inteira a conquistar a fortuna material para superar as inseguranças e evitar os pensamentos preocupantes sobre a nossa própria mortalidade sem também tomar conta do nosso espírito e da consciência superior.

Se quisermos reverter a tendência, o único jeito é mediante uma transformação "alquímica" dos seres humanos e da recuperação da nossa relação holística com a natureza. A prosperidade, a segurança interior e o processo de cura irão se materializar quando mudarmos para o auto-entendimento.

> É chegada a hora de pensar não apenas em termos de leis naturais, mas também em concordância com as leis planetárias que nos afetam como seres tríduos de corpo, alma e espírito. Agindo assim, nós nos sintonizamos conscientemente com os ritmos cósmicos e nos sentimos conectados ao cosmos, assim como ao nosso ambiente terreno. Quando vemos a desordem que o Homem está criando, é encorajador saber que a ordem existe no cosmos. Podemos ter certeza de que o Sol não nascerá um minuto ou sequer segundos mais tarde. Na proporção de nosso reconhecimento e aplicação das leis cósmicas, a ordem será restaurada na vida das pessoas e nos assuntos terrenos.[4]

Sabedoria espiritual — tudo o que precisamos saber sobre ela — encontra-se disponível para ser revelada ao estudante dedicado. Consta que a biblioteca de Alexandria, fundada no século III a.C., continha cerca de 750 mil tesouros do conhecimento terreno, filosofia e sabedoria da humanidade. Ela sofreu vários incêndios e finalmente foi destruída pelos árabes em 696. No entanto, nem todos os textos se perderam. Graças principalmente aos ensinamentos orais passados de geração em geração, o conhecimento sagrado e a sabedoria perene foram preservados até hoje em textos, e os poucos guardiões hoje presentes e sempre prontos a ensinar qualquer pessoa que pesquise com seriedade e seja um ouvinte humilde atento sobre "o uso correto do conhecimento". Segundo Vitruvius, "como filosofia, ela torna um arquiteto magnânimo e nunca pretensioso"![5]

Assim como Vitruvius identificou uma degeneração no ensino da sabedoria perene e nos padrões gerais da educação dos arquitetos há dois mil anos, testemunhamos nos últimos cem anos a uma tendência descendente e uma perda de direção no *design*, na filosofia e no entendimento que produziram novos prédios e cidades que não apenas são desprovidos de alma como se provaram prejudiciais à nossa saúde e ao nosso bem-estar. O poder de uma só pessoa, César Augusto, como patrão e cliente, ofereceu a Vitruvius a oportunidade de empreender mudanças de forma relativamente rápida (veja o Capítulo 8, página 223). Hoje, podemos contar apenas com a vontade, o poder e a influência do grande público — nós, as chamadas pessoas comuns — que ocupa e usa os prédios. Cabe a nós exigir que os princípios fundamentais que criam os prédios bons e saudáveis sejam entendidos e postos em prática pelos arquitetos e por outros profissionais, como os incorporadores, e por todos nos setores público e privado encarregados de construir. O meio ambiente construído é criado coletivamente pelos clientes e seus arquitetos para servir pessoas que vivem, trabalham e brincam nos prédios: depois que eles fazem a incorporação, projetam e constroem o prédio, desaparecem e raramente visitam o imóvel e muito menos o ocupam.

Frank Lloyd Wright fez a seguinte declaração profunda: "Os princípios da arquitetura são simplesmente os princípios da vida". Continuando, ele explicou:

> Assim como uma casa erguida sobre fundações provisórias não pode se manter de pé, a vida baseada em qualidades provisórias num país provisório não pode durar. A arquitetura de qualidade e duradoura dá ou concede a todos nós o direito de viver plenamente dentro da exuberância que é a beleza — no sentido que William Blake definiu exuberância. Ele não queria dizer excesso. Ele queria dizer de acordo com a natureza, sem restrições. Uma vida boa e duradoura deve garantir esse direito a todos nós. E a única base segura para uma vida assim é o caráter humano iluminado, que irá entender e aceitar, e não apenas imitar, a relação orgânica entre o bem-estar do indivíduo e o bem-estar do todo. Apenas esse tipo de caráter está apto e é capaz de criar um bem-estar permanente e universal. Falando novamente de forma concreta, os valores arquitetônicos são valores humanos, ou então não valem nada. Os valores huma-

nos proporcionam a vida, não a tiram. Quando um homem se satisfaz em construir para si próprio, tirando da vizinhança os direitos naturais da vida, as distâncias, a luz e o espaço, o resultado são monstruosidades como o arranha-céu pretensioso. Ele permanece por um tempo na favela empresarial formada por sua própria ganância, lançando sua sombra nos vizinhos, apenas para descobrir que também depende do sucesso deles e irá fracassar com o fracasso deles. A imaginação educada e o pensamento verdadeiro são o lado divino dos humanos. Só esses elementos podem diferenciar o rebanho humano e salvá-lo do destino de todos os outros rebanhos, humanos ou animais. Tudo isso conduz ao advento de uma nova civilização, com uma arquitetura própria, que fará da máquina sua escrava e criará aspirações mais nobres na humanidade.[6]

Hoje, no Ocidente, estamos reexaminando todos os setores da existência — dos pontos de vista humano e espiritual — de uma maneira sem precedentes. Essa revisão traduz um desejo (tanto consciente quanto inconsciente) de re-conexão com a dimensão espiritual do nosso ser, e oferece ao grande público e a nós, individualmente, a oportunidade de nos tornarmos "clientes informados". A onda de interesse no Feng Shui, mesmo em seu nível mais superficial, indica que passamos a aceitar que as forças invisíveis, não materialistas, ou as energias ocultas, podem influenciar a nossa vida diária; o clamor público contra os alimentos geneticamente modificados exigiu uma reação dos políticos e das empresas complacentes. Sem dúvida, a medicina moderna é milagrosa, mas o uso extensivo de cuidados médicos alternativos (avaliado em vários bilhões de libras e dólares por ano apenas no Reino Unido e nos Estados Unidos) é outro indicador significativo da demanda por uma abordagem holística no tratamento dos seres humanos. Cada vez mais a necessidade de cirurgias invasivas e a prescrição automática de drogas está sendo questionada ou refutada por pacientes perspicazes. As dúvidas repercutem, desafiando a total dependência dos remédios alopáticos por parte da medicina oficial.

As escolas de medicina nos Estados Unidos já reagiram às evidências, geradas por estudos extensivos, de que as práticas de cura espiritual têm efeito muito positivo quando combinadas com tratamentos alopáticos. O jornal da American Medical Association de 1997 relatou que três anos antes, apenas três das 125 faculdades de medicina americanas mantinham cursos sobre temas religiosos ou espirituais, e o número havia aumentado para trinta. Hoje, quase sessenta faculdades de medicina adotaram esses cursos e muitas outras pretendem fazê-lo.[7]

Outras evidências desse avanço da dimensão espiritual vieram de uma direção inesperada — a comunidade científica, que por tanto tempo concentrouse exclusivamente no aspecto físico e descartou qualquer dimensão metafísica na natureza e na realidade. Em grande parte, essa tendência foi revertida, talvez inadvertidamente, na segunda metade do século XX por aqueles médicos que procuraram pelas partículas fundamentais e formularam a evasiva "Teoria do Tudo". Em 1999, a obra do professor Brian Greene *The Elegant Universe* estabeleceu sua teoria das cordas (supercordas) para unificar a existência e o comportamento de tudo, desde as menores partículas até as galáxias. Dentro dos quarks, glúons, fótons e neutrinos existem pequenas "cordas" que vibram seguindo determinados padrões, como se, de acordo com Greene, o cosmos fosse uma "harpa eólica cintilante" na qual cada elétron toca uma nota e o quark toca outra.[8] Seriam essas "notas" uma continuação da Música Celeste de Pitágoras?

O físico e professor David Bohm, da University of London, propôs teorias que parecem explicar todas as experiências paranormais e espirituais: "A relatividade e, ainda mais importante, a mecânica quântica, sugeriu fortemente (embora não tenha provado) que o mundo não pode ser analisado em partes separadas e independentes. Além do mais, cada parte de algum modo envolve todas as outras: as contém ou as envolve. Nesse sentido, pode-se dizer que uma linguagem comum foi estabelecida, e também um conjunto comum de conceitos básicos, já que este é um ponto com o qual todos os místicos concordam. Esse fato sugere que o campo da vida material e o campo da experiência mística têm uma certa ordem em comum, e que isso permitirá uma relação frutífera entre ambos".[9]

A graciosa matemática da geometria fractal é outra metáfora do século XX que restabelece uma filosofia da moderna ciência holística com relação à escala de assimetrias aparentemente caótica na geometria de uma estrutura — por exemplo: um vasto litoral que replica si mesmo lindamente à medida que sua escala é reduzida até as infinitesimais enseadas e mudanças de padrões da praia. Mesmo o caos opera numa fórmula matemática que expressa uma ordem — cosmos. O livro *The Fractal Geometry of Nature*, do cientista da IBM Benoit Mandelbrot, ilustra a configuração extraordinária e mística das constelações de estrelas, ilhas, montanhas e flocos de neve, e o crescimento de organismos da escala macroscópica para a microscópica parece ser regido por leis elementares da geometria, que se repetem.[10]

Alfred North Whitfield disse que a ciência era cega porque lidava com apenas parte da evidência da experiência humana e havia muito mais no mundo da matéria atômica. Max Planck concluiu que, além do reino subatômico, existia um outro mundo real fora dos limites do nosso mundo dos sentidos, e segundo Werner Heisenberg, no reino (material) atômico, os átomos são mais do que "coisas". Em outras palavras, existe alguma coisa a mais que prova que não há distinção entre matéria e energia. O mundo sensorial é feito de átomos formados por prótons e elétrons.

A descoberta dos antiprótons pelo professor Segre e pelo Dr. Chamberlain significa que o universo consiste de matéria atômica normal, mas dentro do átomo existem partículas subatômicas que englobam prótons que têm massa — massa palpável — e antiprótons que não têm massa. Assim como acontece com a luz e as cores — um mundo sem massa interpenetrando um mundo de matéria e interagindo com ele. Isso nos diz que o cosmos encontra-se num estado de existência (agora) e num estado de não existência no mundo físico. Einstein provou que, embora os prótons existam, eles não existem no tempo, mas têm uma vida infinita. Quando os físicos tentam descrever as realidades desde o mundo infinitesimal das partículas subatômicas até os reinos infinitamente vastos da astrofísica, suas palavras lembram muito mais a linguagem dos poetas metafísicos, dos filósofos transcendentais e os ensinamentos esotéricos da sabedoria perene. Conceitos como tempo não-linear, infinitude ou sexta dimensão podem ser tão incompreensíveis quanto os reinos escondidos do oculto, o mundo paranormal, as percepções da mente, a psique, o paraíso ou a alma. O universo é um paradoxo e a investigação científica, em seu nível mais alto, depende de vislumbres espirituais, do mesmo modo que as buscas e as descobertas dos alquimistas. Físicos teóricos têm um profundo senso de misticismo no qual a "realidade" é transcendente, temporária, mas inteiramente inter-relacionada e interconectada, através de todo um espectro de realidades do mundo material, aos sutis reinos metafísicos. Por que a nossa atitude atual é a de reconhecer apenas o mundo material dos sentidos?

Como seres humanos, temos lutado constantemente para entrar em acordo com a nossa natureza espiritual — o conflito entre razão e conhecimento interior, entre lógica e intuição, entre religião/espiritualidade e ciência, entre sagrado e profano e com nossa relação e interconexão com a natureza e o cosmos. Isso, hoje, é particularmente verdadeiro.

> A totalidade da criação existe dentro de você, e tudo o que está dentro de você também existe dentro da criação. Não há fronteiras entre você e os objetos próximos, assim como não há distância entre você e os objetos muito distantes. Todas as coisas, as menores e as maiores, as mais baixas e as mais altas, estão presentes em você como entidades semelhantes. Um único átomo contém todos os elementos da Terra. Um simples movimento do espírito abrange todas as leis da vida. Numa única gota d'água pode-se encontrar o segredo do oceano sem limites. Uma única manifestação sua contém todas as manifestações da vida, sejam quais forem.[11]

Será que a nossa percepção do universo e a nossa relação com ele podem ser expressas na sociedade moderna e no meio ambiente construído? Parece que, ao longo da história, os seres humanos empenharam-se em fazer essa conexão: dos arquitetos/sacerdotes das pirâmides de Giza e dos templos maias até os mestres construtores da catedral de Chartres, Palladio e os outros grandes mestres do Renascimento, os arquitetos do século XX como Frank Lloyd Wright, o professor Keit Critchlow e Rudolf Steiner, entre muitos outros profissionais menos conhecidos. Todos eles continuaram a tradição de projetar prédios de acordo com os princípios fundamentais das artes e das ciências sagradas, criando uma arquitetura que simbolize um conceito espiritual e místico e que expresse a relação do homem com a natureza, o cosmos e o mundo divino.

Não se pode esperar que os arquitetos e construtores tomem a iniciativa porque tudo o que eles fazem é refletir a demanda dos consumidores. Somos nós, a sociedade dos "cidadãos comuns", que precisamos olhar além do mundano — o profano — e colocar o materialismo e a objetividade no seu contexto apropriado em termos de holismo. Precisamos ter visão para respeitar a natureza e criar juntamente com ela e ter a paixão para mostrar uma arquitetura que expresse os princípios de virtude, beleza e verdade. Se nós apoiarmos, vivermos e respirarmos as antigas regras perenes, o resultado só pode ser o advento das mudanças de que tanto precisamos para acelerar uma mudança na consciência, uma mudança que talvez já tenha começado.

Segundo a tradição hindu de cinco mil anos, a alma do arquiteto e a do doador (cliente) estavam envolvidas de modo inseparável no bom resultado final da forma de um prédio. Essa forma tinha que ser geometricamente precisa (sagrada) o suficiente para que os deuses se sentissem compelidos a estar presentes no prédio. Seja no caso de uma residência privada ou de um edifício comercial ou público, o arquiteto, isoladamente, não pode produzir um veículo sagrado para expressar a "presença espiritual e um espaço para o coração". É preciso também que o cliente e os futuros habitantes da construção entendam e compartilhem da mesma visão. Sempre que nos aproximamos e entramos num prédio projetado de acordo com as leis ou cânones universais, todas as vibrações criadas pelas energias terrestres, a geometria, as cores e os sons irão ressoar na totalidade de nosso ser. Subliminarmente, os nossos sentidos e cada parte de nosso corpo irão ver, ouvir e sentir essas vibrações e, em nível mais sutil, a nossa psique irá responder à malha de ondas ocultas. De forma física, biológica, intelectual, emocional e espiritual, e com grande alegria, seremos lembrados dos nossos "laços comuns" com a natureza. Nós nos sentiremos curados e a construção, seja ela humilde ou grandiosa, será um templo da alma.

Uma escola de mistérios para os nossos dias?

Será que as escolas de mistérios têm alguma relevância para a civilização ocidental do século XXI e, caso tenham, estaremos nós interessados nelas? Sabemos que a vida é mais do que simplesmente conseguir a subsistência, manter a nós e à nossa família e esforçar-nos para satisfazer os sentidos. Quando entram num prédio ou chegam a um determinado local, os seres humanos geralmente experimentam percepções intuitivas; temos sensações, sejam agradáveis ou desconfortáveis. Também reconhecemos o súbito brilho iluminador da verdade e temos a compreensão de que ele despertou uma parte de nós que, bem no fundo, sempre foi conhecida; escutamos melhor a silenciosa voz interior — nossa psique — que se manifesta dentro de nós. Instintivamente, sentimos os significados ocultos do mito alegórico e da metáfora; ainda assim sentimo-nos frustrados por não saber como remover o véu da ilusão e da autodissimulação, o medo do desconhecido e do que não se pode conhecer.

Desde que a ciência repudiou a existência do espírito da alma humana porque ele não podia ser analisado ou dissecado sob um microscópio, apenas o corpo físico foi levado em consideração. A ciência ortodoxa também não reconhece a sutileza das várias dimensões dos seres humanos e de todos os organismos vivos, incluindo o planeta Terra. Nós hoje levamos uma vida secular completamente isolada da nossa existência espiritual porque não entendemos a nossa relação com a natureza, nem as leis universais, nem o significado interior da existência. Cada aspecto da nossa vida é compartimentalizado, num isolamento e numa separação incompreensíveis. O crescente entendimento popular do holismo, a elevação da consciência, a clareza da mente e dos objetivos a se conquistar e mesmo a educação espiritual são necessidades humanas que as religiões ortodoxas parecem incapazes de satisfazer. A autoconsciência e a nossa relação com Gaia, a deusa da Terra, é uma crença universal, mas os típicos anciãos e os sacerdotes parecem estar tão mergulhados no dogma que se tornam mal equipados para ensinar os mistérios e romper os códigos que escondem a sabedoria antiga e perene.

O atual sistema de rituais religiosos não permite que se revele o conhecimento sagrado. Somente mediante um processo gradual de estudos e iniciação aos símbolos, metáforas, tradições, cerimônias e textos pode-se começar a entender as doutrinas essenciais das antigas lições que sempre foram mantidas vivas ao longo da história. Infelizmente, na maior parte do tempo, os ensinamentos têm que percorrer canais estreitos, mas agora estamos entrando num período no qual há grande necessidade e vontade de se alargar o fluxo da consciência.

Hoje, os mestres que detêm o conhecimento ainda estão conosco e prontos para ensinar aqueles que aspiram pela verdade exterior, beleza e harmonia. O professor Peter Kingsley, autor de *In the Dark Places of Wisdom*, diz: "Temos nas mãos técnicas de meditação espantosamente poderosas, escritas em poesia magnetizante há 2.500 anos, que oferecem métodos simples e eficazes — não para virarmos as costas a esse mundo de ilusão, mas para enxergar através dele, para suas raízes... (que é) ...literatura produzida por pessoas que originalmente moldaram e criaram a cultura ocidental na qual vivemos".[12]

Em outras palavras, não nos faltam material e professores: tudo de que se precisa é exigir mudanças — combater o injusto funcionalismo mecanicista e a ausência de alma das construções modernas. Sejamos arquitetos profissionais ou tenhamos qualquer outra profissão, precisamos entender as verdades fundamentais do universo e como nos relacionar com elas. As leis e os cânones que embasam a natureza, a rede de vibrações e como interagir com as energias terrestres, as forças cósmicas, os campos eletromagnéticos, a luz, as cores, os sons, o estudo das "sete artes liberais" e da filosofia, da física e da metafísica da vida, a harmonia divina, os significados embutidos no simbolismo e na metáfora — tudo isso poderia/deveria se tornar ensinamentos de uma escola de mistérios moderna.

No momento, esses temas estão sendo ensinados adequadamente apenas de uma forma bastante fragmentada, mas quando a demanda atingir uma massa crítica, surgirá a oportunidade de se criar uma escola de mistérios abrangente. A Kairos, uma organização não-sectária fundada há vários anos pelo professor Keith Critchlow e que opera tanto na Grã-Bretanha quanto nos Estados Unidos, seria uma base sólida para se erguer essa escola.

Muitos outros pequenos grupos e organizações que se espalharam pela Europa e pelos Estados Unidos têm professores dedicados, patrocinados por pessoas físicas que são também estudantes sérios. Há muitos livros sobre todos os temas relacionados às "escolas de mistérios", mas a instrução pessoal e o ensino oral são necessários para um estudo aprofundado.

Um público muito maior pode começar a se sentir atraído por levar uma vida íntegra, encontrar-se com o divino e entender *por que* vivemos. Isso pode levar os ensinamentos das escolas de mistérios a se tornarem um conjunto acadêmico formal, incluído com destaque no currículo das escolas de arquitetura.

Referências

1. Citação de Red Nations em *Kairos Quarterly Update*, Junho de 1997 (p. A).
2. Programa de TV da BBC 1, "Lost Gods of Easter Island, David Attenborough turns Detective", 24 de abril de 2000 e 4 de janeiro de 2001.
3. Citação de uma conferência de Joseph Campbell.
4. Beredene, Joelyn (1981) *Citizens of the Cosmos*, Nova York: Continuum.
5. Vitruvius (1960) *The Ten Books of Architecture*, Livro I, Capítulo I, Parágrafo 7, Nova York: Dover Publications.
6. Fonte desconhecida.
7. *Journal of the American Medical Association* (1997) 278(g): 792-3. Artigo de Levin, J. S., Lawson, D. B. e Puchalski, C. M., "Religion of spirituality and medicine", citado no artigo "Integration of spirituality and medicine" de Larry Dossey, *Scientific & Medical Network Review* 70, agosto de 1999, Santa Fé, Novo México, p. 19.
8. Greene, B. (1999) *The Elegant Universe*, Nova York: W. W. Norton.
9. Bohm, D. (1983) *Wholeness and the Implicate Order*, Londres: Ark Paperbacks.
10. Mandelbrot, B. *The Fractal Geometry of Nature*, Nova York: W. H. Freman & Co.
11. Gibran, K. Citação de sua peça "Iram That Al Imad".
12. Entrevista de Anne Baring com o professor Peter Kingsley, autor de *In Dark Places of Wisdom*, Dorset: Element Books, 1999. Publicado em *The Scientific and Medical Network Review* 70, agosto de 1999, p. 19.

Contatos

As organizações citadas no livro estão relacionadas a seguir, junto com os endereços de vários órgãos de possível interesse.

Instituições oficiais do Reino Unido

Building Research Establishment (BRE)
Bucknalls Lane, Garston, Watford, Hertfordshire WD2 7JR

Chartered Institution of Building Services Engineers (CIBSE)
222 Balham High Road, Londres SW 12 9BS

Health and Safety Executive (HSE)
Caerphilly Business Park, Caerphilly, País de Gales CF83 3GG

Institution of Planning Supervisors (IPS)
Heriot-Watt Research Park, Edimburgo EH14 4AP

Royal Institute of British Architects (RIBA)
66 Portland Place, Londres W1N 4AD

Royal Institution of Chartered Surveyors (RICS)
George Street, Londres SW1P 3AD

Organizações educacionais

Kairos
Uma instituição beneficente fundada especificamente para incentivar a recuperação dos valores tradicionais (perenes) nas artes e ciências. Os estudos são focados na unicidade do ser, na inter-relação básica entre todas as coisas e no *Quadrivium* (aritmética, geometria, música e cosmologia). A Kairos disponibiliza material impresso, seminários, palestras e aprendizado individual.

Reino Unido
Amanda Critchlow-Horning
4 Abbey Cottages
Cornworthy, Totnes
Devon TQ9 7ET

Estados Unidos
David Yarbrough
PO Box 117
Crestone
Colorado 81131

Rilko (Research into Lost Knowledge Organisation)
Organização que cobre uma ampla variedade de temas ligados às ciências ocultas e mistérios. A Rilko publica regularmente uma revista, patrocina a publicação de livros e promove palestras mensais em Londres.
Contato: George Jarvis
43 Dorchester Avenue
Palmers Green
Londres N13 5DY

The Scientific and Medical Network Review
Contato: Gibliston Mill
Colinsburgh
Leven
Fife
Escócia KY9 1JS

Live Water Trust
Contato: Hawkwood College
Painswick Old Road
Stroud
Gloucestershire GL6 7QW

Uma lista de publicações sobre arquitetura sustentável, energia renovável e controle da poluição pode ser obtida na seguinte entidade:

James & James Ltd.
Waterside House
47 Kentish Town Road
Londres NW1 8NZ

Entidades de fiscalização

As seguintes organizações lidam com poluição ambiental, *stress* geopático, VDUs, linhas de eletricidade e orientações de segurança.

Coghill Research Laboratories
Ker Menez, Lower Race, near Pontypool, Gwent NP4 5UF
www.cogreslab.co.uk

Electromagnetic Hazard & Therapy, incluindo *Powerwatch News,* publicado bimensalmente sob assinatura (*ex-Electromagnetic News: Electromagnetic & VDU News*).
Editor: Simon Best MA; consultoria de Alasdair Philips BSc.
PO Box 2039, Shoreham by Sea BN43 5JD
E-mail: simonbest:em-hazard-therapy.com. www.em-hazard-therapy.com

Powerwatch Network Newsletters
Alasdair Philips BSc
2 Tower Road, Sutton Ely, Cambridgeshire CB6 2QA
www.powerwatch.org.uk

Scientists for Global Responsibility
Unit 3, Down House, The Business Village, Broomhill Road, Londres SW 18 4JQ

International Institute for Bau-Biologie & Ecology Inc
PO Box 387, Clearwater, Flórida 34615, Estados Unidos

Microwave News
(Publicação bimensal)
PO Box 17989, Grand Central Station, Nova York 10163, Estados Unidos

Organizações de rabdomancia

Europa

The British Society of Dowsers
The General Secretary
Sycamore Barn, Tamley Lane, Hastingleigh, Ashford, Kent TN25 5HW

The Irish Society of Diviners
Theresa Lydon
8 Thomas Clarke House, Dublin 3, Eire

América do Norte

The American Society of Dowsers
Danville, Vermont 05828, EUA
Tel: + 1 (802) 684 3417
Fax + 1 (802) 684 2565

The Canadian Society of Dowsers
Dorothy Donovan
PO Box 26102, Nepean, Ontario, Canadá K2H 9R6

Australásia

Dowsers Society of New South Wales Inc
PO Box 391, Lindfield NSW 2070, Austrália

Dowsers Club of South Australia Inc
PO Box 2427, Kent Town 5071, Sul Austrália

New Zealand Society of Dowsing & Radionics Inc
PO Box 41-095, St Luke's, Auckland 3, Nova Zelândia

North Tasmania Dowsing Association
PO Forth, Tasmânia 7310

South Tasmania Dowsing Association
PO Box 101, Moonah, Tasmânia 7009

Radon

Building Research Establishment
Garston, Watford WD2 7JR
Tel: (01923) 664707 (radon hotline)

National Radiological Protection Board (NRPB)
Chilton, Didcot, Oxon OX11 0RQ
Telefone gratuito (0800) 614529 (para informações sobre radon em residências)

The Radon Council Ltd
PO Box 39, Shepperton, Middlesex TW17 8AD
Tel: (01932) 221212

Householder's Guide to Radon
(Folheto gratuito)
Department of the Environment, Room A518, Romney House, 43 Marsham Street, Londres SW1P 3PY

Environmental Protection Agency
Seção: Air & Energy Engineering, Research Laboratory
Triangle Park Noth Carolina NC27711, Estados Unidos
Tel: + 1 (919) 541 7865

The British Geological Survey
Tel: 0115-936 3143 (para informações geológicas em regiões do Reino Unido)
www.bgs.ac.uk